智慧互联 资源共享

江苏推进教育信息化的模式研究

江苏省教育信息化中心
江苏省电化教育馆　编著

东南大学出版社
SOUTHEAST UNIVERSITY PRESS
·南京·

图书在版编目(CIP)数据

智慧互联 资源共享:江苏推进教育信息化的模式
研究/江苏省教育信息化中心,江苏省电化教育馆编著.
—南京:东南大学出版社,2018.12
　　ISBN 978-7-5641-8214-4

　　Ⅰ.①智… Ⅱ.①江… ②江… Ⅲ.①教育工作-信
息化-研究-江苏 Ⅳ.①G527.53

中国版本图书馆 CIP 数据核字(2018)第 294101 号

智慧互联 资源共享——江苏推进教育信息化的模式研究

出版发行	东南大学出版社	
社　　址	南京市四牌楼 2 号(邮编:210096)	
出版人	江建中	
责任编辑	褚　蔚(Tel:025-83790586)	
经　　销	全国各地新华书店	
印　　刷	虎彩印艺股份有限公司	
开　　本	787mm×1092mm　1/16	
印　　张	19.75	
字　　数	413 千字	
版　　次	2018 年 12 月第 1 版	
印　　次	2018 年 12 月第 1 次印刷	
书　　号	ISBN 978-7-5641-8214-4	
总定价	98.00 元	

本社图书若有印装质量问题,请直接与营销部联系,电话:025-83791830

前　言

伴随着信息技术革命的浪潮,大数据、云计算、区块链、人工智能等新一代信息技术正有力推动着人类社会的发展进程,深刻改变着人们的生产生活方式,也为教育改革发展注入了活力。加速推进教育信息化,已经成为世界各国参与国际竞争、抢占人才培养制高点的战略抉择。

党和国家高度重视教育信息化工作。党的十九大报告明确指出,要"办好学前教育、特殊教育和网络教育",将网络教育摆在和学前教育、特殊教育同等重要的位置。国家《教育信息化"十三五"规划》指出,要按照"深化应用、融合创新"的核心理念推进教育信息化建设。2018 年 4 月,为办好网络教育,积极推进"互联网＋教育"发展,加快教育现代化和教育强国建设,教育部颁布了《教育信息化2.0 行动计划》,以教育信息化全面推动教育现代化,开启了智能时代教育发展的新征程。

教育信息化是江苏教育现代化建设的重要内容,是办人民满意的、适合的教育的战略路径。近年来,江苏教育信息化工作紧紧围绕省委、省政府关于智慧江苏建设的整体部署和教育部关于教育信息化建设的总休要求,以"三通两平台"建设为抓手,切实把教育信息化作为教育改革发展的重要引擎,大力推进教育信息化建设,在优化教育信息化基础环境、促进教育资源共享、提高师生信息素养、构建互联网环境下的新型教育教学模式等方面做了富有成效的工作,为促进教育公平、提高教育质量作出了积极贡献。

为借鉴国内外推进教育信息化的典型模式与经验,总结江苏教育信息化的经验与存在问题,探索新形势下江苏教育信息化的推进模式,为省委、省政府、省教育厅制定教育发展战略提供决策依据和智力支持,江苏省教育信息化中心(省电教馆)于 2016 年 3 月启动江苏推进教育信息化的模式研究工作,至 2018 年 6 月取得阶段性研究成果。

两年间,研究组广泛调研,反复论证,展开深入研究。通过剖析江苏推进教育信息化的典型案例,挖掘教育信息化发展的经验与启示,总结提炼江苏教育信息化发展模式,课题研究取得了丰硕成果:提出了江苏推进教育信息化建设的六大路径,有效促进了江苏省教育信息化发展,全省教育信息化发展水平明显提升;提出了以智慧校园建设推进教育信息化生态环境建设的理论与方法,有力推进了全省智慧校园建设,也为全国高校和中小学智慧校园建设提供了可供借鉴的思路;探索形成了区域智慧教育推进路径和策略,为区域教育信息化建设提供了支撑,各地教育信息化建设亮点呈现;互联网+课堂教学范式、3D数字化资源、泰微课、创客教育等研究成果有力推进了信息技术与教育教学的深度融合,促进了优质教育资源的普惠共享。

本书所刊研究成果包括研究概述、发表论文、典型案例等三部分内容,其中发表论文18篇(含CSSCI期刊10篇),典型案例22个(全部入选部、省教育信息化应用典型案例并在全国推广,其中"泰微课"获得第五届全国教育改革创新特别奖),汇聚了研究成果的方方面面。项目研究及成果出版等相关工作得到了省教育厅、各级电教部门、教育信息化研究专家及项目组核心成员的大力支持,省教育厅为研究提供了经费保障,东南大学出版社为成果出版提供了专业指导,很多研究工作者和编者倾注了大量的心血和汗水,在此表示深深的感谢并致敬。

近日,第五届世界互联网大会在浙江乌镇开幕,重点探讨人工智能、5G、大数据、网络安全、数字丝路等热点议题,为人类的互联网发展出谋划策。未来已来,将至已至。面对席卷而来的未来浪潮,我们只有以变革的姿态迎接,才能决胜未来。变革教育教学模式,促进优质资源共享,我们一直在路上。

编者
2018年11月

目 录
CONTENTS

第三编　典型案例

第一编 研究概述

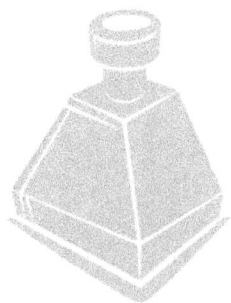

江苏推进教育信息化的模式研究概述

江苏省教育信息化中心　江苏省电化教育馆

一　研究问题的提出

以教育信息化带动教育现代化,破解制约我省教育发展的难题,促进教育的创新与变革,是加快从教育大省向教育强省迈进的重大战略抉择。教育信息化建设既是信息时代社会经济发展对教育提出的要求,又是教育改革和发展的必然选择,更是教育现代化建设的重要组成部分和支撑性、引领性工程。

2012 年以来,教育部、江苏省政府先后出台了《教育信息化十年发展规划(2011—2020年)》、《关于推进智慧江苏建设的实施意见》(苏政发〔2014〕103 号),省政府办公厅先后印发了《关于推进智慧教育的实施意见》(苏政办发〔2015〕24 号)和《江苏省教育信息化三年行动计划(2013—2015 年)》(苏政办发〔2012〕211 号)。江苏教育信息化工作紧紧围绕省委、省政府关于智慧江苏建设的整体部署和教育部关于教育信息化建设的总体要求,以“三通两平台”建设为抓手,切实把教育信息化作为教育改革发展的重要引擎,大力推进教育信息化建设,为推进优质资源共享、提升教育均衡发展水平、促进教育公平作出了积极贡献。

在新形势下,全面深入推进教育信息化是落实中央决策部署的必然要求。到 2020 年,教育现代化取得重要进展,这是党和国家站在全面建成小康社会的战略全局高度作出的重大战略部署。教育现代化要取得重要进展,就必须发挥信息化的支撑和引领作用,把教育信息化作为重要的引擎,全面带动教育现代化。

本项目的确立,目的就在于借鉴国内外推进教育信息化的典型模式与经验,基于江苏教育信息化发展现状,总结江苏教育信息化的经验、特色与存在的问题,探索新形势下如何发挥信息化的革命性影响来改变传统的教育理念和教学模式,提高人才培养的质量,丰富科学研究和社会服务的内涵,满足学习型社会的发展需求,为省委、省政府制定教育发展战略提供决策依据和智力、信息支持。积极探索新形势下江苏教育信息化的推进模式,助力智慧江苏建设,促进江苏教育的高位均衡发展,促进智慧型、创新型人才培养。在此过程中,剖析江苏推进教育信息化的典型案例,挖掘教育信息化发展的经验与启示,探索江苏推进教育信息化未来发展的典型模式,形成具有江苏特色的教育信息化发展模式。

二 核心概念界定和项目研究的现状

(一) 核心概念的界定

1. 教育信息化

教育信息化概念的历史可以追溯到 20 世纪 90 年代。随着世界各国开始教育信息化建设,开始了对教育信息化概念和本质的探讨。值得一提的是"教育信息化"这一概念是东方语言思维的产物,在欧美等国家使用这一概念的比较少。信息化英文的对应翻译有 4 种:Information,Informatization,Informationalization,Informationization。信息化法文的对应翻译是:Informatisation。教育信息化对应的英文翻译主要有:Education Informatization、Educational Informationalization 等。但是根据 Altavista、Lycos 等搜索引擎查阅情况来看,西方国家较少使用了这样的"教育信息化"翻译方法,而是使用了一些相对比较具体的一些相近概念,如:IT in education(教育中的信息技术),E-Education(电子化教育),Network Based Education(基于网络的教育),Online Education(在线教育),Cyber Education(赛博教育),Virtual Education(虚拟教育)等。这些词汇和教育信息化相比,更注重了事物性质的描述,而教育信息化注重了过程的描述。其中 E-Education(电子化教育)与信息化教育的意义相近,其他的五个词汇与网络化教育较为密切,可以说是教育信息化实践的几种主流方式。

教育信息化是运用合适的信息技术和相关理论,在有关部门的统一组织和指导下,以提高教育管理、教学的效果和效率为目的,促进教育现代化的历史过程。教育信息化是指在教育领域(教育管理、教育教学和教育科研)全面深入地运用现代信息技术来促进教育改革与发展的过程。以教育信息化促进教育现代化,用信息技术改变传统模式。教育信息化的发展带来了教育形式和学习方式的重大变革,促进了教育改革,对传统的教育思想、观念、模式、内容和方法产生了巨大冲击。教育信息化是国家信息化的重要组成部分,对于转变教育思想和观念,深化教育改革,提高教育质量和效益,培养创新人才具有深远意义,是实现教育跨越式发展的必然选择。

2. 智慧教育

目前学术界还没有"智慧教育"统一而明确的定义,对智慧教育的理解一般有两个方向。一类是从哲学的角度来解读教育,侧重于智慧的本意——"能迅速、灵活、正确地理解事物和解决问题的能力",如哲学家克里希那穆提在《一生的学习》中从智慧的角度来认识教育,认为真正的教育要帮助人们认识自我、消除恐惧、唤醒智慧。于是智慧教育侧重于一种"高阶思维能力和复杂问题解决能力",如靖国平教授认为智慧教育包括三方面:理性智慧的教育、价值智慧的教育、实践智慧的教育。文献中也经常出现"语文智慧教育""课堂智慧教育""名师教育智慧"等相近的概念。另一类是由智慧地球、智慧城市的概念衍生出来,是指发挥技术智慧(新兴技术和人工智能等)作用,运用信息技术提高教育教学效率。如何锡涛等认为:"智慧教育是依托计算机和教育网,全面深入地利用以物联网、云计算等为代表的新兴技术,重点建设教育信息化基础设施,开发利用教育资源,促进技术创新、知识创新,实现创新成果的共享,提高教育教学质量和效益,全面构建网络化、数字化、个性化、智能化、国际化的现代教育体系。"本课题的智慧教育概念专指后者,即基于教育信息化的智慧教育概念。

目前基于教育信息化的智慧教育概念也没有统一的界定。祝智庭教授认为:"智慧教育是教育信息化的新境界,其基本内涵是通过构建智慧学习环境,运用智慧教学法,促进学习者进行智慧学习,从而提升成才期望。"陈琳教授认为:"智慧教育是在信息化基础之上建构的信息时代的教育新秩序,是信息时代的教育新形态,是信息化元素充分融入教育以后,在'时代催化剂'的作用下教育发生的'化学反应',而不仅仅是'物理变化'。"台湾学者张奕华认为:"智慧教育是以学生为中心的教学与学习方式,能通过多元取向引起学生学习动机、无所不在地让学生接近学习入口、提供丰富的学习资源以及科技支持与服务教学和学习。"韩国认为,智慧教育是智能化的、可定制的个性化教与学。"智慧教育"是指以物联网、云计算、大数据处理、无线宽带网络为代表的一批新兴信息技术为基础,以智能设备和互联网等为依托,以教育资源建设为中心,以各项配套保障措施为基础,以深入实施教育体制改革为主导,全面构建网络化、数字化、个性化、智能化的现代教育体系。金江军认为,智慧教育是教育信息化发展的高级阶段,是教育行业的智能化,与传统教育信息化相比表现出集成化、自由化和体验化三大特征。

3. 教育现代化

教育现代化,就是用现代先进教育思想和科学技术武装人们,使教育思想观念,教育内容、方法与手段以及校舍与设备,逐步提高到现代的世界先进水平,培养出适应参与国际经济竞争和综合国力竞争的新型劳动者和高素质人才的过程。具体包括教育观念现代化、教育内容现代化、教育装备现代化、师资队伍现代化、教育管理现代化等。

教育现代化是一个国家教育发展的较高水平状态,教育现代化的核心是实现人的现代化。教育现代化具有五个特征:教育的普及化、教育的终身化、教育的个性化、教育的国际化、教育的信息化。

(二)国内外研究现状述评

1. 发达国家教育信息化典型推进模式

世界上很多国家都意识到教育信息化战略规划对促进教育信息化发展的重要作用,纷纷研制了各具特色的教育信息化战略规划,以促进本国教育信息化的发展。

美国从 1996 年起先后发布了五个教育信息化发展战略,从第一个国家教育技术计划

《让美国学生为 21 世纪做好准备：迎接技术能力的挑战》到 2016 年第五个国家教育技术计划《为未来做准备的学习：重塑技术在教育中的角色》，我们可以清晰地看到信息技术在教育中发挥的作用以及技术在教育中所扮演角色的变化。美国信息化建设成就得益于政府的促进和引导，同时也离不开市场力量和社会力量的自发推动。在上级层面，美国对信息化各领域分而治之，政府有限介入信息化推进，工作重心主要放在电子政务方面。电子政务建设是政府改革计划——"总统管理日程"的一项重要内容。在电子政务推进体制中，总统管理委员会扮演决策层的角色；协调层的政府机构有首席信息官委员会等；管理和预算办公室及其下设的电子政务和信息技术办公室、联邦组织架构项目管理办公室以及电子政务重点项目办公室作为管理实施层，负责推进政府的电子政务建设工作。

加拿大的信息化推进体制比较完善、全面、分工明确，大体上可划分为两层，即战略决策及协调层和政策制定及实施管理层。在联邦政府层面，加拿大的信息化建设资金主要来自政府财政，财政委员会负责信息化战略的制定和推进，并由财政委员会主席全权负责，总理亲自挂帅领导。财政委员会秘书局负责电子政务战略的制定和推进，同时还负责跨部门的电子政务的协调发展。财政委员会秘书局下设首席信息官负责政府信息化工作的整体规划，拟定有关法律、法规及组织电子政务项目的实施。而信息化建设工作，尤其是信息基础设施建设、电子商务发展、全面上网等工作由加拿大联邦工业部负责管理，提出建设目标和建设规划，制定有关法律、法规，并负责具体项目的组织和实施。

法国 2013 年 9 月发起"互动课堂计划"，推动针对社区教育、学生和家长的数字化服务系统实现多样化发展。2014 年 9 月，发起"高速网络计划"，为每所中学接入了高质量网络。2015 年确立了"数字化校园"教育战略规划，计划在三年内投资 10 亿欧元用于完善数字化教育资源与设备。2016 年 9 月，奥朗德倡导的"大型数字化计划"全面展开。

新加坡通过先后发布《教育信息技术总规划(1997—2002)》(MP1)、《教育信息技术总规划(2003—2008)》(MP2)、《教育信息技术总规划(2009—2014)》(MP3)等 3 个教育信息化战略规划，不断强化政府在教育信息化发展的主导地位，确立教育信息化的战略地位。并于 2014 年发布新加坡"智慧国家 2025"计划，欲成为全球首个智慧国。

韩国在《智能教育推进战略》中指出：自 2015 年起，韩国将在所有学校建设以云技术为基础的教育环境，在一线学校正式实施"量体裁衣"式的智能教育，用纸张制作的传统教科书将从学校消失，取而代之的是数码教科书，学生们可以通过计算机、智能平板、智能电视等各种数码终端灵活使用，特别强调电子课本的设计与学生智慧学习(smart learning)之间的关系。韩国智慧教育战略体系的核心是数字教科书的普及推广，期望通过教材的彻底革新来带动整个教育体系的升级改造。

2. 我国教育信息化推进模式探索

2010 年 7 月，我国发布了《国家中长期教育改革和发展规划纲要(2010—2020 年)》，为教育信息化发展提供了政策保障。2012年3月13日,教育部发布《教育信息化十年发展规划(2011—2020年)》。这是中国首个教育信息化长期战略规划,也是一个非常成熟的教育信息化战略规划,标志着中国教育信息化战略规划研制水平上了一个新台阶。2015年12月我国第十二届全国人大常委会第十八次会议表决通过《关于修改〈中华人民共和国教育法〉的决定》,再次将教育信息化纳入《教育法》。《教育法》的修改使教育信息化上升到法律保护的层面,反映了时代的诉求,具有时代意义。2016年6月7日,教育部印发《教育信息化"十三五"规划》,全面深入推进"十三五"教育信息化工作。

2015年5月,全国教育管理信息化推进应用与服务模式创新研讨会在湖北省黄冈市举行,福建莆田市介绍了"五个三"推进机制的做法:建立市、县区、学校三级联动的领导机制;统筹市、县区、学校三方资金的投入机制;优化"校校通"、"班班通"和"教育视频直录播"三大项目的建设机制;构建三驾齐驱的共享机制(搭建名校教育集团和教育联盟平台、建立名师在线辅导平台、建立本地资源云共享平台);健全三管齐下的应用机制。

2016年6月,教育部推广"青岛市教育信息化区域整体推进"模式:坚持机制体制创新,推进教育信息化发展模式改革;坚持全面布局,推进教育信息化整体提升;坚持统筹思维,推进管理模式创新;坚持典型引领,推进应用水平提高。

山东滨州市滨城区首创"321"模式推进区域教育信息化,"321"模式中,"3"是"三个平台",即数字化教育资源整合公共服务平台、数字化教师工作平台和数字化学生学习平台;"2"是指"两个电子书包教室",即两个数字化教学体验室;"1"是"师生每人一个平台账号",每个师生拥有属于自己的实名制个人空间,可通过各种终端设备开展备课、资源共享等即时交流与协作探究学习。

各省市、区县、学校也有纷纷研制教育信息化发展规划,全力推进教育信息化未来发展,很多高校和中小学采用校企合作模式共同推进教育信息化建设。例如:郑州市经济贸易学校与企业合作,拓展教学改革新途径,打造了"移动互联网+移动设备+教学资源平台+教学管理"智慧课堂新思路。

2016年,吴砥、张进宝、赵建华等著《国际教育信息化典型案例(2014—2015)》,汇总分析29个国内外教育信息化典型案例,涉及教育教学模式创新、学习环境与空间建设、教师信息技术能力建设三大主要领域。

作为我省全面推进教育信息化工作的标志,2012年12月,江苏省人民政府办公厅印发了《江苏省教育信息化三年行动计划(2013—2015年)》。经过三年发展,基本形成了与我省教育现代化发展水平相适应的教育信息化建设新局面:教育资源和基础数据库更加完备;信息技术应用能力建设更加深入;教育信息化基础设施更加优化;教育信息化机制体制更加健全。

江苏徐州"智能巡课"入选"全国教育信息化建设与应用典型案例",依托"智能巡课"深入推进教育信息化。"智能巡课"制度,实现了"学讲课堂"的信息化管理,有效改变了徐州市现有的课堂教学困境,优化了教育和管理过程,标志着徐州教育正在由传统管理方式向智慧化管理方式的重大转变。

三 研究的意义和研究价值

(一) 研究意义

1. 教育信息化建设的内驱力来源于一个国家和地区对经济社会现代化和全球化的前瞻与追求,是社会经济发展与教育的互动过程。

2. 教育信息化建设既是信息时代社会经济发展对教育提出的要求,又是教育改革和发展的必然选择,更是教育现代化建设的重要组成部分和支撑性、引领性工程。

3. 可以为省委、省政府、教育厅、教育信息化中心、市区教育信息化中心、学校等研制教育发展战略、智慧教育发展战略、教育信息化发展战略、教育现代化发展战略提供决策支持。

4. 有利于实施江苏教育信息化发展战略,助力智慧江苏建设,促进江苏教育的高位均衡发展,促进智慧型、创新型人才培养。

5. 有利于总结推广江苏经验,为全国教育信息化发展提供理论支持和经验借鉴。

(二) 研究价值

1. 从关注技术教育应用的表面转向关注信息技术与教育方式、学习方式、教育治理方式的深度融合。

2. 从关注信息化基础设施建设转向关注平台和资源的统建共享及实际应用效益效能。

3. 从关注个案及短期行为转向关注教育信息化可持续推进模式和发展规律。

4. 从关注个别学校的实践探索转向关注区域联动、整体推进。

四 研究的目标、内容、重点与方法

(一) 研究目标

1. 调研国内外推进教育信息化的典型模式与经验,归纳国内外教育信息化发展的经验、特色与存在的问题。

2. 调研江苏教育信息化发展现状,归纳江苏教育信息化的经验、特色与存在的问题。

3. 总结剖析江苏推进教育信息化的典型案例,挖掘教育信息化发展的经验与启示。

4. 探索设计江苏推进教育信息化未来发展的典型模式,实施验证推进教育信息化未来发展的模式,形成具有江苏特色的教育信息化发展模式。

(二) 研究内容

1. 国内外推进教育信息化的典型模式与经验。比较国内外教育信息化发展战略、规划与政策,归纳国内外教育信息化发展的模式、经验、特色与存在的问题,剖析全球教育信息化发展现状、问题与趋势。

2. 江苏教育信息化发展现状及迫切需求。调查江苏教育信息化发展中取得的成就与存在的问题,调研教育行政人员、教师、学生、家长对教育信息化未来发展的迫切需求,了解江苏教育信息化发展规划的具体实施情况。

3. 江苏推进教育信息化的典型模式与经验。广泛征集市县校教育信息化建设案例,实地考察3～5个市、6～8个县、20～30所学校,深度剖析教育信息化发展案例中的典型模式,深入挖掘教育信息化发展的经验与启示。

4. 探索设计江苏教育信息化未来发展的典型模式。探讨城市、农村、高校、中小学、幼儿园等分类推进教育信息化的模式,构建面向现代化、面向世界、面向未来的教育模式、学习模式和教育治理模式,建立可持续发展的教育信息化建设体制和机制,搭建江苏教育信息化未来发展模型并实践验证,形成国内领先、具有江苏教育特色的教育信息化推进模式。

(三) 研究重点

1. 国内外推进教育信息化的典型模式与经验。

2. 面向江苏教育信息化未来发展的战略需求,探索设计江苏推进教育信息化未来发展的典型模式,以促进江苏能够引领中国,乃至世界的教育信息化未来发展。

(四) 研究思路与方法

1. 研究思路

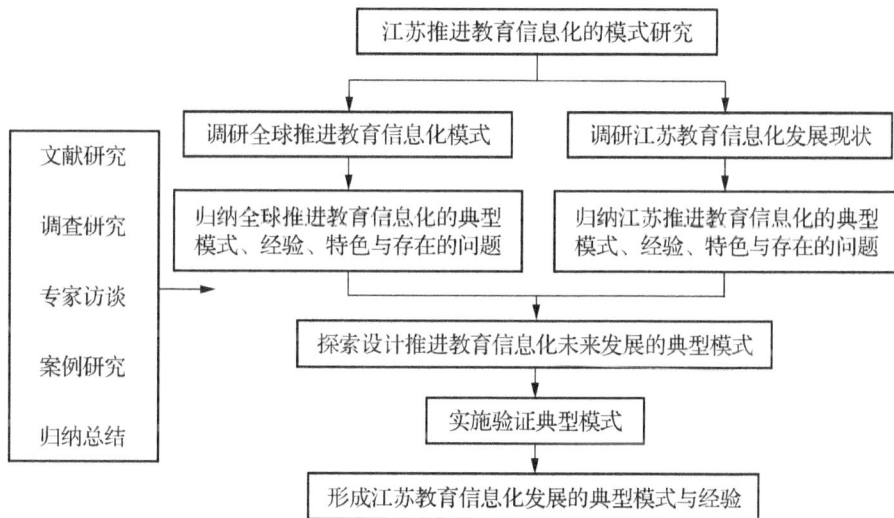

2. 研究方法

(1) 文献法。通过对推进教育信息化模式的相关文献进行了查阅、分析,积累大量研究素材,为研究开展奠定基础。通过文献梳理,挖掘推进教育信息化发展的科学规律,总结推进教育信息化发展的典型模式与经验。

（2）调查研究。通过网络调研、实地调研、发放问卷等方式，深入了解江苏教育信息化发展现状，归纳教育信息化发展取得的经验与启示。

（3）专家访谈。通过专家访谈，汇聚专家智慧，预测教育信息化发展趋势，探索教育信息化发展中的关键问题。

（4）案例研究。通过深度剖析典型案例，归纳总结江苏教育信息化发展中的模式、经验与启示。

五 研究过程

第一阶段——启动阶段（2016.3—2016.9）

查阅大量的文献资料、请教专家反复讨论，几易其稿，完成了课题方案的制定，并顺利通过江苏教育改革和发展战略性与政策性研究课题的立项审批。课题组成员，深入调研国内外教育信息化发展战略，剖析经典案例，明确研究问题。进一步明确研究目标、研究内容、研究方法，详细设计研究方案。

第二阶段——实施阶段（2016.10—2017.5）

1. 梳理查阅的文献资料，研究国内外推进教育信息化发展的典型模式、经验与启示。

2. 组织课题组核心成员到苏北、苏中、苏南等地开展教育信息化调研，调研江苏教育信息化发展的现状，总结各地推进教育信息化的典型模式与经验。

3. 探索江苏教育改革发展的教育信息化需求及其规律，总结提炼江苏推进教育信息化未来发展的典型模式，并进行实践验证。

第三阶段——深化阶段（2017.6—2017.10）

1. 2017 年 6 月中旬召开了课题组会议，总结前一阶段的研究成果，分析了研究中出现了问题，制定了本阶段的研究计划和研究目标。

2. 进行教育信息化推进模式的研究。组织课题组成员参加全国基础教育信息化典型示范案例培训活动、全国首届智慧教育国际论坛、互联网＋时代课堂教学范式的研究课题的结题活动等，召开有关地市馆长、有关学校校长、电教主任参加的座谈会，就课题研究有关问题征求意见，进一步了解教育信息化发展模式在教育改革发展中的应用，总结课题研究初步成果。

第四阶段——成果总结阶段（2017.11—2018.3）

组织项目组成员归纳、总结研究成果，撰写总结材料，推广研究成果。

六 研究成果

通过近两年的研究，项目组出版了 4 本专著，发表了 22 篇论文（其中 CSSCI 期刊上发表

10篇),培育了数十个典型案例(其中有23个案例入选部、省教育信息化应用典型案例并在全国推广,泰微课获得第五届全国教育改革创新特别奖),制定了5个政策文件,形成了江苏推进教育信息化的六大路径,取得了预期研究成果。

(一)出版专著(4本)

1.《2016年度江苏省基础教育信息化发展报告》(江苏省教育信息化中心、省电教馆、教育部教育信息化战略研究基地)。

2.《智行校园慧享学习——苏州市智慧校园示范校项目创建成果汇编》(顾瑞华)。

3.《智慧校园——实现智慧教育的必由之路》(王运武　于长虹)。

4.《翻转课堂实操指南》(刘向永)。

(二)发表论文(22篇)

1.《以教育信息化带动教育现代化建设》(吴胜东)。

2.《共享最优质的资源　成就最合适的教育》(吴胜东　李建芬　肖浩)。

3.《创新示范　融合共享——在苏州市智慧校园示范校项目专家现场推进会上的讲话》(吴胜东)。

4.《智慧教育的三个核心问题探讨》(陈琳　杨英　孙梦梦)。

5.《走向智慧时代的教育信息化发展三大问题》(陈琳　王丽娜)。

6.《"十三五"开局之年,以信息化推动教育现代化新发展》(陈琳　杨英　华璐璐)。

7.《共享经济启示的非正式学习发展研究》(杨英　陈琳　刘雪飞)。

8.《全息技术在智慧教育中的应用研究》(李佩佩　陈琳　冯嫚)。

9.《中国教育信息化战略规划的世纪变迁》(王运武)。

10.《〈2017地平线报告(高等教育版)〉解读与启示——新兴技术重塑高等教育》(王运武　杨萍)。

11.《智慧学习空间:从知识共享到知识创造》(丁超　王运武)。

12.《3D视频资源:数字化教育资源的新形态》(王洪梅　王运武　丁超　唐丽)。

13.《多视角下教育信息化发展不平衡问题研究》(魏先龙　王运武)。

14.《面向核心素养的高中信息技术课程标准修订》(刘向永)。

15.《2016年我国信息技术教学应用发展评述》(刘向永　李傲雪)。

16.《自带设备BYOD:撬动应用常态化的"杠杆"》(刘向永　谭秀霞　时慧)。

17.《中小学BYOD实施国际进展述评》(王萍　刘向永)。

18.《义务教育学校电子书包应用状况调查研究——以长三角地区为例》(刘向永　王萍)。

19.《大数据下看经验　凝心聚力谋发展》(顾瑞华)。

20.《在探索中发现未来——"互联网＋时代课堂教学范式"学科成果发布》（管雪沨）。

21.《构建"互联网＋"时代课堂教学范式教学系统》（管雪沨）。

22.《区域创客教育的实施路径——以江苏省常州市天宁区为例》（管雪沨）。

(三) 典型案例(23个)

1. 江苏省教育信息化公共服务体系建设机制与应用模式探索。

2. 未来教室助推苏州智慧教育。

3. 无锡市教育信息化管理服务中心基于手机微信公众号,构建无锡教育"人人通"智慧管理服务体系。

4. 创新推进信息化 助力基础教育优质均衡发展——"泰微课"建设与应用的案例分析。

5. 徐州市"学讲行动"计划实施与信息技术应用。

6. 智慧教育云,带来教与学的双重革命——连云港市智慧教育云服务平台介绍。

7. 镇江教育云平台助力智慧教育。

8. 信息化促进区域教育高位均衡发展。

9. 打造"易加"品牌,深化智慧教育——苏州工业园区智慧教育枢纽平台统筹应用案例。

10. 融合创新 特色发展 实现区域教育信息化整体推进。

11. 宿迁市中心城区教育信息化 PPP 项目。

12. 江南大学智慧校园数字化能源监管平台助推绿色大学创新发展。

13. 信息技术支撑农科教合作模式创新探索。

14. "微哨"在高校移动数字校园构建中的应用。

15. "互联网＋"时代下的智慧校园建设。

16. 校企共建云平台 打造职教生态圈。

17. e课堂,提高学生信息核心素养的阵地。

18. 有效教学借力科技,智慧校园"其道大光"——苏州三中从"平台"到"范式"的飞跃。

19. "应用入手"求突破 "一体三线"促效益。

20. 努力推进教育信息化 创新构建现代教育新平台。

21. 基于互联网,构建"光东模式"的探索。

22. 全息学习,改变"学习"的面貌。

23. 幼儿体感游戏的开发与实践研究。

(四) 政策文件(5个)

1. 江苏省"十三五"教育信息化发展专项规划。

2. 江苏省中小学智慧校园建设指导意见(试行)。

3. 江苏省高校智慧校园建设指导意见(试行)。

4. 江苏省教育管理信息化建设与应用规划(2016—2020)。

5. 江苏省教育资源云服务平台升级改造方案。

(五)推进模式(六大路径)

1. 以智慧校园建设为抓手,推进教育信息化生态环境建设

将智慧校园建设作为推进教育信息化的重要内容和有力抓手,大力实施智慧校园创建工程,以智慧校园建设,带动教育信息化基础环境的全面提升,推动信息技术与教育教学、教育管理的深度融合和创新应用,全面提升教育信息化建设和应用水平。加强顶层设计,将智慧校园建设作为全省教育事业发展"十三五"规划的重要内容,并且纳入全省教育信息化"十三五"发展规划十大重点工程之一,统筹推进实施。出台标准规范,省教育信息化中心牵头组织制定了《江苏省中小学智慧校园建设指导意见》和《江苏高等学校智慧校园建设指导意见》等文件,明确智慧校园建设目标、原则、内容,建立健全大中小学校智慧校园评价指标体系,指导和引领各级各类学校在智慧校园环境、数字教育资源、信息技术应用能力提升和应用融合创新等方面积极开展探索与实践,推动全省教育信息化融合创新发展。加大指导支持力度,多次赴南京、盐城、苏州、淮安等地,就智慧校园建设指导意见和评价标准进行解读,帮助地方和学校进一步理清思路、明确目标任务,加快推进智慧校园建设。目前,全省有 29 所中等职业学校成功创建智慧校园。南京、苏州、镇江等地智慧校园创建工作取得明显进展。2017 年度,南京市确定了 28 所学校为南京市智慧校园示范学校,镇江市有 31 所中小学通过智慧校园现场评估,苏州市有 30 所中小学达到智慧校园示范校标准。此外,无锡、扬州、徐州、泰州、盐城、淮安、连云港等市也分别确定了智慧校园的创建目标和进度安排,有的还将智慧校园创建工作纳入市政府为民办实事项目,不断加大智慧校园建设力度。

智慧校园建设带动了各地教育信息化基础环境的全面优化。据统计,截至 2017 年底,全省"三通"工程建设水平明显提升,具体来说,全省中小学校全部实现"宽带网络校校通",其中 10 M 以上宽带接入的学校占 95.6%,100 M 以上的占 74.9%。"优质资源班班通"覆盖率达 89%。师生"网络学习空间"开通数量 720.7 万个,85.4% 的教师开通了教师空间,81.7% 的学生开通了学生空间,83.7% 的学校开通了学校空间。智慧校园建设也带动了教育信息化融合创新应用水平的有效提升,各地各校积极探索新技术新媒体在校园环境、学校管理、教师队伍、教学系统、教学模式、教育科研等方面的有效应用,构建了课堂教学、教师教研、学生学习、管理评价、家校互通、学校安全管理等一体化智能校园环境,推动了教育理念、教学方式、教学内容的变革,优化了教育信息化生态环境。

2. 以资源平台建设为载体,促进全省优质教育资源的普惠共享

优质教育资源的建设与共享,是教育信息化促进教育公平、提高教育质量的重要途径。

在推进教育信息化建设过程中,江苏坚持把教育资源公共服务平台建设为重要载体,依托平台,不断扩大优质教育资源覆盖面,促进优质资源的普惠共享。目前,通过自建、共建、购买等多种方式,省级教育资源公共服务平台建成基础教育资源 631 万条共 8.3T,覆盖所有学段、所有主干学科;职业教育资源 45 万条 1.3T,覆盖所有专业大类;国家、省、高校三级精品课程建设体系基本形成。平台访问量达 2.1 亿次,资源下载量达 5 100 万次。依托省级教育资源公共服务平台,邀请一批特级教师、名师等开设网络名师工作室,充分发挥名师的示范引领效应,放大优质资源的作用,"择校热"、"补课热"等教育热点难点问题得到有效缓解。

各地陆续推进地方教育资源公共服务平台建设并取得显著成效。苏州、无锡、镇江、南京、徐州、盐城等地资源云平台建设各具特色,各市、县、校也通过多种渠道引进或自建个性化、特色化的教育教学资源。泰州的"泰微课网络课程"已成体系并具品牌效应,已建成微视频 8.5 万多条、微测试题 30 万条,覆盖基础教育各学段 17 门主要学科。南通的"慧学南通"微信平台每期为在籍师生免费提供百节公益课堂、万节南通微课、百万册电子图书,为全时空移动学习提供了立体化的教育资源服务。

当前,江苏正大力推进省级教育资源公共服务平台的升级改造工作,建设江苏智慧教育资源云平台,实现国家、省、市、县四级平台的互联互通和资源共享,充分发挥省级资源平台的枢纽作用,构建数字教育资源公共服务体系,全面提升省级数字教育资源公共服务体系协同服务能力,为广大师生、学生家长及社会公众提供泛在化、便捷化的资源应用环境,提升数字教育资源服务均等化、普惠化、便捷化水平。

3. 以培训和活动为手段,促进师生信息素养提升

将提升教育管理者信息化领导力、教师信息技术应用能力、专业技术人员服务保障能力作为推进教育信息化建设的重要一环,并配合举办教育信息化系列大赛活动等,全面提升各类人员信息素养。启动实施全省中小学教师信息技术应用能力提升工程,68 万多名中小学教师完成线上 30 学时线下 20 学时的培训任务。积极组织教育厅局长、校长参加教育部组织的信息化领导力培训,举办全省中小学校信息技术骨干教师应用能力培训,开展全省中小学教师信息技术应用能力提升工程网络与信息安全专题培训,培训人数达万人。全省各地信息技术培训百花齐放,培训内容涉及互联网课堂教学、信息化领导力、数字化学习、学校管理、网络安全、创客教育、机器人竞赛等诸多方面。苏州的未来教室专题培训和教育数据分析师培训亮点突出,19 044 名教师参与未来教室专题培训,涌现了 300 名种子教师、24 名专家级教师。南京的中小学首席信息官培训聚焦智慧校园,突出团队研修,取得积极进展。

在注重培训的同时,通过举办各类信息技术应用展示活动,为广大师生搭建了更多更广阔的展示平台。连续多年举办了"领航杯"信息化教学能手大赛、中学生英语口语大赛等系列赛事,不断创新比赛形式、扩大参与面,特别是 2017 年,全省师生参与人数达 120 多万,活动点击量突破 1 600 万,活动已经发展成为全省乃至全国教育信息化领域颇具影响力和权威

性的重大赛事。举办了全省中小学创客比赛和优秀作品展。开展全省中小学、高校校园网站测评活动,评选出 68 个中小学和 36 个高校优秀校园网站等。通过系列活动和大赛,广大教师的信息技术应用能力和水平不断提升,在各类全国性教育信息化比赛及活动中均表现优异,特别是在全国"一师一优课、一课一名师"活动中,江苏部级优课数荣获三连冠,全省广大师生信息素养得到明显提升。

4. 以课题研究和案例培育为重要举措,推进区域教育信息化创新应用

江苏将教育信息化课题研究作为推进工作的重要举措,以教育信息化课题研究驱动教育信息化实践。积极引导各级教育行政部门、各级各类学校围绕教育改革发展中的重点难点热点问题,围绕新技术在教育教学中的试点示范应用,积极设立研究课题,构建全省教育信息化课题研究体系。目前,省级层面完成国家级、省级教育信息化研究课题评审 900 多个,确定了省级立项课题 359 个,重点资助课题 69 个。省级教育信息化课题研究体系的建立,推动了全省教育信息化理论研究的创新发展,为教育信息化融合创新提供了理论和智力支持。

将教育信息化案例培育作为推进工作的重要举措,通过精心挖掘培育典型案例,然后总结提炼形成经验范式,再以点带面进行宣传推广,示范引领带动全省教育信息化应用水平的整体提升。加大典型案例的培育和推广力度,开展全省教育信息化应用典型案例的培育和征集遴选工作,案例培育成果不断显现。仅 2017 年,我省就有 5 个案例成功入选教育部教育管理信息化应用优秀案例,占全国总数的六分之一。我省 2 个区域和 2 所学校入选基础教育信息化优秀案例并获得国家级资助。泰州市教育局《建设"泰微课",以信息化引领教育现代化》荣获全国教育改革创新典型案例推选活动特别奖。全省各地也涌现了许多具有借鉴和推广意义的创新应用案例,如无锡的感知课堂、苏州的未来教室、扬州的网上结对、南京的创客教育、常州的青果在线、徐州的学讲计划、盐城的名师网络专递课堂等,教育信息化对教育改革发展的支撑和引领作用进一步凸显。

5. 以开展大数据挖掘分析为着力点,提升教育治理能力

坚持注重开发和应用教育大数据,积极推进基于大数据的教育治理方式的变革,全面提升教育治理能力和水平。扎实推进省级教育管理公共服务平台建设,部署了 11 个国家核心系统和 6 个省级通用系统,服务全省师生 1000 多万人,初步形成国家核心系统、省市通用系统和学校特色系统三级建设与应用格局。建立覆盖基教、职教的学校、教师、学生三大基础数据库、数据开放共享平台和标准规范体系。依托基础数据库,推进省高中学生综合素质评价系统、师范生培养信息管理系统、中小学体质健康信息管理系统等 10 个省级系统建设,并逐步积累沉淀重要业务数据。当前,江苏正依托省级教育管理公共服务平台,大力推进省级教育大数据中心建设,通过与华中师范大学、国家教育大数据应用技术国家工程实验室等高校和科研机构密切合作,借助其人才和技术优势,帮助我们开展教育大数据的挖掘和分析,

促进教育决策科学化、公共服务系统化、学校管理规范化,全面推动教育治理能力现代化。

6. 以多元化的经费投入机制为保障,确保教育信息化可持续发展

省级层面设立教育信息化专项经费,2014—2016年,省财政拨付教育信息化专项经费2亿多元,2017年,省财政又安排7500万元信息化专项经费。省经信委通过实施精准扶贫工程专项扶持欠发达地区和学校信息化建设,帮助农村学校解决"最后一公里"难题。省财政对完成智慧校园创建的职业学校专项补助150万元。地方政府积极制定政策、设立项目,不断增加教育信息化专项经费投入。宿迁市以PPP模式启动中心城区教育信息化项目建设,总投资约2.7亿元用于提升"三通两平台"建设水平。淮安市投资3600万元用于智慧教育云平台建设。南京市安排智慧校园奖补资金1500万元。完善学校信息化经费保障政策,省政府明确要求各地要将教育信息化重大建设项目经费列入财政预算,学校要确保生均公用经费一定比例用于信息化经常性运行维护。省教育厅正在研究制定落实学校生均公用经费5%以上用于信息化教育教学资源更新和日常运行维护的相关政策。引入市场化运营机制,与阿里、华为、腾讯、凤凰传媒集团、三大通信运营商等企业建立战略合作伙伴关系,试行基础性、公共性资源服务由财政买单,个性化、增值性资源服务由市场运营,鼓励企业资本支持中小学教育信息化建设。通过建立政府为主、企业为辅的教育信息化多元投入机制,保障了教育信息化的持续健康发展。

七 研究反思

项目组按照研究计划,较好地完成了研究任务,达到了预期研究目的。为进一步促进江苏教育信息化发展,尽快实现教育现代化,推广江苏教育信息化模式,项目组将继续推进江苏教育信息化推进模式研究,为领导关心、社会关切、人民关注、事关教育发展大局的重点难点问题的解决提供基于信息化的解决方案,要在教育信息化顶层设计和宏观统筹等方面下功夫,努力形成江苏教育信息化未来发展范式,为江苏实现教育现代化、办人民满意的适合的教育发挥支撑和引领作用,为其他省市开展教育信息化建设提供江苏经验。

根据新时代新要求,江苏教育信息化建设将全面进入2.0时代,江苏推进江苏教育信息化的模式研究将努力实现三个转变,一是要实现从教育专用资源的开发、应用和服务向大资源的开发、应用和服务的转变;二是要实现从提升信息技术应用能力向提升师生信息素养转变;三是要实现教育信息化从融合发展向创新发展转变。努力构建三个模式,一是探索基于信息技术的教学新模式。依托信息技术重塑教学评价和管理模式,开展综合性、多维度、过程性评价,注重学生能力素质的培养。二是发展基于互联网的教育服务新模式。建立健全优质资源质量标准和产业保护机制,探索资源共享新机制,创新服务模式,鼓励多样化教育服务。三是探索信息化时代教育治理新模式。形成覆盖各级各类教育及教育全过程的管理监测体系,推进基于大数据的教育治理方式的变革,构建安全有序的教育信息化环境。

八　成果的理论与实践价值

（一）成果的理论价值

1. 提出了教育信息化发展宏观发展战略。

2. 提出了江苏推进教育信息化建设的六大路径。

3. 制定了江苏省"十三五"教育信息化发展专项规划。

4. 提出了以智慧校园建设推进教育信息化生态环境建设的理论与方法。

5. 探索形成了区域智慧教育推进路径和策略。

6. 形成了互联网环境下的课堂教育教学范式。

（二）成果的实践价值

1. 江苏教育信息化建设6大路径有效促进了江苏省教育信息化发展，全省教育信息化发展水平明显提升。《2016年中国教育信息化发展报告》显示，江苏基础教育信息化综合指数在全国排名第二，五大板块发展指数均位居全国前列，其中，教育资源、保障机制两项排名第一。

2. 区域智慧教育推进路径和策略为区域教育信息化建设提供了支撑，各地教育信息化建设亮点呈现。无锡的感知课堂、苏州的未来教室、泰州的泰微课、扬州的网上结对、南京的创客教育、常州的青果在线、徐州的学讲计划等典型案例为全国教育信息化建设提供了宝贵经验。

3. 智慧校园建设指导意见有力推进了全省智慧校园建设，也为全国高校和中小学智慧校园建设提供了可供借鉴的思路。苏州、南京、镇江智慧校园建设已取得阶段性成果，无锡、扬州、徐州、泰州、盐城、淮安、连云港智慧校园建设也在抓紧推进。

4. 互联网＋课堂教学范式、3D数字化资源、泰微课、创客教育等研究成果有力推进了信息技术与教育教学的深度融合，促进了优质教育资源的普惠共享。

九　成果的社会效益

1. 项目研究得到了全省各地、各校师生的高度关注。全省有2.1亿人次访问省级教育资源公共服务平台，有120多万师生参与"领航杯"教育信息化大赛、有68万多名中小学教师完成了全省中小学教师信息技术应用能力提升工程线上线下培训。

2. 项目研究得到了省市县各级政府和教育行政部门前所未有的关注。三通两平台和智慧校园建设被纳入全省教育现代化监测指标体系，苏州、镇江、南京、淮安等地将智慧校园建设纳入政府为民办实事工程。

3. 研究成果为省委、省政府、教育厅、各地各校等研制教育发展战略、智慧教育发展战略、教育信息化发展战略、教育现代化发展战略和提供了决策支持,为促进教育公平、提高教育质量提供了解决方案。

4. 研究成果为全国教育信息化发展提供了经验借鉴。2017 年,我省入选教育部教育管理信息化应用优秀案例数占全国总数的六分之一,有 30 万名教师参与"一师一优课、一课一名师"晒课,我省部级优课数荣获全国三连冠。

5. 研究成果在《中国电化教育》《中国教育信息化》《现代远程教育研究》《中国信息技术教育》《现代教育技术》等期刊发表,并被人民网、新华网、中国教育报、搜狐教育、江苏教育报等主流媒体宣传报道,产生了较大的社会影响。

十 项目组成员

序号	姓名	职务、职称	工作单位	对课题的主要贡献
1	吴胜东	主任(馆长)	江苏省教育信息化中心(省电教馆)	江苏推进教育信息化顶层设计
2	陈 琳	教授	江苏师范大学	研究智慧教育推进战略
3	缪榕楠	副主任(副馆长)	江苏省教育信息化中心(省电教馆)	研究项目设计
4	王运武	副教授	江苏师范大学	研究推进智慧校园建设
5	刘向永	副教授	江南大学	研究推进信息技术课程
6	李建芬	中学高级教师	江苏省教育信息化中心(省电教馆)	研究教育信息化推进模式
7	王西祥	副科长	江苏省教育信息化中心(省电教馆)	研究教育信息化推进模式
8	林 艳	中学高级教师	江苏省教育信息化中心(省电教馆)	研究教育信息化推进模式
9	肖 浩	科员	江苏省教育信息化中心(省电教馆)	研究教育信息化推进模式
10	陈 平	馆长	南京市电化教育馆	研究教育信息化推进模式
11	顾瑞华	馆长	苏州市电化教育馆	研究教育信息化推进模式
12	董 江	馆长	连云港市教育管理信息中心	研究教育信息化推进模式
13	管雪沨	副主任	常州市天宁区教师发展中心	研究教育信息化推进模式

第二编 发表论文

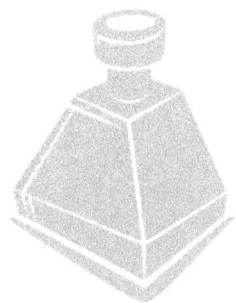

共享最优质的资源 成就最适合的教育

——江苏智慧教育建设的实践与愿景

吴胜东

（江苏省电化教育馆）

近年来，江苏高度重视教育信息化建设，将教育信息化纳入经济社会和教育发展大局，统筹谋划、强力保障、协调推进。全省教育信息化工作显著成效，《中国教育信息化发展报告（2016）》显示，江苏基础教育信息化综合指数在全国排名第二，五大板块发展指数均位居全国前列，其中，教育资源、保障机制两项排名第一，教育信息化对教育现代化的支撑和引领作用日益凸显。主要经验分享如下：

一 强化战略地位、完善顶层设计，建立齐抓共管工作机制

1. 建立政府主导、统筹协调的组织管理体制，不断强化教育信息化的战略地位

2016年3月，省委、省政府召开全省教育工作会议，将教育信息化作为一项重要内容进行部署，并写入会议主文件；成立了江苏省教育网络安全和信息化领导小组，将江苏省教育管理信息中心更名为江苏省教育信息化中心，进一步完善机构职能；加强与省教育信息化厅际协调小组、省教育网络安全和信息化领导小组成员单位的合作，积极争取政策、项目和经费的支持。全省上下形成了政府重视、领导关心、部门协同推进教育信息化的工作局面。

2. 建立统筹规划、分类指导的工作推进机制，不断强化教育信息化的顶层设计

将教育信息化纳入《江苏省"十三五"教育发展规划》的十项重点工程，并制定了《江苏省"十三五"教育信息化发展专项规划》；根据苏南、苏中、苏北区域特点及城乡学校发展实际，分类指导建设；鼓励经济发达地区和学校部署更高水准的环境、探索更高水平的应用，对经济薄弱地区和农村学校持续加大扶持力度。全省上下逐步形成整体规划、分类推进、分步实施、鼓励特色的教育信息化发展模式。

3. 建立监测评估、督查督导的政策保障机制，不断完善教育信息化的发展环境

将教育信息化纳入全省教育现代化建设指标体系并进行动态监测评估，不断加大教育信息化的权重和分值；将教育信息化纳入省委、省政府2016年重点督查内容，并开展专项督

导。全省教育信息化的发展环境更加优化。

二 创设优质环境、开放共享资源,大力推进智慧教育建设

2015年,省政府办公厅印发《关于推进智慧教育建设的实施意见》,在全国率先启动智慧教育建设工作,自此,江苏教育信息化全面进入了智慧教育建设的阶段。在推进智慧教育建设过程中,我们坚持将优质资源的整合、开发、服务与共享作为重要突破口,通过创设优质基础环境、拓宽资源建设路径、提升资源应用能力,努力扩大优质资源的覆盖面和影响力,促进教育均衡,提高教育质量,走出了一条具有江苏特色的智慧教育发展之路。

1. 优化智慧教育基础环境,打通资源共享的高速公路

(1)一是建立资源共享的教育云平台

2010年,江苏在全国率先启动省级教育信息化公共服务平台建设,平台集教育资源和教育管理于一体。教育资源平台内容覆盖各级各类教育资源,并且实现了"国家—省—市—县"四级资源公共服务平台的全网融通;教育管理平台部署了14个国家及省级教育管理信息系统。目前,平台资源总量9.2 T,访问量2.1亿次,下载量5 100万次。2016年,我们又对江苏教育信息化公共服务平台进行了升级改造,启动了江苏智慧教育云服务平台建设,我们希望打造一个理念新颖、技术先进、实用便捷的教育云平台,更好地为学校、师生、家长提供优质高效的教育资源服务。

(2)打造教育数据中心

按照"两级建设、五级应用"的原则,积极推进省级教育数据中心建设。目前,数据中心部署物理机342台、虚拟机531台,存储容量达到1 200 T,网络总出口带宽达12.2 GB,运算能力和存储能力大幅提升,数据备份与恢复体系逐步完善。建成完备的运维组织机构和监控中心,初步实现部省两级联动、三线支持的运维模式。省级教育数据中心的建设,为教育云平台的正常运行提供了强大的基础支撑。

(3)推进智慧校园建设

在全省中小学校全部实现"宽带网络校校通、优质资源班班通"的基础上,全面启动基于云计算、大数据、物联网、移动互联网、人工智能等新一代信息技术支撑的智慧校园建设。通过配备支撑教学、学习和交流的智能终端及配套设备,使教师能够有效运用优质资源开展课堂教学,学生能够有效利用数字教育资源进行自主学习,同时实现了校内教学资源以及网络课程或特色资源的区域共享。目前,全省职业学校已率先建成一批智慧校园,中小学校和高校的智慧校园建设标准已研制完成,即将正式出台实施。

2. 拓宽资源建设路径,打造内容丰富的大型资源超市

(1)拓展平台资源

通过自建、共建、购买等多种方式,不断丰富数字化教育资源内容,打造省级数字教育资

源中心。目前,省级数字教育资源中心基础教育数字化教学资源 631 万条共 8.3 T,覆盖所有学段、所有主干学科;职业教育资源 45 万条共 1.3 T,覆盖所有专业大类;国家、省、高校三级精品课程建设体系基本形成。

（2）汇聚活动资源

充分借助"一师一优课、一课一名师"活动的开展,将我省教师获得的省级、部级"优课"资源充实到省级数字教育资源库。截至目前,累计 11 000 节省级"优课"、4 800 节部级"优课"通过省级教育云平台供全省师生免费使用。此外,全国职业教育信息化教学大赛、"学科德育精品课程"以及"领航杯"教育信息化大赛、微课大赛等活动资源均通过省级教育云平台进行开放共享。

（3）引进市场资源

按照"公共基础性普惠资源靠政府、优质精品个性化资源靠市场"的原则,积极引导企业参与提供数字化教育资源服务,探索建立"政府评估准入、企业竞争提供、学校自主购买"的资源推广应用机制。2016 年,我们与江苏凤凰出版传媒集团签订了智慧教育战略合作协议,共建苏派优质数字化教育资源。其中,覆盖全年段、全学科的公共基础性资源由政府购买并免费提供给全省师生使用。在此基础上,凤凰集团还将打造一批能够满足不同群体个性化、特色化的优质教育资源,供全省师生有偿选择使用。此外,我们与华为、腾讯、阿里、科大讯飞等知名互联网企业的合作正有序推进。今后还将会有更多的优质企业参与到全省数字化资源建设中来,不断为苏派数字化教育资源开发和应用服务体系建设贡献智慧。

3. 强化资源应用能力,推动信息技术与教育教学的融合创新

（1）提升教师应用水平

实施全省中小学教师信息技术能力提升工程,启动了第三轮信息技术应用能力全员培训,在线培训人数 46 万。教育厅(局)长和校长的信息化领导力培训、学校网络管理员和技术骨干的专业技能培训也有序开展。通过培训,教师利用数字化资源进行教育教学的积极性不断提升,"课堂用、经常用、普遍用"的信息化教学格局基本形成。

（2）创新资源应用方式

启动了数字化学习、智慧课堂、翻转课堂、STEAM 教育、创客教育等新型教育模式试点,促进信息技术在课堂教学中的创新应用。打造了区域教育云、网络学习空间、数字化学习社区,鼓励教师广泛开展备课授课、家校互动、网络研修,鼓励学生广泛开展网络选修、自主学习、合作学习,促进信息技术在课外学习活动中的创新应用。举办了信息化教学大赛、多媒体软件比赛等"领航杯"教育信息化系列赛事,为师生搭建更多创新应用的活动平台。

（3）加强资源应用管理

依托省级教育数据中心,启动教育大数据中心建设,教育行政部门和学校可以依托大数据中心开展数据挖掘与分析,为实施标准化、精细化、智能化教育管理和科学决策提供数据

支持。学校和教师可以依托大数据中心对学生学习行为、学习状态、社会实践活动、学习成绩等进行大数据分析,从而实现资源的精准化推送和管理,促进学生的个性化学习和培养。

三　发挥自身优势、鼓励特色发展,开创百花齐放百家争鸣的发展格局

在全省教育信息化整体推进的同时,鼓励各地结合实际、发挥优势、特色发展,涌现出了一批利用信息技术解决教育改革发展问题的典型案例。他们有的聚焦智慧环境建设,如苏州未来教室、无锡感知课堂;有的聚焦优质资源建设,如泰州"泰微课"、南通"慧学南通";有的聚焦课堂教学的创新应用,如常州的"互联网＋"时代课堂范式研究、徐州的"学讲计划"等,形成了百花齐放、百家争鸣特色发展的良好格局,共同构成江苏教育信息化一道道亮丽的风景线。

1. 苏州:"未来教室"支撑教育变革

苏州"未来教室"的建设主要是通过配备智能化的教学终端,利用无线网络技术、传感技术等新兴信息技术,构建智慧化的学习环境,打造高效互动、实时指导、生成拓展的信息化课堂,促进学习方式和教育模式的创新。截止到2016年底,苏州市已完成普通双板教室180间和标准未来教室125间,音乐未来教室1间,分布在全市83所中小学校,市直属学校实现了全覆盖,服务学生超15万名。

从实践来看,"未来教室"的建设和应用,对自主学习、学情分析、资源建设和学习评价等方面产生了积极显著的影响。对学生而言,"未来教室"突破了时间和空间的限制,将课上的教学活动拓展至课前、课中、课后,构建了包括预习、学习、评价、反馈等环节的学习闭环,实现了无处不在的泛在学习。对教师而言,"未来教室"构建了"大教研共同体",除了教师和学生以外,教研员、学校管理者、教师同行、家长等都成为教研共同体的成员,参与"教、学、评"全方位、全过程的活动。此外,配合"未来教室"项目的实施,苏州市启动"未来教师"的培训计划,近2万名教师参与培训,涌现出300多名市级专家型种子教师,建立了一支具有信息技术应用能力、数据分析能力和实证研究能力的创新型教师队伍,整体提升了苏州教师的信息化素养。"未来教室"让苏州与"未来教育"更近了。

2. 常州:"互联网＋"时代课堂教学范式研究

"互联网＋"时代课堂教学范式研究,聚焦课堂教学的主战场。它以科学的教育理念和教育方法、先进的信息技术为指导,聚焦互联网环境下的学生学习、课程资源建设和教学创新,通过不同类型学校、不同学科的探索,提炼出可操作、可推广、可发展、可创造的学科课堂教学范式,引领中小学教学模式和学习方式的变革。其目的在于,通过各个学科课堂教学范式的研究,逐步形成"互联网＋"时代学科常态课堂,变革学习方式,构建"互联网＋"学习新生态,优化育人方式,培养未来社会需要的创新型公民。

该项目的创新之处主要体现在:一是选题新。该项目旨在研究"互联网＋"时代的教学

方式,构建符合信息时代需要的现代课堂,必将促进教育的变革与创新。二是立意高。项目研究特别关注引领教师教学观点的改变和教育思想的变革,努力构建以学生为中心的课堂教学新范式。三是方法实。项目研究立足当前教育发展的问题和需求,整体把握理念、方法、技术、学科、学生,注重实践、注重案例、注重普惠,力求方便共享。目前,已有 48 所学校对五个学科类别开展项目研究,并且取得了阶段性研究成果。

3. 泰州:"泰微课"——E 学习的大百科全书

"泰微课"是泰州市基于微视频学习资源开展数字化学习的应用项目。它主要根据学科知识体系,编纂碎片化的知识点、技能点条目,针对学科重点核心内容和学生学习过程中的难点、疑点、易错点,优化选题,遴选教学内容,精心安排教学流程,制作成时长 3~5 分钟的微视频,供学生免费使用。自 2014 年正式上线以来,"泰微课"不断发展壮大,目前已建成覆盖基础教育各学科、各学段的微视频 8.5 万多条,微测试 30 万多条,泰微导学 5 000 多例,并不断丰富更新,服务对象已覆盖全市 4 万名教师、30 多万名中小学生,成为泰州市基础教育E 学习的大百科全书,并且在全国范围内产生了良好的社会反响。

"泰微课"通过构建跨时空、泛在化、自主式数字化学习体系,使得学生随时随地开展自主学习、个性化学习成为可能,促进了学习方式的转变。资源建设的主体是广大一线教师,教师建设微课资源的过程,可以看作是信息化教学能力提升的过程,促进了教师的专业发展。广大学生,无论城乡、无论贫富,都能享受到最优质的师资资源,有效地促进了教育均衡。"泰微课"在课堂教学中的广泛应用,促进了课堂教学从课堂讲授为主向多种学习方式的转变,使课堂更加生动灵活、教学更加高效,学生学习更加主动,方式更加便捷,推动了中小学课堂教学的革命。

4. 徐州:信息技术支持下的"学讲计划"

"学讲计划",即"学进去、讲出来"课堂教学方式行动计划。"学进去"是指在教师引导下,学生在学习过程中掌握自主学习、合作学习、质疑探究等方法,将所学的知识内化;"讲出来"是指学生将知识内化后,通过同伴互教互助、课堂展示等方式表达出来,达到理解、掌握和运用知识解决问题的目的。"学讲计划"是徐州市基于当前课堂教学老师满堂灌、学生被动地学、课堂氛围沉闷、教学效率低下等系列问题而提出的课改改革方案。

徐州推行的"学讲计划"是在信息技术支持下推进的课改行动。它是以课堂教学方式转变为突破口,坚持"课程改革+信息技术=学习革命"的理念,推动信息技术与课堂教学的深度融合,逐步形成以学习者为中心的教学方式,以此改变课堂生态,改变师生关系,推动课程变化。在学讲课堂上,微课推送、云学习等为学生随时随地自主学习提供了方便;网络教研促进了教师业务素质尤其是实践能力的提高;"智能巡课"系统实现了对学情的及时诊断和精细分析,助力教学过程的可视化。"学讲计划"实施以来,学生自主学习、合作学习、探究学习成为课堂学习的常态,教学理念、教学模式和教学方法也发生了转变,促进了基础教育教学改革。

四 坚持应用驱动、突出融合创新，打造江苏智慧教育建设新范式

"十三五"期间，江苏教育信息化将牢固树立"深化应用、融合创新"的核心理念，以智慧教育建设为抓手，以高素质人才培养为目标，以提升教育信息化基础支撑、优质教育资源统建共享、信息技术应用、教育信息化融合创新、网络与信息安全防护等五个方面的能力为重点，大力实施基础环境提升、资源统建共享、融合创新、能力提升、智慧校园、典型示范与精准扶贫、学习型社区、网络学习空间、教育大数据、网络与信息安全等十大重点工程，努力建成与江苏教育发展水平相适应的全省智慧教育公共服务体系，实现全省教育信息化建设水平的显著提升和对教育现代化支撑引领作用的显著提升。

在推进策略上，我们将进一步聚合教育系统内外协调统筹、省市县校四级联动、专家科研引领、校企合作等四方力量，聚力打造教育大数据、技术推广应用、资源研发服务、教育信息化培训等四个中心，聚智创新经费保障、人才培养培训、监测评估等三项机制，确保智慧教育各项重点工作任务落到实处，确保全省教育信息化工作健康、可持续发展。

信息技术正在催生人类有史以来的第三次教育变革。以教育信息化消弭区域、城乡数字鸿沟，促进教育均衡；以教育信息化推动教育理念、教育方式的变革与创新，提高教育质量；以教育信息化构建适应未来社会人才培养需求的网络化、数字化、个性化、终身化的教育体系，办广大人民满意的、最适合的教育，是江苏智慧教育的建设目标，也是江苏教育的前行方向。

[本文刊载于《中国教育信息化(2017年增刊)》]

智慧教育的三个核心问题探讨

陈 琳 杨 英 孙梦梦

（江苏师范大学智慧教育研究中心）

摘 要： 教育与智慧的关系、智能化与智慧教育的关系以及智慧教育的时代路向，是事关智慧教育发展方向并迫切需要回答的三个核心问题。文章针对这三个核心问题进行了探讨，得出结论：智慧是教育的本源，知识、能力和创新是智慧教育的力量之源，且智慧教育具有时代性，其发展空间无限；智能化不等于智慧化，两者存在着"智能化助推智慧化""智慧化引导智能化"的共轭关系；智慧教育将沿着更高、更快、更广、更长、更远、更大、更先进的"七更"时代路向前进。文章的研究成果有助于增强智慧教育的理论自信，明晰智慧教育的正确发展方向。

关键词： 智慧教育；智能化；教育信息化；新型国际化；智慧时代

引言

近几年来，智慧城市、智慧交通、智慧民生、智慧物流、智慧旅游、智慧医疗、智慧健康、智慧家居、智慧社区等的建设如火如荼，智慧教育也受到了前所未有的重视：以"智慧教育"为篇名在中国知网进行精确检索，截至2016年12月31日，共有相关学术论文295篇。其中，在2000年前发表的论文仅有2篇，2000—2013年这14年间发表的论文增至52篇（不包括杂谈），2014—2016年这3年时间内发表的论文数高达200多篇，是2014年以前发表论文数的4倍多；而且，围绕智慧教育的理论探讨也开始向纵深发展，主要聚焦于智慧教育的内涵、本质、渊源、体系架构、体系技术、生态构建、境界、国际发展战略、"器""道"关系、未来学习空间、创新实践、真实学习视域、开放共享观、数据变迁、环境模型、我国发展战略、教师发展、课程开发等方面的探讨。此外，2014年以前各期刊相关智慧教育活动的报道比较少见，而2014年以后期刊相关全国性和地区性的智慧教育活动或研讨会的报道每年多达20次以上。

当前，智慧教育领域内智慧校园、智慧课程、智慧教室、智慧管理、智慧资源、智慧平台等的建设声势浩大，相关的理论与实践研究成果也在不断涌现。但在教育的智慧化建设及发展中,"智慧"却饱受质疑,"这些所言的智慧在哪儿""现在谈智慧教育,那么原来的教育是不是不智慧""智能化与智慧化是什么关系""智慧教育路在何方"等问题常被人们提起。这些问题足以表明人们对于智慧教育的认识存在迷茫和不解。对智慧教育没有科学认识,必然会影响教育的智慧化发展。为此,本研究针对智慧教育的三个核心命题——教育与智慧的关系、智能化与智慧教育的关系、智慧教育的时代路向进行初步探讨,以明晰智慧教育的正确发展方向。

一 教育本智慧——教育与智慧的关系论

现在人们越来越多地谈论和研究智慧教育,并不代表人类历史上的教育是非智慧教育,事实上,教育与智慧是一对孪生体,其关系如下:

1. 智慧是教育的本源,知识、能力和创新是智慧教育的力量之源

教育承载着知识、文明,既是智慧的产物,又是智慧的载体,同时也是智慧的推进器;教育始终是智慧的行业,教育特别需要智慧。而智慧也需要教育的传承,需要教育者和被教育者去发展与丰富。可以说,教育与智慧始终相伴相生,唇齿相依。

传统教育追求"知能并进",这里的"知"是指知识,"能"是指能力。其中,知识是智慧的结晶,也是智慧产生的基础。智慧教育首先是知识的教育,没有知识的教育便无从谈智慧教育,将会成为"空中楼阁";而能力是智慧的外显,没有能力谈智慧也没有意义,也终将成为"海市蜃楼"。

社会要发展,就要有驱动前进的力量,而"知识就是力量"。在信息时代,创新具有更大的力量,因为创新是新时代智慧教育的核心,是引领发展的第一动力,是知识之泉。也就是说,随着时代的发展,教育已经不能再停留在"知识是最高智慧"的阶段了,而应该向创新这一更高的阶段发展。当然,强化创新智慧,并不是不重视知识和能力智慧,更不是否定知识和能力智慧。实际上,知识、能力与创新是智慧的一体多面,是互相促进的,而不是相互排斥的,更不是对立和相克的。

2. 智慧教育具有时代性

随着社会的发展,人类智慧由低级向高级再向更高级不断演变。从工业时代跃迁到信息时代、再到智慧时代,其接力式的时代跃迁的速度和力度在人类历史上前所未有,人类的智慧也随之经历了突飞猛进的发展。尽管教育与智慧始终相伴,但是当社会快速发展时,教育在某些时段会跟不上时代的发展步伐;而当社会发生重大变迁时,或当新旧时代交替时,教育也往往会在相当长的时间内滞后于时代。由此,人们不难得出结论:既不能用现代人的智慧标准去强求古人,也不能停留在先哲的智慧层次裹足不前;时代巨变必须及时赋予智慧教育以新的内涵。在社会大变革期探讨智慧教育,既具有必然性,也具有迫切性。只有与具体时代相适应并能在一定程度上引领社会发展的教育才是智慧的,才能称得上是智慧教育。

3. 智慧教育发展空间无限

智慧教育的发展空间无限，主要体现在：① 如前文所述，当社会发展速度很快或变化很大时，教育的发展会滞后于时代的发展，这个时候的教育就会显得不够智慧，就会呼唤智慧教育。当前，我国就处于这样的时期——《国家教育事业发展"十三五"规划》指出"教师队伍素质和结构不能适应提升质量与促进公平的新要求"，便是对教育不够智慧的最好诠释。② 教育总体上智慧，但并不代表所有地区的教育、所有学校的教育、所有学科或专业的教育、所有教师的教育都是智慧的。事实上，教师的教育智慧水平差异甚大，相当高比例教师的教育智慧能力与智慧教育的时代需求相去甚远，因此不断提升教育的智慧水平，特别是提升教育智慧水平较低的教师的智慧教育水平，显得尤为必要和迫切；③ 教育名家大师的教育总体上来说是智慧的，但并不代表每个人所教的每一节课、课堂上的每一个环节都处理得非常智慧，因此，名家大师也同样存在需要将自己的教育不断推向智慧新高度的问题。

二 教育智能化并不是教育智慧化——智能化与智慧教育的关系论

教育信息化具有数字化、多媒体化、网络化、智能化等技术特征。随着"三通两平台"建设作为教育信息化的重点工作持续地高强度推进，我国教育信息化的数字化、多媒体化、网络化已达到很高的层次，而智能化由于要求高、发展空间大，实现起来相对较难，从而成为未来教育信息化水平提升的瓶颈。

近年来，智能化已经逐渐渗透到人们的日常生活中，如人们运用手机、平板、电脑进行数字化学习时，就已在相当程度上离不开智能化了。但是，人们通常感觉不到智能化的存在：录入文字时的词语联想，是智能化在发挥作用；运用翻译软件时，智能化也同样在发挥作用；扫描印刷文字时的 OCR 识别，是在进行智能化转换；远涉时用到的地图软件导航，实际上是智能化在帮忙辨别方向；开展数字拍摄、图像处理、视频编辑、动画制作、文字编辑加工等工作时，智能化也帮了许多忙，但大多时候人们对此毫无觉察。目前，智能化已经达到了相当高的水准，最典型的案例是机器人 AlphaGo 在被认为智力水平最高的围棋竞赛中，竟然接连战胜了世界围棋冠军李世石和柯洁。尽管如此，智能化水平提升的空间依然非常大。值得注意的是，人们在享受智能化通过"润物细无声"的方式带来便利的同时，又期待着智能化的不断升级，于是乎，人们常常将智能与智慧、智能化与智慧化混为一谈。在智能化与智慧化的关系方面，有必要形成如下认识：

1. 智能≠智慧

智慧一定是指人，而智能现在更多的是指物。我国对智慧的经典解释是具有辨析判别和发明创造的能力。该定义将智慧分为两个层次：辨析判别的初级智慧和发明创造的高级智慧。在人类文明诞生后的漫长历史进程中，这两种智慧都是人的专利，没有任何物具有这些能力。随着智能化的不断发展，物逐渐具有某种意义上的辨析判别能力，如无人驾驶汽车就拥有在自动评判道路的各种状况后决定自身行驶方案的能力——只不过,物的这种辨析判别能力是人所赋予的,而且这种能力与人的情感等的复杂判断能力还远未达到同一个层级。目前,人工智能虽已具有一定的辨析判别能力,但这种能力层级较低,且还不能发明创造,故不能与"智慧"划等号。

2. 智能化助推智慧化

随着智能化的不断发展,人类越来越多的工作将交由机器人去做——机器人将"抢"蓝领的饭碗,智能软件将"抢"白领的饭碗,而且这种"抢饭碗"现象会在一定时期内愈演愈烈。这种"抢"将导致更多的人从简单、繁杂、重复性的劳动中解脱出来,使人性得到极大的解放。因此对人类社会而言,这是时代的巨大进步。人类解脱出来后,将会有更多的时间从事创造发明,从而推动人类拥有以发明创造为特征的更大智慧。从这个角度可以说,智能化将是智慧化的时代化助推器。

智能化将奉献给人类的是代替人类劳动的智能机器或软件,应用这些智能化的机器或软件,从某种意义上说人类似乎可以不劳而获了,但实际上,这并不意味着人类真的可以永享清福了。这是因为,劳动创造了人类,且人类的发展始终与劳动直接关联;劳动促使人不断思考、高效运行、体脑协调使用,使人类不断产生更高的追求;一旦人类真的不劳动了,长此以往人类肯定会退化。因此,机器和软件代替人类原有的劳动后,人类必然会走向以创造发明为智慧特征的新型劳动——也就是说,智能化将倒逼人类由低端的智慧走向高端的智慧。需要补充说明的是,智能机器也需要拥有高超智慧的人进行设计、开发、管理和维护等。

总之,智能化将为人类的认知、统计分析、观察、记忆、决策判断等提供更好的支撑,人类将由原来仅靠大脑记忆、判断和分析派生出一种"智慧脑＋智能脑"的双脑共用,而这将给人类插上更加有力的智慧翅膀,促使人类的智慧得到更好的发展。

3. 智慧化引导智能化

随着大数据技术和机器深度学习不断向纵深发展,人工智能将会很快突破奇点,智能机器人正在迅速吞食许多行业。未来智能化的进一步发展,需要不断提升的人类智慧的引导,因为没有人类智慧,就没有智能化;没有人类的大智慧,智能化就不可能获得大发展;没有人类的智慧化,也就不可能出现高端智能化。智慧为人、智能为物,在社会发展中起决定作用的因素是人,而不是物。因此,智慧教育应将人类的智慧提升放在第一位,用人类的智慧去引导和推动智能化的进一步发展,而绝不能将人的智慧和物的智能本末倒置。

三 教育的"七更"发展——智慧教育的时代路向分析

智慧既具有继承性又具有发展性,时代的不断变迁必然要求智慧向更高层次提升。当今时代是史无前例的大创新时代,而大创新时代的教育必须有更多、更大的智慧。从理论研究和社会发展的趋势来看,智慧教育的时代路向主要表现在以下7个方面:

1. 更高:促进学习者创造发明思维及能力的发展,不断提升人类社会发展的高度

大创新时代最需要提升的是创造智慧,因为创造发明智慧与提升人类社会的品质和高度密切相关,是使人类社会走向更加美好的根本之所在。全社会现已认识到创造发明智慧的重要性,当务之急是要拿出提升创造发明智慧的好办法。从教育要素的角度来看,教和学的评价改变是提升智慧的关键,因此,必须将评价的着眼点由知识的理解和记忆,转向知识的迁移应用并最终指向创造发明,将"学习为了创造、学习就是创造、学习能够创造"落到实处。当今时代,不能促进学习者创造发明思维及能力发展的教育,不能称之为智慧教育。

2. 更快:倍增学习效率,快速增进学习者的聪明才智

人类社会正以前所未有的高速度发展,因此,有人形象地说:农业时代一年就是一年,工业时代一个月是一年,信息时代一天就是一年。如此加速发展的人类社会,必然要求变革教与学的方式,而提升教与学的效率也就成为教育的当务之急,否则人类就会有一种被拖着往前走而赶不上时代的感觉,并且容易生活在高压和焦虑之中。快速提高学习者聪明才智的手段有多种:① "加(+)"——在教学中新增与时代相匹配的理论、内容、方法、环境、条件,将学习者真正带入新时代并进行学习,力求处于时代的前沿;② "减(-)"——在教育教学中剔除过时的内容和方法,将学习的主动权更多地交还给学生,增强学生学习的内驱力;③ "乘(×)"——寻求具有倍增效应的方法予以突破,其大方向是人脑更好地利用汇集了人类智慧结晶的智能脑;④ "除(÷)"——既摒除过时的思想,又改变以往盲目的"跟跑"状态,由"跟跑"转为"并跑"进而转为"领跑",并通过改革评价方式,彻底改变一味考知识、比记忆、练技巧的应试教育和简单的实践教育,彻底改变以知识、教材、教师、课堂、考试为中心的传统教育理念和模式。

3. 更广:拓宽学习者的视界并培养其跨学科学习的能力

人类社会正进入大科学时代,宇宙科学、海洋科学、地球科学、脑科学、生物科学、材料科学、深蓝科学等科学的更大发展,仅靠某个学科的"单打独斗"是无法实现的,必然要依靠交叉学科互相融合的力量。未来人类社会发展需要的是跨学科的综合型人才,而当前学科本位、知识面狭窄的钻深井式的人才培养模式,已经远远不能适应大科学时代对跨学科的综合型人才的培养需求,因此,教育需要应时而变、应需而变。目前,一些国家在基础教育实施的STEAM(Science,Technology, Engineering,Art,Mathematics)整合教育就是应对这些改变需求的一种尝试。有鉴于此,我国从基础教育到专科、本科、硕士、博士的教育,也有必要根据大科学发展的趋势进行调整,而且这种调整迫在眉睫。

4. 更长:让学习者拥有终身学习的条件和能力

智慧时代是创新不断的时代,是新技术、新发明、新知识层出不穷的时代,是原有知识不断被更新、技术不断被升级甚至被替代的时代。在智慧时代,人类要想跟上社会的发展,必须进行终身学习。目前,很多国家正致力于创造条件向全民提供终身的教育,建设泛在学习环境支持"人人皆学、时时可学、处处能学"的学习型社会的发展。适应智慧时代的发展,学习者应树立终身学习意识,掌握科学的学习方法,挖掘自己的学习兴趣,主动、积极地去学习。

5. 更远:使学习者成为新时代所需的新型国际化人才

新型的国际化人才在本质上与传统的通过出国留学方式培养的人才有所不同。传统的留学培养大多只是"他国化"而非"国际化"。因为一个人到国外留学,是到某一国度某一学校去学习。其留学的视野局限于有限的国度、有限的学校,故与国际竞争的大国际视野要求有着很大的差距。由于通过留学培养的人才并不能适应真正意义上的国际化需要,因此,教育工作者要充分认识"地球村"的特殊性,实施新型国际化教育。这里的新型国际化教育,是指"互联网+"的国际化教育与学习。

6. 更大:实现教育引领社会的大目标

放眼世界,教育已由过去的小教育、短教育、低教育,发展为大教育(教育规模大)、长教育(走向终身教育)、高教育。在此背景下,教育界不能再用传统思维考量自身的责任,必须有更大的情怀,承担更大的责任。改革开放近40年来,我国逐步走向强盛,教育发生了翻天覆地的变化——我国教育已由穷教育转变为比较富足的教育,由弱教育转变为较强的教育,并拥有了世界上最大规模的高等教育。而教育引领社会,是我国由"人口红利"向"教育红利"发展的必然要求。为实现这个大目标,有必要提升学习者的责任意识,并通过"教育红利"使国家保有持久的发展优势。

7. 更先进:实现教育模式的重大时代改革

从我国教育学泰斗顾明远先生与美国管理学大师彼得·圣吉教授关于"教育如何迈向新时代"的对话中,人们可以感受到教育模式改革的必要性和迫切性。彼得·圣吉认为,美国的教育仍然采用的是工业化时代为了训练流水线工厂里工人的学习教育;顾明远则认为,我国教育的问题,可能不光有工业化教育的弊端,还有封建思想的弊端。因此,教育模式的改革迫在眉睫。没有教育模式的改革,以上六个路向就无从实现,也就不可能建构真正的时代化教育,智慧教育也就会成为一句空话。教育模式改革可从以下三个方面着手:

① 学习者实现"双脑"融通学习。随着信息化的快速发展,人类已经造就了大脑之外的另外一个脑——以电脑、互联网为基础的智能脑。而智慧教育要解决的一个重要问题,便是如何让学习者发挥自身智慧脑与智能脑的"双脑"作用。"双脑"作用的发挥,并不是简单地通过技术实现电脑与人脑的对接,而是要利用"双脑"进行融通式的学习、工作和生活。

② 学习者实现"双世"融通认知。信息技术的发展使人类拥有了真实与虚拟两个世界,但是人们在利用这两个世界时存在顾此失彼、"双世"相对分离等问题。在智慧教育时代,学习者必须学会虚实融合,才能更好适应生活。

③ 充分发挥现代信息技术对教育的革命性影响作用,真正实现"互联网+"教育。这就

要求学习者一方面要充分利用信息技术变革教育,另一方面又要避免出现技术中心主义倾向,避免一味追赶技术新潮而不顾教育效果和学生身心健康发展的现象发生,要发展真正"智慧"的智慧教育。

结语

走向智慧时代的智慧教育是一种崭新的理念和形态,对其探索才刚刚起步。理论是行动的指南,智慧教育的理论研究水平与层次,将直接决定智慧教育的高度。基于此认识,本研究就教育与智慧的关系、智慧化与智能化的关系、智慧教育的时代路向进行了初步探讨,论述了智慧化与智能化之间"智能化助推智慧化"、"智慧化引领智能化"的共轭关系,明确了智慧教育未来发展的"七更"路向。

"始生之物,其形必丑"。任何理论都会经历一个由不成熟到不断走向成熟的过程,如果因为不成熟而羞于提出理论,那么就不可能出现不断成熟的理论,也就不可能建构新的模式、开拓新的研究领域。基于此认识,本研究从理论视角探讨了智慧教育的三个核心问题,权当抛砖引玉,希冀能引发学界的思考,燃起智慧教育研究的又一火苗。

参考文献

[1] 杨现民. 信息时代智慧教育的内涵与特征[J]. 中国电化教育,2014(1):29 - 34.

[2] 李子运. 关于"智慧教育"的追问与理性思考[J]. 电化教育研究,2016(8):5 - 10.

[3] 陈琳,陈耀华,张虹,等. 教育信息化走向智慧教育论[J]. 现代教育技术,2015(12):12 - 18.

[4] 杨现民,余胜泉. 智慧教育体系架构与关键支撑技术[J]. 中国电化教育,2015(1):77 - 84.

[5] 胡钦太,郑凯,胡小勇,等. 智慧教育的体系技术解构与融合路径研究[J]. 中国电化教育,2016(1):49 - 55.

[6] 钟晓流,宋述强,胡敏,等. 第四次教育革命视域中的智慧教育生态构建[J]. 远程教育杂志,2015(4):34 - 40.

[7] 黄荣怀. 智慧教育的三重境界:从环境、模式到体制[J]. 现代远程教育研究,2014(6):3 - 11.

[8] 陈耀华,杨现民. 国际智慧教育发展战略及其对我国的启示[J]. 现代教育技术,2014(10):5 - 11.

[9] 安涛,李艺. 智慧教育的"器"与"道"[J]. 湖南师范大学教育科学学报,2016(3):41 - 46.

[10] 张春兰,李子运. 智慧教育视野中未来学习空间的重构[J]. 现代教育技术,2016(5):24 - 29.

[11] 陈琳. 智慧教育创新实践的价值研究[J]. 中国电化教育,2015(4):15 - 19.

[12] 刘晓琳,黄荣怀,从知识走向智慧:真实学习视域中的智慧教育[J]. 中国电化教育,2016(3):14 - 20.

[13] 乔灿. 由虚拟走向虚实一体——高校智慧教育资源大开放共享观研究[J]. 现代教育技术,2015(11):19 - 24.

[14] 王帆. 从智慧教育视角论教育数据的变迁与潜能[J]. 中国电化教育,2015(8):10 - 15.

［15］赵秋锦,杨现民,王帆.智慧教育环境的系统模型设计[J].现代教育技术,2014(10):12-18.

［16］杨现民,刘雍潜,钟晓流,等.我国智慧教育发展战略与路径选择[J].现代教育技术,2014(1):12-19.

［17］程岭.智慧教育进程中教师教学反思智能模型设计研究[J].现代远距离教育,2016(1):44-51.

［18］陈琳,陈耀华,李康康,等.智慧教育核心的智慧型课程开发[J].现代远程教育研究,2016(1):33-40.

［19］中国社会科学院语言研究所词典编辑室.现代汉语词典[M].北京:商务印书馆,2005:1759.

［20］陈琳,王蔚,李冰冰,等.智慧学习内涵及其智慧学习方式[J].中国电化教育,2016(12):31-37.

［21］顾明远,(美)彼得·圣吉,周作宇.未来的教育:我们如何迈向新的时代——顾明远与彼得·圣吉凝聚东西方智慧的跨界对话[J].比较教育研究,2016(1):1-6.

（本文刊载于《现代教育技术》2017年第7期）

走向智慧时代的教育信息化发展三大问题

陈　琳　王丽娜

（江苏师范大学智慧教育研究中心）

摘　要：当前我国正朝着实现智慧时代的教育现代化奋进。教育信息化对于教育现代化发展具有支撑性、驱动性、引领性的战略作用。没有教育信息化就不可能实现真正意义上的智慧时代的教育现代化。然而，我国教育信息化历经几十年的发展，并未产生国家期待的引领和推动教育现代化的巨大作用，甚至在与"互联网＋"融合的发展中，严重滞后于其他许多行业。正视教育信息化发展的问题并尽快加以解决，是我国实现教育现代化重大使命的当务之急。以推动教育现代化的要求重新审视我国教育信息化发展，有三大根本性问题需要重视，即：重大理论创新缺失、重大原始实践创新不足、学科地位不高。我国想要突破已有的现代化国家发展模式，实现智慧时代的教育现代化，必须有先进理论的指导，必须有能对教育产生重大及深远影响的实践创新。而保证理论与实践创新的前提是满足教育信息化的人才需求。这可以通过提高教育信息化的学科地位、加大教育信息化高层次人才的培养力度、增设和增加国家级教育信息化科技研究平台和课题等措施实现。

关键词：智慧时代；教育现代化；教育信息化；理论创新；实践创新；学科地位

问题的提出

《中华人民共和国国民经济和社会发展第十三个五年规划纲要》确定教育的首要目标是"教育现代化取得重要进展"，教育专章（第五十九章）的标题为"推进教育现代化"，推进教育现代化成为教育界贯穿整个"十三五"的主要任务。

教育现代化理论表明，迄今为止，世界范围内已经发生和正在发生两次大规模的教育现代化变革：第一次是工业时代的教育现代化，第二次是信息时代走向智慧时代的教育现代化。我国想要实现教育文化振兴，必须将两次教育现代化一并实现。教育信息化对于教育现代化发展，具有支撑性、驱动性、引领性的战略作用。在教育现代化建设中，如何发挥信息化的独特作用，教育界探索不断。特别是进入 21 世纪以来，我国愈加重视发挥教育信息化对教育现代化的引领作用:2000年确立了"以教育信息化带动教育现代化"的发展方向,2015年又确立了"以教育信息化全面推动教育现代化"的发展战略。全面推动教育现代化成为教育信息化新的时代命题。然而我国教育信息化历经几十年的发展,并未产生国家期待的引领和推动教育现代化的巨大作用,甚至在与互联网+融合的发展中,严重滞后于其他许多行业。这种矛盾促使我们重新审视教育信息化的发展。

以推动教育现代化要求重新审视我国教育信息化发展,我们认为主要存在重大理论创新缺失、重大原始实践创新不足、技术变革教育的宏大设计缺乏、高校教育信息化引领缺位、教育信息化绩效不高、教育信息化学科地位不高、重建设轻创新、唯"商"、唯"美"、唯"量"、唯"新"等11个方面的问题,其中重大理论创新缺失、重大原始实践创新不足、教育信息化学科地位不高等三个问题,是直接制约教育信息化进一步发展的根本性问题。正视并迅速解决这三大问题,是实现教育信息化全面推动教育现代化重大使命的当务之急。

一 教育信息化重大理论创新缺失

理论成熟并自觉地以理论指导实践是事业成熟的标志。然而,我国教育信息化有史以来产生的带有方向性、指导性、引领性、基础性、根本性的重大理论原始创新数量严重不足,迄今没有形成教育信息化推动教育现代化的理论及方法,也没有形成技术变革教育的理论和方法。从总体上看,教育信息化理论创新与国家对教育信息化的巨大期待不相称。当然,不仅仅是我国没有产生多少重大的教育信息化理论,世界范围内亦如此。一项创新的事业,几十年没有相匹配的创新理论的指导,必将影响其进一步的发展。教育信息化引领和全面推动教育现代化,必须具有先进理论的指引。

1. 原因分析

（1）教育理论落后

在世界范围内,教育理论研究总体落后于其他人文社会学科,我国更甚。自鸦片战争后,我国几乎没有产生多少重大的教育新理论,教育人似乎失去了重大理论的创新自信、行动自觉与勇气,而且将教育信息化仅仅看成是建设和实践,缺少对教育信息化理论创新的重视和关注,更缺少教育信息化理论创新的自觉。

（2）缺乏引领自信

"月亮是外国的圆"的思维根深蒂固,对世界正逐步进入西弱东强的变化大势缺少认识和把握,角色与担当没有随着国家地位的变化而及时转变与提升。在国内,还存在中外理论礼遇不一的现象:国外的新理念、新理论一出现,我国就争先恐后跟进、一哄而上热捧,但是国内创新的观点发出后,往往落地无声。学界既缺少完善国内理论的兴趣与热情,更缺少完善国内创新观点理论的自觉。

（3）偏离正确轨道的学术导向

教育信息化研究导向存在一定问题。研究者习惯于写思辨性的论文、跟风式的论文、热炒新技术的论文,热衷于做既上不顶天、又下不着地,既不能服务国家的战略需求,又不能推动学术前沿发展,也不能指导实践问题解决的"悬浮态"研究。教育信息化领域出现了许多无用的"模式"论文。

（4）顶层设计与协同研究缺失

我国教育信息化缺少重大理论的研究规划、支持与协同的组织。研究更多处于散兵游勇状态,难以形成大的理论研究成果以及颠覆性的理论创新。虽然全国教育科学规划领导小组办公室每年都会立项教育信息技术学科的国家级课题,但是一些国家级项目的研究意义并不大,研究意义很大的又少有人敢去碰触。如前所述,教育信息化的战略地位非常高,但每年只有 10 多项国家级课题进行研究,且所批准的项目围绕重大前沿理论问题、重大实践问题、重大政策制定开展的比重较低。

（5）智库数量不足与构成失当

一方面是教育信息化、教育现代化智库数量不足,另一方面是有限智库中"官"的占比高。"官"的行政事务繁忙,少有时间做系统性政策性研究,难免使得智库发挥的作用不大甚至于形同虚设。此外,有限的智库也缺少政策的实施追踪研究、效果研究和调整建议,使政策的科学性以及与时俱进的优化调整难以保障。

（6）缺少颠覆性研究气魄和创新担当

当前,我国教育信息化只是在原有轨道上研究,没有上升到智慧时代的高度,也没有上升到驱动、推动教育现代化的层面。创新有风险,因此,在教育信息化领域,多数人选择了既保险又短平快的理论引进、理论跟进的方式,一些学者成了国外专家观点、国外创新做法的"搬运工"和国外新理论在中国的"代言人"和"传声筒"。

（7）特色道路研究意识不强

我国正在建设中国特色的社会主义道路,而这条道路需要有若干行业若干方面特色创新的支持和支撑,从总体上看,我国教育信息化缺少对信息化支持下促进中国特色教育现代化道路研究的认识和自觉。前 10 多年教育界一方面谈以教育信息化引领教育现代化,另一方面又缺少教育信息化支撑教育现代化道路的研究。2011 年以来,我国发表的 CSSCI 教育学科论文中,题目中同时包含有信息化与现代化道路的研究论文只有有限的几篇(李芒等,2012;丁宇红,2012;陈琳等,2013;舒悦,2015),始终没有形成本土化的教育信息化支持教育现代化的理论。信息化支持下促进教育公平是最能够体现大国优势和社会主义制度优越性的(陈耀华,2013、2014;魏先龙等,2015),然而我国理论指导下的教育公平实践重大工程的数量不多。

从总体上看,教育信息化重大理论创新缺失,当然并不代表没有理论的探索。近几年,教育信息化的理论研究论文有逐渐增多的趋势,仅 2012 年以后,研究教育信息化战略、路径的 CSSCI 期刊论文就有 10 多篇(陈琳,2012;陈仕品等,2012;任友群等,2013;吴砥等,

2013;王竹立,2013;魏先龙等,2013;王瑛等,2014;王运武,2016;梁砾文等,2016;陈琳等,2017;张纲等,2017;任友群等,2017)。

2. 促进教育信息化理论创新的措施

（1）提升自信与担当

在当今世界,中华民族最有理由自信(习近平,2016),尤其是文化自信。教育是文化的一部分,教育要树立学术自信、理论自信,树立与中国引领世界相匹配的自信。一方面,广大教育工作者特别是教育信息化工作者,要打破传统思维定式,树立教育信息化理论创新自信与道路自信,增强教育信息化理论自主创新意识,摒弃西方中心主义;另一方面,教育信息化研究者、管理者、从业者和相关的师生要有与国家地位和国家期待相适应的担当:中国要引领世界,教育要引领社会,教育信息化要引领和全面推动教育现代化,这是教育信息化人必须牢记的担当基点。

（2）统筹协同

教育信息化理论重大创新要依靠集体智慧,国家层面应组织教育信息化重大理论研究攻关,唯有组织专家攻关才能取得重大突破。集体攻关研究是我国建国后重大事业取得成功的利器。在教育信息化全面推动教育现代化的理论方面,应该充分发挥该优势,尽快实现重大理论的突破,形成中国气派、中国风格、中国特色的教育信息化理论。

（3）组织保障

应成立中国教育信息化一级学会,以更好地规划教育信息化研究,交流教育信息化思想,实现教育信息化的思维碰撞。建议在全国设立足够数量的教育信息化理论研究专项国家级课题,包括国家级重点课题和重大课题的委托专项,利用顶层设计的力量和人民群众中蕴藏的无穷智慧合力,取得教育信息化理论的系统性突破。同时,可以在评选教育部人文社会科学优秀成果奖时适当向教育信息化倾斜,划出一定比例专门奖励教育信息化理论研究和理论创新成果。在过去评奖时,教育信息化相关学科的评审专家参与较少,而由于多数评委专家对教育信息化创新成果的价值缺少了解,教育信息化的成果获奖比例非常低。此现象严重挫伤了教育信息化创新研究的积极性,一定程度上阻碍了教育信息化的发展。

二　教育信息化重大原始实践创新不足

教育信息化是前无古人的,要以教育信息化带动并进一步全面驱动、推动教育现代化,如果没有方式、方法、模式等系列化的原始创新,是无法完成这一使命的。我国将实现的是走向智慧时代的教育现代化,而不是美国、英国等发达国家曾经实现过的工业时代教育现代化的翻版。

现代化理论将国家按照现代化发展的先后,分为先发驱动型和后发追赶型。我国教育现代化的实现将会突破已有的现代化国家发展模式,新创后发超越型模式,即在实现新型教育现代化方面,我国可构筑与抢占新时代的先发优势。后发超越是不以追赶为最高目标,而另辟蹊径式地引领发展。很显然,这种发展模式如果缺少足够数量的重大实践创新的积累和支持,是无法实现的。

1. 教育信息化实践现状

教育信息化实践的重大原始创新应该在于教育方式方法创新、教育模式创新、教育评价和教育管理机制方面的创新,是能对教育产生重大及深远影响的创新。不可否认,近几年我国已拥有一定数量的教育信息化实践重大原始创新,比如"一师一优课、一课一名师"活动。该活动是中国教育信息化实践的独特创造(杜占元,2016),对于有效推动信息技术与中小学教学的深度融合具有重要意义(胡小勇等,2015),开辟了促进教师智慧成长新路径,可激发教师最大的内生发展智慧,迅速提升实践智慧,不断催生持续发展智慧,启发创新智慧(陆薇等,2015)。然而,我国教育信息化发展中真正能称得上原始创新的实践,总体数量太少。

2014 年我国首次评选教育全领域的国家级教学成果奖,教育信息化成果获国家级教学成果一等奖 6 项、二等奖 93 项。然而,这些获奖几乎都是关于数字化教学系统开发和资源建设等"器"与"术"的层面,没有关于信息化促进教育模式和教育方式改变的成果。截至 2014 年,我国实施"以教育信息化带动教育现代化战略"已有 14 年,提出"信息技术对教育具有革命性影响"的论断并专门部署教育信息化战略性工作已有 4 年,然而,教育信息化教学成果奖中并没有出现人们所期待的重大实践创新成果。

2. 原因分析

自教育信息化诞生之日起,我国教育信息化更多地处于跟进状态,具体表现在对国外创新的热衷追捧。2013 年以来,我国发表的有关 MOOC、微课、翻转课堂的论文多达 16 000 多篇,在同期引用量最多的前 20 篇教育学科论文中,19 篇是关于 MOOC、微课、翻转课堂的。MOOC、微课、翻转课大有席卷整个中国教育之势,这种现象值得深思。事实上,MOOC、微课、翻转课堂既有所长,又有所短,它们共同的最大问题是只增进了知识传授,都存在认知"天花板"问题。已有的 MOOC、微课、翻转课堂实践在创意、创新、创造能力培养方面并未表现出明显优势。在创新已成为引领发展第一动力、人类已进入以创新为特征的新时代时,这些课程形式逐渐显现出自身的滞后性、局限性和疲态。这给我国教育工作者在课程形态的创新创造方面留下了极大空间。我国教育界需将跟进 MOOC、微课、翻转课堂的热情和干劲,移植到创新教育形态、教学模式、学习方式等方面来。我国教育信息化实践原始创新不足的原因可归结为以下几个方面:

第一,习得性无助。我国上百年的积贫积弱,导致很长时期内教育原始实践创新无条件支撑,人们慢慢产生了教育实践创新的"习得性无助",久而久之也就失去了重大实践创新的自信、自觉和勇气。

第二,对信息化变革教育作用认识不足。未能从信息技术对教育的革命性作用角度进行实践创新,未能从创新时代需要创新的教育、需要重构时代化教育的高度创新教育实践,习惯于对教育教学细枝末节的修改,缺少宏观、中观的创新,缺少根本性改变的探索。

第三,缺少对重大实践创新的引导与组织。国家层面上主导的教育信息化建设工程多(比如,"三通"工程,国家精品资源共享课、国家精品视频公开课建设工程,等等),使基层习惯于围绕项目申报和工程建设做事,缺少对教育信息化实践创新的激励机制,更缺少大体量教育实践协同创新的组织与引导。

3. 提升实践原始创新的措施思考

(1)启动教育思想解放工程

思想解放工程,一方面重在提高整个教育界对借助教育信息化创新实践、推动教育现代化重要性的认识,另一方面可促进教育界转换角色,即由过去世界教育的跟跑者角色,向并跑者与领跑者并存的角色转变。我国许多地区的教育信息化正开始步入世界先进水平,已逼近无人领航、无既定规则的前沿区。如果没有创新实践的勇气而左顾右盼地等、靠、要,就会错失领跑世界教育创新发展的大好时机,更不可能有效构筑和利用新型教育现代化的先发优势。

(2)提升以教育信息化全面推动教育现代化的战略思维和战略定力

加强教育信息化创新实践的顶层设计,勇于和善于在教育信息化创新实践方面投入资金,将好钢用在刀刃上。建议国家设立以教育信息化推动教育现代化实践创新的专项基金,保证基层教育信息化创新实践不需过多地为资金发愁。当今世界至少1/4的教育经费增量在我国,要善于将这些巨量新增资金的相当部分用于教育信息化全面推动教育现代化的创新实践,真正重构时代化的教育,而且政策和资金应该重点投向重大和根本性的创新实践方面。

(3)制定和建立支持、引导、鼓励、激励教育信息化原始创新的政策与机制

教育信息化创新实践的难度,远远大于其他形式的教育创新,因此,建议教育部在国家级教学成果奖的评选中,拿出一定数量比例的成果奖(比如1/4)专门奖励教育信息化的实践创新,以激励人们在新的时代轨道上进行高难度教育创新。

(4)加大教育信息化实践的宣传力度

全国性报社、电视台、广播电台、门户网站、移动媒体,要增强教育信息化创新实践的宣传自觉,沉下身子到基层总结实践创新并加以宣传推广,不断提升对教育信息化创新实践的宣传水平。当然,这对媒体从业人员提出了非常高的要求。建议着眼于全面推动教育现代化,对媒体的队伍构成进行优化,编辑、记者队伍中要有一定比例的将教育信息化作为事业追求的教育技术博、硕士人才。

(5)树典型示范引路

以点带面、以典型带动一般是我国成功的管理经验。教育信息化要在民族宝库中挖掘管理智慧并予以践行。要有培育典型的意识、方法,不能一味地"望天收",不能停留在"自然农业"的阶段,一味地让各级教育机构和各级各类学校做浪费精力、浪费时间的简单重复试

验。教育部已经意识到教育信息化典型引路的重要性,在《2016 年教育信息化工作要点》中就指出,"示范引导"成为教育信息化工作方针的一部分,将"示范推广教育信息化典型案例和经验模式"纳入核心目标,将"推动教育信息化应用典型示范"作为加快推进地方教育信息化工作的重要举措。中国教育技术协会更早开展"全国教育信息化区域应用典范推选活动",评出"全国教育信息化创新应用典范区域""全国教育信息化创新应用先锋学校"和"全国教育信息化创新应用新闻人物"。

三 教育信息化学科地位不高

1. 教育信息化学科地位与教育信息化事业的地位严重不匹配

我国教育信息化迄今没有严格意义上完全对应的学科,只是教育技术学科人自觉地将教育信息化研究与建设作为己任,专注于信息技术变革教育的理论、方法、资源、平台等研究,倾心于教育信息化的平台、资源等建设,全力打造教育信息化的专门人才,将教育信息化的建设者、研究者、服务者、开拓者作为教育技术学人才培养的主要目标(陈琳等,2016b)。在我国,教育信息化的地位很高,从国家到学校对其期待都很大,正在"以信息化驱动现代化","以教育信息化全面推动教育现代化"。然而,教育信息化仅仅靠教育技术学一个二级学科研究和支撑是远远不够的。

教育信息化涵及理论、技术、资源、工程、工具、环境、方式方法、管理、变革等方面,每一方面的研究与建设都有庞大的体量,每一方面都有丰富的内容,靠二级学科支撑庞大的教育信息化,难免显得势单力薄,势必造成许多研究是蜻蜓点水式的、肤浅的,许多建设是粗放的、欠科学的,许多变革是表象的、应景式的,无法形成分门别类的队伍并进一步做专门化的系统深入研究,更多的只能是做简单的事。

2. 提高教育信息化学科地位的建议

(1) 建立信息化教育学一级学科

用发展的眼光看,应该且亟须建立与教育信息化相关的全新意义上的一级学科——信息化教育学一级学科。该一级学科为教育学科门类下增设一级学科,在其下可分设教育信息化原理学、教育信息化环境学、教育信息化媒体资源学、教育信息化管理学、信息技术教育学、学习技术与方法学、教育软件工程学、远程教育学、教育设计与评价学、教学方式方法学等学科方向或二级学科。

在将信息化教育学组建为一级学科的同时,要对教育学科门类进行扩容,将原教育学一级学科裂变、繁衍为多个一级学科。这也能圆满解决学科门类与一级学科都为"教育学"的父子同名的尴尬问题。

我国教育学科已经到了该做大做强的时候了。没有强大的教育学科门类,就难以实现真正意义上的教育现代化引领。在教育学科门类设置、设计、规划方面,要解放思想,教育在社会发展中应由适应社会向引领社会发展转变。教育学科门类只有具有更多的一级学科,才能适应国家和社会发展对教育的新要求。

将教育学一级学科裂变为多个一级学科,从其他学科的发展变化看是完全可行的。如在上一轮的国家学科调整中,艺术学由 1 个一级学科裂变为 5 个一级学科,并新增提升为艺术学学科门类;历史学由 1 个一级学科裂变为 3 个一级学科。

(2) 加大教育信息化高层次人才培养力度

教育技术学博士是教育信息化高层次人才的代表,目前全国每年招收教育技术学博士生 80 人左右,培养规模小,严重不适应教育信息化全面推动教育现代化的需要。那么全国需要多少教育技术学博士呢?答案是 5 000 人以上。依据是:全国现有 160 多所高校招收教育技术学本科专业,每个专业以最低数量的 12 位专业教师、50% 的专业教师具有博士学位算,则全国要满足教育技术学本科教学就需要有博士学位的教师 900 多人,在此暂不考虑全国近百个教育技术学硕士点和 20 多个博士点对博士学位教师的需要。另外,全国有高校 2 879 所,高校的教育信息化要设立 CIO(Chief Information Officer),进行高层次的教育信息化研究、培训与人才推广,每个高校平均拥有 1 位教育技术学博士是最低要求,仅这一项全国就需要教育技术学博士 2 800 多人。而全国省市和地市总数 366 个,如果给每个省和地市的电化教育馆、教育信息管理中心、职教研究所、信息技术课程教研室各配备 1 名教育技术学博士,则需要教育信息化方面的博士 1 400 多人。5 000 人以上的教育技术学博士需求,而目前每年仅能培养 80 人左右,按此速度和规模要培养 60 多年才能满足需要,由此可见教育信息化方面的博士需求缺口非常大。

(3) 增设和增加国家级教育信息化科技研究平台与课题

国家要建设一批教育信息化的协同中心、重点实验室、工程实验室、工程技术研究中心、社会科学重点研究基地,使教育信息化的研究有机制、有平台、有经费、有队伍、有主攻。新增的信息化教育学一级学科,具有教育学、理学、工学的属性。为了更好地以教育信息化全面推动教育现代化,一方面要在全国教育科学规划小组办公室中将每年立项的教育信息化国家级课题数量增加,另一方面要在国家自然科学基金中设立信息化教育学科,以专门立项研究教育信息化的技术、工程、机制与方法问题。

结语

以教育信息化全面推动教育现代化,不是口号,而是战略,是充分利用当今最活跃的现代信息技术重构引领社会发展的新时代教育的伟大战略和伟大工程,作用巨大,意义深远。为了使其战略得到落实,必须采取断然措施,综合施治解决以上问题。以上三方面带有全局性、根本性、方向性问题的解决,将会加速我国教育现代化进程,进而更好地推动创新强国建设,促进人才红利的发展。

参考文献

[1] 陈琳.中国高校教育信息化发展战略与路径选择[J].教育研究,2012(4):50-56.

[2] 陈琳,陈耀华.以信息化带动教育现代化路径探析[J].教育研究,2013(11):114-118.

[3] 陈琳,李冰冰,黄蔚等.中国教育信息化20大庆之年新发展——2015年中国教育信息化十大新闻解读[J].中国电化教育,2016(2):80-87.

[4] 陈琳,杨现民,王健.硕士研究生"学研创"培养模式建构研究[J].学位与研究生教育,2016(5):23-27.

[5] 陈琳,杨英,华璐璐."十三五"开局之年以信息化推动教育现代化新发展——2016年中国教育信息化十大热点新闻解读[J].中国电化教育,2017(2):69-75.

[6] 陈仕品,张剑平.21世纪初期英美教育信息化战略规划及其启示[J].现代教育技术,2012(2):10-15.

[7] 陈耀华.新一代信息技术促进更高层次教育公平研究[J].现代教育技术,2013(11):22-26.

[8] 陈耀华.教育信息化提升教育公平研究[J].中国电化教育,2014(7):70-74.

[9] 丁宇红.信息化:教育现代化的持续推动力[J].上海教育科研,2012(4):83-84.

[10] 杜占元.深化应用融合创新为实现"十三五"教育信息化良好开局做出贡献——在"一师一优课、一课一名师"活动国家级培训暨2016年全国电化教育馆馆长会议上的讲话[J].中国电化教育,2016(6):1-6.

[11] 胡小勇,郑晓丹,冯智慧.信息技术与教学深度融合的优课课例研究[J].中国电化教育,2015(4):36-40.

[12] 李芒,蒋科蔚.教育信息化与"现代化风险"[J].现代远程教育研究,2012(2):3-12.

[13] 梁砾文,王雪梅.中美教育信息化愿景、关注焦点与实现路径比较研究——基于我国《教育信息化"十三五"规划》和《美国2016教育技术规划》话语分析[J].开放教育研究,2014(6):51-57.

[14] 陆薇,陈琳."晒课"促进教师智慧成长研究[J].中国电化教育,2015(12):132-136.

[15] 任友群,徐光涛,王美.信息化促进优质教育资源共享——系统科学的视角[J].开放教育研究,2013(5):104-111.

[16] 任友群,冯仰存,徐峰.我国教育信息化推进精准扶贫的行动方向与逻辑[J].现代远程教育研究,2017(4):11-19.

[17] 舒悦.浅谈信息化时代背景下教育现代化的深化[J].中国教育学刊,2015(7):73-77.

[18] 王运武.论创立教育信息化战略规划学[J].现代远程教育研究,2016(2):35-44.

[19] 王瑛,郑艳敏,贾义敏.教育信息化资源发展战略研究[J].远程教育杂志,2014(6):3-14.

[20] 王竹立.我国教育信息化的战略思考和路径选择[J].现代远距离教育,2013(4):62-69.

[21] 魏先龙,王运武.日本教育信息化发展战略概览及其启示[J].中国电化教育,2013(9):28-34.

[22] 魏先龙,王运武.近十年中国教育信息化促进教育公平研究综述[J].现代教育技术,2015(2):12-18.

[23] 吴砥,尉小荣,卢春.中英高等教育信息化发展战略对比研究[J].中国电化教育,2013(2):21-28.

[24] 习近平.在庆祝中国共产党成立95周年大会上的讲话[N].人民日报,2016-07-02(002).

[25] 张纲,王珠珠.发挥信息技术支撑引领作用服务教育现代化发展大局——学习领会《教育信息化"十三五"规划》[J].中国电化教育,2017(2):140-144.

（本文刊载于《现代远程教育研究》2017年第6期）

"十三五"开局之年，
以信息化推动教育现代化新发展
——2016年中国教育信息化十大热点新闻解读

陈　琳　杨　英　华璐璐

（江苏师范大学智慧教育研究中心　江苏省教育信息化工程技术研究中心）

摘　要："十三五"开局之年的 2016 年是教育信息化全面推动教育现代化初战告捷之年，教育信息化事业在许多方面取得新突破。为了让人们全面领略我国教育信息化新发展，《中国电化教育》杂志社与中国教育技术协会、《中国教育报》、江苏省教育信息化工程技术研究中心、江苏省高校哲学社会科学重点研究基地智慧教育研究中心继续联合评选"年度中国教育信息化十大热点新闻"。该文对 2016 年教育信息化十大热点新闻进行深度分析，立体展现全年教育信息化的大发展，以进一步激发人们以信息化全面推动教育现代化以及技术变革教育的行动，推动我国技术变革教育更好更快地发展。

关键词：教育信息化；教育现代化；智慧时代；互联网＋；十大热点新闻

2016 年是我国教育信息化的规划谋划之年、道路确定之年、示范引领之年、理论突破之年、融合创新之年、期刊影响大提升之年、智慧工程开创之年、管理体系完善之年、德育教育形式创新之年，各项工作在"十二五"持续推进的基础上再上新台阶，信息化在推动教育现代化进程中发挥出更加重要的作用。下面将 2016 年中国教育信息化十大热点新闻与教育信息化重大发展交织一起探讨分析。

一　国家密集规划部署教育信息化推动教育现代化

"以信息化驱动现代化""以教育信息化全面推动教育现代化"，2016 年作为"十三五"规划之年，国家颁发的多个规划文件对教育信息化全面推动教育现代化进行多维度规划与部署，使教育信息化的战略地位更加凸显。

《中华人民共和国国民经济和社会发展第十三个五年规划纲要》将教育信息化确定为国

家"十三五"教育现代化的八大工程之一,并规划了教育信息化重大工程的内容,同时对应用信息化手段加快学习型社会建设和教育变革作出总体布局:推动各类学习资源开放共享,办好开放大学,发展在线教育和远程教育,整合各类数字教育资源向全社会提供服务;推动线上线下结合的互联网教育新兴业态快速发展。《国家信息化发展战略纲要》就推进教育信息化、信息专门人才培养、国民信息素养提升和实施网络安全人才工程作出战略部署。《老年教育发展规划(2016—2020年)》就以信息化支持和促进老年教育作出规划和制度性安排。《"十三五"脱贫攻坚规划》对教育扶贫作出系统化安排,要以提高贫困人口基本文化素质和贫困家庭劳动力技能为抓手,瞄准教育最薄弱领域,阻断贫困的代际传递。以上国家级规划中丰富的教育信息化内容,至少给以信息化全面推动教育现代化以如下启示:

(1) 国家对教育信息化促进教育变革、推进教育现代化寄予厚望,教育人要无愧时代,不负所望,不辱光荣使命;

(2) "十三五"是我国教育信息化可更加大有作为的重要历史时期,教育人一定要把握机遇、自觉担当,不断进行技术变革教育的创新实践,以尽快实现我国教育在世界教育大格局中由跟跑为主、并跑为辅向领跑为主转变;

(3) 教育信息化不仅仅可驱动、推动学校教育现代化,而且可驱动、推动社会教育的现代化、终身教育的现代化和学习型社会的发展,教育工作者要以更大的视野、更加宽广的胸怀、积聚更大的力量、以更多样的时代化方式方法去拓展信息化推动教育现代化的疆界,紧紧围绕"全面推动""推动全面"的教育现代化做大文章。

继2012年颁布《教育信息化十年发展规划(2011—2020年)》后,2016年教育部又颁布了《教育信息化"十三五"规划》,再次对教育信息化工作进行全面规划部署。《教育信息化"十三五"规划》以教育信息化发展的四大转变为基石,重点规划确立了"四个提升"与"四个拓展"的任务。

以上规划立意高、目标大,为未来几年教育信息化深化应用与融合创新指明了大方向。

二 中国特色教育信息化发展道路进一步确立

刘延东副总理在第二次全国教育信息化工作电视电话会议的讲话中首次提出"初步探索出了一条信息技术与教育教学有机融合、具有中国特色的教育信息化发展路子",并将形成中国特色发展路子作为"十三五"教育信息化要实现的重要目标之一:基本形成具有国际先进水平、信息技术与教育教学融合发展的中国特色发展路子,向世界教育信息化先进水平赶超。

在2016年全国电化教育馆馆长会议上,教育部杜占元副部长进一步明确了中国特色教育信息化发展路子的内涵,这就是形成"一个核心理念、两个基本方针"的中国教育信息化特色发展道路。核心理念是强调"信息技术与教育教学深度融合",基本方针是"应用驱动"和

"机制创新"。

以教育信息化全面推动教育现代化,就要坚持信息技术与教育教学深度融合和应用驱动、机制创新,推动以教育优先发展、育人为本、改革创新、促进教育公平、提高教育质量为特征内涵的中国特色社会主义教育发展道路建设。

三 教育信息化领域学术期刊主动担当,影响力迅猛提升

教育信息化是创新的领域,创新的领域离不开理论的创新支持;人类正处于伟大的时代,伟大的时代需要时代化的理论。近几年,我国以教育技术学科、远程教育学科优秀期刊为代表的教育信息化领域学术期刊,围绕教育信息化理论创新和教育信息化事业的创新与推广,主动担当,开辟了一个个引领性的新专栏,组织和编就了一篇篇好文章。已走过 35 年历程的《中国电化教育》,第二个 35 周年正是伟大中国梦实现之时,该刊围绕对接 35 年后的中国梦实现而谋划,积极探讨如何支持中国教育信息化创新引领教育变革,并通过每期的"编者按"发挥正确的导向与启示作用,从 2016 年第 2 期所刊载的所有论文篇目足可见其在信息化引领方面的作用发挥之大。

教育信息化领域学术期刊主编、主任、编辑们的大担当,铸造了教育信息化领域学术期刊不断提升的大影响力:

《中国学术期刊影响因子年报》显示,我国教育信息化领域的《中国电化教育》《电化教育研究》《现代教育技术》《远程教育杂志》《现代远程教育研究》《开放教育研究》《现代远距离教育》等 7 种 CSSCI 期刊,无论是综合影响因子还是复合影响因子,近几年始终在大幅度提升,2016 年最高的分别达到 7.651 和 4.765,居教育类期刊之首。以上 7 种期刊的平均综合影响因子和复合影响因子分别高达 4.258 和 2.791,在教育学科门类期刊中独树一帜。

2016 年共有 10 种教育学科期刊入围 H5 指数排名前 100 种的中文期刊,其中,教育信息化领域学术期刊入围的有《中国电化教育》《现代教育技术》《电化教育研究》《远程教育杂志》《开放教育研究》等 5 种,占了其"半壁江山",而且《中国电化教育》处于 10 种教育刊物的 H5 指数之首。

如果说影响因子只是刊物关注当前热点问题的反映,那么 H5 指数所统计过去 5 年的数据,更加体现了刊物的持久影响力,以上数据表明教育信息化领域的学术刊物很好地兼顾了眼前与长远的发展。不仅如此,从中国知网的统计信息可知,教育信息化领域期刊的成功绝非一日之功:中国知网共收录 2012 年发表的论文 1 024 291 篇,其单篇被引用次数最多的论文出自教育信息化领域期刊,截至 2016 年 12 月 2 日已被引用 2 828 次;中国知网共收录 2013 年发表论文 1 588 168 篇,单篇被引用次数处于当年发表论文前二、三、四名的论文都发表于教育信息化领域期刊,截至 2016 年 12 月 2 日已被分别引用 1 402 次、1 145 次、1 116 次(排在第一的被引用 1 482 次);在中国知网收录的 2014 年发表的 1 533 555 篇论文中,单篇

被引用次数处于当年发表论文前二、四、六名的论文都发表于教育信息化领域期刊,截至2016年12月2日已被分别引用458次、406次、357次(排在第一的被引用664次)。

以上传统纸质学术媒体在信息时代焕发青春,网络媒体同样为教育信息化摇旗呐喊。国家教育资源公共服务平台和中国教育信息化网,已发展成为教育信息化政策发布、教育信息化资讯提供、教育信息化工作者思维碰撞、教育信息化工作者拓宽视野的综合平台。

四 教育信息化示范引导迈新步

2016年全年的教育信息化工作,贯穿了"示范引导"的工作方针,教育部加大了典型示范推广力度。在基础教育系统,除了召开一年一度的基础教育信息化应用现场会,交流推广区域整体推进"三通两平台"的经验外,特别启动了"信息技术与教育教学深度融合示范培育推广计划",首次开展中小学教育信息化应用典型遴选活动,并召开全国边远、民族地区教育信息化推进工作现场会。

"信息技术与教育教学深度融合示范培育推广计划"旨在总结教育信息化工作经验,结合各地推荐优秀案例,遴选一批覆盖不同地区、不同学段、不同类型、不同应用模式的示范点,组织专家重点指导,加快推广以信息化手段促进教育公平、提高教育质量的教育教学模式,促进信息技术与教育教学深度融合。

"推广计划"率先进行的是应用典型遴选。在各省市自治区推荐"首批示范培育推广计划"备选单位的基础上,依据《中小学教育信息化应用典型示范案例遴选办法》遴选出建议示范区域和学校,然后结合2012年举办的全国中小学信息技术教学应用展演、2015年举办的全国教育信息化应用展览、2013—2015年分别举办的三届基础教育信息化应用现场会以及专题调研中的典型案例情况,综合考虑地区以及类型等因素,最终确定30个区域、60所学校作为中小学教育信息化应用典型示范案例。这种"试点先行、典型引路"的推进机制,值得进一步发扬光大。

2016年基础教育信息化应用现场会所介绍的信息化应用方面的经验和做法,具有"以应用为驱动,深度融合,源于问题、基于实际、有效可学"的共性特点,是各地大胆探索实践创新的典型浓缩。现场会期间,上万人观摩了同期举办的教育教学信息化交流展示活动。

职业教育系统在"示范引导"方面则另辟蹊径,以职业院校信息化教学大赛的形式为主抓手,推动职业院校改革创新教育教学模式,提高教师信息化教学能力,展示职业院校信息化教学取得的新成果,交流信息化教学新经验,促进信息技术与教育教学深度融合。截至2016年,累计参加全国职业院校信息化教学大赛的教师逾万名,参加国家、省、市、校四级赛事的教师超过30万人,在职教战线形成了"学生有技能大赛,教师有信息化教学大赛"的可喜局面。

五 "一师一优课、一课一名师"活动成为中国教育信息化独特创造的品牌

正如教育部杜占元副部长所说,"一师一优课、一课一名师"活动是中国教育信息化实践的一个独特创造。该活动至少具有如下多重功能:一是教育信息化工作整体推进的重要抓手——以应用为导向、以资源为纽带、以教师课堂应用为中心,促进优质教育资源普及共享;二是运用互联网思维、以众筹的方式开发和应用系列化资源的新模式——人人都是开发者、使用者、评价者;三是促进课程教学内容呈现方式、学生学习方式、教师教学方式和师生互动方式变革的示范场;四是推动国家平台、地方平台、企业平台互联互通的有效载体;五是能够使教师更好地展现才智与经验的平台,是能够帮助教师持续跟上信息时代步伐更好地工作、学习与教学的教师专业成长的加油站,是能让教师脱颖而出的"星光大道"。

"一师一优课、一课一名师"活动得到全国广大中小学教师的青睐,在开启后至2015年年底的一年多时间内,有500多万名中小学教师参与,晒课300多万节,且在2016年又有更大发展,新晒课400多万节,使晒课总数超过730万节。在短时间内有如此多的教师踊跃提供如此多的课程优质资源,我国罕见,世界罕见。广大教师参与晒课的热情高涨,教育部原计划新增参与活动中小学教师200万名,新增"晒课"200万堂,结果截至2016年11月底晒课数就翻了番。

六 创新以信息化促进德育教育提升的理论与方法

习近平同志在全国高校思想政治工作会议上提出,做好高校思想政治工作,要因事而化、因时而进、因势而新,要运用新媒体新技术使工作活起来,推动思想政治工作传统优势同信息技术高度融合,增强时代感和吸引力。总书记的讲话为以信息化手段更好地支持立德树人、全程育人、全方位育人以及促进德育教育质量提升指明了方向。全国高校思想政治工作会议上重点推介了抢占网络新阵地的"互联网+大学生思想政治教育"的新路径:借助网络大数据,把握学生思想新动态;打造校园云媒体,拓展思想政治教育新空间;嵌入生活微时间,开发网络思想政治教育新资源;突出师生双主体,构建网络思想引领新机制。

"中国梦——行动有我"全国中小学生微视频征集展播活动,成为成功的中小学德育实践创新之举。广大中小学生和教师的热烈响应和积极参与,在线报送微视频作品30 219件,有7 698万人次点播,网络投票1 234万余人次。作为首次创新的大规模的中小学网络化德育活动,组织工作做得扎实有效。中央电化教育馆专门制定了"活动"的实施方案,召开了"活动"的国家级培训会,研制发布了《视频拍摄制作技术标准》《"中国梦——行动有我"微视频作品评价标准》,开发了展播活动平台支持作品在线报送、展播、点播、投票、微信与微博转发和评选。组织专门队伍对上传作品进行技术审查和内容初审,设立7×24小时的实时监控制度,及时解决"活动"实施过程中遇到的各类技术问题,确保平台正常运行。为扩大"活

动"影响力,还在国家教育资源公共服务平台分三个阶段有序组织了"中国梦"微视频作品展播,即先展播学生报送的全部作品,再展播省级推荐的优秀作品,最终展播部级精品作品。"中国梦——行动有我"作为基础教育创新信息化支持的德育教育新形式,很好地践行了"立德树人""寓教于乐、寓教于行""以人为本、与时俱进"的先进德育理念,正能量满满,是对长期存在的"注重道德说教、忽视道德体验"现象的突破。

七 教育信息化管理越发科学规范,中国气派的教育管理信息化体系初步建成

2016 年,我国在教育信息化管理的科学化、规范化方面大踏步前进,健全了领导机构,教育部推出了一系列提升教育信息化管理水平新举措。教育部及地方教育主管部门相继成立网络安全和信息化领导小组;出台了《全国教育信息化工作进展信息系统进展管理办法(试行)》,从工作职责、账号管理、学校信息管理、数据管理、支持服务和数据安全等方面提出了明确的工作要求,以提升数据的时效性、准确性和权威性;出台了《教育信息化项目管理暂行办法》,就教育信息化项目的组织管理、项目立项、项目执行、结题验收等作出具体规定,明确教育部科技司是信息化项目的组织实施单位,财务司、科技司是项目资金管理的责任单位,部内司局、直属单位是信息化项目的申请和执行单位;发出《关于切实加强省级教育数据中心条件保障和技术服务工作的通知》,就加快建设省级数据中心、完成部省两级技术保障工作机制、建设部省两级技术服务呼叫中心、确保学籍系统等平稳顺畅运行等作出具体规定;印发《关于加强信息技术安全工作的紧急通知》,就切实落实信息技术安全工作责任制、加强对信息系统的统筹管理、加快推进信息系统定级备案工作、加强信息技术安全事件的应急管理等形成了制度。

在 2015 年教育信息化工作专项督导取得经验的基础上,2016 年教育信息化督导工作向常态化发展,重点实地督导检查了 8 个省(区、市)推进教育信息化的重视程度、体制机制、政策措施、重点任务、教师信息技术应用能力提升、信息技术安全等内容。督导表明,教育信息化工作成绩斐然,各地紧紧围绕国家教育信息化战略部署,不断加快推进"三通两平台"建设与应用,逐步完善教育信息化基础支撑环境,全面推进信息技术与教育教学的深度融合。23个省已基本建成教育资源公共服务平台,15 个省全面或基本建成省级教育数据中心,信息化教学应用基本普及,融合创新案例不断涌现,信息技术安全体系初步建立,覆盖城乡的教育信息化体系初步形成。

2016 年中国气派的教育管理信息化管理平台体系初步建成。全面建成了覆盖全国各教育阶段的学生、教师、学校经费资产及办学条件数据库,为每一名学生和教师、每一所学校及其资产建立全国唯一电子档案,实现全部数据的"伴随式"收集,实现学生与教师"一人一号"、学校"一校一码"。全国中小学生学籍信息管理系统、外籍教师数据库与管理服务平台系统、教育部直属高校基建管理信息系统、教育科学决策服务系统、教育统计管理信息系统、

学校(机构)代码管理信息系统、全国学前教育管理信息系统、全国中小学校舍信息管理系统(二期)、国家学生体质健康标准数据管理与分析系统、安全服务、门户系统与应用集成等11个"教育服务与监管体系信息化建设"项目已完成并且通过验收口。以上平台体系的建成,为教育的科学决策与治理奠定了时代化的平台基础,进一步丰富了中国特色教育信息化道路的内涵。

八 "互联网十"教育研究孕育教育新突破

2016年可称为"互联网十"教育年。一方面,"互联网十"教育的各类研讨会此起彼伏,全国"互联网十"教育创新研讨会、"互联网十"教育论坛、"互联网十"教育未来之学校论坛、"互联网十"创新创业教育发展高峰论坛、"互联网十"职业教育高峰论坛、"互联网十"个性化教育发展论坛、国际互联网十教育发展峰会、"互联网十"时代的教育信息技术与教育变革研讨会、"互联网十"时代教育与企业深度融合创新发展研讨会、"互联网十"教育时代的学校领导与管理创新会议、"互联网十"时代的游戏化学习与教育创新国际会议等等,接踵而至;另一方面,"互联网十"教育的研究成果层出不穷,2015年教育刊物发表的"互联网十"的研究论文数量刚刚过百,而2016年猛增至近千,2015年教育刊物发表的"互联网十"的研究论文仅占全国"互联网十"论文的1/40,2016年比例迅速窜到近1/10,有20多种教育学科CSSCI来源期刊刊载"互联网十"的论文,《新华文摘》高度关注并择优加以全文转载。如此多的会议和论文,对以"互联网十"为代表的现代信息技术支持的教育变革进行了深层次探讨,特别是就教师发展与提升、课程与课堂变革、教育变革路径、职业教育创新、基础教育均衡发展、远程教育和资源创新提出了真知灼见。"互联网十"教育通过会议的思维碰撞以及论文成果的广泛传播,必将对我国教育变革产生深远的影响。

江苏省高校哲学社会科学重点研究基地智慧教育研究中心,从人类走向智慧时代的高度进行"互联网十"教育以及智慧教育的理论建构,形成研究特色。北京师范大学智慧学习研究院通过发布多种教育信息化方面发展报告的形式助推"互联网十"教育的发展,先后发布了《2016新媒体联盟中国基础教育技术展望:地平线项目区域报告》《中国MOOCs建设与发展白皮书》《2016中国城市智慧学习环境指数报告》《2016全球教育机器人发展白皮书》《2016中国互联网教育发展指数研究报告》。

九 智慧校园建设如火如荼

随着2016年教育信息化工作要点写入"智慧校园",智慧校园成为教育部文件中首次提及的教育智慧工程,相应地在全国引发了智慧校园的规划与建设热潮。

许多省市在制定"十三五"教育规划时,纷纷对智慧校园的建设作出部署和安排。《江苏省"十三五"教育发展规划》提出切实推进、全面启动智慧校园建设,重点打造110所左右职业教育智慧校园。《北京市"十三五"时期教育改革和发展规划》提出支持各级各类学校建设智慧校园,综合利用互联网、大数据、人工智能和虚拟现实技术探索未来教育新模式。《浙江省教育事业发展"十三五"规划》确定在所有高校、高中段学校和 80% 的义务教育段学校、60% 的幼儿园建成智慧校园。

智慧校园是新生事物,为了使其尽早纳入科学的发展轨道,一方面地方教育主管部门加紧研究制定智慧校园建设规范、指南或指标体系,比如江苏省率先推出了省级层面的《江苏省职业学校智慧校园建设评价指标体系》;另一方面教育理论界加紧智慧校园理论的完善,对智慧校园的本质、智慧校园的外部关系等进行全新的诠释,为智慧校园的名副其实提供理论支撑。

十 社会各界高度关注与支持教育信息化

国家发展和改革委员会首次着眼于技术变革教育立项建设国家级工程实验室,"互联网教育关键技术及应用国家工程实验室"和"教育大数据应用技术国家工程实验室"同时诞生,由北京师范大学、华中师范大学、全通教育集团(广东)股份有限公司等单位分别承担。

我国信息技术行业不断增强支持教育的社会责任感,在支持和促进教育信息化发展方面做了大量卓有成效的工作,尤其在技术支撑和资金支持方面做出了很大的贡献。2016 年教育部与中国移动签署了为期 5 年的第二期战略合作框架协议。中国移动将继续发挥自身优势,在基础设施建设、教育管理及资源平台、资源共建共享、信息技术教学融合、应用推广等各领域加大资源投入,与教育部持续开展深度合作,推动教育信息化向纵深发展。中国移动自 2011 年与教育部签署第一期战略合作框架协议以来,为帮助学校实现宽带接入,已投资约 190 亿元用于网络建设,其网络已覆盖 20 多万所学校;搭建的"和教育"云平台,已服务9 000 万教育用户。中国移动还持续支持中央电化教育馆的全国中小学电脑制作活动以及全国教育技术论文活动。中兴公司在推进技术为"一带一路"战略实施提供有力支撑方面发力,先后与马来西亚、印尼、巴基斯坦等沿线国家的 20 余所高校建立了"丝路国际合作学院"。百度公司依托人工智能、大数据、云计算等技术优势及百度文库、百度传课、百度阅读等平台优势,超前布局基于海量用户数据和深度算法探索"一人一名师＋机器人助教"的教育模式。科大讯飞将人工智能技术与教育教学深度融合,积极推动教育智能化应用,并进行类人答题机器人研究。国泰安公司积极进行信息技术精准扶贫的探索实践以及以 VR 为载体助推"教学做创一体化"的教学与实训改革的实现。

国家级有关学会纷纷建立组织机构加强信息化全面推动教育现代化的研究,隶属于国家发改委的中国信息学会成立了教育分会,中国教育发展战略学会建立了未来教育专业委员会。这些分会和专业委员会的建立,在政府与教育机构、企业、社会之间搭建了桥梁,使我国教育有了面向未来的高端研究平台。

综上不难看出，我国教育信息化"十三五"开局良好，以信息化全面推动教育现代化初战告捷，可喜可贺！

参考文献

[1][2] 教技[2015]6号文件，教育部关于印发刘延东副总理在第二次全国教育信息化工作电视电话会议上讲话的通知[Z].

[3][28] 杜占元. 深化应用融合创新为实现"十三五"教育信息化良好开局做出贡献——在"一师一优课、一课一名师"活动国家级培训暨2016年全国电化教育馆馆长会议上的讲话[J]. 中国电化教育，2016(6)：1-6.

[4] 余璐，曾文婕，王文岚，孙福海，潘蕾琼，申仁洪，黄甫全. 构建网络化整体学习方式促进卓越教学能力发展的行动研究[J]. 中国电化教育，2016(2)：102-112.

[5] 赵呈领，梁云真，阮玉娇. 富媒体环境下职业院校课堂教学行为及特征研究[J]. 中国电化教育，2016(2)：113-120.

[6] 胡永斌，李馨，赵云建. 欧盟学校教育信息化发展现状[J]. 中国电化教育，2016(2)：121-125.

[7] 陈琳，李冰冰，黄蔚，李佩佩，王蔚. 中国教育信息化20大庆之年新发展[J]. 中国电化教育，2016(2)：80-87.

[8] 杨浩，郑旭东，孟丹. 信息化教育中的IT治理：基于治理体系与治理能力的视角[J]. 中国电化教育，2016(2)：74-79.

[9] 金义富，吴涛，张子石，王伟东. 大数据环境下学业预警系统设计与分析[J]. 中国电化教育，2016(2)：69-73.

[10] 卞金金，徐福荫. 基于智慧课堂的学习模式设计与效果研究[J]. 中国电化教育，2016(2)：64-68.

[11] 郑勤华，李秋劼，陈丽. MOOCs中学习者论坛交互中心度与交互质量的关系实证研究[J]. 中国电化教育，2016(2)：58-63。

[12] 王志军，陈丽. cMOOCs中教学交互模式和方式研究[J]. 中国电化教育，2016(2)：49-57.

[13] 郁晓华，黄沁，张莹渊，祝智庭. Cloud Card对个人学习空间建设的新启示[J]. 中国电化教育，2016(2)：41-48.

[14] 江丰光，孙铭泽. 国内外学习空间的再设计与案例分析[J]. 中国电化教育，2016(2)：33-40.

[15] 姜强，赵蔚，李松，王朋娇. 个性化自适应学习研究——大数据时代数字化学习的新常态[J]. 中国电化教育，2016(2)：25-32.

[16] 杨现民，王怀波，李冀红. 滞后序列分析法在学习行为分析中的应用[J]. 中国电化教育，2016(2)：17-23.

[17] 魏顺平. 学习分析数据模型及数据处理方法研究[J]. 中国电化教育，2016(2)：8-16.

[18] 郑旭东，杨九民. 学习分析在高等教育领域内的创新应用：进展、挑战与出路[J]. 中国电化教育，2016(2)：2-7.

[19] 杨晓宏，杨方琦. 基于教育技术学专业的卓越中学信息技术教师培养模式研究[J]. 中国电化教

育,2016(2):94-101.

[20]卢蓓蓉,赵琳,任友群.高中信息伦理教育现状探析——国际视野下我国《信息技术基础》课程教材的比较研究[J].中国电化教育,2016(2):88-93.

[21]张金磊,王颖,张宝辉.翻转课堂教学模式研究[J].远程教育杂志,2012(4):46-51.

[22]钟晓流,宋述强,焦丽珍.信息化环境中基于翻转课堂理念的教学设计研究[J].开放教育研究,2013(1):58-64.

[23]胡铁生,黄明燕,李民.我国微课发展的三个阶段及其启示[J].远程教育杂志,2013(4):36-42.

[24]梁乐明,曹俏俏,张宝辉.微课程设计模式研究——基于国内外微课程的对比分析[J].开放教育研究,2013(1):65-73.

[25]何克抗.从"翻转课堂"的本质,看"翻转课堂"在我国的未来发展[J].电化教育研究,2014(7):5-16.

[26]胡铁生,周晓清.高校微课建设的现状分析与发展对策研究[J].现代教育技术,2014(2):5-13.

[27]赵兴龙.翻转课堂中知识内化过程及教学模式设计[J].现代远程教育研究,2014(2):55-61.

[29]2016年全国教育信息化工作专项督导报告[EB/OL].http://moe.edu.cn/jyb_xwfb/gzdt_gzdt/s5987/201610/t20161031_287128.html.2016-12-01.

[30]教育部科学技术司.2016年3月教育信息化工作月报[EB/OL].http://moe.edu.cn/s78/A16/s5886/s 6381/201604/t20160425_240098.html,2016-12-01.

[31]陈丽."互联网+教育"的创新本质与变革趋势[J].远程教育杂志,2016(4):3-8.

[32]李芒,李子运."互联网+"时代高校教师发展的新思路[J].中国电化教育,2016(10):11-17.

[33]李运福,杨晓宏.基于大数据分析的O2O教师培训模式研究——对"互联网+"教师培训的初步思考[J]中国电化教育,2016(12):113-120.

[34]桑国元,董艳.论"互联网+"时代教师信息素养内涵演进及其提升策略[J].电化教育研究,2016(11):108-112.

[35][51]陈琳,陈耀华,李康康,赵苗苗.智慧教育核心的智慧型课程开发[J].现代远程教育研究,2016(1):33-40.

[36][52]陈耀华,陈琳.智慧型课程特征建构研究[J].开放教育研究,2016(3):116-120.

[37]刘邦奇."互联网+"时代智慧课堂教学设计与实施策略研究[J].中国电化教育,2016(10):51-56.

[38]余胜泉,王阿习."互联网+教育"的变革路径[J].中国电化教育,2016(10):1-9.

[39][53]陈耀华,陈琳.互联网+教育智慧路向研究[J].中国电化教育,2016(9):80-84.

[40]万昆,叶冬连."互联网+"教育的变革路径:创客教育理论与实践研究[J].现代远距离教育,2016(2):14-20.

[41]曹培杰,尚俊杰.未来大学的新图景——"互联网+高等教育"的变革路径探析[J].现代远距离教育,2016(5):9-14.

[42]闫广芬,张栋科."互联网+职业教育"体系架构与创新应用[J].中国电化教育,2016(8):7-13.

［43］丁蕾. 基于"互联网＋"的中职物理混合式教学［J］. 中国电化教育,2016(3):141-145.

［44］王继新,施枫,吴秀圆."互联网＋"教学点:新城镇化进程中的义务教育均衡发展实践［J］.中国电化教育,2016(1):86-94.

［45］刘忠民,王喆."互联网＋教育"精准扶贫助推城乡教育均衡发展——以吉林省武龙中学为例［J］.中国电化教育,2016(8):98-101.

［46］陈丽,林世员,郑勤华."互联网＋"时代中国远程教育的机遇和挑战［J］.现代远程教育研究,2016(1):3-10.

［47］张坤颖,王婉婉,张家年."互联网＋"视域下新技术对远程教育的影响与思考［J］.远程教育杂志,2016(2):82-89.

［48］杨现民,赵鑫硕."互联网＋"时代学习资源再认识及其发展趋势［J］.电化教育研究,2016(10):88-96.

［49］［57］陈琳,王蔚,李佩佩,李冰冰. 智慧校同的智慧本质探讨——兼论智慧校园"智慧缺失"及建设策略［J］.远程教育杂志,2016(4):17-24.

［50］［58］陈琳,李佩佩,华璐璐. 论智慧校网的八大外部关系［J］.现代远距离教育,2016(5):3-8.

［54］李康康,赵鑫硕,陈琳. 我国智慧教室的现状及发展［J］.现代教育技术,2016(7):25-30.

［55］陈琳,杨现民,王健. 硕士研究生"学研创"培养模式建构研究［J］.学位与研究生教育,2016(5):23-27.

［56］陈琳,王蔚,李冰冰,杨英. 智慧学习内涵及其智慧学习方式［J］.中国电化教育,2016(12):31-37.

(本文刊载于《中国电化教育》2017年第2期总第361期)

共享经济启示的非正式学习发展研究

杨 英 陈 琳 刘雪飞

（江苏师范大学智慧教育研究中心）

摘 要："互联网＋"催生并推动着共享经济不断发展，共享经济给非正式学习的进一步深化发展以深刻启迪。该研究分析了非正式学习发展存在的不足、共享经济发展对非正式学习的影响，论述了共享经济影响下非正式学习将具有"平台智能化、资源高效化、环境生态化、行为契约化"的四化特征；非正式学习资源将实现六类转型发展，具有"促进非正式学习观念的转变、提升非正式学习的价值影响、推动正式与非正式学习的整合"三大优势，以及建立共享模式市场准入机制保障大众权益的必要性，以期促进非正式学习的优化发展。

关键词："互联网＋"；共享经济；非正式学习

党的十八届三中全会提出了共享发展理念，《国务院关于积极推进"互联网＋"行动的指导意见》中明确要求发展共享经济，十八届五中全会将共享作为新的发展理念。共享经济与共享文化正在迅速被大众所接受，闲置物品的交换、个人知识技能或经验的分享，推动着教育资源的均衡配置和共同享有。互联网技术的日益成熟在不断优化教与学过程的同时，催生了众多新型的学习方式——移动学习、体验式学习、碎片化学习、个性化学习等，非正式学习作为一种社会化学习方式，正逐渐成为人们获取信息、学习知识、丰富内涵修养、提升技术技能等的重要方式和有效途径。"互联网＋"推动着共享经济的发展，共享经济则在实现供需对接、降低交易成本、提升优质资源配置效率等方面彰显出独特的优势，对非正式学习的途径、资源形态、过程与组织形式、环境与基础条件、学习成本与价值等方面均产生广泛影响。

一 共享经济给非正式学习发展以新启示

非正式学习是指在正规学校教育或继续教育之外，在工作、生活、社交等非正式学习时间和地点接受新知的学习方式。随着现代信息网络技术的飞速发展，人们获取知识的途径更加多元、便捷，自我导向型的非正式学习日渐升温并趋于常态化：学生为了满足对未知世界的探索需求进行非正式学习;教师等上班族为了提高职业技能进行非正式学习;离退休人员为了充实生活、修身养性进行非正式学习等。然而人们对非正式学习的认识不足、非正式学习资源与平台发展存在缺陷、非正式学习效果不易显现和量化、非正式学习成果的社会认可度不高、尚未实现非正式学习与正式学习的有效整合等一系列问题的存在,阻碍了非正式学习的有效发展。

共享经济是指借助网络等第三方平台,将供给方闲置资源使用权暂时性转移,实现生产要素的社会化,通过提高存量资产的使用效率为需求方创造价值,促进社会经济的可持续发展。近年来各种共享模式千帆竞发般不断涌现,共享经济逐渐受到创业者和大众的关注:小猪短租、共享单车、共享办公,以及近期国内陆续出现的共享雨伞、共享汽车、共享电动车、共享充电宝、共享篮球等"共享+"模式,都践行了共享经济"整合零散资源、提高资源利用率"的价值理念。共享经济同样影响着非正式学习的发展,对非正式学习的资源和平台的影响最为显著:在约、在行、知见、口袋专家、顺顺留学、轻轻家教、问津等知识经验和技能分享平台,以及MOOC网、果壳网、人教学习网、百度作业帮、百度传课等资源共享平台的出现,为非正式学习提供了极大的便利,加快了非正式学习的升级发展。

二 共享经济催生非正式学习新特征

共享经济以信息、物品的共同享有、交换、使用以及广泛流通传递为基础,互联网与物联网的飞速发展、现代信息技术与大数据分析的广泛应用、数字经济与共享发展理念等正逐步深入人心,为共享经济创造了条件。新兴的共享经济又推动着社会的发展,它可以让许多产品或内容变成"你的就是我的,我的就是你的",即让资源从私有化占有转向共同享有。因此,以共享经济的他山之石攻非正式学习之玉,可进一步突显非正式学习的优势,并相应赋予非正式学习以下新特征。

(一)平台智能化

共享以智能化平台为依托,平台的智能化程度将直接影响共享的内容和方式、共享的效率和效果、共享的范围和程度等。《共享论》一书指出,"共享是理念,分享是范式,生态是动能,平台是效率,四轮成驱动",可见,平台是影响共享效率直接的也是主要的因素之一。互联网的发展不断催生出新的共享模式,共享经济也在持续影响着各类智能化互助分享平台的发展。目前可供学习者完成非正式学习的智能化平台千帆竞发般地不断涌现,前面所述的诸多非正式学习平台,不仅为学习者提供了更广泛的资源,也提供了更加人性化的自主学习新形式、自主管理新模式、自我提升新途径等,使学习资源、环境从较多的私有化转向更多的大众化和透明化,打破时空限制,降低权属局限,这将有利于规避中心私有化运营所存在的成本高、风险大以及价值效益低等诸多弊端。

（二）资源融合化

融合化学习资源能够满足学习者智慧型发展的高层次需求。无论是共享经济赖以存在的C2C共享模式还是B2C共享模式，与不断发展的大数据、人工智能等技术在共享学习平台中的广泛应用相结合，都在很大程度上促进了非正式学习资源的大融合，包括虚拟资源和实体资源的融合、物态资源与人力资源的融合、学校资源与社会资源的融合、预设性资源和生成性资源的融合、不同终端资源的融合等。"互联网＋"时代，网络学习资源的生产、消费、传递、共享与管理的所有业务都将依托互联网开展，呈现"高质生产、高速传递、高效管理、高端应用"的"四高"发展态势，进而助推教育的全互联网化。共享经济的网络效应缩短了非正式学习资源供需循环的周期，盘活并融合了分散的闲置资源，在提高资源利用率的同时大大降低使用成本。消费者不必因为短暂使用而全价购买，仅需支付少量租金即可满足学习需求，这也给未来新兴学习资源的发展以新启示。

（三）环境生态化

生态化学习环境是实现非正式学习可持续发展的重要保障。共享经济对非正式学习环境的生态化发展产生极大影响：（1）网络化共享特征增强了非正式学习环境的整体性和系统性。在"网罗天下"的时代，网络互联技术打破了不同学习环境之间割裂与分层的困境，使学习环境之间的关联性更加紧密，学习者更易获得系统的学习资源和知识体系。（2）多元化共享模式影响着非正式学习环境的开放性和多元性，让学习者拥有更多机会和空间进行学习、思考及创新创造。多元化的环境和资源开拓了学习者的视域，有利于学习者立足更高、更远发展。（3）智能化共享环境增强了非正式学习的交互性和适应性。自适应技术的应用可以根据个体需求，为不同学习者推送优质资源并对其学习效果作出及时反馈。（4）新旧共享模式的冲击与融合，使非正式学习环境呈现平衡性和进化性。信息发展日新月异，新旧知识模式持续更替，学习环境处于"平衡—非平衡—平衡"交替的动态状态，智能化环境提升了学习者的认知水平，学习者日益增长的学习需求也倒逼着学习环境必须持续不断进化，形成人与环境之间相互促进、螺旋式优化的良好态势。

（四）行为契约化

"没有规矩不成方圆"，行为契约化是构建信任与规则并举的共享新业态的基本准则，遵循契约精神是共享经济时代非正式学习可持续发展的重要保障，也充分体现了平等、自由、公开、守信的精神。（1）共享网络为非正式学习者平等获取资源提供了条件，学习者基于学习需求，自主选择学习资源的内容和形式；（2）共享平台让学习消费者的在线行为变得便捷的同时也更加公开，消费足迹更加透明，用户的自觉性和资源的安全性也需要相应提升；（3）共享规则让学习者的消费行为更加合理合法化，为了保障平台学习的可持续发展性，运营商与消费者均需自觉遵守相应的平台规则，平台尊重用户隐私权与用户遵守平台准则同等重要,从而确保共享模式的可持续发展。

三　共享经济推进非正式学习资源转型新方向

共享经济对非正式学习最显著的影响之一是促进学习资源的转型发展,具体体现在如下所示的几个方面。

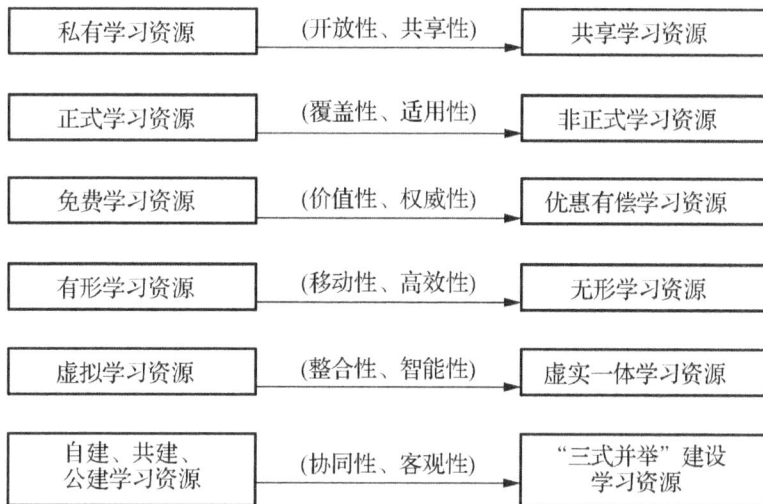

私有学习资源	（开放性、共享性）	共享学习资源
正式学习资源	（覆盖性、适用性）	非正式学习资源
免费学习资源	（价值性、权威性）	优惠有偿学习资源
有形学习资源	（移动性、高效性）	无形学习资源
虚拟学习资源	（整合性、智能性）	虚实一体学习资源
自建、共建、公建学习资源	（协同性、客观性）	"三式并举"建设学习资源

（一）私有学习资源亦可成为共享的学习资源

盘活私有资源,实现学习资源真正意义上的"活用"与"用活",不断推动资源开放共享化,对于学习型社会发展意义重大,现已呈现良性发展的好势头。在国家教育资源公共服务平台上,"晒"出了涵盖中小学各个教学环节的优质资源,以帮助教师利用信息技术和优质数字教育资源至少上好一堂课,并使"一师一优课,一课一名师"活动成为走中国特色教育信息化道路的创新典范;以 MOOC 网、爱课程网、好课网等为代表的网络学习平台,发布各校的优质教学资源,以供学习者选择学习;当下热捧的各类在线直播课、会议报告和文体活动实时直播、同步直播课堂及在线实时一对一辅导教学等,为私有资源开放共享化提供了有效途径;在线论坛、博客、微博、微信等为代表的社交平台,为私有资源的共享提供了平台依托;XML、Web Service 和网格等技术可以实现跨平台的技术问题,从平台层面解决了教育资源的共享问题。

（二）正式学习资源转为亦可用于非正式学习的资源

将部分正式学习资源转化为非正式学习所用的资源,主要是指学校资源的公开共享化,即将对甲方而言的正式学习资源转化为可供乙方进行非正式学习所用的资源。一方面可将学校的学习资源通过适当的机制向社会开放,如体育场、图书馆等,推动学校资源社会化,提高资源利用率;另一方面可将校内资源跨学院、跨部门、跨专业间共享,如实验室、实训场地和设备等,满足更多学习者进行非正式学习的需求,更好支持跨学科学习。此外,还有近年来发展迅速的各地图书馆联盟,属于馆际合作,也可以理解为传统图书馆与数字和虚拟图书馆、纸型资源与电子资源的互补共存,这也为实现校际及区域间的学习合作与交流共享,提供了有效途径和多方便利。

（三）有形学习资源转为无形学习资源

借助新平台、新技术创设新模式,将实体学习资源转化为虚拟学习资源来实现新应用,能够更好地为非正式学习服务。最典型的案例当属电子书包,不仅免去了沉重的书包,也使得学生可以接触到更多更灵活的资源,帮助学生实时答疑、个性化推送多元化的资源,满足学习者不断提升的新需求。场馆作为支持非正式学习活动的物理环境,是展品、参观者和社会文化交互碰撞的学习空间,随着全息、3D摄影摄像等虚拟技术的发展与应用,场馆中虚实融合的展示与互动功能愈发完善。随着现代教育理念在场馆设计中的贯彻以及现代信息技术在场馆建设中的应用,场馆学习不再仅仅局限于线下实地的参观式学习,线上虚拟场馆已经越来越多地映入人们的眼帘,其便捷性、可视化及情境化的优势,成为学习者进行线上场馆非正式学习的重要选择。

（四）免费学习资源转为优惠有偿学习资源

在免费泛滥、"试客"蔚然成风的时代,"唯免费不用""有免费即可""试用即可""止步免费""付费不划算"等观念已植根于各个消费领域,学习也不例外。然而,"免费"只能作为吸引一定数量用户基础的公关手段或前期测试试用,"付费"才是实现共享经济可持续健康发展的重要价值保障,也要让学习者清楚不应该盲从于免费学习资源而忽视精品和优质学习资源,毕竟大多不劳而获的东西都不会被珍惜,资源的价值性也不能得到很好的发挥和体现。"免费的午餐"应当适时加以转向,转部分免费资源为优惠有偿的资源,尝试影响并改变学习者的资源消费思维和观念。可以尝试通过以下方式:(1)"局部免费、整体有偿",即提供部分免费学习资源或者学习支持服务来吸引学习者;(2)利用限时优惠抢购精品资源的方式来吸引学习者,促销有偿学习资源;(3)平台使用免费,但其中的增值服务需要有偿使用;(4)"短期免费、长期有偿",即试用期内推行学习资源免费使用,期满之后开始收费。如果是优质有效的学习资源,就足以吸引消费者即需付费使用。与此同时,对资源设计者和建设者也提出了更高的要求,唯有更加智慧的学习资源才能继续吸引并保持更多的消费者进行付费使用,这也有助于促进资源建设的良好发展、生态化发展。

（五）虚拟学习资源转为虚实一体学习资源

使用网络技术来代替教育并不是最终解决方案。目前国外高校的优质资源共享模式主要有"大学城模式、大学联盟模式、美国南部高校学术共同市场共享模式、大规模开放式在线网络课程"等,国内高校的优质资源共享模式主要有"香港高校研究生教育资源共享计划、国内大学城共享模式、高校联盟模式、高校与地方共建模式、北京学院路高校教学共同体模式"等。从已有的这些已经取得一定显著成效的共享模式来看,资源共享已经突破了单纯借助网络技术共享虚拟资源的瓶颈,虚实一体资源的共享能够更进一步满足更多学习者和学习活动的需求,也充分体现了实体资源共享具有变革传统学习方式、促进学习者创新能力提升、加快学科交融、推动多学科视野和综合素养的复合型人才培养、实现资源效益最大化、推进教育公平等多重意义。

(六)自建、共建、公建学习资源转向"三式并举"建设学习资源

共享经济是促进共享的催化剂和时代助推器,是实现资源共享的外部条件,自建、共建、公建都是共享的基础,实现共赢才是其初衷和归宿。高校信息资源建设应由"自建"式、"共建"式向包括"公建共享"式在内的"三式"并举转变。"三式并举"开展资源建设,一方面确保了资源的权威性、客观性和高效性,另一方面可以让更大范围内的更多学习者共享到优质资源,同时体现了资源建设的系统性、整体性和协同性,也可为促进教育公平和缩小区域资源差距做出更大的贡献。

四　共享经济持续推动非正式学习发展的新路径

(一)促进非正式学习观念的转变

非正式学习让学习者从知识的被动接受者转变为主动探知者。基于大数据分析技术和个性化智能推送功能等,学习者可以实时获知与自己学习兴趣相关的信息和知识的更新情况,及时更新知识库,进行个人知识管理,帮助学习者实现自身发展和进步。共享经济的发展对非正式学习的影响首先体现为学习者观念的转变:(1)知识消费观念的转变:学习者需要清楚,并非只有正式学习需要付费,部分非正式学习同样需要,共享经济并不是免费经济,而且目前已有大量学习者正在为自己的非正式学习付费,知识付费已经成为常态;(2)非正式学习目的的转变:将预设性的学习目的转向生成性的学习目的,共享必然加速学习者知识更新速度,因此学习者需要及时反思和内省,适时为自己的目标做"加、减、乘、除",动态调整既定学习目标,避免因固守原有的目标而滞后于时代发展;(3)学习者归属感的获得:在基于共享学习平台的个人学习环境中进行非正式学习时,学习者将处于主体的地位,根据学习需求来自定步调,满足自身认知提升需求。学习者的归属感是影响其自主学习能力的重要因素,拥有主体意识的学习者进行学习时一般更容易达到最佳学习效果。

(二)提升非正式学习的价值影响

非正式学习的价值主要体现在其与学习型社会、终身学习、正式学习、非正规学习、共同体学习等概念的关联之中。在移动互联网的大潮下,学习者更加倾向于利用移动平台进行学习,智能化共享学习平台正当其时,也为共享经济模式的拓展与延伸提供了平台和空间,

对非正式学习的价值提升也产生了重要影响。（1）提升非正式学习对构建学习型社会的价值影响：扩大非正式学习的范围和力度是推动学习型社会形成的重要途径，共享学习平台如百舸争流般充斥着消费市场，在提供了更加全面的知识内容的同时，也使知识的表现形式呈现百花齐放的态势，为非正式学习的高效开展带来了福利，有助于全民学习型社会的早日形成。（2）提升非正式学习对终身学习的价值影响：知识经济时代，学习者不再仅仅局限于学校学习，而是践行终身学习的理念，做到"生命不息，学习不止"。共享知识平台提高了学习者充实知识库、更新知识体系的效率，为实现学习者终身发展保驾护航。（3）提升非正式学习对正式学习的价值影响：在知识日新月异的时代，"用昨天的知识培养明天的人才"显然已经不能满足社会创新发展的需求，学习者需要借助现代化共享资源平台，在接受系统化、程序化的知识体系的同时，为其注入新的血液，做到与时俱进。（4）提升非正式学习对非正规学习的价值影响：非正式学习与非正规学习都是正式学习的重要补充，与非正式学习类似，非正规学习也充分体现了学习者的主动性，但非正规学习具有一定的目的性和组织性，而基于现代信息技术与智能共享平台支撑的非正式学习更具灵活性，可以更好弥补非正规学习的短板。（5）提升非正式学习对共同体学习的价值影响：智能化共享平台不仅仅是非正式学习资源供需联通的纽带，更是一个进行实时同步、交流分享的平台，学习者可以快速便捷地组成学习共同体，开展能够充分彰显学习者个性化特征的自组织形式的非正式学习。

（三）推动正式与非正式学习的融合

共享学习平台为践行终身学习理念提供了条件和依托，联合国教科文组织在《认证非正规和非正式学习的全球视角：为什么认证至关重要》一书中指出：要将非正式学习成果与构建终身学习社会的目标联系起来。以大规模开放在线课程为例，目前国内外对于MOOCs学习成果的认证主要有两种形式：学分认证和非学分认证，这也为正式学习与非正式学习之间的联通与互认提供了有效途径。清华大学在2014年就指出可以在"学堂在线"中修多所名校学分，并且已被多所高校承认并接受。一切被记录的终将都是有意义的，学习者利用智能化共享学习平台进行学习，平台将记录学习者的所有"学习足迹"，然后对学习过程进行客观诊断分析，帮助学习者查漏补缺，并且在完成学习之后将整个学习过程及结果的分析结果报告呈现给学习者，通过最终考核并且学习成绩达标者即可将学习经历转换为"微学分"，然后存入"学分银行"。学分银行有利于调动学生积极性，使得学校走向市场；让各类教育之间沟通衔接，也有助于贯通和整合正式学习与非正式学习。国外学分认证兴起较早，体系也相对较为完善，我国国家开放大学学分银行（学习成果转换管理网）正在开展这项工作，目前也已有了一定规模的影响。

（四）建立共享模式市场准入机制保障大众权益

市场准入制度是国家对市场主体资格的确立、审核和确认的法律制度。世贸体制所要求的市场准入是有保障的、可预见的和不断扩大的市场准入,即强调市场准入的信息必须是公开的、持续的和具有约束性的。现今,各类新的共享学习模式和共享学习理念不断映入消费者眼帘,让学习者应接不暇,但从总体来看,共享平台的资源质量良莠不齐。智能化共享平台的出现使得普通大众可同等享用优质学习资源,非正式学习也呈现出了新风向:学习去中心化,学习不再是个人的闭门造车,而是多主体互动交流的过程;评价主体多元化,呈现出全民参评的景象;学习内容和形式更加多样化等。对学习经历进行认可,以及对所获学分进行认证,这些都为正式学习和非正式学习的整合提供了有效依据。然而,目前已有的共享学习平台存在很大的局限性:并非所有的共享学习平台的学习结果都可以进行非正式学习的认证;并非所有机构和组织都承认这样的非正式学习的认证证书;也并非所有的认证证书都可以得到高质量的保障等等。因此,需要建立一定的共享模式市场准入机制,以:(1)保证共享平台和资源的优质度和易获取性;(2)保证学习者的个人信息不被泄露,即安全性;(3)保证学习者的学习经历记录的完整性;(4)保证学习者完成学习并通过考核后能及时获得学分,即有效性和可靠性;(5)保证学习者所获的微学分是可以被认可的,即公正性和公认性。共享模式市场准入机制的确立可以从不同层面、不同维度保障大众的合法消费权益,从而促进共享模式下非正式学习的生态化发展。此外,政府也可以通过投入一定的专项资金来引导教育的改革和非正式学习资源的均衡配置。

结语

毋庸置疑,共享经济给非正式学习带来的影响是多层次、多维度的,也将对非正式学习产生持续的影响,但仅仅通过共享提升非正式学习的效率和效果具有很大的局限性,研究中所提到的多种共享也并不能完全解决非正式学习面临的所有问题。因此,尚需要借助更多的现代化理念和技术来实现非正式学习更好更快的发展。

参考文献

[1] 余胜泉,毛芳. 非正式学习——e-Learning 研究与实践的新领域[J]. 电化教育研究,2005(10):19 -24.

[2] 郑志来. 共享经济的成因、内涵与商业模式研究[J]. 现代经济探讨,2016(3):32 - 36.

[3] 杨现民,赵鑫硕."互联网+"时代学习资源再认识及其发展趋势[J]. 电化教育研究,2016(10):88 -96.

[4] 陆薇,陈琳."晒课"促进教师智慧成长研究[J]. 中国电化教育,2015(12):132 - 136.

[5] 陈琳,杨英,华璐璐."十三五"开局之年以信息化推动教育现代化新发展——2016 年中国教育信息化十大热点新闻解读[J]. 中国电化教育,2017(2):69 - 75.

[6] 周玉霞,朱云东,等. 同步直播课堂解决教育均衡问题的研究[J]. 电化教育研究,2015(3):52 - 57.

[7] 孙雨,鲍赟力. 开放教育资源共享模式研究[J].现代教育技术,2017(4):111-116.

[8] 李佩佩,陈琳,冯熳. 全息技术在智慧教育中的应用研究[J].现代教育技术,2017(6):12-17.

[9] 王洪梅,王运武,吴健. 3D数字化教学资源、未来课堂与智慧学习三元关系的新探讨[J]. 远程教育杂志,2017(2):29-35.

[10] 夏文菁,张剑平. 文化传承中的场馆学习:特征、目标与模式[J]. 现代教育技术,2015(8):5-11.

[11] 孙立会. 开放教育基本特征的变迁——兼议MOOC之本源性问题[J].远程教育杂志,2014(2):30-38.

[12] 王晓华,赵蕾. 国内外高校优质资源共享研究[J].实验室研究与探索,2015(11):277-279.

[13] 乔灿. 由虚拟走向虚实一体——高校智慧教育资源大开放共享观研究[J].现代教育技术,2015(11):19-24.

[14] 陈琳. 中国高校教育信息化发展战略与路径选择[J]. 教育研究,2012(4):50-56.

[15] 陈琳,王蔚,等. 智慧学习内涵及其智慧学习方式[J]. 中国电化教育,2016(12):31-37.

[16] 马阳. 虚拟学习社区中学习者的归属感与自主学习能力关系研究[J].中国远程教育,2012(6):55-58.

[17] L. 约翰逊,S. 亚当斯. 贝克尔,M. 卡明斯等.新媒体联盟地平线报告:2016高等教育版[J].开放学习研究,2016(2):1-20.

[18] 樊文强.MOOC学习成果认证及对高等教育变革路径的影响[J].现代远程教育研究,2015(3):53-64.

[19] 蔡文芳. 关于MOOCs学分认定及其校际互认的思考[J]. 中国高教研究,2016(12):83-85.

(本文刊载于《中国电化教育》2017年第12期)

全息技术在智慧教育中的应用研究

李佩佩 陈 琳 冯 熳

（江苏师范大学智慧教育学院）

摘 要：科技的高速发展，新技术的不断涌现，导致社会环境不断发展变化。不断将新技术适当而有机地整合到现行的教育系统，可以使教学手段、教学方法乃至新教育理念等方面得到很好的扩充，并使之更加多元化、科学化。文章从全息技术相关概念入手，分析了全息技术在公共场合、医学、先进设备等领域的应用现状，从智慧学习、智慧课堂、智慧教室和智慧实验室等方面探讨了全息技术在智慧教育中的应用现状，并对全息技术的未来应用趋势进行了展望。

关键词：全息技术；智慧教育；技术应用

幻灯机、电影、语言实验室、电视、教学机、多媒体组合技术、计算机辅助教学、网络技术等现代技术相继应用在教育中，使得教育发生了很大变化。它们不仅改变了信息传递距离，而且改变了信息的呈现形式，同时丰富了教学内容，使得教学效果得到不断的改善。每一种新技术的出现都会给教育带来不可估量的影响，目前智慧教育的热潮正席卷而来，无疑对技术提出了新的挑战。各种新技术如物联网、大数据、泛在网络等不断地应用在教育中，尤其是近几午全息技术的发展，均为智慧时代的教育发展注入了新的活力。

《2015 地平线报告（高等教育版）》将全息技术作为促进教育真正改变的关键技术之一。新技术的发展引起了社会环境的变化，作用于教育系统之上，把有关的新技术吸收并有机整合到现行的教育系统之中，可以使技术手段、教学方法乃至新教育理念等方面得到扩充，变得更加多元化。全息技术可以给智慧教育带来全新的教学环境，让智慧教育更加形象化、情境化、多元化、智能化。因此，研究全息技术将给未来教育带来的影响尤为重要。

一 相关概念

1. 全息技术相关概念

全息的意思是完全信息。现在人们所说的全息分为两大体系：一是光学意义上的，一是投影呈现领域的,但在实际应用中人们没有将之细分。其中,光学意义上的全息是利用光的干涉原理,将整个物体发射的特定光波以干涉条纹的形式把物体的全部信息记录下来,并在一定条件下形成与物体本身很像的三维图像。这种意义上的全息技术具有三个特点:① 三维立体性,即全息照相再现出的图像是三维的,它呈现出来的效果就像观看了真实物体一样富有立体感;② 可分割性,指全息照片即使破碎了,也不影响整个物体的图像,不会因照片的破碎而失去像的完整性;③ 信息容量大,它的理论存储量上限远大于磁盘和光盘的存储量。投影呈现领域的全息则是利用光学传输特点,使数字影像在"空中"呈现,从而实现与真实物体在视觉空间上的"虚实融合"。

全息技术思想提出以来,不断地融合到其他学科领域,形成了各种新兴技术,比如全息存储、模压微全息、全息计量等技术,也相继产生了多种全息,如透射全息、像面全息、彩虹全息、白光再现全息、真彩色全息、动态全息、计算全息、数字全息等,全息技术也越来越多、越来越成熟。全息立体显示突破了实验室研究层次,已经进入到社会应用中。

2. 智慧教育

目前很多学者从不同角度对智慧教育的内涵进行了阐述。如金江军从教育发展过程出发,认为智慧教育是教育信息化发展的高级阶段;靖国平分别从狭义和广义两个维度对智慧教育加以论述,认为广义的智慧教育是一种更为全面、丰富、多元、综合的智慧教育;杨现民从生态观的视角定义智慧教育;尹后德主要从教育信息化带动教育现代化发展的角度出发,界定了智慧教育的概念;祝智庭认为智慧教育的真谛是通过利用智能技术创建智能化的教学环境,使得教师和学生在教学过程中更加灵活多样地施展新的教学方法,从而更好地培养出适合时代要求且具有更高的价值取向、更强的实践能力、灵活创新的思维能力的人才。本研究提出的智慧教育则更倾向于陈琳教授对智慧教育的认识,他认为智慧教育是智慧时代的教育新形态,是以高度的信息化支持为前提,适当而有效地利用现代信息技术在教育的各个方面实现智慧化,从而更好地开发学生的高级思维能力和创新创造能力,最终实现教育引领社会的发展。

二 全息技术的应用现状

从1948年英国科学家丹尼斯·斯盖伯提出全息概念,到目前已经有68年的发展历程,在这期间,人们不断地把全息技术引入其他领域,并已经有所突破。随着全息技术的不断进步,它的优势也不断地凸现出来,这使得全息技术应用更加广泛。如我们平时使用的信用卡、驾照、护照等,就是采用全息的一种立体照相技术——通过记录物体的明暗变化和空间变化来辨别真伪,这是全息技术在防伪方面的应用。

1. 全息技术在公共场合的应用

全息技术在时装界、娱乐界、博物馆、政界均开启了应用热潮。在时装界,全息压模技术和时装界的结合成了设计师的宠儿,早在 2006 年一场秋冬季时装发布会上,亚历山大就展示了一幅凯特的全息照片。在娱乐界,国内产生最广泛影响的应用是 2015 年春节联欢晚会李宇春表演的《蜀绣》,节目通过特效"分身"出多个李宇春,在观众面前栩栩如生地同台表演。在此之前,轰动一时的邓丽君和周杰伦隔空对唱,也采用了全息技术。这些画面的实现,就是利用全息投影技术,产生立体的空中幻象,使幻象与表演者互动,一起完成表演,产生令人震撼的演出效果。目前,美国、英国等的一些城市已经出现了全息博物馆,他们把一些稀世珍宝拍成全息照片加以呈现,以减少文物损坏、被盗等安全隐患。也有国外设计师将全息技术安装在座椅的靠背上,可为乘客提供点餐、通信以及环境三维图像等信息。甚至在政界也开启了全息"酷炫风",如印度总理莫迪在 2014 年 5 月的竞选中,使用全息技术,让自己出现在不同的地方拉票演讲。

2. 全息设备

深圳亿思达集团钛客科技在 2014 年发布了全球首款全息手机—— Takee,利用该手机可以看到全息图像,它内置专业的特殊摄像头来精准地追踪眼球并得以建模,从而使我们看到全息图像,同时随着眼球位置的转移,画面还会随之自动适配。用户可以不受视角限制,能裸眼观看逼真的、高清晰度的 3D 立体电影。有人畅想未来的全息手机可以跟踪用户的眼球,实时显示眼球看到的影像,实现和我们肉眼一样的观感。可以想象,随着手机产业技术、全息技术的不断发展,全息应用将在手机上普及,这样各种手机应用如游戏、直观购物、影视、导航以及地图等将搭载全息技术而在手机市场上拥有可观的前景。如用 3D 打印一个立体的人,这个人不必亲临现场,只需要通过全息图像技术采集此人的全息图像,并传到打印机就可以实现。

2015 年,微软正式公布了全息眼镜 HoloLens。该眼镜内置全息处理器,用户戴上它可以利用内部的传感器感应自己的肢体动作,也可以把数字内容转换投射出全息图像,用户眼前可以看到悬浮画面,如在墙上查看信息、直接进行 Skype 视频通话、观看球赛或者在地上玩游戏。微软有一个早期的应用程序,可以让工程师现场指导用户如何安全地修理一个电灯开关。汽车购买者利用 HoloLens,可以轻松地选择自己喜欢的汽车颜色和配置,也可以任意添加、变换所需功能。使用者还可体验登陆火星、收集金币类的游戏、在虚拟现实中设计玩具并打印出来、与西班牙的机车设计师共同设计物理模型,这一切都如身临其境。微软甚至设想用户可以坐在自己的客厅里,与好友进行实时协作玩全息的 3D 游戏——可见,全息给人类带来了一种全新的方式看世界。

3. 全息在医学的应用

全息技术在医疗方面的应用研究较早。如加拿大皇后大学人类媒体研究室在 2012 年成功研发了 3D 全息投影设备,这些设备可以辅助远程医疗,甚至为了能让外科医生方便练习操刀手术,国外一些科技公司还研发了 3D 全息可视心脏——这在医学方面是一个很大的突破。

4.360 度全方位全息

大多数全息图像无法全方位显示,不过前不久世界上第一个 360 度彩色全息图像被韩国研究员制作成功。这个全息图像是个浮动的魔方,它虽然只是个彩色的魔方,但是它可以 360 度全方位进行观看。韩国研究团队从 2013 年开始研究这个 360 度全息影像,他们最终的研究目的是希望 10 英寸的全息电视设备在 2021 年问世。美国国防高级研究计划局在 2011 年制定了一项为期五年的项目"Urban Photonic Sandtable Display",该项目为战争策划者创设了一个实时的、彩色的、360 度三维全息画面,这些策划者裸眼就可以在这些 3D 画面中进行交互。

全息技术已经在生活服务、医疗、娱乐、政界等领域都有所应用,而在教育方面的应用研究几乎没有,所以有必要去探究全息技术在教育领域的应用,尤其是随着智慧教育热潮席卷全球,全息技术将对智慧教育产生巨大的影响。比如,把全息技术应用到智慧学习、智慧课堂、智慧教室、智慧实验室等各个方面,可以促使智慧教育智能化、教学方式多元化、教学过程形象化、教学环境情境化,从而提升学生的学习兴趣。

三 全息技术在智慧教育中的应用

物联网、云计算、大数据、泛在网络是智慧教育体系构建的重要支撑技术,智慧教育的发展也离不开这些先进的技术。把全息技术合理、有效地与教育进行融合,可让智慧学习方式发生改变,让学习者由向教师学为主转到向资源学习为主,可使课堂教学更加生动、活跃;同时也为智慧教室和智慧实验室提供了更便捷先进的设备环境。全息技术把传统死板的教学转向虚实一体的呈现形式,这将提高学生的学习兴趣,使学生的智趣相结合,为智慧教育的发展奠定基石。

1. 全息技术在智慧学习方面的应用

不同专家对智慧学习有不同的见解,本研究比较认同陈琳教授对智慧学习的定义,即智慧学习是支持和促进人在信息时代获得个性发展、特色发展、全面发展、终身发展、内驱发展、创新发展的学习,是伴随有思想激荡、智慧碰撞的学习,是为了服务和促进社会发展的学习。目前,人们更多关注怎么利用先进技术来促进学习者各方面能力(如实践创新能力、社会协作能力、机智反应能力)与良好伦理道德的和谐发展。把全息技术应用到智慧学习,将改变学生的学习动力。

学生可以带上全息眼镜,走进所学习的环境中,去身临其境地接触以前无法看到的场景,这让学习不再是传统的枯燥的文字呈现或者是固定的图像呈现,它可以把一些用文字、图片描述的内容情景化,增加了学生的学习兴趣,使学生们不再被动地学习知识,从"要我学"转变为"我要学"。全息技术可真正实现"教育即生活",让用户更容易走进真实的学习场景,达到"在做中学"。利用全息技术教学,不但可以大幅提高学生的信息素养,而且可以提高学生的学习兴趣,打破传统教学中的死记硬背模式,将学习的主动权交还给学生。

2. 全息技术在智慧课堂中的应用

要想实现智慧教育,首先应该改变目前的课堂形式。虽然近些年我国不断尝试改革,但是很多信息技术的介入也无法改变"知识课堂"为主的状况,因此构建一个全新的智慧课堂将成为教育工作者的重要任务。有关研究表明,智慧课堂应具有一些内在的规定性,如自主性、思维性、探究性、多元性等。

目前,远程教育的学生只能通过视频画面听教师讲课,无法体会老师亲临现场的感觉,所以他们的听课效果跟现场学生比差距很大。有时老师给现场学生展示实物的教学材料,远程的学生根本无法获得真实体验,而将全息技术应用在教育中可以解决这一问题。利用全息技术,可以把老师的身影投影到远程课堂,给学生们身临其境的画面。全息技术不仅让远程智慧教育更逼真,而且给所有的学生提供了同等的教育平台。如偏远山村的学生不用不远千里跑到大城市接受教育,他们在自己村庄、县城的教室里,在足够的带宽支持下,可以利用全息技术将远程的优秀老师的"真人"显示在教室,实现课程同步,让智慧教育走向每个角落。另外,学生在学习一些实际操作类的课程时,以前只能通过看视频或专门走到现场才能看到,可是视频的立体空间感不强,而全息技术的引进可解决这一困惑——可以利用全息技术模拟出三维的学习环境,学生在这个环境中随便操作。通过佩戴全息眼镜直接进行Skype视频通话,学生和教师可以看到同样的教学画面,并能够进行实时交互。

在课堂上,老师讲一些关于无法在现实生活中看到的事物时,可以利用全息技术直接把所讲事物360度呈现在学生的面前,这样学生就能够更形象地了解所学事物。这可以很好启发学生思维,使课堂的形式更加多元化,大大提高学生的学习效率,同时减轻老师的教学任务。如几何课上原来学生们难以理解的立体几何图,用全息技术把它们以三维的形式呈现出来,这样学生可以通过自主观察这些画面去思考问题,进而有助于培养他们的创新思维。

3. 全息技术在智慧教室方面的应用

智慧教室是一种典型的智慧学习环境,是智慧教育得以实现的内在需求,是时代发展的必然选择。智慧教室的智慧性应体现在内容呈现、环境管理、资源获取、情境感知和思维碰撞等五个方面。全息技术应用于智慧教室,将给教学带来很多便利。

全息座椅应用在智慧教室中,给学生提供个性化服务、通信以及环境三维图像等信息,使教师随时可以了解学生动向,从而方便师生互动。教室中配用头戴式全息投影、全息投影显示等设备,可以把学生带入一种虚拟的学习环境中,学生能够更加形象地体会所学的知识和内容,让原来只能在头脑中想象的事物,通过一个简单的眼镜就能够实现。这些应用给教师和学生带来了更大的方便,使他们不用出去在室外寻找实物来增加自己的学习体验。

4. 全息技术在智慧实验室的应用

大多科学研究离不开实验,如工程学的学生在学习设计方面总是靠自己的头脑去想象,很多模型无法呈现出理想的效果——在医学及其他领域也都会遇到这样的情况。把全息技术应用到智慧实验室中,在全息技术环境中使得实验室情景化、生动化、交互性,学习者不用再接触符号化的知识和一些二维图像,而是投入全新的实际虚拟的实验情境中,能够反复去体验操作,不用担心资源浪费。如在护理试验中,一个智慧实验室对于护理学生来说至关重要,利用全息技术的实验室,可以很好地调动学习者的积极主动性,解决教学资源短缺浪费的现象,也更好地体现了人本主义教育,病人不再因多组学生反复接触而引起他们的心理困惑。全息技术不仅带来以上好处,同时突破了传统实验室对时间、空间以及其他方面的要求,较好解决了护理教学对时间、地点以及相关病例的条件限制。此外,学生在智慧实验室中反复训练,不用担心真实操作带来的风险,从而可以减轻受训者的心理压力,发挥出自己的真实水平。

四 未来展望

全息技术应用尚处于初级阶段,很多技术有待提高和突破,再加上全息技术在很多领域的应用还未成熟,这些现状导致全息技术的应用受到限制。本研究认为,随着科学技术的不断进步,全息技术将出现在生活的每一个角落,并将成为打开虚实交融世界的钥匙,成为未来的发展潮流,值得所有人期待。

当前,我国很多教育学者不断探讨智慧教育,国家持续加大教育经费投入,各种先进技术也受到了更多关注,并被不断地应用到教育中,为智慧教育发展提供了强大的后盾。在这样的时代背景下,全息技术将很快步入教育领域,更好地支持我国智慧教育的发展。总之,全息技术将成为智慧时代的另一个教育利器,值得我们去关注和研究。

参考文献

[1] Johnson L,Adams B S,Estrada V,et al. NMC Horizon Report:2015 Higher Education Edition [R]. Austin,Texas:The New Media Consortium,2015:1-5.

[2] 徐晓雄.当技术遇到教育——教育与技术的互动方式解析[J].现代教育技术,2013(8):32-34.

[3] 景敏.全息显示技术发展及现状[J].科技广场,2008(7):232-234.

[4] 余重秀.从幻想走向现实的全息技术[J].知识就是力量,2015(1):30-33.

[5] 金江军.智慧教育发展对策研究[J].中国教育信息化(基础教育),2012(11):18-19.

[6] 靖国平.从狭义智慧教育到广义智慧教育[J].河北师范大学学报(教育科学版),2003(3):48-53.

[7] 杨现民.信息时代智慧教育的内涵与特征[J].中国电化教育,2014(1):29-34.

[8] 尹恩德.加快建设智慧教育,推动教育现代化发展——宁波市镇海区教育信息化建设与规划[J].

浙江教育技术，2011(5)：56 - 60.

[9] 祝智庭,贺斌.智慧教育:教育信息化的新境界[J].电化教育研究,2012(12);5 -13.

[10] 陈琳.智慧教育创新实践的价值研究[J].中国电化教育,2015(4);15 - 19.

[11] 姜范.喜看春晚新境界[N].人民日报,2015-2-19.

[12][13] 海川.全息技术:从科幻走进现实[J].新经济导刊,2015(2);60 - 63.

[14] 牛禄青.虚拟现实:下一个风口[J].新经济导刊,2016(Z1);28 - 31.

[15] DARPA. Successfully completes 3D holographic display technology demonstration program [OL].
<http://www. darpa. mil/News Events/Releases/2011/2011/03/24_DARPA_Successfully_Completes_3D_
Holographic_ Display_Technology_Demonstration_Program. aspx>

[16] 杨现民,余胜泉.智慧教育体系架构与关键支撑技术 [J].中国电化教育,2015(1);77 - 84.

[17] 陈琳.高校课程立体学习资源建设研究——促进学习方式转变的视角[J].中国电化教育,2013(11);
95 - 97.

[18] 陈琳,王蔚,李冰冰,等.智慧学习内涵及其智慧学习方式[J].中国电化教育,2016(12);31 - 37.

[19] Davis F D, Bagozzi R P, Warshaw P R. User acceptance of computer technology; a comparison of
two theoretical models[J]. Management Science, 2009(2);982 -1003.

[20] 祝智庭,贺斌.智慧教育:教育信息化的新境界 [J].电化教育研究,2012(12);5 -13.

[21] 田蜜,雷琪,王莉艳.浅析虚拟现实技术在护理实验教学中的应用[J].亚太教育,2016(3);100.

（本文刊载于《现代教育技术》2017 年第 06 期）

中国教育信息化战略规划的世纪变迁

王运武

（江苏师范大学智慧教育学院 江苏省教育信息化工程技术研究中心）

摘 要：教育信息化战略规划对教育信息化发展起着至关重要的作用，随着教育信息化发展的深层次推进，教育信息化战略规划日益受到重视。通过梳理1942—2015年的教育信息化政策法规、教育信息化发展规划，以及涉及教育信息化、教育现代化的国民经济和社会发展计划、国家教育战略规划，比较了教育信息化发展历程中的三个重要教育信息化发展规划，归纳了教育信息化战略规划变迁的规律。当前国家战略层面高度重视教育信息化，信息技术对教育的革命性影响日益凸显，教育信息化发展规划逐渐成熟，迫切需要将教育信息化纳入法制化建设。

关键词：教育信息化；战略规划；政策法规；革命性影响；法制化建设

教育信息化战略规划立足现状，面向未来，对规范、指导和引领教育信息化未来发展起着极其重要的作用。随着教育信息化的迅速发展，教育信息化研究者和实践者越来越重视教育信息化战略规划。在国家教育信息化战略规划的引领下，省、市、区、县和学校纷纷开始重视研制和执行教育信息化发展规划。尽管中国非常重视教育信息化建设和发展，但是教育信息化战略规划研究仍然滞后于教育信息化战略规划实践活动，教育信息化战略规划实践活动迫切需要教育信息化战略规划理论的指导。在这种背景下，非常有必要梳理教育信息化战略规划的发展历程，归纳教育信息化战略规划变迁的启示，为研制和执行教育信息化战略规划提供借鉴。

一 中国教育信息化政策的变迁

教育信息化战略规划是教育信息化政策的重要组成部分，是一种特殊的教育信息化政策。教育信息化战略规划不是孤立存在，而是与教育信息化的各种政策相互依存。国家、省、市、区、县和学校教育信息化战略规划，逐层落实，彼此关联，相互影响。教育信息化战略规划的本质是对教育信息化未来发展进行全面、系统、科学的谋划，以实现本来应该达不到的战略目标。教育信息化政策是国务院、教育部、教育厅、教育局等行政部门,为了促进教育信息化发展,尽快实现教育现代化,以权威形式制定的信息化教育、信息技术教育、智慧校园、教育技术、远程教育、开放教育等方面的规范性文件。教育信息化战略规划又称为教育信息化规划、教育信息化发展规划、教育信息化发展战略等。教育信息化战略规划是关于教育信息化如何发展的全局性总体发展计划,其主要内容包括教育信息化发展的战略目标、战略措施及实现战略目标所需要完成的具体部署等。教育信息化战略规划可以看作是一个研制规划或政策的过程,其结果是形成教育信息化发展规划或教育信息化政策。教育信息化政策法规是推进教育信息化建设的重要手段。

1. 中国教育信息化政策法规年度分布

本研究查阅了中华人民共和国中央人民政府、教育部、中国法律法规库检索查询系统、法律之星等门户网站,运用文献研究法和政策分析法,并结合 ROST 中文分词软件,对教育信息化政策法规进行了分析。1942—2015 年,我国共发布了教育信息化政策法规 153 个,2002 年、2012 年、2013 年、2014 年、2015 年这五年发布的教育信息化政策法规较多,尤其是2014 年达到 22 个。

教育信息化政策法规发布数量的多少与重视程度密切相关,教育信息化三个重要的发展规划——《全国电化教育"九五"计划》、《教育信息化"十五"发展规划(纲要)》、《教育信息化十年发展规划(2011—2020 年)》分别发布于 1997 年、2002 年、2012 年,这恰好与教育信息化政策法规发布的高峰年份吻合。2012—2015 年发布的教育信息化政策法规比较多,这主要是由于 2011 年 8 月 26 日教育部成立了教育信息化领导小组,设立了教育信息化推进办公室,可见国家战略层面非常重视教育信息化。

2. 中国教育信息化政策法规主题内容分布

教育信息化政策法规涉及的主题内容分布,见表 1 所示,涉及教育信息化、电化教育、远程教育和网络学院、数字化教育资源的政策法规较多,这四方面的政策法规占总数的32.0%。其次是机构设置(改革)、计算机教育和计算机选修课等。中国信息技术教育的发展,经历了从"计算机教育"到"信息技术教育",从重视"计算机知识"转向"信息素养"的过程。计算机教育、计算机选修课、信息技术教育、信息技术课程、信息技术课程标准方面的政策法规共 13 个,占总数的 8.5%。可以看出,国家非常重视电化教育、教育信息化、远程教育和网络学院,以及机构设置(改革)和信息技术教育。但对电化教育、教育信息化进行国家层面的战略规划数量偏少。

二 中国教育信息化战略规划的萌芽(20 世纪 40～80 年代)

1. 最早的电化教育政策法规——《电化教育重要法令》

教育信息化战略规划的萌芽,可以追溯至 20 世纪 40 年代电化教育的战略规划。1942 年

表1 教育信息化政策法规涉及主题内容分布

教育信息化政策法规涉及主题内容	数量	占总数比例	教育信息化政策法规涉及主题内容	数量	占总数比例
教育信息化	15	9.80%	教育技术装备、教育软件、计算机管理	3	1.96%
电化教育	12	7.84%	校校通、校园网、教育网站	3	1.96%
远程教育、网络学院	12	7.84%	信息安全	2	1.31%
数字教育资源	10	6.54%	电化教育规划	2	1.31%
机构设置(改革)	7	4.58%	幻灯片	2	1.31%
计算机教育、选修课	7	4.58%	教育信息化规划	2	1.31%
管理信息化、管理机制、管理信息系统、办公自动化	7	4.58%	现代教育技术实验校	2	1.31%
教育电子政务	7	4.58%	电子信息交换、数据中心	2	1.31%
网络课程、精品视频公开课、开放课程	7	4.58%	教师教育信息化	1	0.65%
网络	6	3.92%	教学电影	1	0.65%
信息技术教育、课程、课程标准	6	3.92%	农村远程教育工程	1	0.65%
教师教育技术能力、标准、培训	6	3.92%	少数民族和民族地区电化教育规划	1	0.65%
教育信息化试点	5	3.27%	信息技术工具改造课程	1	0.65%
教育电视	4	2.61%	数字校园建设规范	1	0.65%
教育信息化标准、元数据规范、教育技术标准	4	2.61%	语言文字信息化	1	0.65%
职业院校信息化教学大赛	4	2.61%	虚拟仿真教学中心	1	0.65%
信息化、信息技术安全专题培训	4	2.61%	职业教育信息化	1	0.65%
教育信息化、课程资源专家委员会和专家组	3	1.96%			

1月,民国政府教育部社会教育司印发了《电化教育重要法令》,这是一个标志性的事件——在民族危亡关头,采用现代教育技术开展教育。中国电化教育步入高速发展期。《电化教育重要法令》是中国第一个有关电化教育的政策法规。

此重要法令是国民政府在1936年至1939年陆续发布的,包括电影教育法令、播音教育法令等。其中,电影教育法令包括教育部电影教育委员会规则、各省市实施电影教育办法、教育部委托代摄教育影片办法、教育部征求教育影片剧本办法、教育部电化教育人员训练班章程等。

2. 电化教育发展规划的萌芽

1978年5月,在教育部召开的全国教育工作会议上,下发了《关于电化教育工作的初步规划(讨论稿)》。这次会议为中国电化教育事业的重新起步和发展奠定了基调。这是《电化教育重要法令》之后的第一个电化教育发展规划。

3. 涉及电化教育的国家教育政策

1985年5月27日,中共中央颁布的《中共中央关于教育体制改革的决定》,提出"教育体制改革要总结我国自己历史的和现实的经验,同时也要注意借鉴国外发展教育事业的正反两方面的经验,特别是在新的技术革命条件下,一系列新的科学技术成果的产生,新的科学技术领域的开辟,以及新的信息传递手段和新的认识工具的出现对教育产生了重大的影响。发达国家在这方面的经验尤其值得注意",同时提出"广播电视教育是我国教育事业极重要的组成部分"。

4. 涉及电化教育的国民经济和社会发展战略规划

1986年,国务院制订并实施《中华人民共和国国民经济和社会发展第七个五年计划(1986—1990)》。其中第三十二章"发展教育事业的主要政策措施"的第五条要求是"广泛推行广播电视教学形式"。"七五"期间要开设专用教育频道,扩大电视教育的覆盖率,并采用其他手段大力发展电视教育。中央广播电视大学要根据需要和办学条件,逐步增加面向社会的招生。各地还要以大、中城市为主,创办和发展广播电视中等职业技术教育。加强各级电化教育馆的建设,组织高水平的师资制作多学科系列化的音像教材。

三　中国教育信息化战略规划的发展(20世纪90年代)

1. 电化教育发展规划的发展

20世纪90年代,中国出台了四个重要的电化教育发展规划,见表2。其中,《1992—2000年少数民族和民族地区电化教育发展纲要》是第一个关于少数民族和民族地区的电化教育发展规划,对于促进电化教育的均衡发展具有重要意义。《全国电化教育"九五"计划》提出了五个电化教育发展目标和任务:(1)积极推进广播电视教育的改革与发展,加快广播电视大学开放办学和教学现代化进程,将广播电视大学建成具有中国特色的现代远距离开放大学。(2)大力发展学校电化教育,提高电化教育水平,切实推进教学改革。(3)努力提高教育电视节目质量,加强卫星电视教育网络建设,办好教育电视台站。(4)重点建设配套的电教教材,逐步形成电教教材系列。(5)深入开展电化教育的科学研究工作。

表2　20世纪90年代电化教育发展规划

颁布时间	颁布机构	电化教育发展规划
1993年3月9日	国家教委、国家民委	《1992—2000年少数民族和民族地区电化教育发展纲要》
1996年9月6日	国家教委	《中小学计算机教育软件规划(1996—2000年)》
1996年12月30日	国家教委	《中小学计算机教育五年发展纲要(1996—2000)》
1997年4月24日	国家教委	《全国电化教育"九五"计划》

2. 将电化教育纳入法制化

1995 年 3 月 18 日,第八届全国人民代表大会第三次会议通过《中华人民共和国教育法》,其中首次以法律条文的形式规定"县级以上人民政府应当发展卫星电视教育和其他现代化教学手段,有关行政部门应当优先安排,给予扶持","国家鼓励学校及其他教育机构推广运用现代化教学手段"。

1998 年 8 月 29 日,第九届全国人民代表大会常务委员会第四次会议通过《中华人民共和国高等教育法》。在第二章《高等教育基本制度》中规定,"国家支持采用广播、电视、函授及其他远程教育方式实施高等教育"。

3. 涉及电化教育、教育信息化的国家教育战略规划

1993 年 2 月 13 日,中共中央、国务院印发《中国教育改革和发展纲要》,文件提出,"积极发展广播电视教育和学校电化教学,推广运用现代化教学手段,要抓好教育卫星电视接收和播放网点的建设。到本世纪末,基本建成全国电教网络,覆盖大多数乡镇和边远地区"。

1999 年 1 月 13 日,国务院转发教育部制定的《面向 21 世纪教育振兴行动计划》,提出"实施'现代远程教育工程',形成开放教育网络,构建终身学习体系"。

1999 年 6 月 13 日,中共中央、国务院颁布《中共中央国务院关于深化教育改革全面推进素质教育的决定》,明确提出,"大力提高教育技术手段的现代化水平和教育信息化程度。国家支持建设以中国教育科研网和卫星视频系统为基础的现代远程教育网络,加强经济实用型终端平台系统和校园网络或局域网络的建设,充分利用现有资源和各种音像手段,继续搞好多样化的电化教育和计算机辅助教学。在高中阶段的学校和有条件的初中、小学普及计算机操作和信息技术教育,使教育科研网络进入全部高等学校和骨干中等职业学校,逐步进入中小学。采取有效措施,大力开发优秀的教育教学软件。运用现代远程教育网络为社会成员提供终身学习的机会,为农村和边远地区提供适合当地需要的教育"。

四 中国教育信息化战略规划的成熟(21 世纪初以来)

1. 教育信息化发展规划的成熟

2002 年 9 月 4 日,教育部发布《教育信息化"十五"发展规划(纲要)》。这是教育信息化发展史上第一个以"教育信息化"命名的中期发展规划,是我国第一个系统全面指导教育信息化建设与发展的国家级层面的教育信息化战略规划。

2012 年 3 月 13 日,教育部发布《教育信息化十年发展规划(2011—2020 年)》。这是中国首个教育信息化长期战略规划,也是一个非常成熟的教育信息化战略规划,标志着中国教育信息化战略规划研制水平上了一个新台阶。

2. 教育信息化纳入国家信息化战略规划

2005 年 11 月 3 日,中共中央办公厅、国务院办公厅发布《国家信息化发展战略(2006—

2020年)》。其战略目标提出"到2020年……国家信息化发展的制度环境和政策体系基本完善,国民信息技术应用能力显著提高,为迈向信息社会奠定坚实基础"。具体目标提出"人民群众受教育水平和信息技术应用技能显著提高,为建设学习型社会奠定基础"。在"信息化发展的战略重点"中提出,"提高国民信息技术应用能力,造就信息化人才队伍。强化领导干部的信息化知识培训,普及政府公务人员的信息技术技能培训。配合现代远程教育工程,组织志愿者深入老少边穷地区从事信息化知识和技能服务。普及中小学信息技术教育。开展形式多样的信息化知识和技能普及活动,提高国民受教育水平和信息能力"。在"信息化发展的战略行动"中提出"国民信息技能教育培训计划"、"缩小数字鸿沟计划"等。

这是中国首次提出的较为系统全面的国家信息化中长期发展战略规划,是未来十五年信息化建设趋势和走向的一个纲领性文件,在中国信息化发展史上具有划时代的意义,标志着中国信息化建设上了一个新台阶。北京大学汪玉凯教授归纳我国国家信息化发展战略具有起点高、覆盖广、重点突出、措施周详、保障有力五大特点。

3. 涉及教育信息化的国家教育战略规划

21世纪以来,12个国家教育战略规划中均涉及教育信息化,见表3。

表3　21世纪初以来涉及教育信息化的国家教育战略规划

颁布时间	颁布机构	国家教育战略规划名称	主要内容
2000年1月26日	教育部	《教育部实施"新世纪高等教育教学改革工程"的通知》	将"现代远程教育资源建设"作为"新世纪教改工程"
2001年6月14日	国务院	《关于基础教育改革与发展的决定》	大力普及信息技术教育,以信息化带动教育现代化。积极支持农村学校开展信息技术教育,国家将重点支持中西部贫困地区开展信息技术教育
2001年8月28日	教育部	《关于加强高等学校本科教学工作提高教学质量的若干意见》	应用现代教育技术提升教学水平
2001年7月	教育部	《全国教育事业第十个五年计划》	积极推进教育改革,提高人才培养质量,大力发展终身教育,积极构建终身教育体系,高度重视信息技术对教育产生的革命性影响,大力推进教育信息化,已经成为当今世界教育发展的主流。将"教育信息化工程"作为"十五"期间教育改革与发展的六项工程之一,提出"要把教育信息化工程列入国家重点建设工程,以信息化带动教育现代化"
2003年9月17日	国务院	《国务院关于进一步加强农村教育工作的决定》	实施农村中小学现代远程教育工程,促进城乡优质教育资源共享,提高农村教育质量和效益

颁布时间	颁布机构	国家教育战略规划名称	主要内容
2004 年 2 月 10 日	教育部	《2003—2007 年教育振兴行动计划》	实施"农村中小学现代远程教育计划"。实施"教育信息化建设工程"。加快教育信息化基础设施、教育信息资源建设和人才培养。全面提高现代信息技术在教育系统的应用水平
2005 年 10 月 28 日	国务院	《国务院关于大力发展职业教育的决定》	大力发展社区教育、远程教育
2007 年 2 月 17 日	教育部	《关于进一步深化本科教学改革全面提高教学质量的若干意见》	把信息技术作为提高教学质量的重要手段
2007 年 5 月 18 日	国务院	《国家教育事业发展"十一五"规划纲要》	加快教育信息化步伐,以教育信息化带动教育现代化
2010 年 7 月 29 日	中共中央、国务院	《国家中长期教育改革和发展规划纲要(2010—2020 年)》	在"加快教育信息化进程"部分,明确提出未来 10 年"加快教育信息基础设施建设;加强优质教育资源开发与应用;构建国家教育管理信息系统"。国家教育信息化工程纳入了重大项目。该纲要提出"信息技术对教育发展具有革命性影响,必须予以高度重视",把教育信息化置于极其重要的地位
2010 年 11 月 27 日	教育部	《中等职业教育改革创新行动计划(2010—2012 年)》	中等职业教育信息化能力提升计划。建设中等职业教育网络学习平台。建设中国职业教育数字化信息资源公共服务体系
2012 年 9 月 5 日	国务院	《国务院关于深入推进义务教育均衡发展的意见》	在"推动优质教育资源共享"中提出"大力推进教育信息化,加强学校宽带网络建设,到 2015 年在有条件的地方解决学校宽带接入问题,逐步为农村学校每个班级配备多媒体教学设备"

4. 涉及教育信息化、教育现代化的国民经济和社会发展战略规划

21 世纪初以来,3 个国民经济和社会发展战略规划中提出大力发展教育信息化,见表4。

表4　21 世纪初以来涉及教育信息化、教育现代化的国民经济和社会发展战略规划

颁布时间	批准机构	国民经济和社会发展战略规划	主要内容
2001 年 3 月 15 日	全国人民代表大会	《中华人民共和国国民经济和社会发展第十个五年计划纲要》	大力发展现代远程教育,提高教育现代化、信息化水平
2006 年 3 月 14 日	全国人民代表大会	《中华人民共和国国民经济和社会发展第十一个五年规划纲要》	在"第七章 培养新型农民"中提出"鼓励城市各单位开展智力支农,加大城镇教师支援农村教育的力度。全面实施农村中小学远程教育"。在"第二十八章 优先发展教育"中将"农村中小学现代远程教育"作为教育发展重点工程

颁布时间	批准机构	国民经济和社会发展战略规划	主要内容
2011 年 3 月 14 日	全国人民代表大会	《中华人民共和国国民经济和社会发展第十二个五年规划纲要》	在"第二十八章 加快教育改革发展"中提出"提高教育现代化水平"

五 中国教育信息化战略规划的比较

1. 教育信息化发展规划名称的变迁

教育信息化发展历程中,有 8 个教育信息化发展规划:4 个关于电化教育,2 个关于中小学计算机教育,2 个关于教育信息化。教育信息化发展规划名称经历了从"电化教育重要法令"到"电化教育初步规划、发展纲要、计划",再到"教育信息化发展规划"的过程。

2. 教育信息化发展规划的比较

《全国电化教育"九五"计划》《教育信息化"十五"发展规划(纲要)》和《教育信息化十年发展规划(2011—2020 年)》是具有较强的系统性、完整性的重要发展规划。对这 3 个教育信息化发展规划进行比较分析,可以看出教育信息化发展规划变迁的规律。

(1) 教育信息化发展规划基本情况

这 3 个发展规划颁布单位、颁布时间、发文字号、字数和框架结构的比较见表 5。尽管《教育信息化"十五"发展规划(纲要)》没有发文字号,但是它的重要作用不言而喻,首次提出"教育信息化发展规划",从"电化教育规划"过渡到"教育信息化发展规划",扩充了概念的内涵,在教育信息化发展规划史上起着承前启后的作用。从字数看,字数逐渐增多,从 6 312 字扩充到 15 991 字,教育信息化发展规划的内容越来越丰富。从框架结构看,都包含"现状、问题或挑战、指导思想、发展目标、任务、工程或计划、措施",《教育信息化十年发展规划(2011—2020 年)》还增加了"实施",强化了规划的落实。

用词频统计软件 ROST 对 3 个教育信息化发展规划进行统计分析,并进行人工修正,从词频数量的变化可以看出教育信息化发展规划战略重点的转移。例如,《教育信息化"十五"发展规划(纲要)》仅有 1 个"电教"词汇,这意味着"电化教育"名称逐渐弱化,逐渐被教育技术、教育信息化代替。《教育信息化"十五"发展规划(纲要)》中提到 4 次"创新",《教育信息化十年发展规划(2011—2020 年)》中提到 62 次"创新",明显可以看出国家越来重视教育信息化促进教育创新。

表5 三个教育信息化发展规划基本情况比较

	《全国电化教育"九五"计划》	《教育信息化"十五"发展规划（纲要）》	《教育信息化十年发展规划（2011—2020年）》
颁布单位	国家教委	教育部科学技术司	教育部
颁布时间	1997年4月24日	2002年9月4日	2012年3月13日
框架结构	一、"八五"期间电化教育发展情况 二、"九五"期间电化教育发展的指导思想 三、电化教育发展目标与任务 四、主要措施	序言 1. 我国教育信息化发展现状与回顾 2. 指导思想和发展目标 3. 重点任务和重大工程 4. 主要措施	序言 第一部分 总体战略 第二部分 发展任务 第三部分 行动计划 第四部分 保障措施实施

（2）对教育信息化"地位与作用"的描述

教育信息化发展规划对教育信息化"地位与作用"描述侧重点各有不同。《全国电化教育"九五"计划》强调，"电化教育已经成为推动我国教育现代化发展的重要力量。电化教育在促进教学改革，实现教学手段现代化，提高教育质量，培养学生良好的思想品德等方面都发挥了重要作用"。《教育信息化"十五"发展规划（纲要）》强调，"教育信息化是国家信息化、国民经济和社会发展的客观要求。教育信息化是实现教育现代化和跨越式发展的基础"。《教育信息化十年发展规划（2011—2020年）》强调，"信息技术对教育发展具有革命性影响，必须予以高度重视。以教育信息化带动教育现代化，破解制约我国教育发展的难题，促进教育的创新与变革，是加快从教育大国向教育强国迈进的重大战略抉择"。从教育信息化"地位与作用"描述的变化，可以看出国家越来越重视教育信息化，教育信息化已经逐步纳入了国家发展战略。

（3）对教育信息化"现状"的描述

教育信息化"现状"描述展现教育信息化建设取得的成就，反映教育信息化的发展水平，以及当时教育信息化建设重点关注的内容。《全国电化教育"九五"计划》强调，"广播电视教育、学校电化教育及卫星电视教育网络建设都取得了显著成绩。教育技术专业已形成较完整的专科、本科、研究生（硕士、博士）培养体系。电教教材数量增长较快，质量有所提高。电教队伍稳步发展，形成了专兼职相结合的近20万人的电教队伍"。《教育信息化"十五"发展规划（纲要）》强调，"教育信息化基础设施建设初见成效；信息技术教育与应用发展迅速；信息化人才培养的速度明显加快；教育资源建设和远程教育试点工作取得进展；大学信息产业初具规模；西部现代远程教育扶贫示范项目取得成效"。《教育信息化十年发展规划（2011—2020年）》强调，"国家实施的一系列重大工程和政策措施，为教育信息化发展奠定了坚实基础。教育信息基础设施体系初步形成，数字教育资源不断丰富，信息化教学的应用不断拓展和深入，教育管理信息化初见成效，网络远程教育稳步发展。教育信息化对于促进教育公平、提高教育质量、创新教育模式的支撑和带动作用初步显现"。

（4）对教育信息化面临"挑战（问题）"的描述

在教育信息化发展不同历史时期，面临着不同的"挑战"，这也是教育信息化未来发展亟待解决的问题。《全国电化教育"九五"计划》强调，"总体投入仍然不足，软硬件投入的比例不够合理。教材不配套，存在低水平重复制作现象；电化教育的法规建设较为薄弱"。《教育信息化"十五"发展规划（纲要）》强调，"信息化观念不强；教育信息化投入不足、发展不平衡；教育资源严重缺乏、难以有效整合；信息化人才培养的数量和质量远远不能满足社会需要；中小学教育信息化建设亟待加强；教育信息技术产业有待发展"。《教育信息化十年发展规划（2011—2020 年）》强调，"对教育信息化重要作用的认识还有待深化和提高；加快推进教育信息化发展的政策环境和体制机制尚未形成；基础设施有待普及和提高；数字教育资源共建共享的有效机制尚未形成，优质教育资源尤其匮乏；教育管理信息化体系有待整合和集成；教育信息化对于教育变革的促进作用有待进一步发挥。推进教育信息化仍然是一项紧迫而艰巨的任务"。从教育信息化面临"挑战"的描述可以看出越来越重视教育信息化功能与效益的发挥，信息化意识、信息化基础设施建设、资源建设、政策法规等是长期困扰教育信息化未来发展的问题。

（5）对教育信息化"指导思想"的描述

《全国电化教育"九五"计划》强调的关键词为：适应经济与社会发展、围绕教育重点任务、深化改革、加强管理、提高质量、增进效益、教育现代化、社会主义物质文明和精神文明。《教育信息化"十五"发展规划（纲要）》强调的关键词：国民经济和社会发展、以需求为导向、普及信息化技术教育、扩大信息化人才培养规模、信息化产业、制度创新与改革、增加投入、加强协调、现代远程教育体系、社会信息化。《教育信息化十年发展规划（2011—2020 年）》强调的关键词为：中国特色社会主义、邓小平理论、"三个代表"、科学发展观、育人为本、教育理念创新、优质教育资源、信息化学习环境、学习方式和教育模式创新、体制机制和队伍建设、学习型社会、人力资源强国、引领创新。

（6）对教育信息化"工作方针或发展原则"的描述

《全国电化教育"九五"计划》没有描述工作方针或发展原则。《教育信息化"十五"发展规划（纲要）》提出教育信息化 4 项发展原则：统筹规划、需求导向；加强合作、注重实效；项目示范、人才为本；因地制宜、协调发展。《教育信息化十年发展规划（2011—2020 年）》提出教育信息化 4 项工作方针：面向未来，育人为本；应用驱动，共建共享；统筹规划，分类推进；深度融合，引领创新。

（7）对教育信息化"发展目标"的描述

《全国电化教育"九五"计划》没有区分发展目标和发展任务，提出 5 项电化教育发展目标与任务，重在强调："积极推进广播电视教育，大力发展学校电化教育，努力提高教育电视节目质量,重点建设配套的电教教材"。《教育信息化"十五"发展规划(纲要)》强调,"加强教育信息化基础设施,普及信息技术教育,提高信息化技术应用能力,强化信息化人才培养;建立和完善教育信息化管理和运行机制,初步构建终身教育体系;形成一批教育软件产业开发基地和信息产业集团。使我国教育信息化建设水平和应用水平整体达到发展中国家领先水平,普通高等学校、85%人口地区的职业技术学校和发达地区的中小学信息化建设与应用达到发达国家水平"。《教育信息化十年发展规划(2011—2020 年)》强调,"基本建成人人可享有优质教育资源的信息化学习环境;基本形成学习型社会的信息化支撑服务体系;基本实现宽带网络的全面覆盖;教育管理信息化水平显著提高;信息技术与教育融合发展的水平显著提升"。

(8) 对教育信息化"发展任务"的描述

《教育信息化"十五"发展规划(纲要)》提出 10 项重点任务,重点关注:教育和科研计算机网、教育卫星宽带传输网、大学校园网、"校校通"工程、教育政务信息化、信息化人才培养、教育信息化平台环境和资源体系、下一代互联网、教育信息化产业、教育信息化标准体系和评估体系。《教育信息化十年发展规划(2011—2020 年)》提出 8 项发展任务,重点关注:缩小数字鸿沟和教育资源共享、职业教育信息化建设和高素质技能型人才培养、信息技术与高等教育融合和创新人才培养模式、继续教育公共服务平台和终身教育系统、教育管理现代化、教育信息化公共支撑环境、信息化队伍和信息化应用与服务能力、创新体制机制。

(9) 对教育信息化"行动计划"的描述

《教育信息化"十五"发展规划(纲要)》提出 6 项重大基础建设工程:中国教育和科研计算机网(CERNET)延伸和扩展工程、中国教育卫星宽带传输网建设工程、"校校通"工程和中小学现代远程教育建设工程、大学校园网建设工程、政务信息化工程、信息人才培养工程。《教育信息化十年发展规划(2011—2020 年)》提出 5 项行动计划:优质数字教育资源建设与共享行动、学校信息化能力建设与提升行动、国家教育管理信息系统建设行动、教育信息化可持续发展能力建设行动、教育信息化基础能力建设行动。

(10) 对教育信息化"保障措施"的描述

《全国电化教育"九五"计划》提出 12 条保障措施,重在强调"加强领导、深化改革、统筹规划、加强各级电教馆及高校电教中心的工作、开展培训工作、抓好电化教育科学研究重点课题、加强电教法规建设、多渠道筹措电化教育经费、积极推进电教信息网络建设、办好电教报刊、加强电化教育的宣传力度、充分发挥电化教育学术团体协作组织的作用、扩大电化教育的国际交流活动"。《教育信息化"十五"发展规划(纲要)》提出 5 条保障措施,重在强调"建立科学的教育信息化管理体制,加大对教育信息化的投入,开列运转维持费、实施人才战略,加强管理战略研究,制订有利于教育信息化发展的法律、法规"。《教育信息化十年发展规划(2011—2020 年)》提出 4 条保障措施,重在强调"加强组织领导,完善政策法规,做好技术服务,落实经费投入"。

(11)《教育信息化十年发展规划(2011—2020 年)》强化"实施"

在教育信息化战略规划实施过程中,需要"强化组织领导,明确任务分工,施行目标考核,推广试点示范,建立支持环境"。这是中国首次将"实施"写入国家教育信息化发展规划,表明逐步开始重视教育信息化战略规划的实施。

六 教育信息化战略规划变迁的启示

1. 国家战略层面高度重视教育信息化发展

国家战略层面高度重视教育信息化发展,而且越来越重视,主要体现在以下方面:

(1)党和国家领导人以及教育部领导在重要讲话、报告、题词中都多次强调重视电化教育、远程教育、教育信息化发展。

(2)教育信息化领导机构经历了从最早的"中国教育电影协会",到今天的"教育部教育信息化领导小组",历经十几个机构名称的变革,教育信息化领导机构的名称与职能与时俱进,而且涉及教育信息化领导机构设置或改革的政策文件多达 7 个。

(3)"七五""十五""十一五""十二五"国民经济和社会发展计划纲要中分别强调了发展电视教育、远程教育、教育现代化、教育信息化等。

(4)2005 年发布的《国家信息化发展战略(2006—2020 年)》,首次将教育信息化纳入了国家信息化战略规划。

(5)《中共中央关于教育体制改革的决定》《中国教育改革和发展纲要》《全国教育事业第十个五年计划》《国家中长期教育改革和发展规划纲要(2010—2020 年)》等 17 个国家教育发展战略规划中强调发展广播电视教育、学校电化教育、现代远程教育工程、信息技术教育、教育现代化、教育信息化等。

2. 多次强调"信息技术对教育具有革命性影响"

时任教育部部长陈至立曾提出:教育技术的发展将对我国教育观念和教育过程的改革产生深刻的影响,是教育教学改革的制高点。时任教育部副部长吕福源在多次讲话中也强调要把现代教育技术与各学科的整合作为深化教育改革的"突破口"。何克抗教授归纳"制高点"和"突破口"为"ME 命题",即现代教育技术是整个教育改革的制高点或突破口。

2001 年 7 月,教育部发布《全国教育事业第十个五年计划》提出,"高度重视信息技术对教育产生的革命性影响,大力推进教育信息化,已经成为当今世界教育发展的主流"。十年之后,2010 年 7 月中共中央、国务院发布《国家中长期教育改革和发展规划纲要(2010—2020 年)》重新提出"信息技术对教育发展具有革命性影响,必须予以高度重视"。2001 年强调"高度重视信息技术对教育产生的革命性影响",非常有创见性,如今随着教育信息化的迅速发展,信息技术对教育发展的革命性影响日益显著。

3. 教育信息化发展规划逐渐成熟

教育信息化发展规划立足现状，面向未来，对教育信息化的未来发展起着重要作用。从《电化教育重要法令》，到《电化教育工作规划》《电化教育发展规划》，再到《教育信息化发展规划》，从"短期"到"中长期"，教育信息化发展规划的研制正在从"拍脑袋决策"走向"科学决策"。教育信息化发展规划的日益成熟，将会进一步推动教育信息化发展。

4. 迫切需要将教育信息化纳入法制化

1995 年《中华人民共和国教育法》首次将"发展电视教育和其他现代化教学手段"纳入教育法。1998 年《中华人民共和国高等教育法》规定"国家支持采用广播、电视、函授及其他远程教育方式实施高等教育"。

尽管在教育信息化发展历程中制定了很多电化教育、远程教育、信息技术教育、教育信息化等方面的政策文件，但是政策文件的执行力远不及法律文件，需要加强教育信息化法制建设，以立法的形式促进、规范教育信息化未来发展。

《全国电化教育"九五"计划》在面临的问题中提出"电化教育的法规建设较为薄弱，不能适应教育改革和发展的需要"。《教育信息化"十五"发展规划（纲要）》在面临的问题中提出"信息化观念不强"。《教育信息化十年发展规划（2011—2020 年）》在面临的问题中提出"对教育信息化重要作用的认识还有待深化和提高；加快推进教育信息化发展的政策环境和体制机制尚未形成"。

《全国电化教育"九五"计划》在主要措施中提出"加强电教法规建设，建立、完善评估检查制度"。《教育信息化"十五"发展规划（纲要）》在主要措施中提出"加强管理战略研究，制订有利于教育信息化发展的法律、法规"。《教育信息化十年发展规划（2011—2020 年）》在主要措施中提出"完善教育信息化相关法规"。

这三个重要的教育信息化发展规划都强调了教育信息化法规建设的重要性，都提出加强教育信息化法规建设。为促进教育信息化迅速发展，以教育信息化带动实现教育现代化，促使教育发生革命性变化，为强化教育信息化战略规划的执行力，迫切需要完善修改教育法规时能够纳入教育信息化，或者专门研制出台《中国教育信息化发展促进法》。教育信息化法制化有利于有效执行教育信息化战略规划，促进全民共建教育信息化，人人共享教育信息化成果。

近年来，教育信息化发展迅速，并纳入了国家教育发展战略、国民经济和社会发展规划、教育法和高等教育法。教育信息化政策和法规密集出台，标志着教育信息化已经成为国家战略。2015 年，教育部发布《关于"十三五"期间全面深入推进教育信息化工作的指导意见》，开启了"十三五"期间全面推进教育信息化工作的序幕。2016 年是"十三五"规划开局之年，国家、省、市、区县和学校迎来了研制教育信息化发展规划的高峰期。为更好地促进教育信息化未来发展，必须突破教育信息化发展瓶颈，加快立法，以法规规范、约束和引导教育信息化未来发展。此外,还需要借鉴国内外教育信息化战略规划经验和启示,加强教育信息化战略规划研究,培养教育信息化战略规划人才,研制科学化、精准化的教育信息化战略规划,并有效执行教育信息化战略规划。教育信息化工作者理应拥抱教育信息化发展的重大历史机遇,促进教育信息化深层次应用,充分发挥信息技术对教育的革命性作用,引领教育创新与变革,促进创新型人才培养,促进国民经济和社会发展,实现中国教育强国梦。

参考文献

[1] 王运武,陈琳.教育信息化战略规划研究的现状与未来[J].中国医学教育技术,2012(1):1-5.

[2] 王运武.教育信息化战略规划学[M].北京:电子工业出版社,2015:9-10.

[3] 全国电化教育"九五"计划[EB/OL].(1997-04-24).http://www.chinalawedu.com.

[4] 教育信息化"十五"发展规划(纲要)[J].教育信息化,2003(4):3-7.

[5] 教育信息化十年发展规划(2011—2020年)[EB/OL].[2013-03-30].http://www.edu.cn.

[6] 蔡辉.1942,电化教育迎来高潮[N].南方教育时报,2013-11-29(01).

[7] 杜光胜.民国时期江苏省电化教育发展研究[D].呼和浩特:内蒙古师范大学,2013:3.

[8] 赵慧臣,马欢欢.我国教育信息化政策法规年表构建与分析[J].现代远程教育研究,2012(5):24.

[9] 中共中央关于教育体制改革的决定[J].师范教育,1985(6):6-12.

[10] 中华人民共和国国民经济和社会发展第七个五年计划(1986—1990)[EB/OL].(1986-04-12).http://www.reformdata.org.

[11] 国家教委、国家民委关于印发少数民族和民族地区电化教育发展纲要的通知[EB/OL].(1993-03-09).http://www.chinalawedu.com.

[12] 郑永柏.中国教育软件发展的过去、现在和未来[J].中国远程教育,2001(4):61-62.

[13] 中小学计算机教育五年发展纲要(1996—2000年)[EB/OL].(1996-12-30).http://www.people.com.cn/item/flfgk/gwyfg/1996/206002199620.html.

[14] 中华人民共和国教育法——1995年3月18日第八届全国人民代表大会第三次会议通过[J].中国高等教育,1995(5):7-10.

[15] 中华人民共和国高等教育法[J].中华人民共和国全国人民代表大会常务委员会公报,1998(14):315-324.

[16] 中国教育改革和发展纲要[J].中国高等教育,1993(4):8-17.

[17] 《面向21世纪教育振兴行动计划》的主要目标和内容[J].人民教育,1999(1):9.

[18] 中共中央国务院关于深化教育改革全面推进素质教育的决定(1999年6月13日)[J].中国高等教育,1999(Z1):3-7.

[19] 中共中央办公厅国务院办公厅关于印发《2006—2020年国家信息化发展战略》的通知[J].中华人民共和国国务院公报,2006(18):6-13.

[20] 汪玉凯.解析国家信息化发展战略"五大特点"[J].信息化建设,2006(7):17-19.

[21] 教育部关于实施"新世纪高等教育教学改革工程"的通知[J].教育部政报,2000(4):178-180.

[22] 国务院关于基础教育改革与发展的决定[J]. 中华人民共和国国务院公报,2001(23):25-32.

[23] 教育部关于印发《关于加强高等学校本科教学工作提高教学质量的若干意见》的通知[J]. 教育部政报,2001(10):468-471.

[24] 教育部关于印发《全国教育事业第十个五年计划》的通知[J]. 教育部政报,2001(09):387-396.

[25] 国务院关于进一步加强农村教育工作的决定[J]. 教育部政报,2003(10):435-441.

[26] 2003—2007年教育振兴行动计划[J]. 中国高等教育,2004(7):5-11.

[27] 国务院关于大力发展职业教育的决定[J]. 中国职业技术教育,2005(33):23-26.

[28] 教育部关于进一步深化本科教学改革全面提高教学质量的若干意见[J]. 中国大学教学,2007(3):9-11.

[29] 国务院批转教育部国家教育事业发展"十一五"规划纲要的通知[J]. 中华人民共和国国务院公报,2007(18):13-25.

[30] 国家中长期教育改革和发展规划纲要(2010—2020年)[J]. 中国民族教育,2010(Z1):7-21.

[31] 教育部印发《中等职业教育改革创新行动计划(2010—2012)》[J]. 中国职业技术教育,2011(1):55-84.

[32] 国务院关于深入推进义务教育均衡发展的意见[J]. 中华人民共和国国务院公报,2012(26):39-42.

[33] 中华人民共和国国民经济和社会发展第十个五年计划纲要[J]. 中华人民共和国全国人民代表大会常务委员会公报,2001(3):182-204.

[34] 中华人民共和国国民经济和社会发展第十一个五年规划纲要[J]. 中华人民共和国全国人民代表大会常务委员会公报,2006(3):178-221.

[35] 中华人民共和国国民经济和社会发展第十二个五年规划纲要[N]. 人民日报,2011-03-17(001).

[36] 何克抗. 论现代教育技术与教育深化改革(上)——关于ME命题的论证[J]. 电化教育研究,1999(1):3-10.

[37] 王运武. 关于加快制定《中国教育信息化促进法》的战略思考[J]. 中国教育信息化,2016(3):14-18.

[38] 教育部发布《关于"十三五"期间全面深入推进教育信息化工作的指导意见(征求意见稿)》[J]. 中国远程教育,2015(9):50.

(本文刊载于《江苏开放大学学报》2016年第4期)

《2017 地平线报告(高等教育版)》解读与启示

——新兴技术重塑高等教育

王运武 杨 萍

(江苏师范大学智慧教育学院 江苏省教育信息化工程技术研究中心)

摘 要:从 2004 年起,美国新媒体联盟已经发布了 14 个高等教育版的地平线报告,预测技术对高等教育将会产生的影响,引导高等教育未来发展,积极应对技术带来的教育创新与变革。2017 地平线报告高等教育采纳技术的近期趋势是混合式学习日益盛行、协作学习日益重要,中期趋势是日益重视学习测量、亟须重构学习空间,长期趋势是推动形成创新文化、深度学习方式持续增长;阻碍高等教育采纳技术可解决的挑战是提升数字素养、整合正式和非正式学习,困难的挑战是缩小成就差距、促进数字公平,严峻的挑战是过时的知识管理、重新思考教师角色;预测未来 5 年将会进入高等教育主流应用的 6 项技术分别是自适应学习技术,移动学习(未来 1 年),物联网,下一代学习管理系统(2~3 年),人工智能,自然用户界面(4~5 年)。高等教育未采发展亟须推动采用新兴技术,充分发挥技术对教育的革命性影响作用,重塑业务流程,使学习、教学和管理方式发生根本性变革,促使形成创新文化、激发师生创新活力,从而实现教育的创新发展。

关键词:地平线报告 高等教育 新兴技术 教育创新与变革 创新文化 创意经济

2017 年 2 月,美国新媒体联盟发布了《2017 地平线报告(高等教育版)》,预测了未来五年高等教育采纳技术的六个关键趋势、阻碍高等教育采纳技术的六个重要挑战,以及高等教育未来五年采纳的六项关键技术。地平线报告对促进高等教育采纳合适的新兴技术、采取适当的政策和措施以及积极应对技术引发的高等教育变革具有重要的借鉴价值。地平线报告以"预测引领"的理念,为全球高等教育信息化未来的发展指明了方向,有利于提升高等教育现代化水平,促进高等教育智慧化。

一 高等教育采纳技术的六个关键趋势

2012—2017 年地平线报告预测高等教育采纳技术的关键趋势,如表1所示。近 6 年,混合式学习设计(6 次)、日益关注量化学习(5 次)、促进文化创新(3 次)、重构学习空间(3 次)、深度学习方式(3 次)是高频词汇。

表1 2012—2017年地平线报告预测高等教育采纳技术的关键趋势

关键趋势	2012	2013	2014	2015	2016	2017
混合式学习设计	■	■	■	■	■	■
日益关注量化学习						
促进文化创新	■				■	■
重构学习空间						
深度学习方式	■				■	
协作学习						
在线学习的进化	■	■	■	■		
反思教育工作者的角色						
推广开放教育资源	■					
重新思考机构如何运作					■	■
跨机构合作				■	■	
学习作为创造者						
变革的敏捷方法				■		
社会媒体的普及						
混合的正式和非正式学习	■	■				
分散的IT支持						
泛在学习	■					

1. 近期趋势：未来1~2年推动高等教育采纳技术的趋势

（1）混合式学习设计日益盛行

很多学习者和教育者认为在线学习是面对面学习的替代方式，近年来这种观点已经有所改变。随着大量在线学习平台的推广和普及，高校的混合式学习日益普遍。目前，人们已经很好地理解了混合式学习，正在从关注混合式学习的灵活性、易于访问、整合复杂的多媒体技术，转移到如何利用数字教学模式影响学生。有效地开展混合式学习，能够显著提升教学质量。很多研究表明，混合式学习增强了学生的创造性思维和自主学习能力，以及满足个性化需求的个性化学习体验。

学生已经能够更加熟练地利用数字化环境进行检索和使用在线内容，并享受混合式学习的便利，获得更多的独立学习机会。从自适应学习、翻转课堂到融入在线学习模块，混合式学习设计日益引人瞩目。利用社交技术和丰富媒体的吸引力可以增强传统教学，教师能够使用一系列工具满足来自所有背景学生的不同需求。混合式学习使得学习更具有灵活性和方便性，增加了在职获取学位的机会。例如：比利时的社交创业公司Kiron正在创新应用这一趋势，重点接受难民入学接受高等教育。

混合式学习设计的增长势头促进高校管理者需要重新制定政策,实施混合式学习战略,将其纳入大学发展的愿景和使命,确保使用各种数字学习平台成为常态化,促进利益相关者理解和支持形成混合式学习的文化,加强教育者和技术人员的沟通与协调。

（2）协作学习日益重要

协作学习活动通常围绕四个原则:将学习者置于中心、强调互动、小组协作,以及为真正的挑战制定解决方案。协作学习能够促进学习共同体最近发展区发展,提升协同认知加工能力。协作学习提高学生的参与度加强学习的开放性,使学生方便接触不同人群的人。教育者还通过在线社区实践协作学习,定期交流思想和见解。基于云的服务、APP应用程序和其他数字工具促进持续的连接,使学生和教育工作者能够随时访问和共享工作空间。集成协作工具支持在线学习,充分利用数字工具改进教学和支持学习者。越来越多的学习平台能够支持跨文化学习和跨学科学习,促进学习者相互帮助共同完成学习任务。

有效的协作学习可以促进学生建立更好的沟通和信任,加强情感交流,增强归属感,提升人际沟通能力,在学习过程中相互受益,激发深层次的思维。QQ、微信等社交软件的出现,提供了更多的协作学习机会。

随着智慧时代的来临,国际之间沟通和交流日益频繁,这个时代迫切需要具有协作精神和协作能力的创新型人才。越来越多的高校领导意识到需要在大学课程中增加协作学习活动,充分利用智慧校园的数据共享功能强化校园协作,以增强学生的协作能力。

2. 中期趋势:未来3～5年推动高等教育采纳技术的趋势

（1）日益注重学习测量

学习测量被誉为大数据时代教育质量提升的新力量。这种趋势描述了对评估的兴趣,以及教育者用于评价、测量和记录学习准备、学习进度、技能获取和学生的其他教育需求的各种方法和工具。社会和经济因素重新定义了今天劳动力需要什么技能,高校必须重新思考如何定义、测量和展示主要技能和软技能(如创造力和协作能力)。伴随数据挖掘软件的兴起,在线教育、移动学习和学习管理系统正在融合到学习环境,利用分析软件和可视化软件能够以多维方式描述学习数据。在线和混合课程中,数据可以揭示学生的学习行为,以及如何促进其进步和具体的学习收获。

21世纪的学习强调学术技能,以及促进学习成功的人际和内省能力。为了评估这些学习成果,下一代评估策略具有测量一系列认知技能、社会情感发展和更深层次学习的潜力,为学生和教师提供可行的反馈,以促进持续增长。收集、分析和处理学习者及其背景数据,可以了解和优化学习及其发生的环境。数据挖掘软件能够捕获丰富的数据,学习者和教师能够监控学习并生成个性化反馈,以确保持续的进步。随着学习分析产业的成熟,重点已经从数据积累转变为通过在多个来源和课程中汇总的数据,获得关于学生参与的细微差别。

多模态数据和社会网络分析是学习分析的重点,优先考虑社会、认知、学习和情感成分。

多模态学习分析作为一种相对较新的方法,其重点是搜集真实世界学习环境中学生学习过程的生物和心理数据。语音和音调变化、面部表情、视觉注意和注意力不足等类似数据可以通过运动传感器、摄像机和其他跟踪设备捕获。能够进行生物识别的可穿戴技术,可以提供数据仓库服务,但也涉及伦理和隐私。学习管理系统正在经历从课程转向课程管理的模式转变,支持自适应学习技术,提供专门的数据分析和可视化工具。

大数据技术能够促进学习分析,但是也需要遵循伦理道德、保护隐私、防止数据和分析结果被滥用。这就需要有针对性地研制教育政策,规范大数据的采集、分析、处理、应用、传播等,以合乎伦理的方式,适当地采集和应用教师和学生的数据。高校领导应该通过数据驱动的分析,继续探索教育教学的创新应用,切实提高学生学习效果。

(2)亟须重构学习空间

随着高校数字化程度的日益提升,传统的物理学习环境已经不能很好地满足学习者的学习需求,迫切需要建设开放、灵活、便捷的学习空间。无线网、智慧教室、智慧图书馆、智慧办公室等已经成为智慧校园环境建设的重点内容。例如:大学正在探索混合现实技术如何将 3D 全息内容融合到物理空间实现仿真学习,通过控制漫游车来体验火星,或者使用详细的视觉图像来实现与物体(例如:解剖实验室中的人体)的多方面交互。随着高等教育继续从传统讲座为主的课程转向更多的实践活动,教室开始变得像真实世界的工作和社会环境,促进跨学科解决问题。

为了促进课堂上的工作场所合作,一些大学正在进行座位调整,将传统的演讲厅转变为动态布局。临场感技术允许地理上分散的学生和教师更灵活地会面和合作。可移动的家具、可调控的显示屏幕、Wifi 等组成的系统可适应学习空间,有利于小组学习、动手实践、学生演示等各种学习活动。以前所未有的灵活性设计学习环境有助于大学充分利用空间,为学生提供便利的学习工具,推进终身学习。学习空间重新配置有利于开放共享空间,打破机构孤岛,促进跨学科教师和学生紧密合作,从而提升学习空间价值。传统学习空间已经不能很好地满足师生的需求,高校领导需要推动重构学习空间,将学习空间的愿景转变为实践。

3. 长期趋势:未来 5 年以后推动高等教育采纳技术的趋势

(1)推进形成创新文化

高校既是科学研究机构,也是推动创新的工具,其重要使命之一就是促进知识创新和创造。"大众创业,万众创新"已经成为当前时代发展的最强音,高等教育亟须融入创业教育,为师生创设条件,激发师生的创新动力。促进创新所需的具体支持有:开放沟通、部门内部协作、挑战现状时的工作保障、分担责任、自上而下的支持等。为培养创新型人才,形成创新文化,高校必须增强师生的创新意识和创造力。

(2)深度学习方法持续增长

近年来,深度学习逐渐成为学科教学领域的一个热点话题。深度学习即学生通过批判性思考、问题解决、合作和自主学习来掌握学习内容。高等教育需要推动学生深度学习,创造性地解决问题,广泛开展基于项目的学习、基于问题的学习、基于探究的学习等学习方式,有利于促进学生获得积极的学习体验。基于问题的学习,学生能够解决真正的挑战;基于项目的学习,学生能够创造完整的作品;基于探究的学习,能够培养学生的科学探究精神,提升研究意识和研究能力。高等教育的目标是让学生掌握他们在工作中取得成功所需的技能,并对整个世界产生影响。目前越来越多的高校正在改变传统的讲座式授课方式,尝试基于项目的学习活动,让学生在团队中解决问题,而不是仅仅完成一个解决方案。在基于项目的学习过程中,学生能够享受同伴教学和与外部专家的互动,提升雇主重视的技能。

目前,深度学习方式尚未在高等教育中广泛普及。虽然没有明确的政策要求在高校开展基于项目的学习或其他更深入的学习方法,但世界各国政府正在优先重视强调更多 21 世纪实践的教育改革。随着深度学习在实践中成熟,这种趋势的影响将会继续增长。

二　阻碍高等教育采纳技术的六个重要挑战

2012—2017 年地平线报告预测阻碍高等教育采纳技术的重要挑战,如表 2 所示。近 6 年,新教育模式的竞争(5 次)、混合的正式学习和非正式学习(3 次)、提升数字素养(3 次)、教师教育中的技术整合(3 次)、个性化学习(3 次)是高频词汇。

表 2　2012—2017 年地平线报告预测阻碍高等教育采纳技术的重要挑战

重要挑战	2012	2013	2014	2015	2016	2017
新教育模式的竞争						
混合的正式学习和非正式学习						
提升数字素养						
教师教育中的技术整合						
个性化学习						
保持教育适切性						
奖励教学						
评价指标不足						
拥抱彻底变革的需要						
反思教育工作者的角色						
成就差距						
推进数字公平						
过时的管理知识						
平衡线上和线下生活						

续表

重要挑战	2012	2013	2014	2015	2016	2017
复杂性思维教学						
规模的教学创新						
扩展的访问						
学者对技术的态度						
记录和支持新形式的奖赏金						

1. 可解决的挑战:理解并知道如何解决

(1)提升数字素养

数字素养不仅仅是简单地使用媒体和技术,而是能够创造性地使用媒体和技术,创作创新型作品,确保学生负责任和恰当地使用媒体和技术,具有混合和在线交流的礼仪。让学生为未来做好准备是高等教育的核心使命。数字素养不仅仅是为了确保学生能够使用最新的技术,还要发展技能,为特定环境选择合适的工具,以深化他们的学习成果,并尝试创造性地解决问题。数字素养还包括对网络上遇到的信息进行批判性评估的能力,培养知识媒体消费技能非常重要。

将数字素养纳入高校的战略规划至关重要。非常有必要将数字素养融入课程教学,数字素养教学和反思活动可以帮助学生培养高层次的思维能力,提高数字素养对全球经济具有深远的影响,政府逐渐意识到数字战略与劳动力发展的密切关系。英国技术雇主联盟的技术合作伙伴正在为工作场所成功制定一套数字技能标准,并确定了两类能力:基本技术技能侧重于信息管理、安全性和技术能力,以提高生产力;而行为技能包括协作和批判性思维。

(2)整合正式和非正式学习

互联网的迅速发展,使得几乎任何知识汇聚移动终端,自我导向、好奇心驱动的学习日益普遍。混合正式和非正式学习,可以创设一个激发好奇心和创造力的环境,培养师生终身学习的追求。市场力量和技术发展的快节奏正在挑战工人不断发展和更新他们的技能,使终身学习成为必要。世界上超过40%的人口接入互联网,认识到在线非正式学习机会的力量和普及性对于保持正规教育相关性至关重要。整合非正式和正式学习的关键是找到一种统一的方式来支持通过各种企业获得知识、技能的评估和认证。

2. 困难的挑战:理解但是解决方案难以实现

(1)缩小成就差距

成就差距(也称为大学毕业率差距)反映学生群体之间的入学率和学业成绩的差距,这些差异由社会经济地位、种族、民族或性别决定。虽然数字课件和开放教育资源(OER)等新兴技术的发展使其更容易获取学习资源,但来自低收入、少数族裔、单亲家庭和其他弱势群体的学生仍然面临公平获取资源的问题。传统高等教育模式普遍适用的方法,加上压倒性的学费,与全球学生日益多样化形成鲜明对比,需要更灵活的学位计划。高等教育面临的挑战是通过个性化学习策略和数据驱动的学习支持系统来调整高等教育计划,促进学生获得更深入的学习成果和 21 世纪的技能,从而满足学生的多样化和个性需求。例如:德国和斯洛文尼亚通过提供免费的公共高等教育来缩小财富差距。

(2) 促进数字公平

数字公平是指平等获得技术,特别是宽带互联网。世界教科文组织报告说,全球有 32 亿人在使用互联网,其中只有 41％的人住在发展中国家。此外,在世界各地访问互联网的女性比男性少 2 亿。努力改善这些数字是促进社会中公民充分参与、沟通和学习的必要条件。技术在促进低学历人口接受高等教育,确保残疾学生使用网络材料等方面发挥着重要的作用。通过接入高速互联网实现在线学习,使用开放的教育资源,可以为学生节省成本。

互联网接入对经济可持续发展至关重要,政府必须加强信息化基础设施建设。世界银行的一项研究发现,在宽带接入增加 10％之后,发展中国家 GDP 增长了 1.3％。没有高速互联网接入,新兴技术在教育领域的成功扩展是毫无意义的。在提供高速互联网的地方,机构面临挑战,利用技术可以更好地满足学生的个性化学习需求。教育信息化发展存在"马太效应"现象,例如:免费提供的学习资源继续将会使最有利的学习者受益。政府有责任加强教育信息化基础设施建设、建设数字化教育资源、缩小数字鸿沟,促进教育信息化均衡发展。

3. 严峻的挑战:甚至定义都复杂,更少被解决

(1) 过时的知识管理

在教育需求、软件和设备以惊人的速度发展的世界中,保持与时俱进对学术界提出了挑战。技术发展在提高大学的学习和运行质量方面具有巨大的潜力。高校在进行大规模投资之前,必须了解技术的寿命并制定备份计划。学术界面临着挑战,需要了解社会变革对教育的影响,敏捷地预测变化,并不断产生教学的新想法。由于学生获得新技能的选择比以往任何时候都多,传统机构必须保持竞争优势。广泛地进行持续培训,而不是针对单一部门的一次性专题研讨会,可以更好地推动教学实践。高校必须为其采用的技术可能被未来的技术所取代做好准备。虽然这一挑战难以捉摸,但是可以通过使课程与劳动力市场需求相一致,制定教师和员工专业发展的政策,最大限度地利用校园资源,促进教职工追求长远发展。

(2) 重新思考教师的角色

教育者越来越期望使用各种技术工具来参与在线讨论和协作创作。以学习者为中心的

学习需要教师作为指导和协助者。基于能力的教育(CBE)正在兴起,进一步需要依据学生的需要定制体验;随着技术使用方法的不断涌现,世界各地的教育机构正在重新思考教育者的主要责任;高校正在越来越多地开展实践活动,以促进深度学习和解决真实问题;随着个性化和语境化学习的兴起,教育者不再是唯一的权威信息来源,并且希望帮助学生掌握内容和技能;随着新兴的学习方法在校园里变得越来越普遍,一系列的社会变化正在影响教育者的角色。目前,国外越来越多的教师任命是兼职或非终身职位,教师参与度较低,流动率高,教学质量下降,而拥有终身职位的人则主要根据其学术成果进行评价,而不是其教学能力。政府行动是帮助教育工作者跟上 21 世纪学习者需求的关键,特别是储备劳动力和促进创新创业。

三 高等教育领域未来 5 年采纳的六项新兴技术

2004—2017 年,地平线报告预测了高等教育领域将采纳的 78 项新兴技术,对其进行可视化分析(如图 1 所示),可以发现教育游戏(7 次)、学习分析与自适应学习(7 次)、增强现实与虚拟现实(4 次)、情境感知计算和增强现实(3 次)、基于手势的计算(3 次)、物联网(3 次)是高频词汇。

图 1 2004—2017 年地平线报告预测的高等教育领域未来 5 年采纳的新兴技术词频可视化分析

2012—2017 年地平线报告预测高等教育采纳的技术对比分析,如表 3 所示。近 6 年,学习分析(4 次)、自适应学习技术(3 次)、游戏和游戏化(3 次)、物联网(3 次)是高频词汇。

表3 2012—2017年地平线报告预测高等教育采纳的技术

关键趋势	2012	2013	2014	2015	2016	2017
学习分析						
自适应学习技术						
游戏和游戏化						
物联网						
移动学习						
自然用户界面						
自带设备						
创客空间						
翻转课堂						
可穿戴设备						
3D打印						
平板电脑						
人工智能						
下一代学习管理系统						
情感计算						
增强现实和虚拟现实						
机器人						
量化自我						
虚拟助手						
大规模开放在线课程						

1. 未来1年采纳的新兴技术

（1）自适应学习技术

随着个性化学习日益受到重视，以及学习分析技术的日益成熟，自适应学习技术从最初的构想和不成熟，变成了成熟可行且见效的学习技术。自适应学习技术是能够支持个性化学习、随时监测学生发展、利用数据完善教学的技术。自适应学习技术能记录学习轨迹，依据学习者个人的能力或技能成绩，动态调整课程的水平或类型，推荐学习内容，从而以自动化、强化教师干预促进学习者学习。自适应学习在学习和教学中具有较大的应用潜力。

（2）移动学习

随着移动互联网、智能手机以及应用程序的丰富和普及，移动学习被广泛应用。移动设备的普及正在改变人们与周围环境或情境交互的方式。智能手机、智能手表和平板电脑的处理能力显著提高，移动学习使得学习者能够运用多个设备在任何地方访问资料。教师正在利用手机探讨更深入的学习方法,创造一些新的机会帮助学生与课程内容融合。例如:雨课堂将复杂的信息技术手段融入Power-Point和微信,在课外预习与课堂教学间建立沟通桥梁,让课堂互动永不下线。雨课堂将课前一课上一课后的每一个环节都赋予全新的体验,最大限度地释放教与学的能量,推动教学改革。移动APP允许实时双向通信,可以帮助教育工作者有效地响应学生的需求。教师需要来自机构的技术和教学支持,将手机整合有效融入课程中。高校能够充分利用日益普遍的移动设备来增强教学和学习。

2. 未来2～3年采纳的新兴技术

(1) 物联网

物联网借网络传输处理器和嵌入式传感器,将学校内外的大量设备无缝地连接在一起,可以实现远程管理、状态监视、跟踪和报警等功能。通过摄像头、声音传感器、温度传感器、语言控制终端等,可以收集大量学生数据,进而进行数据分析和挖掘,为师生提供基于大数据的精准服务。通过物联网能够连接智慧学习终端,深入分析学生的学习轨迹,帮助教师获得学生的学习进展情况,以便于创新规划设计课程内容。物联网是智慧校园建设的关键技术之一,能够全面提升智慧校园的感知和数据收集功能,促使智慧校园建设和管理的智慧化。随着大量智能自带设备进入校园,高校领导必须考虑带宽需求,确定哪些终端和设备能够接入校园网,实现信息和数据的互联互通。

(2) 下一代学习管理系统

下一代学习管理系统与以往学习管理系统相比具有更强的智能性,能够很好地实现自适应学习,增强学习者的学习体验。学习分析技术的发展,增强了学习管理系统收集和分析大量数据的可能性。学习管理系统能够更深入地管理和分析学与教的整个过程,提高教育信息的传播效果和效率。学习者可以方便地获取教学大纲和教学内容、在线提交课程作业、在线考试、联系同学和教师、及时地反馈、有更流畅的学习体验、个性化学习提醒,等。下一代学习管理系统具有灵活、开放的特点,满足通用设计标准,能够支持个性化和智慧化学习,并在形成性评测中发挥更大的作用。

3. 未来4～5年采纳的新兴技术

(1) 人工智能

人工智能是研究、开发用于模拟、延伸和扩展人的智能的理论、方法、技术及应用系统的一门新技术科学。人工智能的研究包括机器人、语言识别、图像识别、自然语言处理和专家系统等。人工智能的迅速发展及其在教育领域的深入应用,将会在很大程度上提升教育的智慧化水平。随着人工智能的发展,未来的计算机将可能不被视为工具,而是作为大脑的第三个半球,人与设备之间将会建立平等、共生的伙伴关系。

(2) 自然用户界面

自然用户界面(NUI)是指一类无形的用户界面,人们以最自然的交流方式(如:语音和文字)与机器互动。未来的计算机可能不需要键盘和鼠标,触控技术将会使得人机交互变得更加自然、直观和人性化。基于自然用户界面的设备终端能够以轻敲、滑动和其他触摸方式接受输入、手臂动作、身体运动和越来越多的自然语言。平板电脑和智能手机是允许计算机识别和解释物理手势作为控制手段的典型设备,使用户能够以类似于在现实世界中使用的动作来参与虚拟活动,直观地操纵内容。未来的智能终端设备将会更好地理解手势、面部表情极其细微的差别,实现手势感测技术与语音识别的完美融合。目前,已经有许多手势和语音识别方面的应用,随着触觉技术的发展,触觉交互将会增强学习中的交互体验,以更好地满足学习不断变化的期望。例如:智能眼镜运用语音控制、手势识别和眼动跟踪交互方式,具有添加日程、地图导航、与好友互动、拍摄照片和视频、与朋友展开视频通话等功能。触觉技术在医学教学中也有广泛的应用,例如:新型触觉机器人,可以让手术更精确,从而提升微创手术的精确度。触觉技术将会允许学习者以更现实的方式与数字患者交互。运用触觉技术产生的电感触觉感觉现象,将会激发互动教科书的潜力,允许学生直接在页面上操作 3D对象。

四 对高等教育未来发展的启示

1. 亟须重塑业务流程,推动形成创新文化

高等教育未来发展面临着很多机遇与挑战,当前亟需重塑高等教育,促使学习、教学和管理方式发生根本性变革,推动形成创新文化,营造浓厚的创新氛围,使高等教育成为激发创意经济发展的引擎。充分利用智慧校园,促进高校学习、教学、管理等业务流程发生根本性变革,简化或颠覆传统的业务流程。在新兴理念和技术的冲击下,亟需重新思考高校的众多业务流程。高等教育重塑业务流程有利于提高教育行政效率,使学校的学习、教学和管理方式发生根本性变革,激发高校的创新活力,提升高校的价值。高等教育管理者亟需制定政策推进混合式学习和协作学习,促进学生深度学习,重视学习测量,为学生提供精准化学习服务,重构学习空间,为学生提供智慧化学习环境,推动形成创新文化,促使高校发挥创新引擎的作用,激发创意经济活力。目前,除少数一流大学外,相当多的高校创新不足,并不是一个创新型组织,尚未形成创新文化和创新氛围。深化高等教育改革创新,积极调动教学和科研人员创新的积极性,建设创新型高校,形成创新文化,营造创新氛围,培养创新型人才,将会是众多高校未来发展的战略选择。

2. 亟须采纳新兴技术,推动教育创新发展

纵览历年地平线报告可以发现,采纳技术的关键趋势、阻碍技术采用的重要挑战、未来采纳的关键技术等预测内容具有重叠交叉。例如:2017 地平线报告预测的 6 项技术,其中4 项技术已经在以往的地平线报告中有所涉及。这意味着教育领域对技术的采纳具有滞后性,并未很好地达到预期结果,而且教育领域尚未很好地应对阻碍采纳技术面临的挑战。

新兴技术正在悄然改变着人们的学习、生活和工作,为教育的创新发展提供了新的契机图。新兴技术对教育创新发展的作用日益显著,然而很多高校尚未意识到如何突破阻碍高等教育采纳技术面临的挑战。目前,高校亟需提升师生的数字素养,促进正式学习与非正式学习的深度融合,利用教育信息化优势为学生创设多样化的学习机会,缩小学生成就差距,促进数字公平,为每个孩子提供出彩的机会。尤其需要强化对过时知识的管理,面向市场需求为学生提供新颖的知识,重新反思教师角色为学生提供优质的学习服务,满足学生日益增长的个性化和多样化需求,充分利用技术对教育的革命性影响作用,推动教育创新发展。

参考文献

[1] Adams Becker S,Cummins M, Davis A, et al. NMC Horizon Report:2017 Higher Education Edition[R]. Austin, Texas:The New Media Consortium. 2017

[2] 王运武,唐丽,王洪梅. 新兴技术推动高等教育形成创新文化——《2016地平线报告(高等教育版)》解读与启示[J]. 中国医学教育技术,2016,30(3):235-241.

[3] 贾志宇,陈健. 基于虚拟学习环境的混合式学习设计与实践研究[J]. 中国医学教育技术,2015,29(3):257-259.

[4] 彭绍东. 混合式协作学习共同体的最近发展区、活动耦合与协同认知加工[J]. 现代远距离教育,2017(1):63-74.

[5] 陈晨,杨成,王晓燕,等. 学习测量:大数据时代教育质量提升的新力量[J]. 现代教育技术,2017(2):33-39.

[6] 樊雅琴,王炳皓,王伟,等. 深度学习国内研究综述[J]. 中国远程教育,2015(6):27-33.

[7] 徐盛夏. 教学方式与时俱进"雨课堂"教学[J]. 教育现代化,2016(35):191-192.

[8] 王运武,周静,杨曼. 新兴技术促进高等教育创新与变革——《2015地平线报告高等教育版》深层次解读[J]. 中国医学教育技术,2015,29(3):237-242.

(本文刊载于《中国医学教育技术》2017年第4期)

智慧学习空间:从知识共享到知识创造

丁　超　王运武

(南京航空航天大学继续教育学院　江苏师范大学智慧教育学院)

摘　要:《2015 地平线报告高等教育版》将"学习空间的重构"列为短期趋势,人们开始意识到学习空间已经不再适用于今天的学习者。文章通过探寻学习空间内部知识传播与知识创造的理论,寻求学习空间内部提高学习者创造性的理论模型和机制。运用知识创造理论模型、三元交互理论和参照智慧学习空间的特征,分析得出如何提升空间内部知识创造的特性,体现其智慧性。在这样的理论模型下,使其从知识共享提升到知识创造的高度,成为研究智慧学习空间的一个切入点。

关键词:智慧学习空间　知识共享　知识创造　三元交互理论

引言

21 世纪以来,信息技术飞速发展,技术的变革对人们的生活产生了巨大的冲击。随着物联网、大数据、云计算、移动通信等新技术的出现,全球开始逐步地将智慧教育作为国家教育发展的新动力。在 2015 年新媒体联盟发布的《2015 地平线报告高等教育版》中,"学习空间的重构"被列为短期趋势,"创设灵活且富于创新的学习空间"则被列为长期趋势。目前,针对学习空间的重构主要集中在对智慧学习空间的设计研究上。智慧教育的阶段与其他信息化发展阶段的区别在于更加强调对学习者创造力的培养,这直接成为新一代学习空间设计的主要出发点。智慧学习空间将把创造性看作其智慧性与否的关键。

一　知识共享的学习空间的现状

知识共享最早是知识管理的核心内容,它是指组织的员工或内外部团队在组织内部或跨组织之间,彼此通过各种渠道进行知识交换和讨论,其目的在于通过知识的交流,扩大知识的利用价值并产生知识的效应。而校园就可以看作是一个组织,教师与学生或者学生与学生之间的交流可以看作是一个知识共享的过程。知识的传播是知识共享的前提条件,而现在所推行的知识传播还停留在对资源的复制上。三元交互理论指出,物理环境对知识传播是有影响的。由于传播是共享的一部分,因此物理环境对知识共享也存在影响。《2015地平线报告高等教育版》就已经指出,学习空间需要重构,学习空间也就是物理环境广义的说法。造成这种现象的原因,大致可以包含以下几点:

1. 学习空间的建设滞后于学习理论

早期最为经典的学习理论是行为主义学习理论,主要思想是在学习空间中获取学习者的外显行为来解释学习,学习则是刺激与反应之间相互联结的过程,忽视学习者本身存在的认知方式、思想情感等对学习的影响。早期的教室利用黑板、粉笔、图画或者自制的道具开展教学,这样的形式也奠定了教师的主导地位,学生只能被动地接受。

20世纪50年代,认知主义学派发现,人们学习的过程与计算机的信息处理过程有一定的相似,随后便出现了以加涅为代表的信息加工理论。认知主义理论强调学习者学习过程的重要性,认为学习是信息加工和内化的过程。认知主义还强调个性化的教育,但由于当时标准化的教室在本质上未发生改变,因此这种形式的个性化只适合小班教学。

后来,以皮亚杰和杜威为代表的建构主义理论出现了。建构主义认为,知识是学习者在一定情境下,借助他人的帮助,通过意义的建构而获得的,学习过程主要包括创设情境、协作、交流和意义建构四个环节。教师不单是知识的呈现者,而应该重视学生自己对各种现象的理解,倾听他们时下的看法,引导学生丰富或调整自己的解释。此时,以教师为主体的教学方式开始被动摇,但因为教学空间的限制,这种以教师为主体的教学模式没有得到根本性的改变。

互联网的高速发展,使网络与人们的生活发生了紧密的联系,改变了人们接受知识的途径。这种外部知识网络的学习途径,与前面提到的行为主义、认知主义、建构主义的内部网络不同,因此出现了联通主义理论。联通主义强调知道获取信息的途径比知道这个信息本身更加重要,这种思维方式也称为互联网思维。随着信息技术的发展,教育信息化的程度越来越高。以大数据、云计算、物联网、高速无线网络等技术为基础的智慧学习空间已经有了初步的建设框架,但目前大多停留在设计、实践阶段,没有明确的理论指导。

2. 学习空间内知识创新不足

学习空间内部的创新是指学习空间能够支持学生的创新、能够提高学生的创新能力。随着信息时代的到来,知识的载体已经不再是书籍,而是更为廉价、便于传播的数字资源。网络的普及以及高速化使得这些资源可以被更加快速、便捷地传播,这种形式的传播可以看作是一种知识共享。然而,信息技术在学习中的运用还停留在知识的单向传播层面,对信息反馈层面的关注相对缺失。在知识的传播层面没有考虑到知识接受主体之间的交互,在技术层面未对知识传播的各个阶段进行考量,未能很好地支持知识的创新、创造。

3. 学习空间社会网络化不足

社会的发展逐渐朝向多学科、复杂性方向发展,人与人之间的相互合作也日渐重要。在新的社会环境下,学习者的性质与之前相比也发生了很大的转变。研究表明,在社交网络中,人员数与其人际关系存在联系。新时代的学习者更加愿意在网络环境下进行知识共享,并且他们更愿意通过微博、微信等社交媒体进行信息的交互。而目前针对学习者之间合作机制的空间设计较为滞后,导致学习者之间的知识共享不再畅通,这直接对知识的创新创造产生了影响。而创新是个人和群体对信息进行收集、汇聚、存储、共享和创造的过程,其关键点是形成"集体记忆"(collective memory)。

在这些因素的制衡下,迫切需要寻求新的办法来从根本上转变知识共享的现状,将知识共享提高到知识创造的层面。而创造则是目前智慧学习空间中最主要的特征,一个具有提高学习者知识创造能力的环境,可以将其划归到智慧学习空间的范畴。

二 智慧学习空间的概念及特点

1. 智慧学习空间及特征

(1) 智慧学习空间的概念

祝智庭等认为,信息时代智慧教育的基本内涵是通过构建智慧学习空间,运用智慧教学法,促进学习者进行智慧学习,从而提升成才期望,即培养具有高智能和创造力的人。利用适当的技术智慧地参与各种实践活动并不断地创造制品和价值,实现对学习空间、生活环境和工作环境灵巧机敏的适应、塑造和选择。

钟国祥等认为智慧学习空间是主要基于建构主义等现代教育理论,使用相匹配的技术等构成一个支持自主建构和学习指导的智能性、开放式、集成化的数字虚拟现实学习空间。区别于数字学习空间使用信息化的设施和学习资源建设,智慧学习空间则是关注如何利用可靠的信息为学习者提供个性化的、自适应的学习,它的核心是对信息的分析,并让信息对学习者有意义,从而为学习者提供智慧化的服务。

一些学者认为,智慧学习空间是数字化学习空间的高级形态。数字校园的建设为智慧校园建设提供了信息传输的硬件基础,运用多样化的技术实现传统教务的信息化,而数字化的学习空间已经不再适应新时代学习者的需要,因此有学者提出了智慧教育和智慧学习空间等概念,尝试运用智慧学习空间满足新一代学习者的全新要求,提高学习效率。

(2) 智慧学习空间的特征

IBM认为这种以学习者为中心的智慧教育,一般包括学习者的适应性学习、具有师生之间的协同创新功能、对空间内环境的监控、学习者可以更好地获取资源等。祝智庭等认为智慧学习空间的特征一般包括智能的情感感知、泛在性与移动性等七大特征,如表1所示。

表 1　智慧学习空间特征

特征	注释
智能的情境感知	能够将知识情境与学习者所处的现实相结合,实现增强现实的效果
泛在性与移动性	能够随时随地、无缝地进行接入,实现断点后的继续学习
开放的优质资源	能够从外部获取足够多优质、丰富的学习资源
个性化服务	能够针对学习者不同的能力、风格和需求,提供个性化的学习服务
大数据分析	能够记录学习者学习的数据进行数据挖掘和分析,提供完善的形成性评价体系
社会化	能够支持学习者与社会实践接触的机会,提升其协作学习、社会协作、知识建构的能力
便捷的交互	能够提供便捷的交互界面和接口,提升系统内部各个因素之间的交互

Kinshuk 教授认为智慧学习空间应该包括多个学习系统、学习系统的运行机制、系统间的有机连接、学习者分析,以及学习者与他人、系统和现实生活中学习对象的交互等。

综合以上观点,智慧学习空间的特点有:① 多系统之间通过物联网、移动互联等进行无缝连接;② 针对学习者的个体差异进行分析,以实现个性化学习与服务;③ 支持多种学习情境,支持知识建构;④ 运用大数据技术对学习者在学习过程中产生的数据进行记录分析,方便后期的深度挖掘,也成为教师进行个性化教学的依据和主要数据来源。

2. 学习空间内创造性与共享性的对比

传统的共享性学习空间是信息化学习空间的初级阶段,通过网络将教育资源进行简单的复制、组合、传播。这个时期的学习空间更加强调如何丰富学习者资源获取的量以及获取资源的方式,教师为主体的地位并没有动摇,课堂教学的模式也未得到明显的改观。

而本研究的创造性学习空间是指智慧学习空间,其特征已经与之前的共享性学习空间发生了巨大的改变。如表 2 所示,通过对比两者之间的关系,可以看出知识创造的学习空间已经成为现在课堂教学的主流,"创造"这个词汇成为重点。

表 2　知识共享性与知识创造性学习空间的比较

学习空间类型	基本属性	教学活动	空间设计	技术支持
知识共享的学习空间	多媒体教室,以教师讲授为主,学生被动接受	讲授、演示		将计算机、投影、音响等视听设备集成在讲台
知识创造的学习空间	用白板或者交互式的屏幕,学生使用自己的终端参与教学活动,成为活动主体	交互、创造		采用大数据、物联网、云计算、移动互联网等

三 智慧学习空间内知识创造机理

1. 物理空间影响知识传播

（1）三元交互理论确立物理空间的地位

21世纪初，芬兰赫尔辛基大学在知识实践研究室中结合理论、技术和实践，创设出了"三元交互学习"的原理和方法。而在社会活动理论和符号理论的推动下，刘大军等借助信息技术的迅猛发展，创生出以知识创造为特征的三元交互学习。三元交互学习活动包含以下三个要素：学习主体、共享的人造物、媒介环境。这里将媒介环境作为其中一环，表明媒介环境（或者说知识传播的载体）成为以知识创造为特征的三元交互学习的重要一环。

（2）知识创造理论中将"Ba"的概念引入知识创造模型中

日本学者 Nonaka 提出 SECI（socialization，externalization，combination，internalization）模型。随后 Nonaka 进一步对这个模型进行完善，提出知识创造的几个步骤，其中就有关于创造一个正确的"场"（create the right context）的概念。Nonaka 认为知识创造和传递是在相应的社会环境中发生的，这种环境最初被日本学者称为"Ba"，国内有部分学者则称其为"平台"。

因此，"场"的概念与学习空间在本质上是相同的，甚至说"场"比学习空间范畴更大，因为其还包含了"氛围"等抽象的空间环境。三元交互理论确立物理空间的重要性，而知识创造理论构建了空间内部知识创造的模型，将二者关联起来，可以探寻出空间物理环境设计的合理性，将会优化知识创造环境，提升知识创造的可能性。

2. 传播的主体为隐性知识

隐性知识最早由英国学者 Michael 于 1958 年在其著作《个人知识》（Personal Knowledge）一书中提出。他将知识分为两个类别：一是能用言语表达和运用正式的方式传播的显性知识，另一个是以个人经验为基础，并伴随各种无形因素的隐性知识。Nonaka 在建立知识创造的 SECI 模型时就提出知识创造是显性知识与隐性知识二者之间循环往复的螺旋结构，而在知识传播的过程中，不断伴随着知识的内化和外显。研究表明在知识传播的过程中，显性知识与隐性知识共同存在，但隐性知识占总体的 80% 以上。可见，隐性知识在知识结构中占有相当大的份额。

在隐性知识占有量不变的情况下，知识总量的提高会使隐性知识的总量相应提高。因此，如何提高知识传播的效能就成了主要的研究方向。物理空间对知识传播有一定影响，而物理空间的改变或者说"场"的改变和科学的设计对隐性知识的传播影响深远。

3. 隐性知识决定知识创造

知识创造是动态的，是由隐性知识和显性知识之间相互转化并螺旋上升，由此产生新知识的过程。在 Nonaka 的知识创造模型中，他认为知识的构成由显性知识和隐性知识组成，但不是完全独立的;在知识创造的过程中,二者相互融合、螺旋上升,在这样的动态机制下,经历社会化、外显化、组合化和内隐化这四个过程,如图1所示。其中,社会化(socialization)是隐性知识向隐性知识的转化,通过经验交流、观摩等经验共享的方式进行;外显化(externalization)是隐性知识的外显行为,也就是将经验等隐性知识转化为显性知识;组合化(combination)是将显性知识通过系统化、组合化等方式进行知识的汇总行为;内隐化(internalization)是将显性知识进行内化的过程,将这些显性知识所得到的心得与自身的隐性知识系统相匹配,丰富和完善内在的隐性知识。

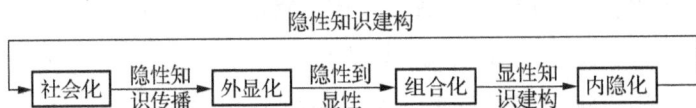

图1 SECI 模型中知识转换流程

在知识创造的过程中,隐性建构知识是环节内必不可少的。研究表明,知识创造失败率居高不下的主要原因是组织无法掌控团队成员共享隐性知识的意愿,缺乏提高隐性知识交流绩效的管理手段。将这个经济管理学的知识引申到教育上,可以理解为教师与学生这个组织之间无法进行有效的隐性知识共享,无法通过手段来提高隐性知识传播的效果。可以看出,隐性知识是知识内化和知识重构的重要组成部分。

4. 学习空间内知识创造的机理

学习空间内部的知识创造机理主要是以三元交互理论为基础,将空间环境、人、知识三者互相联结,如图2所示。在知识传播的过程中引入知识创造的理论,以此作为空间内部环境设计的基础,通过知识创造的知识运行流程,通过技术的支持,提高每个阶段知识转换的效率,从而提升环境内部知识创造的效率。

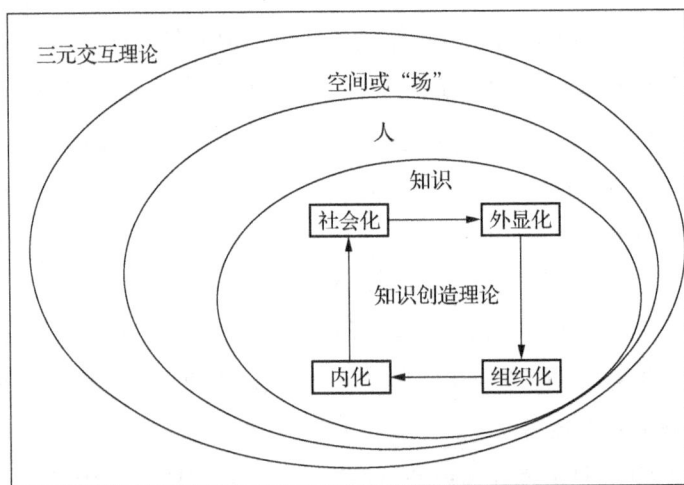

图2 学习空间内部的知识创造机理

目前,重构后的学习空间主要是以智慧教室为代表的正式学习空间和以图书馆、咖啡厅等非教学场所为代表的非正式学习空间。在这两个学习空间内部,通过高速的无线网络和移动终端进行知识的传播和内化。

智慧教室作为新一代的学习空间,它通过物联网、云计算、大数据等新兴技术,对学生的学习过程不断进行数据采集和分析,并运用高速移动互联网络实现数据之间的交互。在这样的环境中,学习者对知识的获取更加便利,人员之间、团队之间的交互更加流畅,并且引入校园外部的资源辅助教学,达到与实际相结合的目的。

通过虚拟现实技术创建的虚拟化情境,能极大地提高学习者的理解能力。而这些便利措施的最终目的就是为了提高学生的学习效率,也就是说提高学生内化知识的能力。内化的过程不能仅仅停留在显性知识的分享上,还应更加注重对隐性知识的挖掘。通过“场”中环境的变迁、智能化的管控,提高了知识传播的体量。提高知识传播的效率就是提高隐性知识的体量,并提高隐性知识的分享在组织、个体、团队之间的效能。

四 小结

学习空间的重构是目前研究的热点,从环境内部重视知识的共享,逐步提高到如何实现学习空间内部知识创造,是对环境设计的新挑战。在三元交互学习理论和Nonaka对知识创造的模型研究的指导下,智慧学习空间的实现成为现实。而智慧环境的出现,也对知识创造的提高起到了促进的作用。在这样的空间内,学习者可以更好地提升自己的创新创造能力。空间建设以三元交互理论和知识创造理论为基础,指导空间建设的方向。反过来,以此为指导的空间也能够提升知识在内部的传播效率、知识创造效率,从而形成一个良性的循环。

参考文献

[1] NMC 地平线项目. 龚志武,吴迪,陈阳键,等. 新媒体联盟2015地平线报告高等教育版[J]. 现代远程教育研究,2015(2):3-22. 42.

[2] Good T L,Brophy J E. Educational psychology,A realistic approach(Fourth Edition)[J]. Psyccritiques,1990(1):836.

[3] Temkin N R,Dikmen S S,Wilensky A J,et al. A randomized,double-blind study of phenytoin for the prevention of post-traumatic seizures[J]. The New England Journal of Medicine,1990(8):497-502.

[4] Jonassen D H. Objectivism versus constructivism:Do we need a new philosophical paradigm? [J]. Educational Technology Research & Development,1991(39):5-14.

[5] 际丽,冯晓英. 学习理论的发展与网络课程教学策略创新[J]. 北京广播电视大学学报,2015(1):1-8.

[6] 王佑镁,王娟,杨晓兰,等. 近二十年我国移动学习研究现状与未来趋势——基于中西方对比的研究综述[J]. 现代远程教育研究,2013(1):49-55.

[7] Perman R,Stern D I. Evidence from panel unit root and cointegration tests that the environmental Kuznets Curve does not exist[J]. Australian Journal of Agricultural& Resource Economics，2003(3)：325 - 347.

[8][11]祝智庭,贺斌. 智慧教育:教育信息化的新境界[J]. 电化教育研究,2012(12);5 - 13.

[9]钟国祥,张小真,一种通月智能学习环境模型的构建[J]计算机科学,2007(1):170 - 171.

[11]杨俊锋,龚朝花,余慧菊,等. 智慧学习环境的研究热点和发展趋势——对话 ET&S 主编 Kinshuk (金沙克)教授[J]. 电化教育研究,2015(5);85 - 88.

[12]刘大军,黄甫全. 知识创造视野中的三元交互学习[J]现代远程教育研究,2015(4);24 - 32.

[13]刘怡君,唐锡晋. 一种支持协作与知识创造的"场"[J]管理科学学报,2006(1);79 - 85.

[14]易开刚,孙旭璨. 隐性知识挖掘的高校创业教育:理念变革与对策探讨[J]. 黑龙江高教研究,2013(11);81 - 84.

[15]李柏洲,赵健宇,苏屹. 基于能级跃迁的组织学习——知识创造过程动态模型研究[J]. 科学学研究,2013(6);913 - 922.

(本文刊载于《现代教育技术》2017 年第 8 期)

3D 视频资源：数字化教育资源的新形态

王洪梅　王运武　丁　超　唐　丽

（江苏师范大学智慧教育学院）

摘　要：3D 视频能够创设最自然直观的学习情景，不仅可以提升学生的学习兴趣，降低学生的认知负荷，而且能促进学生对知识的记忆和理解。文章在阐述 3D 视频内涵、成像原理及其特征的基础上，探讨了国内外 3D 视频在教育教学领域中的典型应用以及对学习效果的影响。智慧时代需要提升智慧学习资源，而 3D 视频为学习者提供逼真的 3D 内容，使之获得沉浸式的学习体验。在我国推广 3D 视频资源在教育教学中的应用，具有良好的开拓性和前瞻性。3D 视频作为一种新型的学习资源，将成为数字化教育资源的新形态，对于提升教育教学质量大有裨益。

关键词：3D 时代　3D 视频　数字化教育资源

引言

3D 视频有望为学习者提供情境化、身临其境的学习体验，提升学生的学习兴趣，降低学生的认知负荷，促进学生对知识的记忆和理解。3D 显示技术通常带给人们更真实、更精细、更震撼的视觉感受，因此，在广告、影视、游戏、工业设计、建筑设计、辅助教学、多媒体制作等领域均有广泛应用。3D 视频资源应用于课堂辅助教学，具有立体性和逼真性的特点，能够生动、准确地把事物的形态及其发展变化通过视觉和听觉直观地呈现出来，直接作用于人的感官，可以激发学生的学习兴趣，增加课堂的活跃度，让学生在沉浸性的 3D 场景中学习知识。随着 3D 技术的不断成熟，将 3D 视频资源应用到教育教学领域具有非常重要的意义。

一　3D 视频的内涵及其特征

1. 3D 视频的内涵

3D 视频又叫立体视频，包括双目立体视频和多视点视频，因其具有立体感和交互性的特点，越来越受到学术界和工业界的重视。3D 视频分为眼镜 3D 视频和裸眼 3D 视频两种类型。戴眼镜的立体成像通过眼镜来控制两路视频信号分别进入观察者两个眼睛里,由人脑来合成物体深度层次关系,从而达到模拟 3D 场景的效果。当前存在的眼镜有色差式、偏光式和便携式三类。裸眼 3D 视频一般是在虚拟 3D 场景中以平行摄像机阵列或汇聚型摄像机阵列搭建多台摄像机进行拍摄的视频,采用的是多视点拍摄。3D 视频以高度可视化和强沉浸感的特性,力图创设一个可以身临其坑的视觉环境,带给观众前所未有的视觉体验。

3D 视频教学资源是专门针对教育目的的资源,应用于教育教学领域中,作为一种新型的学习资源,将成为数字化教育资源的新形态。3D 视频资源是将教师要传授给学生的知识、技能等内容制作成 3D 视频形式,以辅助现代化多媒体教学,即帮助教师能够更加生动、逼真、形象地展现在课堂上无法实际操作的内容,同时又能使学生在学习的过程中体会到更多的乐趣,并且能够保持长时间的注意力,这样学到更多的内容,记忆也更加深刻,是 3D 时代时数字化教育教学中必不可少的重要辅助工具。

2. 3D 视频的特征

3D 视频为学习者提供情境化、身临其境的学习体验,通过虚拟仿真让学习者获得如同在真实世界中探索般的感受,对于学习者的认知活动具有一定的促进作用。与传统 2D 视频相比,3D 视频资源作为数字化教育资源的新形态具有新的特征,如表 1 所示。

表 1 3D 视频的特征及其与个体学习活动相关性分析

特征	特征分析	与个体学习活动相关性分析
立体逼真	3D 视频的立体性和逼真性较强,能够生动、准确地把事物的形态及其发展变化通过视觉和听觉形象直观逼真地呈现出来	3D 视频的立体呈现直接作用于人的感官,强有力地吸引了学生的注意力,使学生全神贯注地听讲
临场感强	3D 视频的立体感、景深能让观看者产生身临其境的感觉,带给学习者前所未有的视觉体验,能激发学生的学习动机	学习者的动机水平是成功教学的重要因素。当学习者对学习内容没有兴趣或缺乏动机时,学习几乎是不可能的
强烈视觉冲击	3D 视频所呈现的内容有较强的视觉冲击力,越来越具有观赏性和趣味性,能够引起学生的注意	在观看 3D 视频的过程中,学习者身临其境的学习体验使得学生的情绪处于十分复杂的状态,能直接或间接地影响个体的学习活动
内容的真实感、带入感	3D 视频突出视觉效果,营造立体化屏幕场景,使学习者的观看体验更加逼真,学习者有一种身临其境的感觉,由此增强学生对学习的兴趣	兴趣是产生学习意愿的重要因素。教育学和心理学原理揭示了兴趣是诱发学习积极性和自觉性的内部动因,只有学生对学习的内容感兴趣,才会愿意学
主体的介入性和参与性强	3D 视频为观看者的视觉经验带来的变化主要在于主体的介入性和参与性更强	3D 视频不再是平面化、直观视觉体验那样被动地接受画面情节,观看者有很强的参与和互动

二 国内外 3D 视频在教学中的典型应用

将 3D 显示技术应用于教学,必将在提高教育技术水平、改造实验环境和优化教学过程、培养具有创新意识和创新能力的人才等方面发挥重要作用。3D 视频资源将会开创一个崭新的强化学习世界。目前,国内外已经开始探索 3D 视频在教学中的应用,有些学校建立了 3D 教室,探讨 3D 教学中学生的学习状态和观看 3D 视频对学生学习效果的影响。

1. 3D 视频在美国教学中的应用

(1) 3D 视频有效提升学生的课堂参与度

在美国 Ocoee 中学,将 3D 技术带进 Ocoee 课堂实行 3D 教学,教师们通过播放 3D 教学视频观察学生的课堂参与度和关注度,发现 3D 教学能够让学生们在课堂上积极地参与进来。3D 技术改变了教师的教学方式,让教师不需要再增加别的元素就能调动学生的兴奋度,学生们戴上 3D 眼镜观看 3D 视频时所表现出来的参与度和兴奋度非常高。3D 课程对教学造成的影响是巨大的。学生认为,在 3D 课堂上,所有的学生一起认真学习,一起看大屏幕上所展示的 3D 视频内容,学生会产生浓厚的学习兴趣,而且能够更容易理解课程内容。

(2) 开展 3D 视频教学实验

在美国巨石谷学区和谢尔顿学校已完成裸眼 3D 视频在教育中的应用实验。巨石谷学区实验中将 3D 仿真课件库(Classroom 3)中的 3D 视频教学资源应用于四年级教学课堂中,让学生自己探索太阳系,在学习过程中学生们的参与性极高,并且能够积极开展讨论,主动探索发现,以多种方式互动学习。在谢尔顿学校开展的 3D 教学实验教学过程中,借助形象真实、生动易懂的 3D 视频教学资源,学生可以更加容易地理解数学中的一些抽象概念。五、六年级的教师对 3D 视频教学给予高度的评价,认为这种教学方式比交互式平板教学效率更高,且容易抓住学生的注意力,通过清晰生动的视频演示,学生可以学到更多内容,并且记忆更加深刻。

2. 3D 视频在英国教学中的应用

英国是欧洲在 3D 教学方面发展较早的国家,相关研究机构数量也比较多。目前在 K-12 的普及率据说达到 70% 以上,"3D Classroom"已经被认为是学校的标准配置。在英国谢菲尔德中学,教师们认为 3D 教学是最重要和最具有深远意义的。学校将 3D 技术用在七、八年级孩子的教学上,能够培养学生的质疑和探索问题能力,如教师用 3D 视频给学生们讲述第一次世界大战的战壕,每一个人对 3D 视频内容都很感兴趣,这使得课堂上的学习气氛呈现出前所未有的精彩。不难发现 3D 教学的优势很明显,教学质量更好,学生理解程度更深。3D 教学技术在谢菲尔德中学的应用、推广和发展可以为学生提供一个最好的机会,去改变他们的学习过程。

3. 3D视频在荷兰教学中的应用

在荷兰，作为一项应用于未来学校的技术，应用于教学的3D DLP投影仪已经在阿姆斯特丹的三所学校里被试用于8～12岁学生的生物教学。当教师用3D视频内容授课时，学生的注意力高度集中，学生通过观看关于心脏的影像，更能明白心脏是如何"工作"的，利用3D技术翻转心脏，学生们可以观察到心房、心室以及心脏内部血液的循环。教师认为，学习方式的不同会给学生带来不一样的学习效果，如在学习某一知识的过程中，有些学生通过动手操作会学得更好，而有些学生通过直接观看3D视频教学内容会学得更好，课堂中选择引入3D技术可以帮助学生获得更好的学习效果。

4. 3D视频在国内教学中的相关应用

在国内，关于3D技术在教学中的应用研究越来越被关注。2012年7月，香港理工大学教授Hareton等测试了3D教学对比2D教学的优势并发表了测试结果。在相同时间内，参与3D学习的16名学生可以将课程内容完整地复述出来，而2D班的25名学生只有17名可以复述出来。虽然之前的研究都表明3D技术应用于教学是有益处的，但是在香港3D应用于教学还有一定的困难，很多学生因为近视的原因，在观看3D的时候需要佩戴两副眼镜。此外，国内3D影像的教学应用实验项目有"绿色班班通"3D教学项目，配置了用于3D教学的未来教室。未来教室在标配的同时配置了3D投影机和其他相应的3D设备，能呈现3D影像资源，创建出高沉浸感的学习环境。

在信息化教育发展中，平面教学早已显示出诸多弊端，如切换太慢、内容呆板、信息量小等，已越来越不适应新教学的发展。3D视频画面立体、逼真、直观，使学生在学习的过程中高度参与，有助于启发学生的创新思维。中国首个3D电视试验频道于2012年元旦起开始播出。3D频道播出节目内容包括体育、动漫、专题、综艺类节目以及大型的实况转播，体验风格时尚、身临其境的视觉感受。研究者不能忽视3D视频资源在教学中的应用优势，让教育教学领域成为新技术应用的最早受惠者。

三 3D视频在教学中应用的前景展望

智慧时代需要提升智慧学习资源，而3D视频为学习者提供了逼真的3D内容，使之获得沉浸式的学习体验，对于提升教育教学质量大有裨益。3D视频能为教育教学提供生动逼真的立体资源，激发学生的学习兴趣，培养学生的创新意识和创新能力，在一定程度上可以提高教育教学水平。目前，在国内将3D视频资源推广并应用于学校教育教学中是具有开拓性和前瞻性的。

1. 政府引导推动3D视频资源在教育教学领域中的应用

爱德加·戴尔指出，"教学中所采用的媒体越是多样化，所形成的概念就越丰富越牢固"。3D视频资源的出现不仅丰富了教学媒体，还增强了资源的立体性、情境性，有助于激发学生的好奇心和求知欲。然而,目前 3D 教学并不普及,其影响因素如图 1 所示。

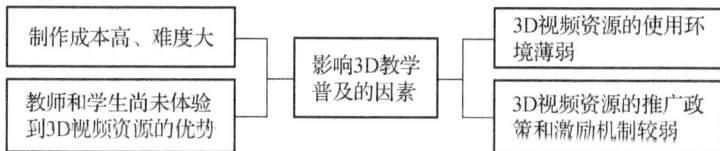

图 1　影响 3D 教学普及的因素

第一,制作成本高、难度大。3D 视频制作的设备主要包括 3D 摄像机、拍摄辅助设备、3D 编辑存储设备等,首先需要购买大量专业的录制编辑器材和制作软件。其次.3D 制作所付出的成本和精力都远超传统模式下的视频制作。过高的成本使得 3D 视频资源被运用于当下的在教育教学领域时,让许多教育行业的人望而生畏。第二,3D 视频资源的使用环境薄弱。在国内,由于 3D 技术的研究起步较晚,许多方面还不成熟,特别是针对 3D 视频在教育领域的研究较少,而 3D 视频资源的开发制作以及使用环境则少之更少。第三,教师和学生尚未体验到 3D 视频资源的优势。3D 以视频的形式出现在广告、影视、游戏等领域较多,教师和学生大多数接触 3D 视频基本上是在校外生活中,在学习方面尚未体验到 3D 视频带来的视觉享受以及学习优势。第四,3D 视频资源的推广政策和激励机制较弱。推广 3D 视频资源在教学中的应用,需要政府的大力引导。教育部应积极发动各部门重视 3D 学习环境以及 3D 资源在教育领域中的建设,政府提供一定的资金支持,鼓励学校和公司合作共同创作高质量作品,为教师提供大量专业性的 3D 视频或课件等 3D 教学资源,为学生创造一个充满启发性、趣味性的学习环境,使学生的创造性思维、自主学习能力等得到全面发展。

2. 加速建设以学习者为中心的 3D 学习环境

学生是学习的主体,学校和教师所做的一切都是为学生的学习提供一种环境,学习环境应该尽可能多一些生活的性质。学校课堂情境应与生活情境相融合,在课堂上,把一些难懂、难理解的概念或者复杂且学生难接触的实验或场景通过 3D 视频展示,立体逼真的教学内容能使学生很好地融入学习情境,让学生更好地感知所传授的知识内容。3D 学习环境应通过建立专门的 3D 教室并购买和安装 3D 教学设备,配置 3D 投影、3D 电视及 3D 眼镜等,创造一种新型的高沉浸感的学习环境。据印度最大的 3D 教学内容开发商介绍,印度已经有 1 400 多所学校使用 3D 技术教学。而到目前为止,我们国内还没有一所拥有真正意义上的 3D 教室的学校。而要想培养出富有创造力和创新精神的学习者,应该根据学习者的个体差异提供个性化学习工具与资源,为学习者创设 3D 学习情境,呈现高品质的 3D 视频资源,创造更多有趣且具有启发性的课堂,为学生提供个性化的独特学习体验,提高学生的参与度并有效地激发学习者的学习兴趣与学习动机。

3. 培养 3D 技术开发人才,创作高品质 3D 视频资源

目前,3D 照相、3D 打印、3D 虚拟世界等新技术正在迅速地改变着人们的生活。尽管

3D视觉是目前的一个趋势,但技术上还存在许多难题,如3D视频拍摄难度大、视频拍摄成本高、视频后期制作工作量大等问题。培养3D技术开发人才与创作团队是关键。与传统2D媒体内容制作相比,3D内容对人员要求、拍摄设备、拍摄编辑技术、特效技术、存储编辑设备等都提出了更高的要求,人才因素将对3D视频资源开发的进程、质量与成本产生重大的影响。因此,培养能担当3D视频设计开发之责的创新领军人才,创作高品质3D视频资源,满足教育教学所需的教学内容,是当前最迫切需要解决的问题。

4. 发挥裸眼3D视频应用于教育的巨大优势

3D视频在观看时需要搭配特定的眼镜,不少观众在看完一些3D电影后,出现了头晕、眼痛、恶心等"3D晕眩症",视频观看的舒适度大大降低。3D应用于教学还有一定的困难,很多学生因为近视的原因,在观看3D的时候需要佩戴两副眼镜。然而,在观看裸眼3D视频时观看者不需要佩戴特定的眼镜。姜艳玲等的研究发现,裸眼3D视频在创设身临其境的学习环境和提高学生在教学过程中的参与度方面有较好的成效,裸眼3D视频应用于教育具有很大的优势。未来3D的长远发展,裸眼技术将是方向,而且会是3D逐渐普及的重要因素。国外大量的3D教学实验研究已经表明裸眼3D视频对教育教学改革有着重大意义。将裸眼3D视频更多、更好地应用到教育教学领域中,可以提高教育教学水平,优化教学过程,培养学生的感知力和深度学习能力,提高学生的创新意识和创新能力。

小结

3D技术改变了平面化、直观的视觉,对于视觉经验有革命式的推进。当前,大量教学视频在内容上趋于平淡,画面表现力不足,缺少艺术性,色彩搭配不当造成学习者的视觉疲劳或者分散学习者的注意力等,阻碍有效学习的进行。3D视频资源应用于教育教学领域中具有深远意义。作为一种新型的学习资源,3D视频资源将会成为数字化教育资源的新形态;特别是裸眼3D视频教育资源将会是一种主流趋势,具有巨大的应用优势。基于3D视频资源的学习能挖掘学生的想象力和创造力,利用先进的3D教学辅助工具能强化学生的自主学习能力和问题解决能力。

参考文献

[1] (美)L. 约翰逊,刘德建,黄荣怀,等. 2016新媒体联盟中国基础教育技术展望:地平线项目区域报告[R]. 奥斯汀:新媒体联盟。2016:24.

[2] 王娟,吴永和,段晔.3D技术教育应用创新透视[J]. 现代远程教育研究,2015(1):62-71.

[3] 刘华杰. 3D视频编码算法研究[D]. 大连:大连理工大学,2010:1.

[4] 郭冠军. 裸眼3D视频转换技术研究[D]. 成都:电子科技大学,2013:2.

[5] 李丽柏.3D技术原理及发展状况和前景[J]. 无线互联科技,2013(11):162.

［6］赵大泰. 3D 显示技术及其教育应用研究［D］. 西安：陕西师范大学，2011：53.

［7］3D 降龙掌. 3D 教学在美国 Ocoee 中学的应用［OL］. ＜http：//v. youku. com/v—show/id_XNTcxODU4NzlO. html＞

［8］3D 降龙掌. 3D 教室里学生如何学习［OL］. ＜http：//v. youku. com/v—show/id XNTY5NjAIMTE2. html? from＝s1.8－1－1.2＞

［9］3D 降龙掌. 3D 教室里学生如何学习［OL］. ＜http：//v. youku. com/v—show/id_XNTY5NjAIMTE2. html? from＝s 1.8－ 1—1.2＞

［10］3D 降龙掌. 3D 教学在荷兰［OL］. ＜http：//v. youku. com/v—show/id—XNTczMTkyNzky. html? from＝sl.8－1—1.2&spm＝a2hOk. 8 19 1407.0.0＞

［11］3D 降龙掌. 3D 教学对比 2D 的教掌效果比较［OL］. ＜http：//v. youku. com/v—show/id—XNTcxMTU3 Mj QO. html?％20from＝y 1.2－1－8 7.3.20—2. 1—1—1—19—0＞

［12］李蕾，王健，曹俊. 3D 影像资源在教育中的应用探析［J］. 中国电化教育，2011(2)：77-80.

［13］耿新锁. 戴尔的"经验之塔"理论及其现实意义［J］教育史研究，2003(2)：68-71.

［14］(美)罗伯特·D,弗兰兹·肖特,山尼·戴克斯特拉,等著. 任友群,裴新宁,译. 教学设计的国际观第 1 册［M］. 北京：教育科学出版社，2005：59.

［15］姜艳玲,邓彩红,孙站英,裸眼 3D 视频的教育应用研究［J］. 电视技术，2015(13)：118-121.

（本文刊载于《现代教育技术》2017 年第 4 期）

多视角下教育信息化发展不平衡问题研究

魏先龙　王运武

（南京工程学院　江苏师范大学教育研究院）

摘　要：作为信息技术与教育发展深度融合的产物，教育信息化的发展在深化教育领域改革、促进教育公平等方面发挥着重要作用。由于地理因素、历史因素等客观原因的影响，我国各地区之间综合发展水平差距较为明显，这也极大影响了教育信息化整体的平衡发展。教育信息化发展不平衡的现状得不到有效改善，必然会引发新的教育问题，影响教育公平的实现。从不同视角对教育信息化发展不平衡问题进行分析，不仅可以明确教育信息化平衡发展的重要性，更能从不同层面对该问题的改善提出合理化意见，从而更好地促进教育的改革与发展，实现教育现代化，提升我国综合国力。

关键词：多视角　教育信息化　不平衡　启示

在当前信息时代教育变革的大背景下，教育信息化的深入发展已成为教育领域深化改革的重要法宝。由于我国地域辽阔，区域发展存在差距，这直接影响了我国当前教育信息化的均衡发展，阻碍教育公平的实现。

就我国区域教育信息化发展整体情况而言，一方面，由于地区经济、文化和理念等方面的差距，东部沿海地区教育信息化整体水平要优于中、西部偏远地区；另一方面，由于城乡二元经济结构的差异性，城市学校占据了大量的人力、物力和财力，教育信息化水平明显强于农村地区。就教育信息化发展不平衡的表现而言，当前我国区域之间、城乡之间信息化资源建设、信息化应用等方面仍存在较大差距；从教育信息化发展不平衡类型来说，基础教育信息化、高等教育信息化、职业教育信息化和特殊教育信息化都存在不同的不平衡现象。

针对我国当前教育信息化发展不平衡的现状，从多理论视角出发，可以更为全面地看待问题，全面寻求合理的可行性方案，从而推动我国教育信息化科学发展，实现教育现代化的宏伟目标。

一 哲学视角：认清教育信息化发展过程的一般规律

"平衡"是马克思主义哲学体系中的一个重要术语，它是指事物处在量变阶段所显现的面貌,是绝对的、永恒的运动中所表现的暂时的、相对的静止。平衡之客观存在,不以人的意志为转移,它的存在直接影响着自然、人类和思维等各个领域,影响着这个世界的方方面面,发挥着有形无形的巨大作用,并为人们认识、适应和改造客观世界所利用。"不平衡"作为自然辩证法的一个基本范畴,是指"一个自然物的诸多因素在比例关系上不在那个应有的定值之内,诸因素之间表现出不协调、不和谐、不一致、不适应或不均衡的关系时,这时候该物质所处的状态就谓之不平衡状态。"

对立性和统一性是矛盾的两个根本属性,矛盾是事物发展的动力和源泉,平衡与不平衡始终是对立统一的矛盾运动。平衡与不平衡两者既相互依存,相互渗透,互为条件,又相互排斥,相互抗争。一个时期的平衡是暂时的、相对的,其必将被新的不平衡所打破,然后又趋向于新的平衡,周而复始,不断运动。"平衡—不平衡—平衡"这一过程不是简单的重复,而是量变积累形成质变的结果,是一种真正意义上的飞跃、质的变化,是一种扬弃。

教育信息化的产生是时代发展的产物,源于教育对信息化的迫切需求。教育信息化发展的过程就是信息化建设不断适应、满足教育需求的过程,在这一过程中,平衡是暂时的、相对的,新需求的出现又会打破这种平衡,造成新的不平衡。教育信息化的发展过程归根结底也是一个"平衡—不平衡—平衡"的过程,因而教育信息化处于发展不平衡状态符合事物发展的一般规律,不以人的主观意志为转移。如果措施得当,教育信息化发展也将会迈入新台阶,达到发展平衡的新状态。

二　生态学视角:影响教育信息化发展平衡的生态因子分析

教育生态系统大体上可分为两大部分:教育主体部分和非教育主体部分。教育主体部分主要由教师和学生组成,即教育者和受教育者。非教育主体部分包括教育所需的传播媒介等工具以及教育环境。教育生态系统除组成要素外,还需要物质循环和能量流动。教育者和受教育者之间既可以直接进行信息传递,也可以通过传播媒介、教育媒体等中介手段进行知识信息的交流,形成教育生态系统内部的能量流动。

教育信息化的推进,掀起了教育领域改革的浪潮,改革的过程是漫长的、艰辛的,但结果是美好的。当教育信息化从原先侵入教育生态系统的"不速之客",发展到能够广泛应用于日常教育教学活动中,融入教育生态系统之中,使之达到新的平衡状态,那么教育的发展也将达到一个全新的发展阶段。当前,由于资金、技术等因素的影响,我国教育信息化的发展呈现出不平衡的态势,这势必会影响教育生态系统新平衡状态的实现。

构成环境的各要素称为环境因子,环境因子中一切对生物的生长、发育等行为产生直接或间接影响的因子称之为生态因子。在教育信息化这个环境中,多个生态因子的共同作用造成了教育信息化发展不平衡的现状。① 经济因子:"经济基础决定上层建筑",教育信息化建设需要大量的资金投入,我国各区域经济发展水平差距较大,因此不能忽视教育信息化进程中经济因素的影响。② 观念因子：对于新兴发展事物，有些人持抵触态度，而另一些人则盲目跟风，例如，在教育信息化发展过程中，曾经出现过重硬件轻软件、重建设轻应用等一系列不正确的建设观念，这些都严重影响了教育信息化的稳定发展。③ 技术因子：教育信息化的发展必须以技术的革新为基础，在知识大爆炸的时代，技术发展的速度日新月异，教育信息化技术建设既不能一味守旧，也不能一味跟风求新，要对教育信息化发展作出合理规划，保障教育信息化建设工作顺利开展。④ 人力因子：教育信息化的建设工作最后还是要靠人来完成，尤其是要依靠高素质的专业人才和具备一定信息素养的教师。专业人才的作用主要在于可以为教育信息化建设提供智力支持和技术指导；教师的作用在于合理有效地运用信息化手段促进教学，实现教师更好地教、学生更好地学。在偏远落后地区，人力资源极度匮乏，这也是造成教育信息化发展不平衡局面的重要原因之一。

三　社会学视角：教育信息化发展不平衡容易拉大"信息鸿沟"

人是社会的主体，社会是人的社会，但是社会不是由自然人组成的，一个人必须不断提升其社会属性，才能更好地适应生活，这就是人的社会化过程。人的社会化（socialization）是一个人学习社会的文化、增加自己的社会性、由生物人变为社会人的过程。根据马斯洛的需要层次理论可知，自我实现是最高层的需要，是人们追求的终极目标。满足自我实现需要有很多途径，接受良好的教育就是其中之一。教育可以使人学到先进的科学文化知识及技能，更好地适应社会发展需求，从而实现自我的个人价值。

教育信息化的产生与发展，就是为了促进教育的全面改革，提高教育质量，使教育适应时代的发展需求。教育信息化建设拓宽了人们的学习道路，丰富了人们的知识储备，是人满足自我实现需要的重要途径之一。但由于经济因素、历史因素、文化因素等影响，我国各区域教育信息化发展呈现不平衡态势。教育信息化发展不平衡使得人们对新知识、新技能的理解和获取产生差距，无论在物质层面还是在精神层面，都容易造成贫富差距不断拉大的社会问题。一方面，教育信息化发展不平衡直接拉大了人与人之间信息素养的差距。在如今的信息化社会中，信息素养低的人在工作、生活中将面临巨大的生存压力，无法在短时间内满足人自我实现的需求；另一方面，信息技术应用能力薄弱的人在知识的获取途径上受到限制，这对于人精神财富的积累也将受到影响。

考虑到信息化在推动社会发展方面的作用日益增大，在竞争日益剧烈的信息社会中，让人人都有平等获得信息的机会，已经不仅仅是民主权利的问题，而是发展权、生存权的问题了。由此可见，教育信息化发展不平衡已经不单单是教育领域值得关注的问题，对于社会的和谐稳定也有着巨大的影响，因而必须受到足够的重视。

四　多视角研究对于改善教育信息化发展不平衡问题的启示

1. 方法得当,遵循教育信息化质变的发展规律

矛盾分析法是唯物辩证法的根本方法,同时是马克思主义社会学的基本方法之一,对研究社会现象具有普遍适用性。教育信息化发展量变的过程需要有正确的方法论进行指导,否则会适得其反。

(1)坚持两点论和重点论的统一

在当前发展的历史时期,中西部地区受限于历史、地理、经济等因素,教育信息化发展水平明显落后于东部沿海发达地区。一方面,国家相关政策应加大对中西部教育信息化发展的扶持力度,例如财政补贴、技术支持等;同时,东部教育信息化发达地区也要在国家相关政策支持下,积极推进地区教育信息化建设,为薄弱地区提供更多的宝贵经验。发达地区和薄弱地区教育信息化发展对中国实现综合国力的提升都有很大帮助,两者缺一不可。另一方面,针对地区教育信息化发展困境,相关决策者应学会抓问题的核心,不能"病急乱投医",要有针对性地采取措施,尤其对于发展落后地区,面临的问题比较多,全面、盲目地开展教育信息化建设可能会造成新的困扰,稳扎稳打、步步为营,才是发展的上上之策。

(2)坚持内因、外因相统一的发展观点

教育信息化发展落后地区一方面要坚持自力更生的发展思想,不能将发展的希望全部寄托于国家的支持和其他地区的支援,相关决策者应根据本地区发展实情,因地制宜,制定切实可行的发展方案,推进教育信息化发展的建设工作。另一方面,由于教育信息化发展落后地区经济发展缓慢,技术缺口大等,也需要外部对其的发展支持,这对加速教育信息化推进工作可以起到很好的促进作用。只有坚持内因和外因相结合的发展思路,才能真正实现教育信息化的快速发展,提高地区竞争力,促进地区协调发展。

2. 和谐生态,构建教育信息化生存的适度空间

尽管当前教育信息化发展面临着一些外在非和谐因素的影响,但依据教育生态的基本原理,按照教育生态自身发展的规律办事,相信教育信息化发展不平衡的现状会有所改变。

(1)对症下药,摆脱限制因子束缚

生态学中的限制因子是指达到或超过生物耐受限度的因子。限制因子的存在,极大地限制生物的生存和繁殖,成为生物进一步发展的桎梏。在教育信息化发展过程中,影响因素有很多,在不同时期、不同地区等前提条件下,影响教育信息化发展的限制因子存在差异。因而教育信息化的发展需要科学规划,不能盲目跟风,找出影响发展的关键限制因子,对症下药,尽力将限制因子的制约降到最低,实现本地区教育信息化的可持续发展。

(2)因地制宜,遵循耐度定律

"耐度定律"概念由谢尔福德首次提出,它指的是生物要生存繁衍,必须有适宜的外部环

境,如果其中的一个因子超过其耐受度,就可导致一个种群的灭绝(Shelford,1913)。根据"耐度定律"可知,生态系统要实现可持续发展,依赖于适宜的生态环境。生态环境由生态因子构成,生态因子在适宜的范围内,生态环境适合生态系统的良性发展;如果超过范围,则影响整个生态系统的发展。教育信息化建设也要因地制宜,不能盲目追寻统一的指标,忽略人的因素,导致建设环境失衡,造成更大的教育信息化发展不平衡问题。

(3)强化沟通,破除花盆效应

"花盆效应"在生态学中又被称为局部生态环境效应。花盆是一个半人工的模拟生态系统,处于封闭或半封闭的状态,具有较大的局限性。生物体一旦离开花盆,它也就失去了生存能力。教育信息化建设如果长期处于封闭或半封闭环境,脱离外部现实环境,无法满足实际运用需要,那么就会产生花盆效应,限制教育信息化的生存空间。这就需要加强沟通交流,拓宽教育信息化生存环境,而不局限于自己的"生存土壤"中。例如,教师之间加强沟通,分享信息化教学经验,就可提升彼此信息技术教学能力建设,从而更好地促进教学。

3. 牢记使命,发挥教育信息化发展的推动作用

"教育梦"是"中国梦"的重要组成部分,教育信息化的发展对于中国梦的最终实现具有重大战略意义,它的存在不应成为约束教育均衡发展的阻碍。当前,由于历史因素、经济因素等条件限制,各区域教育信息化发展水平参差不齐。总体来说,东南部沿海地区教育信息化水平普遍偏高,而中西部偏远地区教育信息化水平相对较低。这种局面长期存在下去,势必会拉大原本存在的教育差距,离教育公平的实现渐行渐远,改善教育信息化发展不平衡问题已刻不容缓。

(1)教育信息化发展不平衡问题应得到足够的重视

不论是在东南部地区,还是在中西部地区,都有一个非常重要的使命,都要分析自己的教育需求,在现有的基础上,在政府的引导和作用下,推动教学的发展,推动教育信息化的发展,带动教育现代化。在"中国梦"的指引下,各区域充分发挥自身优势,结合自身需求,将教育信息化工作落实到实处,各地又好又快地推进教育信息化工作,不断缩小发展差距,减轻社会发展压力,这对于促进社会和谐发展、实现中华民族的伟大复兴有着积极的促进意义。

(2)充分发挥人的主观能动性

在社会学的研究范畴中,"人"这一关键要素必不可少。社会学中研究的"人"具有两重属性,即自然属性和社会属性。人的自然属性又称为人的生物性,它是指每个人与生俱来的身体和行为特征;人的社会性是指个人通过参与社会生活,以及作为社会的一员而表现出的特殊特征。自然属性是个体生存和发展的基础,社会属性指导人们更好地参与社会生活。教育信息化是一个复杂的系统工程,对社会生活的方方面面都有重要影响。"人力资源是第一资源",改善教育信息化发展不平衡问题需要最大程度地发挥人民群众的智慧,获得人民群众的支持,这样教育信息化发展才能保持不竭动力。

（3）加强国际交流与合作，让中国教育信息化发展走向世界

中国的发展离不开世界，世界的发展也需要中国。"中国梦"的提出与广大的国际社会致力于推动实现持久和平、共同繁荣的世界梦相对接，因而"中国梦"也是世界的梦。我国教育信息化起步比较晚，整体发展水平还不太高，各地区需要发挥后发优势，紧跟时代发展潮流，开辟出符合本地区实际的教育信息化发展道路，从而提升整体教育质量，增强综合国力，更好地为世界的和平稳定做出贡献。

随着信息化发展的深入，教育信息化水平的高低左右着社会的发展和进步，它已成为衡量国家现代化水平和综合国力强弱的一个不可忽略的重要标准。教育信息化发展走什么样的道路将直接关系着未来我国教育的发展走向，对教育公平的实现、社会的进步和国家的发展都具有深远影响。从不同视角去看待教育信息化发展不平衡问题，既拓宽了对该问题的研究思路，有助于吸引更多领域的专家学者关注，同时也为改善教育信息化发展不平衡问题提供更多合理化的建议，为教育信息化科学发展献计献策。改善教育信息化发展不平衡问题，使得更多人能够享受到教育信息化带来的变革性影响，这必将会为我国未来教育领域改革与发展工作的顺利开展提供有力保障，为实现中华民族的伟大复兴提供有力支撑。

参考文献

[1] 王影聪.初论平衡——关于哲学一个重要范畴之浅见[J].天水行政学院学报,2013(2):3-7.

[2] 李瑞清.哲学视野中的社会发展不平衡[J].马克思主义与现实,2007(2):198-200.

[3] 王思斌.社会学教程(简明版)[M].北京:北京大学出版社,2012.

[4] 熊才平,楼广东.多角度审视基础教育信息化区域性失衡问题[J].教育研究,2004(7):32-37.

[5] 汪颖,解利.教育生态学对信息化教学资源建设与应用的启示[J].现代教育技术,2010(11):19-22.

[6] 罗勇为.基于生态学视角的基础教育信息化可持续发展研究[J].中国电化教育,2010(6):22-25.

[7] 李彦敏,安素平,孙鲲.生态学视域下基础教育信息化可持续发展研究——以厦门市为例[J].集美大学学报,2011(4):72-75.

[8] 王珠珠.教育信息化战略与应用策略[N].黔西南日报,2014-03-19.

[9] 张丽萍.论"中国梦"的世界意义[J].青海师范大学学报:哲学社会科学版,2013(4):1-4.

[10] 魏先龙,王运武.日本教育信息化发展战略概览及其启示[J].中国电化教育,2013(9):28-34.

（本文刊载于《教学与管理》2016年4月20日）

面向核心素养的高中信息技术课程标准修订

——访教育部高中信息技术课程标准修订组组长任友群教授

刘向永

（江南大学）

问：任教授您好，您能否谈一下高中信息技术课程标准修订的背景呢？

任友群：本次高中信息技术课程标准（以下简称"课程标准"）修订是在 2003 版国家"普通高中技术课程标准（实验）"的基础上，全面考虑技术变革、社会需求和学生发展的情况下开始的。课程标准修订背景主要表现在以下三个方面：

其一，落实"立德树人"的根本任务。立德树人是发展中国特色社会主义教育事业的核心所在，是培养德、智、体、美全面发展的社会主义建设者和接班人的本质要求。高中信息技术课程标准修订就是要将"立德树人"的根本任务落实到信息技术课程中，培养具备信息素养的公民。

其二，适应信息社会发展需要。信息技术变革加快了现实空间与虚拟空间的融合，形成了一个全新的信息社会生态环境，重塑了人们沟通交流的时间观念和空间观念，深刻影响着人们的生活、工作与学习。这次课程标准修订就是针对新技术环境下信息社会发展需要而进行的，目的是加强学生在信息社会的适应力与创造力，提高国家数字化竞争力，促进我国信息社会的发展。

其三，满足全体高中学生发展的需求。信息技术作为中小学的一门新学科，其课程标准的研制和修订总会受到这样或那样的质疑。本世纪初，高中信息技术课程标准在研制时，就有人质疑新世纪未必能快速进入信息时代，没有必要专门以一门课程的方式让所有学生学习，然而事实证明信息时代已经到来，因此当时开设这门课是必要而及时的；本次课程标准修订，也有专家质疑，伴随数字化工具成长起来的"数字土著"，天生具备信息技术应用的优势，既然他们在日常生活和学习中已经掌握了信息技术工具的操作，那么为什么还要专门以课程的方式开展呢？针对这种质疑，我们要清醒地认识到，从"数字土著"到"数字公民"并不

任友群：华东师范大学教授，教育部人文社会科学重点研究基地课程与教学研究所研究员，教育部高中信息技术课程标准修订组组长。

是一蹴而就的,同样需要后天的教化和课程学习。"数字土著"一代尽管在日常生活和应用中能够掌握基本的操作技能,但缺少了针对性的教育,在数字化环境中也会表现出自我约束力弱、沉溺网络游戏、不负责任地发布网络信息等问题,而且单靠"土著"那种原生态式的自发摸索,也难以让全体学生完成适应信息时代所必备的计算思维的养成。因此,本次课程标准修订就是按照"数字土著"一代在信息社会中成长的需要,引导全体高中学生在数字化环境中理解人、信息技术与社会的关系,合理使用信息技术解决问题,担负起相应的社会责任,成为合格的信息社会公民。

问:与十年前相比,当前学生成长环境、学生个人需求以及国家对学生的发展期望都发生了变化。您能否介绍一下在这种情况下,高中信息技术课程标准修订的过程是怎样的?

任友群:本次课程标准修订是在教育部基础教育课程教材专家工作委员会的统一领导下,信息技术课程标准修订组全体成员共同努力下完成的。课程标准修订过程主要包括四个阶段:

第一阶段,是前期调研和国际比较。课程标准组成员对我国 24 个地区、84 所学校(抽样学校 71 所,参与学校 13 所)的信息技术课程实施情况进行调研,完成《普通高中技术课程标准(2003 实验稿)实施现状调研报告》(信息技术部分),梳理出课程实施过程中出现的"高中与初中内容重复率高,缺少合理衔接""必修模块的内容范围广、要求浅、课时过少"等问题。比较美国、英国、澳大利亚、日本、欧盟等国家和地区最新信息技术教育标准,借鉴国际信息技术教育的前沿成果,概述出当前国际信息技术教育关注的"计算思维教育""数字化学习与创新""信息安全与道德"等焦点内容。

第二阶段,是学科核心素养和大概念的界定。依据"中国学生发展核心素养",从"人与技术""人、技术与问题解决""人、技术与社会"等层面分析信息社会公民必备的信息素养,界定信息技术学科的核心素养要素:信息意识、计算思维、数字化学习与创新和信息社会责任。按照高中生认知特征建立信息技术学科核心素养指标体系。梳理信息技术课程体系的核心概念,按照信息技术课程特征和知识技能的逻辑体系明确高中信息技术课程的大概念:数据、算法、信息系统和信息社会。分析信息技术课程大概念之间的相互关系,确定核心内涵,形成一个比较稳定的信息技术课程概念体系。

第三阶段,是课程结构设计和标准成文。结合信息技术学科核心素养和学科大概念,按照《国家普通高中课程方案(修订稿)》,建立高中信息技术必修、选修Ⅰ和选修Ⅱ三类课程。信息技术必修课程是全体学生修习的课程,是普通高中学生发展的共同基础;选修Ⅰ课程是根据学生升学需要、个性化发展需要设计的,分为升学考试类课程和个性化发展类课程;选修Ⅱ课程体现了信息技术学科的前沿性、应用性,学生可根据个人发展需要进行选学。在此基础上确定每个模块的内容标准、教学提示和学业要求,完成学业质量标准和教学实施建议。

第四阶段,是学科核心素养测试与课程标准完善。按照学科核心素养测试实施要求,组建"高中信息技术学科核心素养水平测试命题与测试"团队。设计完成6套三个等级的测试问卷,在广东、浙江、安徽、陕西、四川等地的实验学校,通过"纸笔测试"和"网络测试"的方式进行学科核心素养的综合测试,分析测试数据,完成测试分析报告。其中,我们也通过座谈会和调研问卷的方式征求了高校专家、学科教研员、基层教师的意见,针对测试结果和调研反馈进一步完善学科核心素养和内容标准,确保课程标准"好用、管用"。

问:本次高中信息技术课程标准的修订特征和突破点是什么?

任友群:本次信息技术课程修订继承前期课程标准合理内核,针对当前信息社会发展的新特征,在学科核心素养、课程结构体系、项目学习方式、学业质量标准等方面进行突破与创新。

一是以学科核心素养统领信息技术课程标准。界定信息技术学科核心素养,建立核心素养分级体系,是本次课程标准修订的一个突破点。在信息技术课程标准修订过程中,将学科核心素养渗透到课程标准的各个组成部分中,用学科核心素养统领课程标准的建设。

二是通过多元课程模块加强课程的层次性、多样性和选择性。高中信息技术课程结构与内容体系紧扣"数据、算法、信息系统和信息社会"四个学科大概念,从学生学习的共同基础、升学需要,个人兴趣发展等方面出发,设计有必修、选修Ⅰ和选修Ⅱ三类课程。课程内容在保证每位学生信息素养发展的同时,使得课程模块逻辑关系具有一定的层次性。

三是渗透项目学习设计,凸显信息技术课程的实践应用特征。信息技术本身就是一项实践性强、应用广的技术工具,如何加强信息技术课程的实践性,怎样通过信息技术课程提高学生的动手实践能力,是本次课程标准修订考虑的一个重要问题。为了突出课程的实践性,首先在内容标准陈述上,强调学习的实践条件和实践内容。在课程标准的教学建议中,也强调要通过项目教学法开展教学,突出学生的实践活动,避免信息技术知识的机械接受。

四是通过学业质量标准,确保教、学、评的一致性。依据学科核心素养建立信息技术学业质量标准,以此规范学业水平合格性考试与等级性考试。信息技术学业质量标准设计有一级、二级、三级和四级水平,按照学科核心素养,对每级的学习结果进行详细描述,等级梯度按学习内容、认知程度逐级加深。同时,课程标准的修订也对高校选拔人才的等级性测试进行了探索,为高校选拔人才提供相适应的模块与内容,并给出实施建议。

问:课程标准的必修部分是普通高中生发展的共同基础,那么它是如何体现"基础性"的呢?

任友群:在课程标准修订过程中,借鉴国际中小学信息技术教育最新研究成果,综合学科核心素养与学科大概念,设计信息技术必修课程,确保共同基础的学习。

第一,依据高中生在信息社会的发展需要,精选符合学生终身发展必备的信息技术基础知识和技能,注重信息技术课程学习内容的有用性。例如,在必修模块1中设计有"在运用数字化工具的学习活动中,理解数据、信息与知识的相互关系,认识到数据对人们日常生活的影响",发展学生数字化学习能力。

第二,按照当代社会进步、科技发展和学科发展的前沿特征,紧密结合学生生活与实践,融入话合时代发展需要的信息技术。例如,在必修模块 2 中设计有"通过分析物联网应用实例,知道信息系统与外部世界的连接方式,了解常见的传感与控制机制",培养学生的数字化生存能力。

这里我特别要强调的是,修订后的课程标准既不是要让学生掌握复杂的信息技术知识,也不是要把学生培养成"信息技术专家",而是希望通过该课程的学习,学生能像"信息技术专家"那样去理解信息社会,能用信息技术学科思维去分析信息现象,提高利用信息技术解决问题的能力,善于利用信息技术进行学习与创新,担负起信息社会成员的责任,成为合格的信息社会公民。

问:课程改革关注学科间的联系与整合,注重课程内容与学生生活的结合。本次课程标准修订是如何把握课程"综合性"的呢?

任友群: 在修订过程中,也有专家提出了信息技术课程标准过于学科化、对课程综合性重视不够的质疑。事实上,课程标准修订组始终认为"综合性"是信息技术课程的突出要点,按照课程综合发展特征,课程标准在跨学科、学习经验和活动形式等方面落实课程综合的要求,把"做中学,学中做"的理念渗透其中。

首先,通过跨学科整合落实课程综合的要求。例如,必修模块 1 中的教学提示指出"借助数字化学习环境,引导学生体验数字化学习与创新活动,通过整合其他学科的学习任务,帮助学生学会运用数字化工具表达思想、建构知识"。

其次,通过结合社会生活的内容落实课程综合的要求。在课程标准必修模块的每一则内容标准中,都强调"在一定的情境和任务中学习"。此外,在教学建议中,强调要通过项目活动的方式进行相应内容的学习,把信息技术学习的基础知识和技能、基本工具与学生日常生活和学习结合起来。

问:数字化学习与创新是信息技术学科核心素养的一项要素,在课程标准中是如何体现学生"创新能力"的培养的呢?

任友群: 为发展学生的数字化创新能力,课程标准在学科核心素养、内容标准、教学建议等方面都突出强调学生创新能力发展的要求。

首先,学科核心素养明确提出"数字化学习与创新"的要素,是要求每一位高中生能"根据不同学科的特征,有效运用相应的数字化学习资源与工具,提高学习质量"。

其次,在内容标准中突出创新能力发展的学习要求。例如,必修模块 2 中要求"通过分析常见的信息系统,理解软件在信息系统中的作用,借助软件工具与平台开发网络应用软件"的学习要求。

再次,课程标准中专门设计有与创新相关的选修课程。例如,在选修模块 1 中设计有"三维设计与创意""移动应用设计""开源硬件项目设计"等创新课程。此外,教学建议中还突出强调信息技术实验室建设,倡导通过动手实践、实验操作的方式发展学生的创新能力。

根据信息技术课程实施需要,完善信息技术教学环境,建立配套的信息技术实验室,同样是信息技术课程实施过程中需要解决的问题。

问:当前,我国还没有国家层面的义务教育阶段信息技术课程标准,那么如何避免高中课程标准成为"空中楼阁"呢?

任友群:确实如您所言,当前我国义务教育阶段信息技术教育主要还是依据 2000 年发布的《中小学信息技术课程指导纲要(试行)》。显然,这个"纲要"已很难满足当前学生学习的需要。为了避免义务教育阶段和高中阶段信息技术教育的脱节,本次课程标准修订过程中,信息技术学科核心素养专门设计了"预备级"的素养达标要求,为指导学生学习高中信息技术做好准备。的确,由于缺少国家层面的义务教育阶段信息技术课程标准的指导,高中课程标准的实施会受到"学段衔接"的影响,这里我们也吁吁要尽快开展义务教育阶段课程标准的研制,实现高中和义务教育阶段信息技术课程标准的一体化建设。

问:您认为修订后的课程标准在实施过程中需要注意哪些问题?又有什么建议呢?

任友群:首先,课程标准的有效实施很重要的一个因素就是教师。本次课程标准修订继承了前期课程标准的实施成果,同时也融入了当代社会进步、科技发展和学科发展的前沿内容,紧密联系学生的生活与经验,按照时代发展的需要对信息技术课程进行了调整和更新。例如,针对创新人才的社会需要,课程内容设计了"开源硬件项目设计""移动应用设计"等学科综合性模块。新技能、新模块的融入对当前信息技术教师的教学能力提出了挑战,应加强信息技术教师的培训,提高教师对课程标准的理解力。

其次,本次高中信息技术课程标准修订也会影响到教育技术学本科专业的课程设置。修订后的课程标准对中小学信息技术教师的知识储备和专业技能提出了新要求,当前本科专业的课程内容已较难满足这样的要求。因此,这就需要引起专业教学指导委员会的重视,尽快调整教育技术学本科的专业课程设置,较好地服务于中小学信息技术教师的培养。

再次,修订后的课程标准强调了学生的动手实践能力和创新应用能力。例如,课程标准中提出"通过分析典型的信息系统,知道信息系统的组成与功能,理解计算机、移动终端在信息系统中的作用,描述计算机和移动终端的基本工作原理","通过分析物联网应用实例,知道信息系统与外部世界的连接方式,了解常见的传感与控制机制"等要求。从具体实施来看,这些内容标准的实现是需要在相关的实验环境中进行的,课程标准中的实施建议也提出了"设立能满足各模块教学需要的网络计算机室及信息技术专用实验室"。因此,根据信息技术课程实施需要,完善信息技术教学环境,建立配套的信息技术实验室,同样是信息技术课程实施过程中需要解决的问题。

非常感谢您能接受我们的访谈,也感谢课程标准修订组全体成员对课程标准研制与实施做的各项准备工作。相信在大家的共同努力下,修订后的课程标准一定能更好地推动信息技术课程的发展,全面提升学生的信息素养。

(本文刊载于《中国信息技术教育》2017 年第 12 期)

2016年我国信息技术教学应用发展评述

刘向永　李傲雪

（江南大学教育信息化研究中心）

2016年6月，教育部公布的教育信息化"十三五"规划中明确提出，"应用是信息技术与教学、管理的结合点，也是教育信息化的生命力"。科技的快速发展，移动互联时代的到来，改变了传统的学习生态，促使人们重新认识信息时代的学习本质，使得传统教育走向智慧学习。正如北京师范大学余胜泉教授所言，"'互联网＋教育'既可以实现传统教育所关注的规模，又可以实现优质教育所关注的个性化；既能够实现每个人都应该有的公平，又能够实现跟每个人能力相匹配的高质量的服务"。回顾2016年，我们发现信息技术在教学应用中正在走向深化，研究与实践都呈现红火的场景。综观2016年的发展，我们发现了下面几个关键变化。

一　从浅层学习到深度学习：技术支持下的教育追求变化

信息技术到底能够带来什么呢？是不是仍然是传统的课程目标和课程内容呢？人们在进行教育信息化实践时都试图去改变原来的教育追求。传统的简单记忆背诵已经不符合教育信息化发展的要求，教育信息化呼唤着学习内容与形式的全方位智慧化。教育要让学生适应和驾驭海量的信息与知识，课程作为教育活动的核心载体，必须要从"传授知识为主"向"培养学习与应用能力为主"转变。华东师范大学祝智庭教授呼唤着人们从"愚笨"教育走向"智慧"教育。

技术背景下教育追求正在发生改变，从浅层学习到追求深度学习正成为越来越多的教育信息化研究者和实践者的理想和现实追求。新媒体联盟及北京师范大学智慧学习研究院公布的《2016新媒体联盟中国基础教育技术展望：地平线项目区域报告》中，就将"转向深度学习方法"作为未来五年或更长时间内推进中国基础教育的技术应用的三个长期趋势之一。"追求深度学习"被列入《2014地平线报告》（基础教育版）的近期趋势之一。在课堂教学中开展深度学习已经成为一个新的关注点。深度学习指以创新方式向学生传递丰富的核心学习内容，并鼓励他们在生活和社会实践中应用所学知识与技能。

教育追求改变了,首当其冲的是学校课程的变化。从国家层面,面向核心素养培养的国家课程设计正在进行。我国学生发展核心素养,以科学性、时代性和民族性为基本原则,以培养"全面发展的人"为核心,分为文化基础、自主发展、社会参与三个方面。此外,我国很多中小学校也在进行校本课程改革。例如,南方科技大学附属小学以统整的思想、STEM＋的课程理念为统领,把数字技术作为学习的沟通媒介和支撑工具,让技术深度融入课程,凸显"人"和"课程"。该校的"语文统整项目课程"旨在突破语文学科教学的封闭状态,在阅读的基础上,用专题的形式将语文学习与社会实践、探究学习与社会对学校提出的各种要求进行统整,把语文与其他学科的学习统整起来,以支撑学生社会化的需要,提升学生的语文素养。

二 从被动接受到主动探究:技术支持下的教学范式转变

信息技术应用不单是课程目标的改变,也存在教学范式的转变,《教育信息化"十三五"规划》中提出:"依托教育信息化加快构建以学习者为中心的教学和学习方式。"将信息技术有效地融合于各学科的教学过程来营造一种信息化教学环境,实现一种既能发挥教师主导作用又能充分体现学生主体地位的,以"自主、探究、合作"为特征的教与学方式,从而把学生的主动性、积极性、创造性充分地发挥出来。在信息时代,教师传授的不仅仅是知识,更重要的是过程——让学生学会学习。很多情况下,知识会过时,甚至短短几个月内,新知识就会替代旧知识。所以,教师教学的重点在于让学生学会学习。

回顾 2016 年,我们能明显看到人们对教学范式转变的热情。以往单纯填鸭式的教学模式正在受到越来越多的批判和抛弃,而以翻转课堂为代表的新型教学范式正在全国各地快速普及和发展。

回顾 2016 年,虽然翻转课堂的热度有所减缓,但人们对翻转课堂的认识深度和实践广度正在发生。2016 的翻转课堂,依然可以用原苏州市电教馆馆长金陵关于 2015 年的回顾"实践扩展,研究深化,反对声亦来"来概括。2016 年,我们看到翻转课堂创始人乔纳森·伯格曼等频频来到中国,在全国各地进行翻转课堂经验宣讲,伯格曼与金陵馆长在上海进行了深度对话;全国各地开展了广泛的翻转课堂实践研讨与展示,无论是苏州市举办的翻转课堂现场会还是持续在昌乐一中举办的翻转课堂展示活动,动辄上千人的规模说明了实践者对翻转课堂的热情;广东的王奕标老师出版了《透视翻转课堂——互联网时代的智慧教育》个人专著;江南大学的刘向永博士等人针对一线教师出版了《翻转课堂实操指南》教学指导著作。翻转课堂作为一种成熟的教学范式,正在被越来越多的人认可,它不再是一场革命,而是作为教学范式转变的一种选择。

回顾 2016 年,除了翻转课堂,我们会发现从以往被动接受到主动探究的教学范式转变有了更多的选择。

回顾 2016 年,我们能明显看到人们对教学范式转变的热情,以往单纯填鸭式的教学模式正在受到越来越多的批判和抛弃。

项目式学习、游戏化学习等新型教学范式正在中小学日益普及。台南大学的林奇贤教授所组织的全球中小学校学习社群创新学习模式竞赛,推动了基于网络的项目式学习实践。林奇贤教授创办了教学数字化的虚拟学习平台——群学网,他倡导在传统校园之外,辅以虚拟学习及新学习空间的概念。在 2016 年,张家港市万红小学黄利锋老师设计的三个网络主题课程,获得全球中小学校学习社群创新学习模式竞赛奖励。

技术支持下的游戏化学习也正在深入中小学。中国教育技术协会教育游戏专业委员会在 2015 年成立,并于 2016 年 11 月 16~18 日在北京举行了 2016 年度学会会议。游戏化学习(或教育游戏)逐渐成为新的研究和实践热点。例如,Mine craft 是一个沉浸式的游戏学习环境,学习者可以是游戏者,也可以是学习环境的创建者。在游戏中,学生不仅可以多人协作、创造性地完成"真实"世界中的问题解决,还可以创造性地搭建电梯、迷宫、游乐场,就像Mine craft 广告中所说的"你可以创造任何东西"。但这恰恰不是传统的教室教学场景能够支持的,只有真正的"学习共同体"场景才能够支持。

三 从选拔甄别到个性诊断:技术支持下的教学评价深化

以往的教育评价主要建立在甄别选拔价值目标上。随着教育改革的深入,改变传统的教学评价成为最紧迫的事情。当前教育评价价值趋于多元,以互联网为代表的新一代信息技术发挥着重大作用,为教育评价带来了前所未有的可能,互联网使教育评价在评价依据、评价主体参与、评价内容、评价发挥的作用等多个方面实现了转变。

技术支持下的教学评价首先是评价内容发生了改变。有了技术支持,许多原来不能评价的内容逐渐进入评价体系,可以探索将综合素质评价作为中考和高考改革的突破口。例如,北京市在初中入学及中考中将逐步尝试采取多种方式,除了关注学生的学业素养,综合素质评价将"产生更大的作用"。2016 年年底,北京义务教育阶段学生综合素质评价电子平台将建立,经过授权,中小学生的个人成长记录和素质评价均可上网查阅。这意味着,今后中学在招生和教育中,都可借助该电子平台迅捷地了解学生综合素养的评价情况。

技术支持下的评价将成为学习的一个组成部分。正如教育部基础教育质量监测中心网络部主任张生副教授所言:"评价即学习,意味着评价本身就是一个学习过程,是未来学习的重要环节而不是辅助手段。"技术支持下的评价将使评价方式从总结性评价发展为过程性评价,更重视评价的诊断、激励与改进功能,更关注学生的个体差异,尊重每个学生的特点,促进学生个性化、全面发展。例如,以极课大数据、科大讯飞等公司为代表,教师不再是单凭经验进行教学,而是动态地对学生的评价数据进行分析。数据分析可以改变教师看待分数的方式,可以通过数据分析探查分数背后的能力与素养。从"经验主义"走向"数据主义",以数据为基础的评价,可以反映真实的学生情况,可以洞察纷繁表象背后的教学问题,可以摆脱经验主义的束缚,提供更为科学的指针和方向。

四 从盲目热衷到理性发展:信息化热背后的价值追问

2016 年是"十三五"规划的开局之年,我们看到了教师大干、快干的决心和热情,也看到了教师对教育信息化革命性影响的崇拜。2016 年,我们看到全国各地都在快速地推进智慧教育,作为智慧城市的一个有机组成部分,智慧教育获得了大量的经费,建设智慧云平台,推进信息技术教学应用、教师信息技术全员培训,都正在如火如荼地开展。国家和各高校都成立了教育信息化相关研究和开发机构。例如,北京师范大学有北京师范大学智慧学习研究院、北京师范大学未来教育高精尖创新中心;华中师范大学有数字化学习国家工程中心;国家还成立了教育大数据研究中心等等。各高校和研究机构先后发布了《新媒体联盟中国基础教育技术展望:地平线项目区域报告》等研究报告。2016 年,教育部积极推进了"一师一优课、一课一名师"的活动,这个活动直接影响到每位教师;中央电教馆还开拓性地组织了优课教研室活动。

但难以回避的问题是:信息技术的作用到底发生了吗? 信息技术是否促进了"学习"? 教育信息化的影响力应该如何才能全面地、客观地得以评价呢? 华东师范大学顾小清教授提出了"信息技术的作用发生了吗"这一问题并且就此展开了研究。北京师范大学博士生体奥·西堡提出:"信息化教育神话般的宣传旨在使教育体制由一个对企业而言赚钱机会很少的行业成长为可使资金成倍增长并流入企业的一个市场。"这些都使得我们需要重新审视教育信息化的价值和作用是什么。我们也欣喜地看到了信息化热背后已经涌现出有深度的思考。批判和思考不是为了否定教育信息化价值,而是需要更加审慎地发展教育信息化,让有限的经费和精力投入到有价值和有意义的事物发展中。

回眸 2016,在"十三五"规划开局之年,我们欣喜地看到了信息技术教育有了更深、更好的发展;回眸 2016,我们停下脚步,静下心来再问前途;回眸 2016,不是回头,只是为了更坚定地向前。2017,我们必将走得更稳、更好!

(本文刊载于《中国信息技术教育》2016 年第 23 期)

自带设备(BYOD):撬动应用常态化的"杠杆"

刘向永 谭秀霞 时 慧

（江南大学教育信息化研究中心）

摘 要：本文通过论证阐明，自带设备是撬动信息技术应用常态化的"杠杆"，会引发无处不在的泛在学习，有助于实现"人人皆学、处处能学、时时可学"的学习型社会愿景。这是由于采用自带设备后，一是能够破解"智慧教室"模式的弊端；二是可以重构学习环境，搭建无处不在的学习场；三是有助于促进教学转变，使得翻转课堂等新型教学模式得以真正实施；四是因应数字原住民需要，有利于培养合格数字公民。

关键词：自带设备；常态化；杠杆

人类社会已进入移动时代。移动设备价格越来越低，体积越来越小，这使得学生自己携带设备进入学校开展学习活动成为可能。自带设备（Bring Your Own Device，以下简称BYOD）就是指，学生携带着个人拥有的移动设备（笔记本电脑、平板电脑、智能手机等）进入学校，并使用这些设备访问学校相关平台的信息、应用程序和服务等。通过BYOD，学生可以在家里、学校、社区随时随地使用信息技术开展学习，教学能够贯穿课前、课中、课后全过程。BYOD使得信息技术设备如同纸、笔一样成为学生日常学习的工具，也因此被上海师范大学黎加厚教授称为教育信息化的第一入口。通过BYOD，一对一数字化学习的趋势在全球开始蔓延。事实证明，BYOD是撬动信息技术应用常态化的"杠杆"，会引发无处不在的泛在学习，有助于实现"人人皆学、处处能学、时时可学"的学习型社会愿景。

一 走出应用困境：破解"智慧教室"模式弊端

最近几年，我国教育信息化进程不断加速，涌现了智慧课堂、移动学习等大量新的理念，电子书包、大数据、虚拟现实（VR）等新产品和新技术层出不穷。每当出现新产品、新技术时，人们都期待着它们改变甚至重构教育。但当走进中小学校、走进真实的课堂时，我们却发现，这些新产品、新技术的实际应用并未达到人们曾经的预期。2010年前后，全国众多学校一窝蜂地配备上了平板电脑，把平板电脑作为数字化教学的一个主要载体。然而多年过去了,很多移动终端设备和平台只是沦为"智慧教室"里的摆设而已。导致这种结果的原因何在呢?

我们曾以长三角地区为例,对该地区 470 位学生和 53 位教师应用平板电脑的状况进行过问卷调查。通过调查我们发现,更多学校采取的是"智慧教室"模式,将平板电脑放在所谓的"智慧教室"内,只在公开课或示范课时象征性地展示一下,一学期至多一次公开课中使用而已,难以让移动终端设备成为学生日常学习的工具。我们也发现,还有 15.1% 的教师以及 16.8% 的学生表示,一学期开展电子书包教学在 16 节以上。经访谈,我们得知这些师生应用频率较高的原因是学校采取了 BYOD 模式。可见,BYOD 能够很好地促进平板电脑在日常教与学活动中的常态化应用,因为它不仅解决了设备的配备问题,还给予学生使用设备的自主权利。因此,走出当前平板电脑应用的现实困境,破解原来的"智慧教室"模式弊端,就要允许学生自带设备,开展数字化学习。

以往,为了推动信息技术应用常态化,我们更多采取的是行政推动和专业培训等方式,但见效较慢,教师对技术的抵触情绪较大。上海市嘉定实验小学原校长花洁提出,可否转换一下视角,即从环境入手,先让学生自带设备,学生学习改变之后再带动教师的教学改变。华南师范大学焦建利教授认为:"只把移动终端局限于教室里和课堂上的'电子书包'项目,不可能是好的'电子书包'项目,应该允许孩子将其带出教室,甚至带回家,使得学习能随时随地发生。"

二 重构学习环境:搭建无处不在的学习场

BYOD 为学生搭建起无处不在的学习场,让学习随时随地可以发生。面向未来的学习一定会突破教室的限制,突破学校的壁垒,会改变人类的学习方式以及对学习价值的认识。数字化技术将有助于学生创造和合作,为学生的学习带来新工具和新机会,会提供更具个性、参与性、体验性与合作性的学习环境。全世界都在努力打造无处不在的学习场,如美国教育部于 2016 年发布的名为"为未来而准备的学习—— 重塑技术在教育中的作用"的国家教育技术计划(NETP 2016)提出:"确保师生有宽带能接入互联网,且有足够的无线连接,校外也应拥有和校内一样的网络访问设施。无论校内、校外,都要确保每个学生和教师至少有一个能够使用的上网设备,且有相应的软件和资源,能够开展研究、沟通交流、创建多媒体内容及合作等活动。"而 BYOD 让学习者拥有了随时能够使用的上网设备,是搭建无处不在学习场的基础条件。

首先,BYOD 使得学习贯穿课堂内外、家校之间。卡内罗强调,"学校已经不再是唯一重要的学习场所。工作场所、家庭、社区等都是能够提供灵活学习的地方"。有了 BYOD 以后,学生既可以在校内进行学习,也可以在校外的场所进行学习;既可以在课堂上进行互动交流,也可以在课堂外进行体验式学习。BYOD 让每个学生随时随地携带移动设备,使得泛在学习不再是空中楼阁,而是成为常态化的学习形式。其次,BYOD无缝连接正式学习和非正式学习。如果学生在放学后使用的设备与学校使用的设备是相同的,那么学生就可以随时随地地从个人使用切换到学习使用。自带设备还可以借助一个统一的网络云平台,为学生在校内外的学习和创造提供服务。学生个人拥有设备比学校配备一对一数字化学习设备更加能够发挥其价值,因为后者不能很好地桥接正式和非正式学习。

随着学习走出教室,进入家庭和社会,学习在不同的环境下发生,使学习者能够学会在新的情境中迁移和应用知识。通过自带设备,学生可以便利地使用设备,并增加了在校内外通过探究进行学习的机会,也使得教师有了更多创新教学方法的机会。

三 促进教学转变:翻转课堂等新型模式得以实现

信息技术改变了学校传统教与学的模式,让学习能跨越学校的藩篱,在全球化、数字化的教育环境中开展。移动技术让个性化学习成为可能。教师将会设计充满挑战的学习活动,学生可以随时随地按照自己适宜的节奏,选择工具进行学习。教师的角色从学科专家转变为向导和辅导者。但由于受工具和环境的限制,许多教学活动和教学模式仍然停留在实验阶段,或停留在理想状态,难以真正走入中小学教学实际。借由BYOD提供的无所不在的学习环境,各种新型教学模式将得以真正实施。

例如,对于翻转课堂这种新型教学模式,人们虽然普遍认识到了其价值,但由于受各种因素影响,其效力并没有真正发挥出来。比如,很多学生缺乏在家使用移动终端的机会,自然难以在家自学微视频。翻转课堂只能从家校翻转窄化为校内翻转,甚至是课内翻转。而允许学生自带设备以后,学生就可以轻松地在家自学微视频了。可见,自带设备为我们提供了一种可能,使得翻转课堂能够真正发生。

当各方面的条件逐步成熟,应用真正渗透到教育教学中,形成与之相适应的教育文化时,翻转课堂等新型教学模式才可能真正成为推动教学改革的一剂良方。BYOD将变成学生用于分享、交流和探索信息的理想学习工具,可以促进学生之间的协作和小组合作。BYOD将增加学生以下方面的学习机会:① 进行探究学习;② 有效地与同伴、专家和教师沟通;③ 个性化学习;④ 通过他们自己选择的媒体学习;⑤ 使用媒体在网络上表达自己的想法;⑥ 探索真实世界的问题;⑦ 通过协作方式探索和建构思想、意见、观点等。因此,教师应该主动迎接数字化时代的挑战,更应该教会学生自主学习,培养他们的自觉、自制和自立,以适应未来的数字化社会。

四 因应"数字原住民"需求:培养合格数字公民

在全世界很多国家和地区,大多数中学生拥有自己的手机,甚至有许多学生已经拥有了自己专属的平板电脑和笔记本电脑。目前,我国的大多数家庭都已安装了宽带网络。免费的无线网络更是在很多城镇和城市中都可以轻松获得和使用,越来越多的农村地区也可以使用无线网络。因此,对大多数学生来说,他们已经自然地将信息技术产品视为生活的必需品,已经习惯了使用电子地图导航,习惯了网上购物,他们是在信息时代出生的"数字原住民",他们可能根本无法想象没有移动终端和互联网的生活。

如同使用传统的纸、笔一样,数字原住民也会习惯于用电子设备(笔记本电脑、平板电脑、智能手机等)进行学习。现在,学生们可以随意获取数字内容、资源、数据库,可以与教师和同学沟通交流。通过有效地运用BYOD,学校不仅有机会促进学生的学习,还可以发展学生的数字化素养。学生生活在高科技的世界里,需要具备面向高科技社会的知识与技能、公民素养等。当前,人们对待学生使用移动终端设备的方式就是一禁了之,出现了"学校水泡手机""母亲拿钳子夹断手机"等极端现象。但这些并不可能改变学生一直会使用手机的现实,围绕着滥用移动终端的弊端和风险一直存在和干扰着学生。当我们不允许学生BYOD到学校时,其实是在拒绝外面世界的真实状况和变化。

我们应该将学校看成学生会负责任地使用移动设备的场所,不能剥夺学生利用他们自己选择的工具进行学习的自由与权利。学生使用自己的而不是学校的设备进行学习,将会有更加舒适和个性化的体验。由于有自己熟悉的软件,学生能更快地完成任务和更好地控制自己的学习,因为他们可以集中精力关注学习活动本身,而不是过多地关注技术操作。每所学校、每个校长、每个教师和每个家长都有责任采取措施保证学生能够使用技术进行学习。学校应找准自己的定位,不仅要充分利用这一资源,而且应教给学生如何使用他们所拥有的强大工具。"数字原住民"们期待着能够使用技术进行学习,BYOD将使学生的这一呼声得以满足,并且在BYOD学习过程中,学生会逐渐被培养成为数字公民,以积极、安全、合法、合乎道德的方式使用技术和网络设备。

结语

BYOD策略不可避免地会让家长来承担设备的费用,容易引发社会对不公平问题的关注,但学校和教师要勇敢面对数字化时代学生的呼声,而不是逃避或粗暴地拒绝。香港教育大学江绍祥教授说:"自带设备只是'一对一'的一个起步,我们希望让这个设备最终变成一种'个人生活学习中心',让学生拥有属于自己的作品集、自己的信息化学习历程,也让学生可以随时展示多年的学习成果,而这个成果不仅仅是一个数字或英文字母代表的分数,还可以是学习过程中完成的一个作品或一篇文章。"成功的技术融合不会在一夜之间发生,知道如何使用某种移动设备,并不一定意味着能够有效地运用移动设备来教学。我们要学会结合移动技术工具来开发、设计与创造真实且多样化的学习情境,善于激发学生的学习热情,使每一位学生都能参与到课堂活动中,最终推动教学向前改变。

参考文献

[1] 刘向永,王萍.义务教育学校电子书包应用状况调查研究——以长三角地区为例[J].电化教育研究,2017(4):98-102.

[2] 花洁.信息时代教师打开自我的新方式[J].中小学信息技术教育,2016(8):45-47.

[3] 焦建利.关于电子书包项目的20句大实话[DB/OL].[2017-11-12].http://www.jiaojianli.com/3460.html.

[4] 王萍.为未来而准备的学习——美国2016教育技术计划内容及启示[J].中小学信息技术教育,2016(2):87-89.

[5] 辛西娅·露娜·斯科特,马斯婕,盛群力.21世纪为什么要改变学习内容和方法?[J].数字教育,2017(1):85-92.

[6] 江绍祥.BYOD进课堂的实施策略及香港经验——香港教育大学江绍祥教授专访[J].中国信息技术教育,2016(17):5-10.

(本文刊载于《中小学数字化教学》2018年第1期)

中小学 BYOD 实施国际进展述评

王　萍　刘向永

（江南大学教育信息化研究中心）

随着技术与经济的快速发展，我国学生也进入了"数字原住民"阶段，每个家庭甚至每位学生拥有一台移动设备成为可能。近年来，上海嘉定、江苏无锡等华东地区的学校已率先尝试 BYOD，但作为教育改革的趋势，BYOD 实践仍相对落后。而在国际上，欧盟、澳大利亚、加拿大、美国等多个国家的 BYOD 普及率较高，多年的实践形成了一系列丰富而宝贵的经验。因此，本文将分析国际已有的 BYOD 实施策略，为 BYOD 在我国的开展提出思路与建议。

BYOD 的扩大应用是西欧促进移动学习的重要催化剂之一。截至 2015 年 7 月，"平均有 75％的欧洲学校制定了 BYOD 策略——允许师生在学校里使用自己的便携式设备"。

欧盟

早在 2013 年，针对西欧移动学习市场的一项调查研究表明，BYOD 的扩大应用是西欧促进移动学习的重要催化剂之一。在欧洲推进移动学习的过程中，为实现一对一的数字化设备比率（1∶1 computer），学校一直承担着购置移动设备的主要责任。资金投入大这一弊端也随即而来。尤其随着技术的迅猛发展，设备更新换代的速度更是让学校的资金陷入困境。为缓解学校资金压力，同时对移动设备高拥有率、网络高覆盖率的认识，使得教育部门对 BYOD 的关注不断提升。

欧盟学校网最新发布的调查显示，截至 2015 年 7 月，"平均有 75％的欧洲学校制定了 BYOD 策略——允许师生在学校里使用自己的便携式设备"。BYOD 在欧洲的普遍性可见一斑。同年 10 月，为进一步推进 BYOD 的有效应用，欧洲学校网紧接着发布了《设计未来教室之自带设备——给学校领导的指南》（BYOD：a guide for school leaders）。该指南提炼了 BYOD 实施要点及开展计划，同时配以具体案例，为国家决策者、各地区教育部门、学校校长及学校教师开展 BYOD 提供了参考建议。指南中明确指出，实施 BYOD 的关键要点在于：① 提供高质量的宽带、无线网络和服务；② 关注对基础设施更新和维护的资金投入；③ 重视教师培训、教师专业发展,并给予教师教学和技术上的支持;④ 学校需要有精力、有远见的校领导去推动并实现 BYOD 策略目标;⑤ 需关注 BYOD 引起的公平问题;⑥ 明确不同学校对 BYOD 的概念理解和应用方法不尽相同;⑦ 提供了 BYOD 实施的三种可借鉴模式。其最终目的旨在利用 BYOD 促进欧洲学校教学方式的变革,提高学生参与度和学习成就。

克洛斯特新堡中学是奥地利下奥地利州最大的一所中学,拥有 1200 名学生和 130 名教师。该校所在的地区靠近维也纳,属于最富有的城市之一,因此克洛斯特新堡中学的大部分学生都会将智能手机带到学校。这也是该校实施 BYOD 的驱动力之一。

自带设备策略不可避免地让家长承担起设备的费用,容易引发社会对不平等问题的关注。针对这一点,克洛斯特新堡中学颇有经验,普及的过程由局部不断扩散,一定程度上确保不同社会和经济背景的学生获得类似的技术设备。最初几年,学校为高二年级设立局部的智慧教室,并要求家长购买学校所指定的笔记本,学生才能成为智慧教室的学生。同时,考虑到每个家庭经济情况不一,学校通过跟企业协商谈判的方式,为家长争取到最低的购置价格。当然,学校或政府也会购置一部分设备以备不时之需。然而近期,学校则逐渐开放,允许学生携带已有的移动设备至学校使用,希望能进一步缓解部分家庭支付能力不足的问题。但对于自带的设备,学校仍有最低限制,如能与学校的基础设施相连接等。因此,在设备带入学校之前,家长需咨询教师以确保设备的适用性。

在 BYOD 实施过程中,家长对设备的支持是重要环节。学校虽减少了设备资金的投入,但仍需要承担挑选优质设备、减轻学生家庭经济压力的责任。克洛斯特新堡中学的做法对获得社会及家长对 BYOD 支持具有借鉴意义。

2012 年,全加拿大的学校都制定并实施了 BYOD 策略。其中阿尔伯塔省的 BYOD 实践最为瞩目,其教育部门于 2012 年出版了 Bring Your Own Device:a guide for schools 的指导文件。该指导文件也成为欧盟、澳大利亚等国家制定 BYOD 实施文件的重要参考。

加拿大

加拿大是较早实施 BYOD 的国家,如今的学生生活在网络世界里已是不争的事实,学生拥有移动设备并流畅地使用也已不足为奇。据调查,在 2012 年,全加拿大的学校都制定并实施了 BYOD 策略。根据当地情况,每个地区所实施的 BYOD 计划都不相同。

其中阿尔伯塔省的 BYOD 实践最受瞩目,其教育部门于 2012 年出版了 Bring Your Own Device:a guide for schools 的指导文件,从政策、实践和计划三个层面为学校开展 BYOD 提供指导。该指导文件也成为欧盟、澳大利亚等国家制定 BYOD 实施文件的重要参考。文件提出校方开展 BYOD 时应考虑四大关键因素:① 个人设备的合理使用;② 实现获取的公平性;③ 提供宽带网络;④ 学校及相关部门对 BYOD 的准备程度。

狩猎山高中是阿尔伯塔最好的高中之一,位于红鹿公立学区。BYOD 实施后,"如何让学生合理地利用设备学习,而非分散学习注意力"的问题随之而来。不少 BYOD 实施的先驱学校实践表明,"学生使用设备的合理程度决定了学校实施 BYOD 的成功程度",并再一次强调了对学生设备使用进行制约管理的重要性。而面对如何制定有效的管理政策这一难题,狩猎山高中则给出了很好的实践范例。最初,该校的使用规范中禁止手机在教学中的一切使用,且管理人员对此实行"零容忍"标准。该政策引起了学生、家长及教师的极大争议,甚至产生冲突。为此,学校结合数字公民守则,对原有的手机使用规范进行了修订。以"电子设备可以在教师许可下进入教学领域,不当使用可能会丧失这一特权"这类温和话语替换原来的禁止。学校用"可以做什么"以及"做什么需要承担什么样的责任"来代替原有的"禁止做什么",一方面通过提供引导帮助学生理解并重视利用设备学习的机会,另一方面明确了学生的自身行为责任。经实践、修改后的政策不仅让学生使用手机变得合理化,而且培养了学生使用设备的积极态度,冲突问题也因此有了显著减少。

澳大利亚联邦政府希望在 2012 年前实现 9～12 年级的学生人手一台电脑的配置。"澳大利亚的学生乐于使用自己所熟悉的设备进行学习"是学校推进 BYOD 模式的一大重要驱动力。

澳大利亚

澳大利亚联邦政府于 2008 年启动了数字化教育改革项目(DER),希望在 2012 年前,实现 9～12 年级的学生人手一台电脑的配置。然而,至 2012 年初,就新南威尔士州而言,人机 1∶1 的配置仅在 9 年级勉强实现。虽然 1∶1 的数字化学习在教师教学方式、学生学习等方面的成效有目共睹,但面对资金缺乏的现实,DER 项目始终推进缓慢,这使得澳大利亚政府把目光投向了自带设备。除此之外,他们在 DER 项目的实施进程中发现"澳大利亚的学生乐于使用自己所熟悉的设备进行学习"。这也是学校推进 BYOD 模式的一大重要驱动力。

由此,新南威尔士的教育部门在综合回顾了全球范围内 BYOD 的教育实践后,立即发布了 BYOD 实施指导意见,包括 Student Bring Your Own Device (BYOD) Policy 和 Student Bring Your Own Device (BYOD) Implementation Guidelines。指导文件主要从学校政策规定、设备要求、BYOD 协议书等方面展开,亟待加速澳大利亚的 BYOD 开展,以实现学生深度学习、个性化学习的最终目标。从上述指导文件中也不难发现,澳大利亚针对 BYOD 的讨论往往基于管理和支持的角度。这也使得澳大利亚对学生自带设备的管理实践异常严谨。

雷马尔东公立学校就是新南威尔士州众多学校中的一个典型实例。雷马尔东公立学校对 BYOD 有着严格的管理,为学生制定了明确的设备管理守则,内容包括 BYOD 设备需求、学生操作规范及责任。例如,设备类型明确限定为 iPad,且还针对这个设备选择给出了详细的原因陈述;关于设备的安全保护问题,政策还明确列出,在课间休息和午餐时间,由学生全权负责设备的安全。不仅如此,学校还对学生的父母及监护人制定了相应的须知守则,需要协助学生承担设备照管和维护的责任,包括确保操作系统及软件的合法性、预防设备遗失或感染病毒、负责电池寿命管理等。除此之外,家长还需承担学生在家或社区中的监督和管理。同时,雷马尔东公立学校在设备管理流程上也格外谨慎,要求所有参加 BYOD 的学生及其监护人必须签署相关的职责协议,以提高家长对学生使用自带设备的责任意识。

澳大利亚的 BYOD 管理中强调家长职责,提醒着我们教育是社会共同的责任。教育活动往往受到社会多方利益人员的关注,包括家长、学生、教师、校长、学校管理人员、政府、企业人员、社区人员等。而这其中,家长是学生在校园之外的重要他人,自带设备的移动性和广泛性使得学生的使用行为不再局限于学校,对学生使用的监督和引导也需泛化。因而,学校需要重视家长角色,为提高家长教育意识、增强管理能力做出努力。

在 2011 年,美国中小学就已有成功实施 BYOD 的案例,美国移动学习专家 Norris 和 Soloway 预测"随着复杂而精致的移动技术越来越易于获得,BYOD 很可能成为移动学习项目的核心部分"。

美国

美国许多地区早期就已经实施了一对一数字化教学项目,因学校设备购买能力不足,BYOD 的尝试实践逐渐增多。在 2011 年,美国中小学就已有成功实施 BYOD 的案例,美国移动学习专家 Norris 和 Soloway 预测,"随着复杂而精致的移动技术越来越易于获得,BYOD 很可能成为移动学习项目的核心部分"。的确,随着移动技术在日常生活和工作中逐渐普遍,将技术融于教育之中是不可避免的。一味地限制会让学生产生囚犯般被监视的感受,相反,技术的应用能够让学生更加积极地投入学习。因此,Nielsen 提出,推进 BYOD 应建立起信任的学习环境,并给予学生利用自带设备进行学习的自由。

在美国,存在两股推进 BYOD 应用的力量,一股来自企业。例如,微软公司于 2010 年发布了 Bring Your Own Device To School 的文件,为学校合理选择 BYOD 实施模型,以及实施程序给予了建议;而为进一步推进 BYOD 的应用,并解决开展过程中的疑难问题,三星公司、Meru 网络公司联合数字化教育战略项目的副总裁 John Halpin 及学者 Lorna Collier,共同推出了 Bunding on the"Bring Your Own Device"(BYOD) Revolution 指导手册。手册中就如何开展 BYOD 给出了十大值得考虑的问题,包括教育目标、执行计划清单、基础建设计划、顺应政策、安全认证、管理选择、设备要求、教师专业发展、家长鼓励政策、接受基金和公平性挑战,这为学校启动 BYOD 提供了正确的方向指引。另一股力量来自各学区学校的指导实践。例如,汉诺威公立学区致力于为学生营造 21 世纪的学习环境,期望培养学生成为信息的生产者,同时希望学生学会自主学习和团队协作学习。在 BYOD 实施情境下,汉诺威公立学区十分重视对教师的培训,以提高教师利用技术的教学能力。学区设立了"技术星期二"探讨会,即每周二开展一次会议。教师和管理人员将在会议上展开对话,共同探讨学生自带设备融入教学的方法。

此外,技术更新换代的迅速导致免费可用资源不断脱节,企业公司也难以为教育工作者时刻提供足够的资源和培训。为了解决这一问题,汉诺威公立学区建立了基于 Web 2.0 的 Wiki学习网站。教师和管理人员可以访问 HPSD Edtech 资源网站(http://edtech. hanoverpublic. org/),以实时了解技术公司所提供的最新可用的解决方案。同时,该网站也是一个学习网站,部分关于 BYOD 教学的技巧、教学建议、成功案例的文章均可在网站共享浏览。

在学校教育中,教师是引导学生学习的灵魂人物。学校建立教师专业发展计划以加强教师利用技术设计教学的能力是 BYOD 实施的重要环节。美国的经验为我国设计教师持续性的专业发展计划提供了思路。

参考文献

[1] The European Schoolnet's Interactive Classroom Working Group (2015). BYOD Bring Your Own Device-A guide for school leaders[DB/OL]. [2016-08-13]. http://fcl. eun. org/documents/10180/624810/BYOD+report_Oct2015_final. pdf

[2] Sam S. Adkins(2013). Ambient Insight Regional Report:The 2012-2017 Western Europe Mobile Learning Market[DB/OL]. [2016-08-13]. http://www . ambientinsight. com/Resources/Documents/Ambientln sight-2012-2017-Western-Europe-Mobile-Learning-Market-Abstract . pdf

[3] European Schoolnet(2015). The School IT Administrator[DB/OL]. [2016-08-13]. http ://www. eun . org/c/document_library/get_file? uuid=2e2dcbda—f332—4a13—90e8—58098ac8d059&group ld=43887

[4] NSW Department of Education and communities (2013). Bring Your Own Device (BYOD) in Schools 2013 Literature Review[DB/OL]. [2016-08-13]. https ://www . det . nsw. edu . au/policies/technology/computers/mobile—device/BYOD_2013_Literature_Review . pdf

[5] Sweeney, J (2012). BYOD in Education A report for Australia and New Zealand:Nine Conversations for Successful BYOD Decision Making[DB/OL]. [2016 08-13]. http: //1 to l sustainmentdeecd . global . vic . edu . au/files/2013/07/BYOD_DELL—2dtch9k . pdf

[6] Cathleen A. Norris(2011). Learning and Schooling in the Age of Mobilism[DB/OL]. [2016-08-13]. http://cecs 5580. pbworks. com/w/file/fetch/50304204/Soloway% 20Ed% 20Tech — Learning% 20and%20Schooling%20in%20the%20Age%20of%20Mobilism. pdf

[7] Lisa Nielsen(2012). Why BYOD,Not Banning Cell Phones. Is the Answer[DB/OL]. [2016-08-13]. https://the journal. com/articles/2012/05/09/why-byod-not-banning-cell-phones-is-the-answer. aspx

[8] 美国 Hanover 学区[DB/OL]. [2016—08—13]. http://byod. hanoverpublic. org/horne.

(本文刊载于《中国信息技术教育》2016 年第 17 期)

义务教育学校电子书包应用状况调查研究

——以长三角地区为例

刘向永　王　萍

（江南大学教育信息化研究中心）

摘　要: 电子书包已成为当前信息技术与教育深度融合的一大着力点。为了了解义务教育学校电子书包应用状况,笔者以长三角地区为例,通过问卷调查法与访谈法,对470位学生和53位教师进行了电子书包应用状况的调查研究。调查数据显示,学校应用电子书包存在教学应用频率普遍不高,软件功能应用深度不足,教师和学生对电子书包功能应用情况具有一定差异,应用缺乏完善的配套体系等问题。对此,建议以系统观点推进电子书包应用建设,自带设备(BYOD)引领常态化应用,连通家校构筑泛在学习生态,创新推广的区域应用推进策略。

关键词: 电子书包;长三角;应用状况;义务教育

一 问题提出

近年来在长三角地区,电子书包实践项目方兴未艾。然而,在实践探索过程中,电子书包的教学应用却面临着众多问题与挑战。周榕提到,在电子书包课堂教学中出现了典型的教学异化现象,主要表现为"为用而用"的"表演式"教学以及"内容搬家"的"灌输式"教学。此外,社会上对电子书包质疑声也不曾间断。本研究着重从长期目标的实现角度进行调查,了解长三角地区义务教育学校电子书包应用者自身对电子书包应用状况的评价,探索阻碍电子书包应用的影响因素,透过深度分析来厘清现象与本质,引导更好地应用电子书包以促进信息技术与教学深度融合。

二 文献综述

电子书包从提出到现在,引起了社会各界的重视,产生了许多电子书包教学应用理论与实践研究成果。如李青基于新闻案例分析,提出电子书包应用存在不少问题,包括认知偏差、资源缺乏、应用模式粗糙且缺乏创新、设备不足、认可度不高等。基于区域进行电子书包应用状况研究,如上海闵行区、南京市等区域的电子书包推进策略研究等,主要是研究区域电子书包应用推进策略。童慧等人则对电子书包的应用效果进行了系统研究,指出目前国内对电子书包应用效果的评价分为电子书包系统本身和应用后产生实际效果两大视角。但是,国内很多有关电子书包的研究仍然停留在设计和干预层面。教师和学生作为电子书包的直接使用者,其使用行为将直接影响电子书包的应用效果。因此,本研究选择教师和学生两个视角切入,以长三角地区为例,调查义务教育学校使用者应用电子书包的现状及其效果,从实践中总结优化策略,从而指导电子书包的使用与普及。

三　研究设计

本研究以长三角地区为例,抽样选取了上海(2 所)、无锡(2 所)、南京(4 所)、常州(2 所)、苏州(1 所)、杭州(1 所)等地区共 12 所义务教育阶段电子书包应用学校,向电子书包应用者——教师、学生发放了调查问卷,并开展了访谈。

(一) 研究对象

本研究在每个样本学校随机抽取一个参与过电子书包教学的班级学生作为学生样本,同时抽取每所样本学校中使用过电子书包教学的教师作为教师样本。本研究学生问卷共发放 508 份,有效问卷 470 份,有效率为 92.5%。其中,男生 227 人,占比 48.3%,女生 243 人,占比 51.7%,学生 265 人,占比 56.4%,初中生 205 人,占比 43.6%。教师问卷共发放 53 份,有效问卷 53 份,有效率为 100%。其中,男教师 17 人,占比 32.1%,女教师 36 人,占比 67.9%;小学教师 34 人,占比 64.2%,初中教师 19 人,占比 35.8%。学历方面,学历为大专及以下的教师 0 人;学历为本科的教师 46 人,占比 86.8%;学历为研究生的教师 7 人,占比 13.2%。

(二) 研究工具

研究工具旨在调查电子书包应用现状,主要包括客观状况和主观评价两个方面,以及个人基本特征和其他外部变量部分。根据技术接受模型,我们设计了电子书包应用状况理论框架,各个部分之间的关系如图 1 所示。

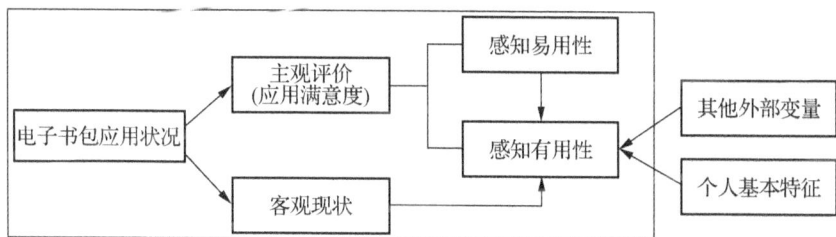

图 1　电子书包应用状况研究理论框架

个人基本特征包括学生和教师两种类型的基本特征。学生个人基本特征主要包括学段、性别、年龄、信息技术能力自我评价等；教师个人基本特征主要包括教授学段、学历、教龄、教授学科、使用电子书包教学经验等。客观状况主要指使用者使用电子书包的实际情况，包括使用频率、使用时间、软件资源使用情况、家长赞成态度、教师教学设计及准备等。主观评价采用了科技接受模型(TAM)提出的"感知有用性"和"感知易用性"两大关键因素。"感知易用性"主要指使用电子书包的操作方式难易程度、流畅性、呈现的舒适度等使用效果。"感知有用性"主要考虑应用效果满意度。其他外部变量则是为了探究可能影响电子书包应用效果的其他因素。

基于以上理论框架，本研究形成了自编研究工具《中小学电子书包应用效果调查问卷》，分为学生问卷和教师问卷。问卷的发放和回收方式有两类，一类为研究者实地到样本学校发放并当场回收，另一类为研究者借助邮寄方式请样本学校相关人员协助发放并回收。本研究还针对教师和学生进行了半开放式的面对面访谈。

四 结果分析与讨论

(一) 电子书包教学的应用现状分析

1. 学校应用电子书包教学的频率普遍不高

调查数据发现，学生和教师使用电子书包频率最常见的为一学期1~4节，具体情况如图2所示。访谈中个别教师提到学校的电子书包往往用于公开课展示，一学期至多一次公开课使用而已。可见，学校电子书包应用频率普遍不高，并未实现常态化发展。值得注意的是，15.1%的教师以及16.8%的学生表示一学期开展电子书包教学在16节以上，经观察发现了该数据主要集中于南京、无锡两个城市的中小学校。应用频率较高的学校是由于学校采取了自带设备(BYOD)模式，实现了电子书包的常态化应用。

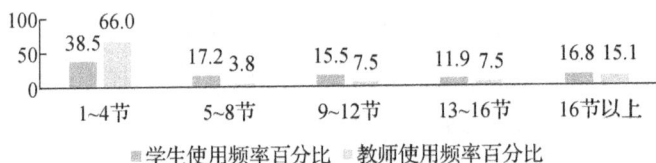

图 2 师生使用电子书包的频率统计

2. 电子书包软件功能应用情况

图3是电子书包软件功能使用情况，具有以下两个特点：① 电子书包软件功能应用种类多，但应用深度不足。其中，知识内容呈现/获取、在线交流讨论、在线测试、作业布置/提交这四个功能应用最普遍，师生使用人教百分比均超过50%。采用在线形式完成作业和测试，一方面实现了作品形式多样化，另一方面获取了学生学习记录，以实现个性化教学。相较于测试及作业的使用程度，与之相匹配的学习情况记录及成绩统计功能使用较少。② 教

师和学生对电子书包功能应用情况具有一定差异。差异一,学生查看消息通知的比率较高,达51.3%,而教师使用发布消息通知功能的比率仅占15.1%;差异二,教师使用记录统计功能比率高于学生,而学生利用电子书包进行娱乐活动的比率则明显高于教师,可见学生自我控制、自我管理意识均亟待加强;差异三,相对于教师,学生对学习帮扶软件(教育 APP)使用比率较高,仅次于知识呈现和作业提交。

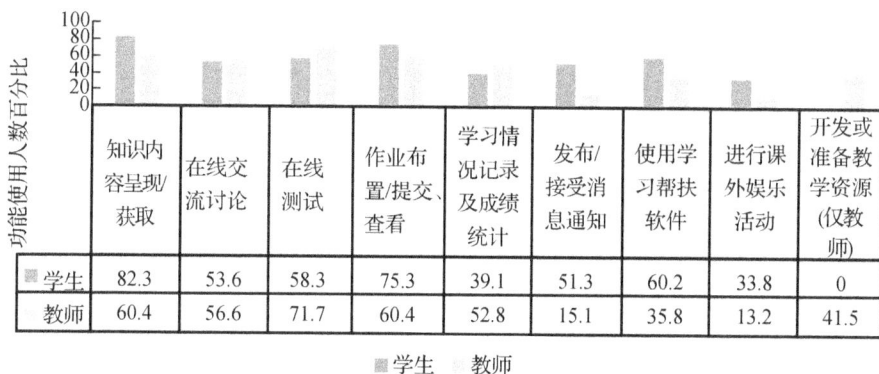

功能使用人数百分比	知识内容呈现/获取	在线交流讨论	在线测试	作业布置/提交、查看	学习情况记录及成绩统计	发布/接受消息通知	使用学习帮扶软件	进行课外娱乐活动	开发或准备教学资源(仅教师)
学生	82.3	53.6	58.3	75.3	39.1	51.3	60.2	33.8	0
教师	60.4	56.6	71.7	60.4	52.8	15.1	35.8	13.2	41.5

■学生　教师

图3　电子书包软件功能使用情况

3. 电子书包应用整体趋于满意,但缺乏完善的配套体系

如表1数据所示,师生对电子书包应用满意度的均值均高于3,可见师生对电子书包应用普遍满意。学生对电子书包应用满意度明显高于教师,可能是由于电子书包本身对学生的吸引力较大,好奇、新鲜感让学生对电子书包的满意度比教师高。对比来看,教师与学生在设备使用和学习成效满意度的排序上保持相对一致,分别位于最末和最高,进一步印证了设备使用问题的突出。在设备使用层面上,师生对其满意度排序均为最低。在访谈中了解到,平板书写公式缺乏配套设备、网络不稳定、平台系统操作烦琐且易崩溃等一系列问题,在实际教学中充分显现出来。

表1　师生对于电子书包应用满意度

人群 项目	平均值		标准差		排序	
	教师	学生	教师	学生	教师	学生
设备使用	3.94	3.29	0.80	0.62	3	3
学习方式/教学应用	4.10	3.56	0.76	0.47	2	2
学习成效	4.13	3.92	0.87	0.50	1	1
整体应用满意度	4.06	3.59	0.74	0.45	——	——

(二)影响电子书包应用满意度(主观评价)的差异性分析

经过数据分析发现,除设备使用满意度外,不同性别、学段、教龄、学历、使用频率,对于教师应用电子书包效果均无显著性差异,这也许是由于本研究对教师样本数据量采集不足所致。但学生层面应用满意度存在较大差异。

1. 不同性别的学生对电子书包应用满意度无显著差异

研究者对不同性别的学生使用电子书包的应用效果进行了独立样本 t 检验,得到 $P>0.05$。如表 2 所示数据表明,学生的性别在使用电子书包的效果上不存在显著性差异。可见,由于男、女生的教育机会以及家长、教师的重视程度几近趋同,不同性别的学生,其知识、能力、情感基础相近,在电子书包应用满意度上不存在较大差异。

表 2 不同性别的学生对电子书包应用满意度

检验变量	男(227 人)		女(243 人)		t 值
	平均数(M)	标准差(SD)	平均数(M)	标准差(SD)	
设备使用	3.97	0.83	3.91	0.78	0.80
学习方式	4.16	0.75	4.03	0.76	1.83
学习成效	4.19	0.86	4.07	0.88	1.47
整体应用满意度	4.11	0.74	4.00	0.73	1.50

2. 小学生对电子书包应用满意度明显高于初中生

如表 3 所示数据显示,不同学段的学生在电子书包应用满意度各个维度上的 $P=0.000$(<0.001),存在极其显著的差异性。小学生对电子书包应用满意度明显高于初中学生。

表 3 不同学段的学生对电子书包应用满意度差异检验

检验变量	小学生(265 人)		初中生(205 人)		t 值
	平均数(M)	标准差(SD)	平均数(M)	标准差(SD)	
设备使用	4.17	0.71	3.66	0.83	7.04**
学习方式	4.22	0.77	3.93	0.72	4.15**
学习成效	4.31	0.84	3.89	0.85	5.35**
整体应用满意度	4.23	0.71	3.83	0.72	6.14**

注:** 表示 $P<0.001$

3. 学生对信息技术能力的自我评价越高,其对电子书包应用的满意度越高

学生对于信息技术自我能力评价等级区分为非常差(A)、比较差(B)、一般(C)、比较好(D)与非常好(E)等五个等级。将不同信息技术自我能力评价的学生,在电子书包应用效果的四个方面分别进行单因素方差分析。信息技术能力不同的学生在应用效果四个维度上的 P 值均为 0.000(0.001),说明均有显著性差异。在设备使用、学习方式、学习成效、整体应用满意度等四个应用效果维度上,学生信息技术自我能力评价等级的非常差(A)与比较差(B)之间,以及比较好(D)与非常好(E)之间均无显著性差异。为使描述结果更加清晰简明,研究者将 A、B 两组合并,统称为信息技术能力偏下(标记为 X),C 组信息技术能力称为中等

（标记为 Y），D、E 两组合并，统称为信息技术能力偏上（标记为 Z），然后将转换后的数据进行方差分析，其中设备使用、学习方式、学习成效以及整体应用满意度的 F 值分别为 15.38，32.27，28.77，31.52，其显著性 P 均为 0.000（<0.001），且事后检验结果都是 Y>X，Z>X，Z>Y，可见学生对信息技术能力的自我评价越高，其电子书包应用的满意度也越高。

4. 不同使用频率的学生，应用电子书包的满意度存在显著差异

不同使用频率的学生在设备使用、学习方式及学习成效上均存在显著性差异。其中，"感知易用性"（设备使用）和"感知有用性"（学习方式和学习成效，即应用效果）的差异性有所不同。

在"感知易用性"层面上，学生一学期使用电子书包频率为"9～12 节"为转折点，低于该频率或高于该频率，其设备使用满意度均逐渐上升，可见设备使用的满意度存在瓶颈期。在"感知有用性"层面上，虽然一学期使用电子书包"9～12 节"频率也为转折点，但经单因素分析差异性不明显，其主要差异体现在频率为"16 节以上"。整体而言，一学期应用电子书包频率为"16 节以上"的学生，其应用电子书包的效果满意度明显优于"不足 16 节"的学生。

5. 教师应用电子书包的表现越积极，学生应用电子书包的效果越佳

将教师反馈分别与学习方式、学习成效以及整体的感知有用性做相关分析（见表 4），得到 P 均为 0.000（0.01），且相关系数均为正值。教师反馈与学生"感知有用性"呈现高度正相关，表现为学生对教师反馈满意度越高，学生的感知有用性满意度也越高。

表 4 教师反馈与学生应用电子的满意度

		学习方式	学习成效	感知有用性
教师反馈	r	0.68**	0.81**	0.79**
	r^2	0.46	0.65	0.63

注：** 表示 $P<0.01$，下同。

6. 设备使用满意度越高，师生应用电子书包的效果越佳

将学生和教师的设备使用分别与学习方式、学习成效以及整体的感知有用性做相关分析（见表 5），得到 P 均为 0.000（<0.01），且相关系数均为正值。可见，设备使用与"感知有用性"各个层面具显著正相关，学生呈现高度正相关，教师呈现中度正相关。总体而言，设备使用满意度越高，师生的感知有用性满意度越高。

表 5 设备使用与师生对应用电子书包的满意度

		学习方式/教学应用		学习成效		应用效果（感知有用性）	
		学生	教师	学生	教师	学生	教师
设备使用	r	0.69**	0.54**	0.76**	0.53**	0.78**	0.58**
	r^2	0.48	0.29	0.58	0.29	0.60	0.34

师生对电子书包本身使用的满意度会影响其应用效果,并且电子书包本身应用越流畅顺利,其应用效果越佳。这验证了技术接受模型中"感知易用性"对"感知有用性"的正向影响。

五 启示与建议

根据调查,目前我国电子书包教学应用状况面临着价值认同与推广应用相矛盾的局面。电子书包应用的未来发展值得研究者和实践者冷静、深入地进行思考。为了更好地促进电子书包健康有序发展,我们从观念技术、方法策略、角色体系等方面得出以下启示和建议。

(一) 以系统观点推进电子书包的应用建设

电子书包常态化应用效果不明显,主要是由于很多学校只注重电子书包的设备采购,不注重与电子书包相关的技术设备、资源环境、方法策略、人才培养等相互影响因素的建设。要使得电子书包能够常态化应用起来,需要提供系统的服务与支持,特别是改变传统学与教的方式。托马斯·弗里德曼在《世界是平的》一书中表明,"只有当新技术与新的做事情的方法结合起来的时候,生产力方面巨大的收益才会来临"。不以系统观点推进电子书包的应用建设,就会出现与预期相反的结果。正如凯尔·派克教授所言:"系统的一个组成部分发生变化,将会影响系统的其他组成部分。系统自身往往具有'动态平衡'功能,这种功能会保护这个系统,以维持其原本的状态。"

(二) 自带设备(BYOD)引领常态化应用

义务教育学校电子书包低频率使用是一大特征,如何促进电子书包常态化应用是当前迫切需要解决的关键性问题。通过调查显示,相对于由学校采购建设未来教室模式,自带设备模式能够很好地促进电子书包的常态化发展。凡是采用BYOD模式的学校,电子书包应用效果就比较明显。自带设备对学校及相关教育部门、学生、家长等均有益处,不仅为学校及相关教育部门节约了设备资金,还利于其他教育建设投入,促进地域教育公平。

(三) 连通家校,构筑泛在学习生态

随着信息技术的普及,教育信息化不断推进,电子产品的广泛性已经超出校园范围。电子书包应用发展不仅仅停留在学校应用的常态化,也包含家庭等其他校外场所。电子书包在连通家校方面作用巨大,我们要努力构筑基于移动终端和云技术的泛在学习生态。泛在学习生态使得任何人可以在任何地方、任何时刻获取所需的任何信息。但是,泛在学习生态中学校应该将家长作为重要角色,能够积极引领和指导家长参与到电子书包应用中来。

(四) 创新推广的区域应用推进策略

电子书包区域推进是一个创新推广过程,培养一支引领区域电子书包应用发展的团队,将增强电子书包区域顺利推进的自身造血和发展能力。教师作为电子书包的直接使用者,

是决定电子书包应用效果的关键因素。教师使用信息技术的能力和信息化教学设计的能力,将直接影响电子书包在义务教育学校的应用效果。教师教学方式的满意度一般,普遍对如何设计好电子书包教学存在较大困惑,亟需专家培训和指导。为教师提高信息化教学设计能力,亟待各地试点学校的教师形成教学共同体,借助云计算、互动直播平台等技术,创造经验资源实时分享、实时沟通的平台。

参考文献

[1] 周榕. 电子书包课堂教学应用的现象解读与推进策略研究[J]. 电化教育研究,2013(11): 103 - 109.

[2] 李青,蔺方舟. 国内电子书包应用现状述评——基于 2011—2013 年新闻报道中的案例分析[J]. 中国电化教育,2013(12):61 - 66.

[3] 雒咬霞,沈书生. 南京市电子书包的应用现状及推进策略[J]. 中国电化教育. 2013(12):67 - 73.

[4] 钱冬明,管珏琪,祝智庭. 电子书包应用的区域推进研究——以上海市闵行区为例[J]. 中国教育信息化,2013(4):5 - 9.

[5] 童慧,杨彦军,郭绍青. 电子书包应用效果评价研究进展述评及反思[J]. 远程教育杂志,2016(1): 99 - 112.

[6] 托马斯·弗里德曼,世界是平的[M],长沙:湖南科学技术出版社,2006.

[7] 颜荆京,汪基德. 未来教育变革的主题:如何促进学习的个性化[J]. 现代远程教育研究,2016(3): 10 - 15.

[8] 管珏琪,苏小兵,钱冬明,余恩秀. 电子书包应用区域推进现状及策略——基于教师访谈内容分析[J]. 电化教育研究,2014(10):53 - 59.

（本文刊载于《电化教育研究》2017 年第 4 期）

构建"互联网＋"时代课堂教学范式教学系统

管雪沨

（常州市天宁区教师发展中心）

"教学系统"是指资源与平台支持下的教与学的体系。从辅助教学发展到主动学习，再发展到交互式探究性学习，课程资源作为一种"信息"已经融入了教学系统，互联网＋时代的课堂教学包括了先进的理念、科学的方法、丰富的资源、交互的教学系统及互联网环境等，如何把这些元素整合在一起，呈现主动、积极、个性的教与学的生态，是课堂教学范式能否落地的关键，而关键中的关键则是"信息"的形态和"信息"的交互方式如何为教与学服务。

一 "互联网＋"支持下的交互系统

（一）基于学生学习的交互

学生是教与学活动的主体，学生的学习本质上是接收来自各种渠道的学习信息，并在头脑中进行信息的分析、建构，最终将这些信息内化为自身的知识体系，以达成课程的学习目标。

以学生为核心，"教学系统"主要向学生提供了四个方面的信息来源渠道。首先，系统中提供了教师课前制作的学习包（课件）和相关任务。学习包中已包含了教师针对某一内容设计好的学习材料，并按照学习任务和学习流程进行了组织。学生可以根据其内容在教师的指导下自主地进行学习与探究。其次，学生可以在学习过程中获得来自系统的智能反馈信息。反馈信息主要源自交互式学习和在线学习。再次，学生能够在系统中接受到来自教师提供的现场生成性学习信息。这些生成性学习信息多数来自教师为教学活动准备的一些预案或因特殊教学的反馈。由于这些信息是一种教学预案或即时发挥，因此一般不会出现在学习包中，学生需要在教师的课堂指导下进行相关的学习活动。最后，系统提供了在线讨论空间，学生可以获取到来自同学或其他各种学习交流信息。

除了接收信息外，系统中也为学生学习过程中必要的信息输出提供了渠道。如系统可将学生的任务完成情况发送至教师端；系统提供了拍照上传等功能，支持学生以图片形式发送各种复杂信息。此外，每个学生都可以通过在线讨论空间向其他同学发布交流信息。

（二）基于教师教学的交互

为了促进教师更好地设计和实施教学，"教学系统"面向教师提供了许多应用工具，以帮助教师更好地完成对各类教学信息的创设、发送、收集和分析。例如系统中提供了资源包的编辑工具，支持教师课前创设上课使用的各种内容信息；系统中提供的内容分发功能为教师提供了将制作好的资源包（学习任务）发布给所有学生的渠道；课堂教学互动系统具有收集和分析学生反馈信息的功能，能够将学生完成任务、在线学习的情况即时地反馈给教师。学生终端的信息抓取功能能够支持教师随时调用任何学生的学习情况信息，实现教学过程中的精准支持。

除了情境创设、任务发送与学习反馈外，在教学系统中还有用于课堂管理的信息发布与信息采集功能。教师在课堂中不仅要围绕教学信息与学生展开交流，也需要随时把握课堂教学的整体状况。系统中提供了同步翻书、学生终端黑屏、学生终端监控等功能模块，用于向全体学生或某些学生发布课堂管理指令信息，或基于课堂管理查看学生的学习情况（见右图）。

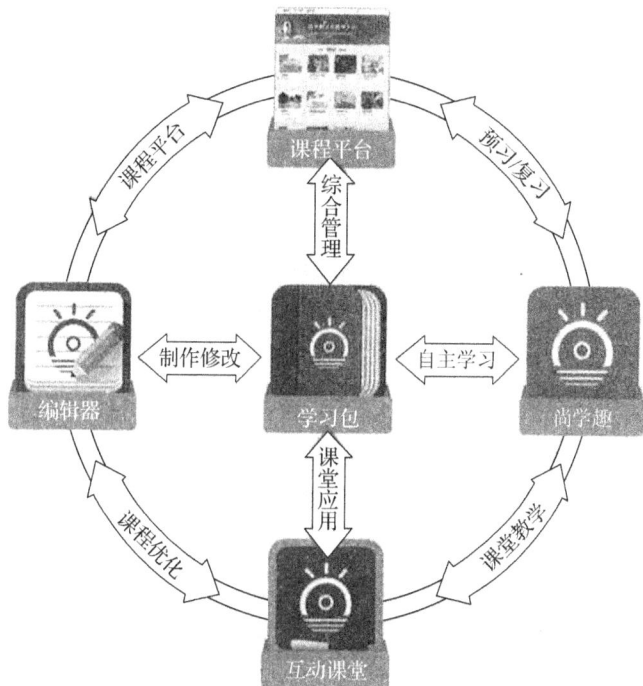

（三）基于学习分析的交互

相对于传统教学范式中的交互方式，"互联网＋"环境下的教学范式不仅在信息互联互通的渠道和信息传播方式方面变得丰富，更为重要的是教学系统还能够为教师和学生提供信息的分析服务，以促进师生更准确地把握在教学活动中生成的各种信息。课堂学习情况反馈是最为典型的通过信息分析来促进学习的方式。教师一般会在完成一个教学活动后，通过系统收集各类信息并进行分析，再以统计结果的形式发送给教师和学生。教师通过系统反馈的统计结果就可以大致了解学生在前一个教学活动中的实际学习水平，并在课堂上采取相应的教学措施。

在系统中，以学生为核心的交互、以教师为核心的交互和信息分析三者共同构成一个基于互联网的教学交互方式。在这个信息交互环中，教学内容、学习水平等方面的总信息量要远多于传统教学范式。但由于系统本身能够对这些信息进行一定程度的分析，因此教师和学生并不会因为实际获取和发送的信息量增多而感到信息处理方面存在困难。

　　教学系统的应用可以全面采集师生教学活动的行为数据，并积累形成课堂教学行为大数据。大数据是当今互联网人工智能发展的前提，尽管我们目前还没有明确的分析方式或相关算法能够通过这些教学行为大数据完成准确的教学分析、教学评价，但这些数据的收集和积累本身就已经为将来更为先进的智能分析奠定了良好的基础。

二 教学系统的资源设计与范式模板

　　从教学理念的革新到实现具有普及性的有效教学实践，与教学理念配套的教学资源开发是一个关键问题。传统的信息化教学资源大多为CAI资源，这一问题导致中小学的教学实践中普遍存在资源应用水平低和教师备课难度大的问题。由于资源在设计时以"辅助"为目标，使得这些信息化资源在教学中处于从属地位，对教学的支持往往只是锦上添花，甚至是可有可无。如果教师希望将这类资源更好地应用于教学活动中，就必须针对课堂教学内容和资源本身的特点重构教学策略。这就使得教师的备课工作量成倍增长，也使得教育信息化的高水平普遍应用变得十分困难。

　　基于大量的研究和实践，我们认为基于教学范式来设计和建设信息化教学资源是解决上述问题的有效方式。与教学范式相结合后，资源的属性发生了一些变化。我们一般会从两个层面审视传统的信息化教学资源：一是这个资源包含了哪个（或哪些）知识，二是这个资源用什么样的媒体或交互方式来表现这个（或这些）知识。而在新的资源设计与开发思路下，我们还要追加两个对资源的分析层面：这个资源在怎样的教学策略和教学模式下使用，以及这个资源的使用效果预期如何。

　　具体而言，教学系统首先为教师提供了课堂教学范式的模板，这类资源用于帮助教师快速进行备课。范式自身的有效性保障了教师在高效率的教学设计前提下具有最佳的教学效果。课堂教学范式模板由若干个教学活动模块组成，每个教学活动模块中包括若干教学（或学习）素材。就素材的资源形态而言，其实无外乎文本、图片、音频、视频、交互动画等形式，与传统信息化教学资源差异不大。但正如前面讨论过的，这些素材资源在设计时除了知识、呈现方式外还充分考虑到了其应用方式及应用效果，并通过教学范式进行了合理的组织，使其具备了在教学全过程中具有可便捷、高效应用的特点。

　　基于教学范式，我们还提供了与范式配套的"学习包"，包括供教师上课使用的授课资源和学生使用的学习资源。这些"学习包"由系统中自带的编辑器进行开发，采用HTML5技术，具有可跨平台和操作系统使用的优点。"学习包"本身是文本、图片、音视频、交互动画等资源的集成，其内容编排主要取决于课堂教学所对应的教学范式设计。在教学系统中，课堂教学互动子系统可与学习包的信息交互，能够收集教师和学生应用资源包实施教与学活动时的所有行为数据，统计并分析学生的课堂行为情况等。

从整体上看,教学系统中的资源设计、应用与教学范式之间有着相互支撑的效应。一方面,资源需要基于教学范式进行设计和开发,以确保其在教学实践的应用能够具有较好的效率和效果;另一方面,新的教学范式也必须在一定资源体系的支撑下才能够真正有效实施。

> 例如:七年级地理《怎么用地形图规划登山路线?》

◎ 学习任务

(一)任务情境

周末,七年级决定去革命老区茅山进行登山比赛。大家悄悄地商量,怎么才能够在比赛中捷足先登呢?平台出现了一张登山区域等高线地形图。

这张等高线地形图让同学们一看就傻眼了,这图上一个套一个的怪圈表示啥呢?那些字母又代表什么?【资源与情景相结合,资源与范式流程相结合】

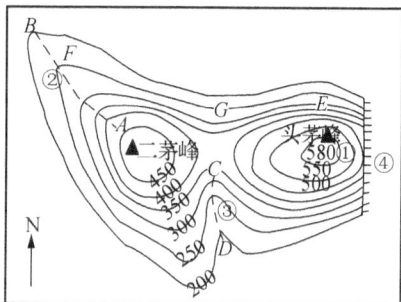

(二)具体任务

1. 微课导学:什么是海拔和相对高度?

2. 探究研学:① 为什么山脉在等高线地形图上会变成圈圈套圈圈,曲线连曲线? ② 等高线的凹凸表示哪些不同的地形部位? ③ 怎么依据等高线的疏密判断坡度陡缓?

3. 创新应用:在等高线地形图上设计一条最佳登山路线。

◎ 学习过程

(一)感知地理信息

看微视频,理解基本概念,完成检测。

【教学系统】支持功能:通过智能评价检测引导学生掌握基础知识。

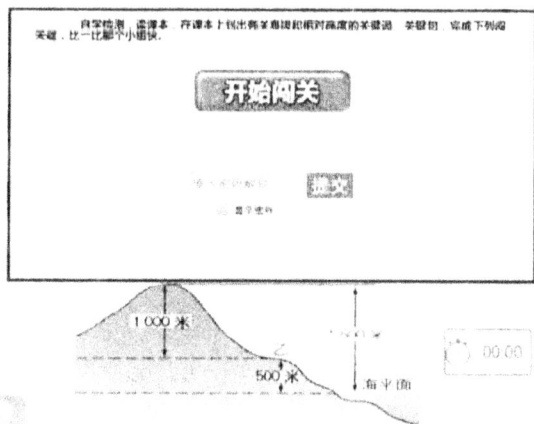

（二）探究地图原理

1. 小组协作分工表 【资源与活动相结合，资源与范式结构相结合】

表1

组员姓名	自选角色	实验任务	小组互动内容
	小组长	负责组织探究活动，推进全组实验进程，制止组内不遵守纪律的行为。 用智能终端拍摄实验过程，形成学习过程记录。 填写和整理探究活动记录，担当学习成果展示发言人。	提出问题和假设。观察、记录和分析实验现象，讨论实验中生成的问题。总结实验成果，形成实验报告。
	实验员	负责向实验箱内实验用水，调控和报告水平面的高度。	
	绘图员	负责在实验箱俯视平面上画出"等高线"、标注海拔。	

2. 实验准备检核单

准备海水：博雅在大可乐瓶中注入1 500毫升自来水，并在瓶中放2克白色广告颜料，摇匀；制成实验用海水。

检查设备：检查实验箱及其配件漏斗是否齐全。

设定等高距：准备好麦克笔和三角板，在实验箱高度表上，每隔一厘米，标注一个等高距数值100、200、300、400、500……将实验箱的垂直比例尺设定为1∶10 000。以下为探究等高线特征实验箱示意图：

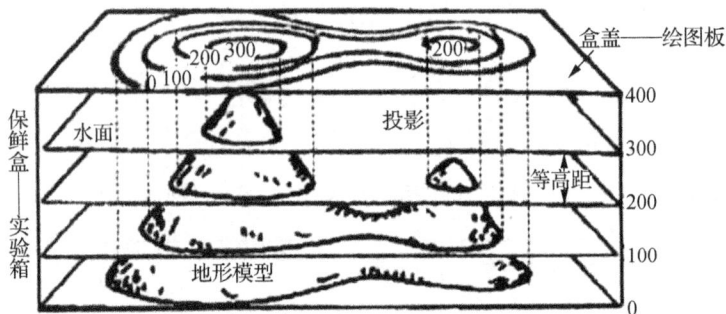

3. 探究实验记录表

（1）在等高线原理实验箱中确定海拔起点。

我们按实验箱上的标尺，将实验箱底部设定为海拔起点，将地形模型与箱底的交线海拔高度规定为_____米。

（2）画出起始等高线。

在实验箱盖上，用麦克笔画出地形模型底部与实验箱底的切线，观察切线，发现它是一个封闭的曲线圈。给它标注海拔高度为_____米，使它变成虚拟海平面。

（3）画出海拔 100 米等高线。

拿着海水瓶，通过漏斗向实验箱里慢慢注入海水，等到海水平面与高度表上的 100 米标记持平，停止注水。用表克笔画出地形模型与水面的切线，观察切线，发现它是一个封闭的曲线圈。给它标注海拔高度为 100 米。

（4）画出其他等高线

重复步骤（3）的操作，当到海水平面与高度表上的 200 米标记持平，画出 200 米等高线圈，当到海水平面与高度表上的 300 米标记持平，画出 300 米等高线圈……依次类推，直到海水平面高出地形模型的最高点结束。

（5）拍摄本组实验成果

拍摄画出的等高线地形图，上传到自己的教学平台，展示学习成果。

【教学系统】支持功能：通过数字化平台构建学习信息流通立交桥，促进情境中的协作、会话和意义建构。

4. 实验结果分析

（1）提出问题。下载自己小组刚刚画出的等高线地形图，仔细观察图中内容，提出问题或疑问。

【教学系统】助学机能：通过系统使学习思维可视化，促进深度反思。

（2）归纳发现。

（3）举一反三。

把海洋中深度相同的各点连接成线，叫作等深线。从等深线上所标注的深度，可以看出海洋的深浅；从等深线的疏密状况，可以看出海底坡度的大小。

（三）创新应用——设计登山路线

1. 应用"初中地理数字化探究学习图板"做深度探究。

自选出发地点，以最快速度登上头茅峰，请你设计一条距离短、坡度小的登山路线，画在图上，并说出理由。

重点思考：① 我们选定从哪一地点为出发点？为什么？② 在图中画出一条最短登山路线，说出经过的地名或字母，并说出理由。

2. 实践操作

对照课本，拖动按钮，填出数字表示的地形部位，用字母表示的陡坡、缓坡。说说你的判读依据。

【教学系统】支持功能：建立课堂里的学习信息流通网络，提升学生地理实践力。

从本课例可以发现资源的设计、范式模式和教学系统有机地融合在了一起，直接重构了学生的学习过程。

三 基于教学系统的范式再创新

在"互联网+"时代的课堂教学范式信息教学系统中,基于教学范式所形成的模板除了具有课程实施所必需的科学性、规范性、指导性等特征外,还具有个性化与发展性特征。新课堂教学范式的提出,并非希望课堂教学变得整齐划一,或消除教师、学生之间的差异。在教学范式相对稳定的前提下,教师完全可以根据自身的教学风格,教学情境的具体特征以及学生的具体学业水平、认知特点等,对教学范式进行调整。

教学系统中给出的范式模板具有模块化结构,每个模块都是一个教学活动环节。这些模块按照一定的教学逻辑和教学策略进行串联,构成一个完整的范式。针对教师的个性化需求,教学系统允许教师对现有范式进行修改。例如调整、替换现有范式中部分模块的内容,改变模块之间的连接次序,甚至设计生成新的教学活动模块类型。教师通过改变系统中的范式模板,就可以比较高效地实现课堂教学的个性化。

在教学系统中,教师对范式模板的改动可以在三个层面上进行:① 在学习内容层面,教师可以调整范式模板中模块的具体内容。例如,教师认为范式模板中例题模块的题目难度或数量不能满足实际教学需要,就可以根据自身的教学实践需求对例题模块进行修改,增加、减少或替换原有模板中的例题。② 在教学活动层面,教师可以根据实际情况来改动范式模板中的某些活动模块。教学系统中提供了不同类型教学活动的模块模板,供教师选择和替换。例如教师如果认为开展范式模板中设计的某个学生实验有一定难度(比如不具备相关仪器或实验场地),那么可以将这个学生实验活动改为虚拟探究实验活动或教师演示实验活动。③ 在教学策略层面,教师还可以通过对活动模块及其次序的整体调整,尝试一些不同于已有范式的新教学策略。例如针对某个知识点的教学,系统中提供了一个由引入、假设、探究、总结、练习等活动模块构成的探究式教学范式模板。当教师希望尝试使用新的教学策略时,可以在原模板选取假设、探究、总结、练习等内容,再添加课前微课、课上讨论、课上作业等新的活动模块,按照新的教学逻辑重新串联这些模块,形成一个新模板。

(本文刊载于《基础教育课程》2017 年第 5 期)

区域创客教育的实施路径

——以江苏省常州市天宁区为例

管雪沨

（常州市天宁区教师发展中心）

摘　要：常州市天宁区以建设区信息技术教师发展工作室为起点，重新认识信息技术课程，开展因地制宜的创客空间建设，设计创客教育的校本课程，整体推进基于信息技术学科的创客教育。

关键词：信息技术；创客课程；创客教育

只有每一名师生的成长才能促进区域教育的整体发展，而这种成长的关键在创新。因此，释放教师的创新能力，唤醒学生的创新意识成了近几年常州市天宁区课堂转型的重要举措。其中，"创客教育"的探索初步形成了区域特色。

一　重新认识信息技术

计算机的发明给世界带来了革命性的变化，传统的工业、商业、交通、金融等行业发生了颠覆性的变革，同时改变了人们的思考方式与行为方式。在教育领域，通过全国各地进行的尝试，信息技术也从教学辅助工具逐步演变为有效实用的教学方式和学习方式。

随着新一代信息技术的出现，特别是3D打印、开源智能硬件、图形化编程的普及，信息技术成了一种"通用技术"，它不再只是专业人员的工具，同时也是普通人的创新工具。可以说，信息技术标志着一个新的时代的诞生，人类社会进入一个文化转型期——信息创新社会。

二　协同创新教育管理

常州市天宁区对创客教育的认识和发展，源于2009年成立的区信息技术教师发展工作室，目的是对当时的信息技术教育做一些优化与补充，提升信息技术教师的专业教育能力和学科地位。随着研究的深入，我们认为创客教育是一种学习、创新、实践、分享的教育活动；是鼓励学生在探索、发明、创造中主动与协作学习的教育活动;是借鉴"做中学"的理论,同时是新技术支持下"做中学"的进一步发展,强调学习方式转型——学习即创造、创造即学习的教育活动。

因此,创客教育不只是一个部门、一个管理者、一个学校的试点。2011年起,我区信息化部门、装备部门、教育管理部门、人事部门、教研部门和区科协共同推进创客教育发展,逐步增强创客教育研究的灵活性、多样性。

三 科学建设创客空间

通过实践,我们认识到创客教育包括"人、事、物"三大元素,而"物"是"人"和"事"的基础,所以创客空间建设尤为重要。

较合理的创客空间至少应设置学习区、操作区、展示区、交流区、材料与工具区等,包括多媒体、平板(计算机)、3D工具、开源智能硬件与物联网、移动互联网、快速结构件与通用桌椅等。但是,我区为常州市中心城区,学校占地面积普遍较小,基本没有多余专用教室。因此,我们对于新建学校一般都规划专用的创客空间,对于老校区则是改造原有的信息技术教室,在信息技术教室增加开源硬件与3D打印机等设备,购置相应的材料与工具,添加创客空间的文化布置,满足学生的造"物"的需要。

在区域推进创客空间建设的过程中,我们充分考虑了以下两个原则:一是人的原则。主要考察以下方面:对教育有全新的追求,愿意开展前瞻性的教学改革;对创客教育的内容要有所了解,并对某一领域有研究;根据学校投入创客空间的教师数量和研究方案来确定学校创客空间的建设规模。二是过程性原则。首先,创客教育是一个新领域,发展过程是一个探索的过程,需要理性思考;其次,基于新技术的创客教育受技术发展的影响,更新换代较快,即使考虑经济成本,创客空间的建设也是一个渐进的过程。

四 优化信息技术课程

正如上文所述,最早参与我区创客教育探索的是一批信息技术教师。因此,我区创客教育的整体推进是从小学信息技术学科开始的,并在不同的阶段,针对不同的学校情况,进行校本化的整体设计。而全区推进,我们采用了"2+X"的创客课程结构。根据"常州市教育局学校课程计划"的要求与说明,2001年起天宁区以"有条件的区"作为自身定位,在五、六年级开设信息技术课;2011年起,整体推进基于信息技术学科的创客教育。"2"表示两门核心课程——图形化编程和3D打印,用一年至一年半时间完成;"X"表示选修课程,由学校自行选择课程和实施方式,既可以进入课程序列,也可以进入学生社团活动序列。课程的评价以学生参与区级以上创客活动的情况和学校实地考察相结合的方式进行。

为了推动创客教育进课堂,以管雪沨名师工作室为主,组织专家、教师进行及时有效的课程建设,以供各级各类学校选择,同时也鼓励教师自己开发课程。目前已经出版了相关图书 7 本,其中《趣味编程 Scratch》《麦克奇遇记》《玩转乐动魔盒学 Scratch》《一起玩 3D 打印》等书籍得到广泛应用。

五 初步形成区域特色

以趣味编程为起点,开展创客教育研究,使常州成为创客教育发源地之一。我区创客教育是运用新一代信息技术丰富学习内容与学习过程,以"互联网＋"为视角培养学生创新意识,以提升学生学习能力、实践能力、创新能力为目标的系列课程。通过区域实施创客教育,发展了一批教师,成长了一批学生。

1. 丰富了学科核心素养

从信息技术兴趣到培养创新意识与创新精神,从信息技术能力发展到运用新技术解决综合问题的创新能力,从单一的电脑操作和使用,到跨学科的生活实践与制作,最终把信息技术学科作为"互联网＋"背景下创新教育的重要途径之一。

2. 创新了教育研究的方法

"3＋"模式是本成果的主要方法。"3＋"模式即"互联网＋""创客＋""社会＋"。其中"互联网＋"给我区带来了发展的机遇,清华大学、北京师范大学、华东师范大学等高校教授通过网络与我们面对面交流,让我们更新观念,明确研究方向。"创客＋"给我们带来了最前沿的先进技术,参加上海、深圳的创客活动,亲身体验运用技术进行创造,体悟教育的本质。"社会＋"则为我们的研究提供了重要保障,公益组织免费给我区提供开源软件、开源硬件,社会热心人士提供 3D 打印机、传感器等资助,使我区的技术研究基本与世界同步。"3＋"模式从理念上、课程上、技术上保障了本成果的先进性、科学性和教育性。

3. 挖掘了学科育人价值

提出"学习即智能"的理念,用知识创造知识、用智慧去创新社会。通过建设"人人皆创、处处能创、时时可创"的学校环境,建设、实施、完善创客课程,为提升学生的创新意识,提高学生的创新水平提供一条新途径。

2015 年 5 月,我区受邀出席教育部与联合国教科文组织主办的世界教育信息化大会,并做了题为《互联网视野下的创客教育》的经验介绍,当年 12 月,管雪沨名师工作室的《趣味编程 Scratch》、青龙中心幼儿园的《E－BOOK 电纸绘本》、虹景小学的《一起玩 3D 打印》等成果受邀参加北京师范大学主办的首届中国教育创新成果公益博览会,并获得教育创新成果奖,先后在北京、上海、广东、河南、浙江、江苏等部分学校推广。

六 不足与反思

经过五年多的研究,我区广大教师在技术上、教学上都得到了较大的提升,每个学生也都能感受到创客教育带来的春风。下一阶段,在研究领域,我们将从教材编制走向课程建设。已经探索的领域要深入、系统研究,课程方案将进一步得到完善,特别是以趣味编程和3D打印为基础的创客课程,让研究领域更全面、更具体;在学科领域,从趣味编程走向趣味创造,促进不同年级学生的个性成长;在推广领域,将鼓励更多教师参与创客教育,让新一代信息技术为更多的学科服务,解放每一位教师的教育创造力。

(本文刊载于《江苏教育·中学教学》2017年第3期)

第三编　典型案例

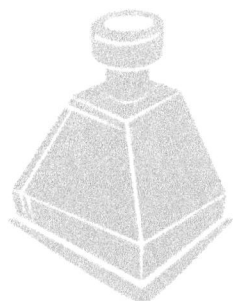

江苏省教育信息化公共服务体系
建设机制与应用模式探索

江苏省教育信息化中心　江苏省电化教育馆

根据教育部《关于开展教育信息化试点工作的通知》(教技函〔2012〕4 号)的要求,结合江苏省教育信息化工作实际,省教育厅申报了江苏省教育信息化公共服务体系建设机制与应用模式探索的研究项目。本项试点工作由江苏省教育厅牵头组织,江苏省教育网络安全和信息化领导小组办公室、江苏省教育信息化中心(省电化教育馆)具体实施。经过几年来的探索、研究,教育信息化试点工作取得了显著成效。

一　基本信息

近年来,江苏省大力实施科教与人才强省战略,不断深化教育领域综合改革,协调推进各级各类教育,教育优先发展的战略地位得到巩固和落实,现代教育体系逐步完善,教育现代化建设迈出新步伐,教育发展规模、整体水平和综合实力位居全国前列,为经济发展、社会进步、民生改善和文化繁荣作出了不可替代的重要贡献,人民群众对教育的满意度不断提升。"十二五"以来,江苏省坚持以教育信息化带动教育现代化的发展战略,以"三通两平台"建设为重点,大力推进教育信息化工作,取得显著成绩。《中国教育信息化发展报告(2016)》显示,江苏基础教育信息化综合指数在全国排名第二,五大板块发展指数均位居全国前列,其中,教育资源、保障机制两项排名第一。

二　主要措施

(一) 建立政府主导、统筹协调的组织管理体制,不断强化教育信息化的战略地位

省委、省政府高度重视教育信息化工作,连续三年召开全省教育信息化工作会议,研究部署教育信息化工作。2016 年 3 月,省委、省政府召开全省教育工作会议,将教育信息化作为一项重要内容进行部署,并写入会议主文件。成立了包括财政厅、经信委、发改委、教育厅等 9 个厅局的教育信息化厅际协调小组,加大统筹推进力度。成立了江苏省教育信息化工

作领导小组,并更名为江苏省教育网络安全和信息化领导小组,将江苏省教育管理信息中心更名为江苏省教育信息化中心,进一步完善机构职能。加强与省教育信息化厅际协调小组、省教育网络安全和信息化领导小组成员单位的合作,积极争取政策、项目和经费的支持。全省上下形成了政府重视、领导关心、部门协同推进教育信息化的工作局面。

(二) 建立统筹规划、分类指导的工作推进机制,不断强化教育信息化的顶层设计

制定了《关于推进江苏智慧教育建设的实施意见》,印发了《江苏省教育信息化建设指南》及《江苏省国家教育信息化达标率评价标准》。将教育信息化纳入《江苏省"十三五"教育发展规划》十项重点工程,制定了《江苏省"十三五"教育信息化发展专项规划》,明确未来五年的发展思路和目标任务。根据苏南、苏中、苏北区域特点及城乡学校发展实际,分类指导建设。鼓励经济发达地区和学校部署更高水准的环境、探索更高水平的应用,加大对经济薄弱地区和农村学校的扶持力度。全省上下逐步形成整体规划、分类推进、分步实施、鼓励特色的教育信息化发展模式。

(三) 建立监测评估、督查督导的政策保障机制,不断完善教育信息化的发展环境

将教育信息化纳入全省教育现代化建设指标体系并进行动态监测评估,不断加大教育信息化的权重和分值。2016 年,教育信息化的分值由 3 分增加到 4 分,检测点由 3 个增加到 7 个。将教育信息化纳入省委、省政府重点督查内容,并开展专项督导,不断强化各级党委、政府推进教育信息化的主体责任。全省教育信息化的政策环境日益完善。

(四) 建立政府为主、企业为辅的经费投入机制,确保教育信息化可持续发展

省级教育财政预算单列教育信息化经费,2014—2016 年,省财政拨付 2 亿多元专项经费用于省级数据中心和全省教育信息化建设。2017 年,省财政预算安排 7500 万元教育信息化建设专项经费。省财政还进一步加大对农村和经济薄弱地区教育信息化发展的专项扶持力度,通过实施教育信息化精准扶贫工程专项,扶持经济欠发达地区和学校信息化建设。出台学校信息化经费保障政策,省政府明确要求各地要将教育信息化重大建设项目经费列入财政预算,学校要确保生均公用经费一定比例用于信息化日常运行维护和资源更新。引入市场化运营机制,加强与华为、阿里、腾讯、凤凰传媒集团等企业的合作,完善多渠道筹措教育信息化的经费投入机制。

三 成效和经验

(一) 信息化基础设施建设水平显著提高

努力扩大江苏省教育和科研计算机网的覆盖面,不断提升互联互通水平。目前,省级主干网已覆盖 13 个设区市、100 个县(市、区)、140 所高校、高考标准化考点 900 多个。全省市、县(市、区)已全部建有覆盖辖区内所有学校的教育城域网。全省 100% 中小学校实现了

宽带网络校校通,其中实现 10M 以上宽带接入的学校占 94.9%,实现 100M 以上宽带接入的学校占 70%。全省 94.8% 的学校配备了多媒体教室,94.9% 的教室配备了多媒体教学设备,教育信息化基础环境得到明显优化。

(二)数字化教育资源公共服务能力不断增强

省级教育资源中心已建有基础教育数字化教学资源 639 万条共 8.3T,覆盖所有学段、主干学科;职业教育资源 45 万条 1.3T,覆盖所有专业大类;高等教育资源建设稳步推进,基本形成国家、省、高校三级精品课程建设体系。所有资源均供全省所有学校(包括教学点)、所有班级的师生免费共享。目前,省级教育资源服务平台的访问量达 2.1 亿次,资源下载量达 5100 万次,省级教育资源公共服务平台的提升工程已在稳步推进中。全省优质教育资源的质量逐步提高,在教育部组织的"优秀网络课程及数字化资源征集活动"中,江苏获优秀奖 113 项,占全国获奖总数 22.7%。在 2014 年国家级教学成果奖的评比中,我省开发的基础教育数字资源获二等奖,职业教育类数字资源获一等奖。

(三)"网络学习空间人人通"建设加速推进

目前,全省 13 个设区市已全部开展网络学习空间人人通建设与应用,其中,中小学师生空间开通数量达 687.4 万个,75.1% 的学校开通了学校空间,67.4% 的学生开通了学生空间,77.8% 的教师开通了教师空间。全省广大师生利用网络学习空间进行互助教学、网络教研、个人进修、自主学习和共享资源日益成为常态。部分市、县还开通了面向家长和社区,具有家校互动功能的网络学习空间。

(四)教师信息技术应用能力不断提升

实施全省中小学教师信息技术应用能力提升工程,累计在线培训人数 46 万。厅局长和校长的信息化领导力培训、学校网络管理员和技术骨干的专业技能培训也有序开展。各市、县信息技术培训内容涉及信息化领导力、数字化学习、网络安全、创客教育等多个方面。通过培训,我省教师的信息技术应用能力和水平不断提升,在各类全国性教育信息化比赛及活动中均表现优异,在教育部"一师一优课、一课一名师"活动中,我省部级"优课"获奖数已连续两年位列全国第一。

(五)教育信息化融合创新应用持续深化

一是以省级数据中心建设和教育管理公共服务平台建设为抓手,不断提高教育管理的信息化水平。目前已完成省级数据中心机房、运维组织机构、运维监控中心建设以及安全和运维体系架构,数据中心运算能力和存储能力大大提升。省级教育管理公共服务平台建有 14 个国家及省教育管理信息系统,管理和应用水平主要指标位居全国前列。二是以各类大赛和活动为抓手,持续推进信息技术在教育教学中的创新应用。启动了智慧课堂、慕课、微课、BYOD 等新型教学模式试点,探索了云计算、大数据、物联网、VR/AR 等新技术新应用,组织了"领航杯"全省教育信息化系列赛事,开展了互联网＋时代课堂教学范式的研究。在各类全国性教育信息化比赛及活动中,成绩一直排名靠前,2016 年获得中央电化教育馆所有项目的优秀组织奖。全省各地涌现出了许多具有借鉴和推广意义的创新应用案例,如无锡的感知课堂、苏州的未来教室、泰州的"泰微课"、常州的互联网＋时代课堂教学范式研究、南京的创客教育、徐州的学讲计划等。在 2015 年 5 月的全国中小学教育信息化应用展览上,江苏的教育信息化成果受到刘延东副总理和联合国教科文总干事博科娃的好评,并获得展会 4 项大奖中的 3 项。

四 进一步发展的思考

教育信息化公共服务体系建设机制与应用模式探索已取得了一定的成效,初步建成了以服务开放性、类型多样性、结构合理性为基本特征的新型教育信息化公共服务体系。但在体系建设中还存在基础设施建设水平不高,资源建设特别是个性化、特色化资源较少,服务内容单一,服务方式不灵活,服务地域范围不够广泛,运营模式和机制过于传统等诸多问题。在"十三五"期间,将从以下几方面加以完善:

(一) 推进平台升级改造

大力推进省级教育信息化公共服务平台升级改造,打造江苏智慧教育云平台,加快实现国家、省、市、县四级平台的互联互通、资源共享,为广大师生提供个性化、网络化、泛在化的学习环境。完善平台、资源、空间建设等系列标准规范,确保平台接口、资源目录、元数据等标准规范与国家数字教育资源公共服务体系建设统一起来,提高省级数字教育资源公共服务体系协同服务能力。

(二) 强化资源精准推送

确立以需求和应用为导向的资源建设原则,使资源建设更加符合教育教学实际需要。在资源建设的同时,充分利用大数据技术搭建资源提供者与使用者之间的"桥梁"。根据教师需求,将相应资源分发到教师个人空间,方便教师快捷获取自己想要的资源。通过挖掘和分析学生课堂行为、学生课外活动、学生发展评估的大数据,推送真正适合学生个性化的学习内容,促进因材施教和学生全面发展;积极推进建设网络名师工作室、直播课堂、点播课堂等新型资源服务模式,不断提升资源服务的便捷性,扩大优质资源的覆盖面。

(三) 建立第三方参与机制

充分发挥政府和市场两方面的作用。充分发挥政府作用方面,大力建设基础的公共数字化资源,力争做到全年段、全学科全覆盖,为全省教师、学生、学校和社会提供基本公共的数字化教育服务。充分发挥市场的作用方面,引入市场机制,探索企业竞争提供、政府评估准入、学校自主选择的新机制,形成企业、学校、社会组织优势互补的新格局。借鉴网上商城的营销和服务模式,探索优质数字化教育资源的社会化服务机制。建立优质资源的新陈代谢机制和生长机制,保证资源建设的可持续性。

(四)强化科研引领和典型案例培育推广

围绕教育信息化发展的热点和难点,特别是教育信息化公共服务体系建设机制与应用模式的探索,积极设立研究课题,开展教育信息化理论和实践前瞻性研究,密切国际交流与合作,为全省教育信息化建设提供前沿的理论指导和强大的智力支撑。实施信息技术与教育教学深度融合、创新应用培育推广计划,深度挖掘、精心培育、总结提炼、宣传推广一批教育信息化典型应用案例,打造一批可复制、可推广的"江苏样本",进一步提高江苏教育信息化在全国的知名度和影响力,为全国教育信息化持续健康发展贡献智慧和力量。

基于手机微信公众号，
构建无锡教育"人人通"智慧管理服务体系

无锡市教育信息化管理服务中心

一 整体规划思路

1. 制定并推行与国家教育信息化行业标准相衔接的教育数据标准，实现全市教育数据统一标准，规范数据的全生命周期管理，实现各项教育管理和服务系统数据互通共享，实现与国家、省各级教育部门的数据交换和共享共用。

2. 建设教育数据服务中心，完善教育数据管理办法，依据各级管理权限授权教育数据的交换和使用，服务各类教育管理系统，推进教育数据有序开放共享。

3. 充分利用云计算、大数据、移动互联网等新一代信息技术，在国家和省级公共管理服务平台基础上，建立全市统一的市级教育管理公共服务平台，实现覆盖全市各级教育行政部门的管理系统整合应用和数据互联互通，实现对教育信息数据的共享和动态监测，提升教育治理与服务信息化水平。

4. 根据各级教育行政管理部门实际业务需求，建设统一的电子政务系统和信息系统，设计开发全市统一的学生档案管理、综合素质评价、学生体质健康、教师档案管理、学校资产管理、学校教育评估等应用项目，通过教育管理信息化实现对教育系统人、财、物、事的智能管理。

5. 适应教育快速发展的需要，充分发挥教育督导作用，用信息化手段推进教育督导方式的转变。按照"智能、多维、高效"等原则，建设具有本地特色的教育督导平台，逐步建设大数据和云计算技术支撑的智慧化教育督导。

二 统一基础平台

统一基础平台是各应用系统公共运行的环境，提供底层及集成服务，各类应用系统运行于统一基础平台之上。

1. 统一公共服务入口

在"无锡教育信息化"微信公众服务号上开设"微网应用"栏目,汇聚全市各项教育信息化公共管理服务模块,提供统一的系统登录、安全认证、数据交换与共享服务入口。

2. 统一身份认证平台

在"无锡教育信息化"微信公众服务号上开设"用户中心"栏目,挂接统一用户身份管理与认证系统。系统集中导入全市学生和教师基础数据库,统一配置 67 万个用户账号。目前全市已有近 20 万个用户完成实名认证,实现在多个授权的管理信息系统间无缝漫游。

3. 统一数据平台

为了避免各应用系统反复录入数据,消除各应用系统间的"信息孤岛"现象,无锡教育"人人通"智慧管理服务体系采用统一数据平台的基础数据库管理模式。全市学籍管理、教师档案管理、学校资产管理、中考成绩、招生录取信息等教育基础数据,均已通过标准接口被采集到基础数据库中,并且统一数据平台的信息标准遵循教育部、省厅相关的教育信息标准,未来可根据本地区的教育实际情况无障碍对接省级平台。

三　特色应用成果

1. 云空间管理

利用无锡教育云计算数据中心云存储系统,免费为全市提供每个学校 1TB、每位教师 10 GB、每个学生 1 GB 免费的网盘存储空间。支持 Web 端、PC 端(Windows)以及移动端(iPad、iPhone、Android)多平台数据同步,实现数据无缝对接,随时随地访问云端文件,轻松实现移动学习和办公。

2. 招考服务

招生考试涉及千家万户，和广大人民群众的生活休戚相关，通过信息化手段提升招考业务管理和公共服务效能，具有十分重要的意义。学生家长关注"无锡教育信息化"微信公众号，完成实名认证后，就能获得孩子小学、初中、高中各阶段全方位的在线招考服务。家长可以在手机上实时了解最新的招生方案、招生计划和政策解读；可以在手机上便捷地进行学区查询、招生报名、成绩查询、成绩分析、志愿分析、志愿填报、录取查询；还可以在手机上进行中考英语口语听力训练，查询统考成绩等。

关于做好2017年无锡市区小学招生工作的意见
2017-03-05

其中全国首创的"无锡中考志愿填报分析系统"，对外宣传发布仅3天，就有近2.5万名学生家长登录使用。考生只需输入准考证号，即能查看自己的各科学业成绩和中考成绩，同时系统为考生提供去年、前年与自己今年成绩同百分位数在±0.5%范围内考生的最终录取去向，作为填报志愿参考。通过海量数据样本比对分析而给出的精确参考，大大减少了考生家长人工搜集资料、对比数据的时间精力，为考生填报志愿提供最权威的数据分析和最有效的填报依据。

3. 学习管理

围绕"人人皆学、时时能学、处处可学"的理念，推出无锡智慧学习平台、智慧学习 APP，为教师培训、社区教育、党员干部学习、老年大学等提供在线培训服务，实现多终端学习、智能化管理、学分档案记载、证书打印。目前平台用户超过 109 万人、访问量约 508 万人次，承载各类课程 939 门，发布教学视频约 1.7 万个。

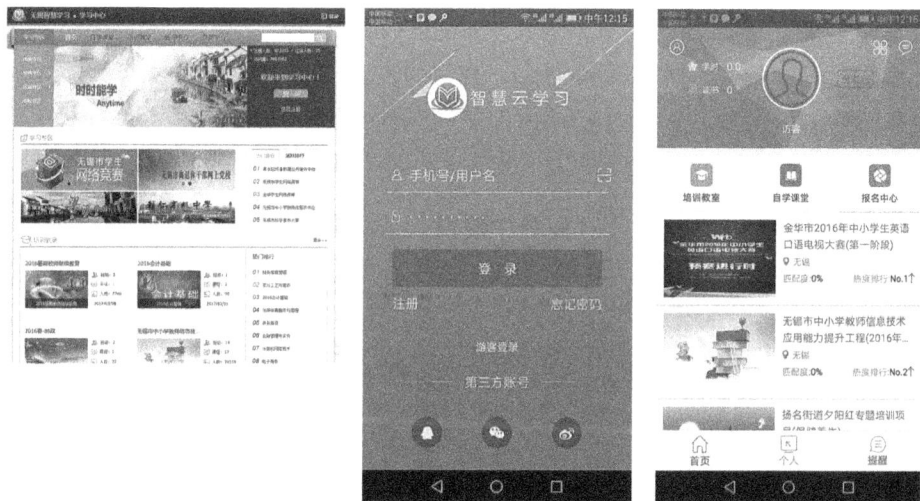

依托无锡智慧学习平台，高效实现了无锡市中小学校（园）长远程培训、无锡市中小学教师信息技术应用能力提升工程、无锡市教师信息技术继续教育培训、无锡市中小学教师信息技术教师提高培训等项目的在线组织和管理。2016 年完成全市各类教师培训 4.3 万人次，2017 年计划培训 25 000 名中小学教师、2 300 名校（园）长。同时无锡智慧学习平台还为学校提供"假期作业辅导"、"开学第一课"、"网上家长会"等个性化的在线教育服务。

4. 课程管理

无锡智慧教育"人人通"管理服务体系针对本地大量优秀课程资源进行在线管理和传播共享,研发"一师一优课、一课一名师"市级平台。截至2017年6月,全市完成25 255节晒课、4 388节优课;进行智慧课堂公开课的微信直播和回顾点播,栏目开播2个多月就完成了小学语文、数学、英语、品德与社会,初中语文、数学、英语、物理、历史及创客课程的上线;通过"在线课堂"模块,发布各类教育微视频,如获奖微课、安全教育专题等。

5. 数据管理

无锡教育"人人通"智慧管理服务体系对教学质量监测与分析、学生综合素质评价、学生体质健康数据分析、数字档案管理也给出了行之有效的解决方案。

(1)开发组阅卷系统和考试数据库,提供教学情况分析。既能通过阅卷系统完成数据的自动采集,也支持其他系统的考试数据一键导入。管理者可以在手机或电脑上查看全市每所学校、每个年级、每个班级、每个学生的学习情况,获取图形化、图表化的数据分析报告,对学校的教学情况进行细致了解,实现教学全流程的集中管控。

（2）开发学生综合素质评价系统，推动培养核心素养。从品德发展水平、学业发展水平、身心发展水平、兴趣特长和养成以及实践能力五个维度建立全市统一的综合评价指标体系，同时兼顾校际差别和学生差异，支持校本特色指标和个性发展指标的纳入。系统将定量评价与定性评价相结合，形成性评价与终结性评价相结合、内部评价与外部评价相结合，实现创新的评价方式和评价方法。

（3）开发学生体质健康数据分析干预系统，改善学生体质健康状况。学校利用无线数字采集设备、手持移动设备，采集学生体质健康数据并上传到系统，系统自动进行数据分析，并根据学生的生长发育规律，从身体形态、身体机能、身体素质等方面综合评定学生的体育健康状况。

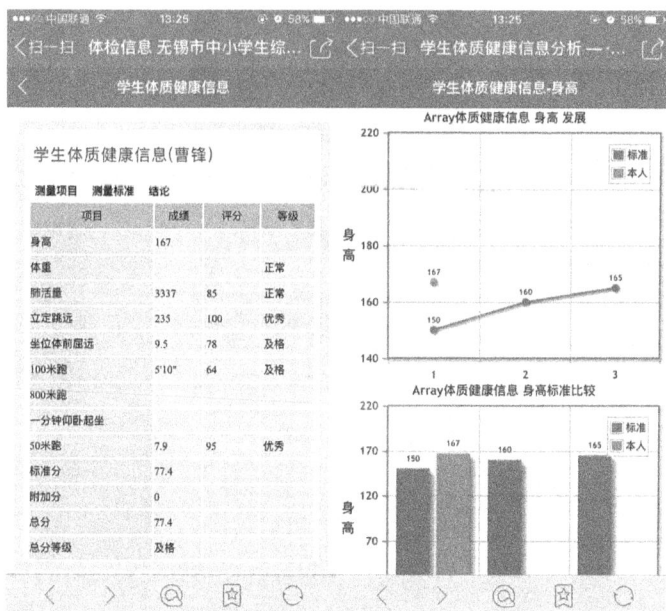

通过该系统,各级管理部门可以及时了解管理学生体质健康数据并有效进行群体干预。家长通过手机微信端获取孩子的真实数据,全面了解孩子每个测试项目的成绩水平和所处的等级,并获取个性化干预指导方案。

（4）充分利用学生学业水平考试成绩、学生综合素质评价以及学生成长记录,结合其他基础信息,形成学生档案、教师档案及学校档案。随着应用的普及和数据的积累,各级管理者和用户都可以通过数字档案系统及时查询和调用学生详情、教师详情和学校详情,有助于进行教育分析、管理和决策。

6. 活动管理

建设"慧易"管理系统和直播平台,组织、展示和管理全市各类重大会议、赛事、培训活动,实现手机端扫二维码报名、资料获取、签到互动、现场直播、宣传发布、点播回顾,从而扩大活动辐射面,提高活动影响力,增强活动时效性,形成活动成果库。

2017年,平台服务保障了江苏省数字化学习试点学校研讨会、江苏省教育信息技术应用能力大赛、首届江苏省中小学创客大赛、无锡市智慧课堂试点工作推进会、无锡市VR教学研讨会、无锡市第六期特级教师后备人才研修课现场展播活动、无锡市暑期防溺水专题安全教育活动、无锡市爱眼日宣传学习活动、无锡市第七届"变废为宝"创意大赛、十八岁成人礼等20多项活动。

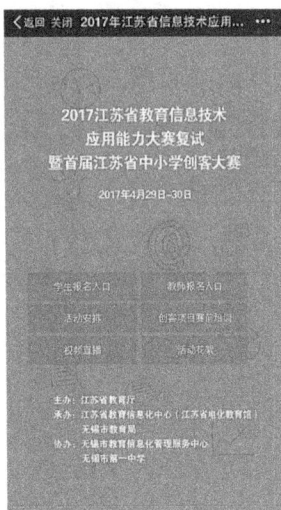

7. 考评管理

建立全市教育督导评估系统,并对"智慧校园"创建考评、"智慧课堂"试点考评、学校信息网络安全自查评价等多个项目进行在线填报评估管理。

8. 安全管理

开发物联网绿盾机房管理系统,利用物联网传感技术对学校网络中心机房的温度、湿度、电压、电流、烟感等数据进行感测监控,并在数据异常时提供多终端、多形式的报警服务;开发"慧访客"互联网智能访客系统,高效记录访客基本信息、来访信息及出入信息,并在手机微信端实现来访审批、远程开门、二维码开门,有效提升了教育单位的信息化形象,做到真正意义上的门卫安全管理。

四 运维保障体系

1. 公共环境支撑

2001 年建立无锡教育城域网,统一平台,集中管理,为全市教育系统提供高速互联的内网通道和安全畅通的公网服务。经过 16 年的持续建设与运营,无锡教育城域网与全部运营商完成互联互通。外网总出口带宽超过 10Gbps,城域网中心到用户端带宽达到 16Gbps。全市出口带宽百兆及以上的学校接近 75%,全市近 20 所院校完成千兆网络到校部署。

2015 年启动建设全国首创的无锡无线教育城域网,在教育城域网中心端部署无线控制平台、实名认证平台、资源分发平台和运维管理平台。学校仅需安装无线热点即可组建与校园网、城域网融合的无线校园网,为学校无线网络建设降低了技术难度和经费投入,实现了无线校园网的统一安全管控和校际无线漫游应用。

自 2010 年建立无锡教育云计算数据中心,经过 8 年的持续建设投入,现拥有 100 多台物理服务器(其中高性能虚拟化主机 22 台)、虚拟机数量超过 200 个、超过 1000 颗 CPU 内核运算能力、5TB 内存资源、1PB 存储空间,建成"人人通"云空间存储系统和云视频平台。

2. 安全保障能力

无锡教育城域网网络中心、无锡教育云计算数据中心共用一个中心机房,一体化运行于有冗余列间空调的冷池机房。机房环境恒温、恒湿,设有自动灭火系统。机房所处大楼双路供电,机房设有两套完全独立的 UPS 系统和独立配电,同时给设备供电,以保证电源供应的连续性和供电品质。机房安装了自行研制的"绿盾机房监控系统",可在无人值守下自动监测机房环境和电源状况,一旦出现异常,能自动向预设的管理员发出告警信息,以便及时处理问题。机房还部署了网络运维系统,可 24 小时监测核心设备和关键节点的网络数据流,供管理员分析网络运行状况,指导系统升级方向。

无锡教育城域网网络中心核心设备采用全冗余结构,没有单点故障的隐患,网络中心数据通道目前可实现 20Gbps 无瓶颈,实现了和电信、移动、联通、省基础教育网、市电子政务外网等多个网络的互通,内网用户单位仅通过无锡教育城域网提供的一条物理链路就可以访问上述所有外网资源。无锡教育城域网内网与各出口部署防火墙,内网用户通过防火墙 Net 后访问外网,保证内网用户安全。出口设有统一的流量管理和上网行为审计及日志,满足国家法规要求。

无锡教育云计算数据中心与无锡教育城域网网络中心核心设备互联,部署在同一物理机房,网络结构上相对独立,与网络中心互联边界设有 IPS 和应用调度,可及时发现、防范异常网络数据流,并能及时关停个别有问题的网站和应用系统。数据中心还在运营商机房设有容灾和备份系统,核心业务和关键数据在异地实现容灾和备份。

3. 运维管理团队

无锡教育城域网网络中心、无锡教育云计算数据中心由无锡市教育信息化管理服务中心负责运行维护。除了配备 3 名专职专业技术人员保障日常运行外,中心还和电信、移动分别签署共建战略合作协议,一旦出现重大问题,可随时调集两大运营商运维团队共同分析、解决。

无锡教育"人人通"智慧管理服务体系的建设,使得教育惠民范围不断扩大,教育惠民供给有序拓展,教育惠民服务精准推送,教育惠民能力持续增强,教育惠民绩效明显提升。依托手机微信公众号,无锡教育信息化管理公共应用服务"快、准、深、全",公众满意度不断攀升。

创新推进信息化
助力基础教育优质均衡发展

泰州市教育局

江苏泰州，地处长江北岸、江苏中部，有着 5 000 多年的文明史和 2 100 多年的建城史，自古尊师重教，崇文尚学，素有"教育之乡"的美誉。泰州下辖三市四区，人口 508 万，在校中小学生 39.7 万人，其中农村学生占 41%。2012 年，泰州市将"开展中小学数字化学习，促进课堂教学变革，拓展课外学习空间，通过教与学的转型变革，提高教学效率和学习质量"列为教育转型发展"163"行动计划的重要内容。2013 年，正式启动泰州市中小学微课程的研究与建设工程，根据学科知识体系编纂碎片化的知识点、技能点条目，针对学生学习过程中的难点、疑点、易错点制作 3～5 分钟的微视频、微测试，建成覆盖基础教育主要学科的自主学习平台与资源库，当年年底正式定名为"泰微课"(Taizhou Microlecture)，并申请注册商标。"泰微课"在扩大优质教育资源覆盖面、促进信息技术与教育教学深度融合、助推基础教育优质均衡发展方面发挥了积极作用，已成为泰州市教育信息化甚至整个教育事业的一大品牌与亮点。

一 注重教学需求，建立个性化全天候自主学习平台

"泰微课"信息化平台建设是项目成功与否的重要基石。2012 年，泰州市教育局坚持"注重教学需求、力求简单高效"的建设原则，集中自身的技术力量，攻坚克难，自主研发了"泰微课"微课程制作工具、微课程资源管理平台(wsp. tze. cn)和微课程自主学习辅导平台(learn. tze. cn)，并顺利通过了微软中国公司技术先进、性能卓越的第三方测试。

微课程制作工具技术零门槛、易上手，制作流程明晰，工具操作简便，资源上传快捷。微课程资源管理平台为每一名注册教师提供微课程资源上传、编辑、修改、删除等管理功能，为市(区)、市两级学科专家组提供微课程资源评审、定级、发布或淘汰等管理功能。微课程自主学习辅导平台拥有"专家系统"，具有强大搜索引擎、强劲交互功能，为每个注册师生开通网络空间，可记载教师研修、学生学习的全过程并分析相关质态，支持电脑、平板、手机等多种终端点播微视频、进行微测试，提供全天候、个性化的泛在学习服务，促进教学模式和学习方式的变革。

二 注重内容建设,提供源源不断的优质教育资源

高质量的资源是"泰微课"的生命线。市教育局加强顶层设计,建立"试点先行、典型引路、区域协作、整体联动"的推进机制,制定下发"泰微课"资源教学设计要求和技术规范要求、"泰微课"资源总目录,建立完善的审核机制,执行严格的制作标准,全学科、全过程严把质量关,充分发挥全市名师的专业引领作用,组建起以170名特级教师名教师为核心、2000多名骨干教师为基础的工作团队。

2013年初,市教育局专门购置了200多套手绘板发给专家和试点学校,鼓励他们先行先试,并组织交流研讨,为"泰微课"资源制作积累经验;2013年9月,组织全市优秀微视频评选,为微视频制作提供典型,全面开展"泰微课"资源制作和应用培训,不断提高制作应用水平;2014年2月,组织专家编纂中小学学科微课程总目录,明确"泰微课"资源制作目标任务,分级签订责任状,设立专项资金,健全考核与激励机制,构建市、区、校三级工作网络,形成了校校发动、人人参与、广泛应用、共建共享的喜人格局。

"泰微课"的制作流程是:教师首先研究专家组梳理出的知识点和技能点,然后根据自己的教学体验,梳理出学生的易错点,其后准备课件、微测试题、整理讲稿等,前后最少三四天,一条三五分钟的微视频才录制成功。每一个微视频的制作都要求教师从学生的角度分析到位,注重总结规律和方法,对教师整体素质的要求很高。

制作高质量的"泰微课"资源,选好问题是首关。除了《课程标准》中所列知识点目录外,更需要大量的生成于教学过程之中的问题。教师以一切围绕学生兴趣和问题的选题思维,从教学过程中敏锐地发现恰当的选题,更能解决学生的疑点、难点和易错点。比如课堂上学生学习感到困难的问题、作业中学生出现的错误、试卷中学生不会做或做错的难题,甚至教学过程中发现的学生的巧妙方法、思路。这些选题大多生成于教师自己的教学过程之中,再经精心设计,制作成的资源更具实用性和针对性,教学价值与研究价值更高,也是"泰微课"应用中最受教师、学生、家长欢迎,点击频率高的内容。陶文娟是第一批参与"泰微课"制作的教师,她说:"往往5分钟的微课,我们需要准备一周的时间。对于学生在学习过程当中的重点和难点,我们要精准把握、精巧设计,还要精选相应的微测试来帮助学生完成自主学习。"

制作高质量的"泰微课"资源,审核是重要的最后关口。教师根据"泰微课"资源教学设计要求和技术规范要求制作出"泰微课"资源后,由市(区)级学科专家初审推荐,市级评审专家采用随机分派、双人背对背的盲评,提出评审意见,全程严把质量关,资源评审分A、B、C、D四个等级,给出优秀、良好、待定修改、淘汰等相应处理。

"泰微课"资源实行动态更新机制,允许多人先后针对同一选题制作上传不同的微课程,实行等级高、质量优资源自然淘汰等级低、质量劣者的办法,形成了数量不断扩容、质量不断

提升的常态机制。严格的标准倒逼制作者必须提高课件质量，老师们集体备课的热情更高了，遇到问题时大家共同研究。敢于"亮丑"、勇于"剖析"、勤于实践，让一批年轻教师成长起来。"泰微课"制作老师朱丽霞说："'泰微课'的制作本身就是我们教学反思的一个过程，如果我的作品得不到 A，我会把它取回来进行修改，精益求精。"

为激励教师积极参与"泰微课"建设，提高"泰微课"建设质量，我们把"泰微课"建设列入市(区)教育工作、学校绩效的年度考核指标，纳入教师评优评先、晋升职称等分类考核体系。《泰州市"泰微课"资源建设激励办法》明确提出了教师在继续教育和职称晋升中完成"泰微课"资源的数量和等级。市教育局每年还拨出专项资金用于教师、专家评审和市(区)教育局的奖励。

2015 年 3 月启动了"泰微课"导学案资源建设。通过"泰微课"导学案资源建设，将碎片化的微视频、微测试资源重构成学科知识树的完整的课程体系。它是依托"泰微课"平台形成组织性、针对性更强，为学生开展高效自主学习、个性化学习的"泰微课"自主学习资源。"泰微课"导学案与其他的各种学案完全不同，它是基于"泰微课"微视频、微测试资源重新优化整合，按照课标、教材规定的课时，从学生自主学习的视角来组织安排结构和内容，编制而成的具有"互联网＋"特征的高质量学案，它直接服务于学生的自主学习。小学、初中、高中 17 门学科要建 6000 多课时的导学案。

目前，"泰微课"资源库已覆盖基础教育各学段 17 门学科，并启动了高考、中考、安全教育等专题性的资源建设，已建成微视频 7 万条、微测试题 20 万条，首批导学案将于 2016 年秋学期全部投入使用。"泰微课"优质资源特别接地气，针对性、实效性很强，正在成为泰州中小学生自主学习、教师研修的"百度"。

三 注重推广使用，加快形成学生学习、教师成长"人人通"

应用是"泰微课"建设的出发点与落脚点。按照信息技术与教育教学深度融合的指导思想，我们突出应用导向，注重推广使用，加快形成学生学习、教师成长"人人通"，打破城乡、校际界限，共享名师资源，提高教育教学整体水平。

我们设立"泰微课"应用研究所，成立"泰微课"专家委员会，注重外智与内智齐发力，指导全市"泰微课"在课堂与课外的推广应用；我们整合全市名师骨干教师资源，建立网上答疑解惑教师团队，利用网络交互功能指导学生优化学习内容和方法，名特优教师随时随地免费"请"回家，有效遏制了有偿家教。

学校组织教师全员开展"泰微课"课题研究，运用"泰微课"组织备课、教学和测试，指导学生使用"泰微课"进行自主学习，尽量减少课后作业，为学生课前自主学习提供时间保证，实现先学后教。遴选 62 所"泰微课"应用试点学校，鼓励先行先试、积累经验，运用多元化手段与多样化载体，创新课堂教学模式和学习方式，使课堂更加生动灵活、教学更加高效，使学生学习更加主动、使用更加便捷，在全市形成了教师人人参与、个个应用、共建共享的良好氛围。

"泰微课"使用方便快捷，实用性强。师生登录"泰微课"网站(http://twk.tze.cn/)，按步骤完成注册后进入微课程学习辅导平台。学生可以随时随地搜索自己不懂的知识点，三五分钟就能解决一个问题，能满足他们全天候、个性化的学习需求。高港实小学生丁宇轩说："使用'泰微课'平台，老师虽然不在我们身边讲，但通过视频的模式和图例的展示，可以让我们清晰地了解这些知识点，而且视频十分明快。"姜堰四中学生家长杨敏说："刚开始我对这个'泰微课'不太了解，以为孩子是通过这个去上网玩游戏什么的，后来经过尝试，我发现这个'泰微课'真是好，因为孩子通过这个可以上去直接点击自己学习的盲点。我觉得学'泰微课'以后我们所有的家教都是多余的了。"

利用"泰微课"开拓学生课外学习空间，实现学生线上学习和线下学习的有机结合，"哪里不会点哪里"成为现实，让市域内甚至省域内学生无论贫富、无论城乡都能享受到优质教育资源。家住姜堰区罗塘街道三元村的小学生钱瑞涵原先学习成绩一般，自从学校推广"泰微课"后，他一到家就习惯性地向网络求教。钱瑞涵的妈妈曹秋香初中学历，她对"泰微课"的使用有切身的认识，她说："以前小孩在学习上有什么不懂的地方，回来问我，我几乎答不上来，现在好了，我打开手机，让他在'泰微课'上学习，很方便，效果也很好。"

"泰微课"不仅可以让学生带着问题复习，还可以让教师和学生在上课前深入备课、做好自主学习，这样课堂上老师能讲得更有针对性，学生能学得更主动，"泰微课"推进了课堂教学的革命。高港实小老师季晶说："我们学校2400多名师生全部注册了'泰微课'，以前我们老师在课堂上总得花上20多分钟来进行新课的学习，现在只要将这个学习的内容放到课前，让学生自由地去观看视频，从而大大地提高了学习的效率。"

自2014年9月9日"泰微课"正式上线以来，全市3.5万名教师、30多万名中小学生均免费注册使用，"泰微课"已成为泰州市基础教育"E学习"的大百科全书和学生自主学习、教师研修的"百度"，市域内学生学习、教师成长"人人通"格局基本形成。泰州市政协副主席、泰州市教育局局长奚爱国说："'泰微课'是互联网＋教育的一种有效的实现形式，它的上线使用，使全市的学生无论城乡、无论贫富、无论区域，都能享受到最优质的师资资源，我们通过信息化技术有效地推进了教育均衡，促进了教育公平。"2014年10月，该项目得到江苏省教育厅的高度肯定，要求在全省推广，并升格为江苏"泰微课"。"泰微课"得到了广大师生、各界群众及上级领导的普遍好评，《中国教育报》《新华日报》等20多家媒体进行了广泛报道。2015年6月参加在泰州召开的全国义务教育改革发展现场经验交流会的代表们纷纷给予高度称赞。山西省教育厅督学张卓玉说："泰州教育的信息化水平还是蛮高的，微课的制作全国各地都在做，但是你们泰州做的是速度快、覆盖面大、效果非常好的一家。""泰微课"先后被评为"2015年智慧江苏教育行业应用示范工程"第一名和江苏省重点改革成果。

徐州市"学讲行动"计划实施与信息技术应用

徐州市教育局

徐州市是江苏的教育大市,教育规模约占全省的1/7。至2012年,全市已经课改了十多年,但市里相当一部分中小学校的课堂里,教师"满堂灌"、学生被动学,教学气氛沉闷、效率不高的现象依然可见。

2013年,徐州市在全部中小学推行了"学讲计划",一个落实课改的行动计划的实施,提出并力图回答三个公式——

课程改革+信息技术=?   互联网+知识管理=?   智慧教育+问题解决=?

一 "学讲计划"实施中的时代回应

2013年12月,一个推行"学讲方式"、改善课堂教学生态、建立教学新常规的行动计划,在徐州市教育局认真的研究和酝酿中出台了。《关于实施〈"学进去、讲出来教学方式"行动计划〉的意见》(以下简称《学讲计划》)从教育局下发到各中小学,明确指出"学讲方式"是以学生自主学习作为主要学习方式,以合作学习作为主要教学组织形式,以"学进去、讲出来"作为学生学习方式的导向和学习目标达成的基本要求的课堂教学方式。"学进去"是对深度学习的号召,是对学习目标的陈述,也隐含着如何"学进去"的问题思考。"讲出来"是对课堂中学习与组织教学的新要求,基于能讲出来的就是学会了的经验基础,"讲出来"、教别人能够取得最好的学习效果的学习金字塔理论,把"讲出来"的思维过程作为找准思维问题并加以思维训练的重要举措。要求教师要做"站在学生后面的"参与者,要有目的、有计划地逐渐从讲台上"走下来",要更多地"参与"到小组学习中,驻足在学生的课桌旁,在教学方式转变中实现"生进师退"、"学进教退"。

从理论到行动、再到行为习惯的养成,从来都是艰难的。过去习惯面对四五十名学生滔滔不绝,现在要关照6~8个不同学习小组的教师们,首先面对的是怎么完成教的转变。自主学习怎么组织、学生不会自主学习怎么办、如何进行学习指导?教学方式变了,教学流程变了,教学对信息技术的需求就越来越凸显出来。

过去装在教室里,不用或只用来当黑板的电子白板,被用得多了,用途也多了起来。老师要把交代学生合作完成的任务留在黑板上,才能走下讲台指导学生学习;交互的功能启用了,每个学习小组是否已经完成任务老师都可以实时方便地看到,并且快速确定其中典型的小组与全班进行分享;学生们走向了讲台,白板成了他们小组合作解决问题的演示的展台……应用信息技术,解决"学讲方式"实施中出现的问题,一时成为徐州许多学校、教师的选择,也涌现出了许多具有可操作性、可借鉴的成果。信息技术回应了"学讲计划","学讲计划"驱动了信息技术的深入应用。

"学讲课堂"中学生进行成果交流展示

利用交互白板,师生互动、小组合作解决问题

徐州教育局强调,"学讲计划"要着力促进信息技术与教学的深度融合。他们通过开发微课、学案等"学习资源包",借助"翻转课堂"等教学方式,为学生创设泛在学习的条件,激发学生"学进去"的积极性,促进学生自主学习,实现课内外学习的有机整合。

泉山区风化街小学的老师用手机拍摄低年级学生自己改正错题的过程,称之为"出声响解题",通过视频剖析解题思维过程,关注学习的发生。沛县一位小学教师制作了"快乐诵读100课微课社团",利用视频传输的有利条件,在以教师的讲解、示范、指导为主的前提下,充分使用图片、音乐、视频等,把学习内容以多媒体的方式呈现出来,激发学生的学习兴趣,使学生自觉主动地学习。

徐州市云龙区教育局是教育部第一批"教育信息化试点单位",他们以徐州市青年路小学、解放路小学、公园巷幼儿园等"数字化学习实验学校"为先导,整合基层的探索实践与成果,结合"学讲计划"的应用需求,实施了"学生自主学习导学资源建设及应用研究",有力保障"教与学"方式的转变。当音频、视频(微课)、文本(活动单、导学

数字化学习工具支持小组合作探究

案）、动画教程、信息学习平台等丰富的媒介和载体作为学生自主学习和研究性学习的工具和材料时，它们实际上已经成为一种自主学习的导学资源。课程改革中提出的学生学习方式转变，通过信息技术的介入，已成为徐州中小学教学的现实场景。

不少人说，中国的学校里班级人数那么多，怎么能以学生为中心，教师顾得过来吗？在徐州，在教师从讲授转向帮助学生"学讲"的过程中，在信息技术从支持教师讲得更多、讲得更好向支持搜集学生学习行为和学习习惯的大数据，支持学习方式转变的过程中实现了。课程改革与信息技术的这一变奏曲，书写了一个时代的新公式：课程改革＋信息技术＝教育革命。

二 教学新形态形成中的教师成长

教学方式的变革如何促进新的教学形态形成，徐州教育局实施的策略是"行政推动，全面推进，科学推广"。建立"学讲方式"的教学形态，教师教研能力的提升是关键的一步。

加强备课、加强教研活动自然成为"学讲行动"实施的直接目标。在徐州市云龙区，目前有青年路小学教育集团、徐师一附小教育集团、云兴小学教育集团等几个较大的教育集团。这些教育集团都是在城市发展中建立的，它们的共性是：每个学校都有两个以上的校区，最多的有四个校区。实现各校区间的协作学习、同步发展、共同提升成了摆在局长和校长面前的共同问题。借助于徐州教育局的网络教研系统，徐州市青年路小学的四个校区，每个学科组每周都要开展网络教研，将四个校区的学科教师组织、聚焦在平台上，进行仿佛面对面的交流，让有经验的老校、优质校及时向新建校、新加盟学校传授教学经验，指导教研活动，帮助他们解决问题和难题。

现在，全市的中小学教师的备课和教研活动实现了"教研三化"：一是教研过程可视化。教研过程大家都能够看到，可以看到教案，看到备课小组研究，看到学区研究，看到整个教研过程，把教研活动置于广大教师的视野中。二是教研参与实时化。原来是规定时间、规定地点进行教研，现在通过 QQ、微信、YY 语音等社会化软件和徐州教育公共服务平台的视频会议系统，随时可以教研，实时可以交流。三是教研成果作品化。面对一节课的教学设计，经过反复打磨，不同层级把关，最后呈现出来的是一个作品化的教案、课件、练习评测资源包。网络集体备课和网络教研的实施为教师提供了交流互动的广阔空间，有力地促进了"学讲方式"的推广、教师群体素质的提升，在有效提升课堂教学的整体效益方面见了成效。在国家开展"一师一优课、一课一名师"活动中，徐州经济技术开发区的教研室还成功地约到上海浦东区的同行，一起网络教研。有著名的小学语文专家，在网上看了他们的活动录像后欣然写了一篇 1500 多字的述评。

徐州教育重视建立新的流程和工作机制，保障教研活动落到实处，让备课产生了质的飞跃。徐州基础教育云提供的区域网络备课应用公共服务，让教师的教研和备课流程也经历了重组和再造(如下图所示)。

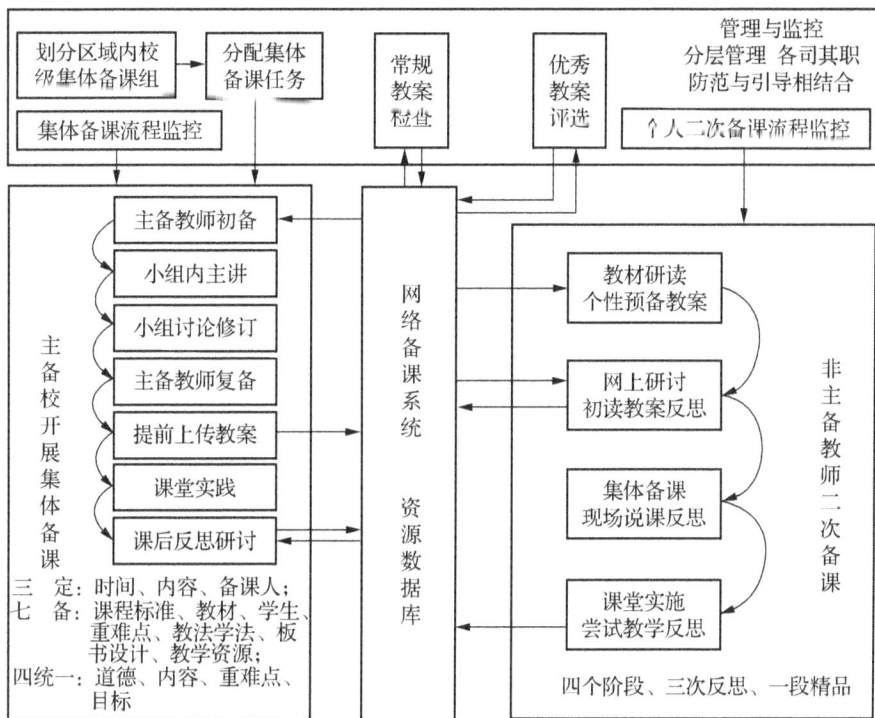

划分区域内校级集体备课组 → 分配集体备课任务

集体备课流程监控

常规教案检查

优秀教案评选

管理与监控
分层管理 各司其职
防范与引导相结合

个人二次备课流程监控

主备校开展集体备课

主备教师初备
小组内主讲
小组讨论修订
主备教师复备
提前上传教案
课堂实践
课后反思研讨

三 定:时间、内容、备课人;
七 备:课程标准、教材、学生、重难点、教法学法、板书设计、教学资源;
四统一:道德、内容、重难点、目标

网络备课系统 资源数据库

教材研读 个性预备教案
网上研讨 初读教案反思
集体备课 现场说课反思
课堂实施 尝试教学反思

非主备教师二次备课

四个阶段、三次反思、一段精品

基于网络备课系统的区域网络教研流程

这就是徐州教育人的第二个公式——互联网＋知识管理＝?。通过网络备课系统,大家交换彼此的想法,于是知识开始在交换过程中流动,知识流动的过程促使老师创造了自己的知识,这就是教研活动知识管理的逻辑。"学讲"的理念和行为在网络平台上传递,借助网络可以实现区域教师备课的高效管理。其中,教师备课资源的区域共享、教师备课的分级管理、教师基于网络的同伴互助是传统方式所无法实现的。教师们能在网络上实现专业的对话和协同,实现校本教研以及校际的协同教研。校际实施网络备课研讨,解决了教学点的教师无法进行集体备课的难题。利用网络教研平台还可以进行教学疑难问题研讨、名师课堂观摩研讨、学科示范校与拉手学校的可视化研讨等。网络备课体现了群体知识的协同进化过程,网络平台的支撑促进了教研的优化,教师网络交互式教研的常态变化正是教师教研协同创新的必然结果。

徐州教育人给出第二个公式的答案是:互联网＋知识管理＝智慧教育。他们说,学生学习的过程就是知识规划、获取、加工、运用的管理过程,学会学习就是获取知识管理能力。教师专业发展的能力实质也是教师知识管理能力,教研活动就是知识有效地流动,促进教师获取知识、创造知识,促进专业发展的过程。学习是学校的核心业务,学校管理的核心是知识管理。课程是学习活动的依据、素材,是知识管理的核心内容。因此,互联网＋教育,核心是互联网＋知识管理。智慧教育包含三个要素,即智慧的人、智慧的课程和智慧的技术。智慧的人＋智慧的课程即知识管理,所以,智慧教育就是知识管理加智慧的技术(互联网)。所以结论是:互联网＋知识管理,也就是技术智慧加人的智慧和课程智慧等于智慧的教育。

徐州孩子正在越来越智慧的教育中受益。泉山区和徐州经济技术开发区在"学案"相关知识点上添加一个二维码,使微课与二维码相匹配,无论是家长还是学生,通过扫描二维码,就可以方便地浏览微课课程资源。学生轻轻一扫,老师的讲解就可以及时在面前呈现。老师的"讲"更有针对性,学生的"学"更有自主性,更具个性化,因而受到了学生及家长的普遍欢迎。知识管理的智慧不仅使教师受益,还惠及了学生和广大家长。

三 数据监测分析中的教学"体检单"

"学讲计划"实施以来,全市广大教师积极响应,各级学校迅速行动,在徐州掀起了"学讲行动"的热潮。"县县行""校校行"活动,有力地推动了"学讲行动"。徐州教育行政领导和校长不约而同地在思考一个问题:全市、全校都在实施改革的过程中,如何及时全面掌握情况?如何把改革的风险降到最低?他们深深地懂得,学生的学习经历是不能错了重来的。

"学讲计划"在全市中小学全面推进,涉及全市 2.5 万个教学班级,意味着全市每天常态运行 15 万节课。而在这每天的 15 万节课堂中,师生的行为是否符合"学讲计划"的要求?教师是如何教的? 学生怎样学的? 如何及时获得第一手的过程性资料,了解课改实施动态,确保学生受益的课改方向不走偏? 在这样的背景下,"徐州市智能巡课系统"应运而生并在全市逐步推行开来。

"智能巡课"系统的推行并没有想象中的那样顺利,在实施的初期,有的教师认为利用"智能巡课"系统对课堂实施观察记录,是对教师的监控以及对教学活动的干扰。而实际上,"智能巡课"的基本思路是按照教师活动、学生活动及课堂秩序等维度,将课堂上呈现的师生外显行为及课堂状态归纳为一系列观察指标,并在巡课过程中如实记录。通过对采集的数据进行基于大数据的分析,总结出课堂在教师讲授、小组合作等方面的具体特征,形成对学校日常课堂教学状况的全景描述。其原理类似于医学上通过 CT 扫描仪对人体进行扫描,对许多个片段的综合分析可以描述出人体的全貌。

"智能巡课"的基本观察从教师活动、学生活动以及课堂秩序与气氛三个维度设计了12 项指标。教师维度中主要有三个重要指标,分别是:教师集中讲授率、讲台站位率和教师巡视率。学生维度的指标则有:小组合作活动率、练习检测率、自主学习比率、答问比率、听讲比率、主动学习比率等。巡课时,对课堂上教师和学生的行为进行观察记录,并进行基于大数据的统计分析,改变了以往教学管理中以主观经验和感受评判教师教学的状态。用事实说话,用数据说话,有效地提高了教学日常管理的针对性和靶向性。下图是徐州市直属中小学三次巡课学生课堂活动分析。

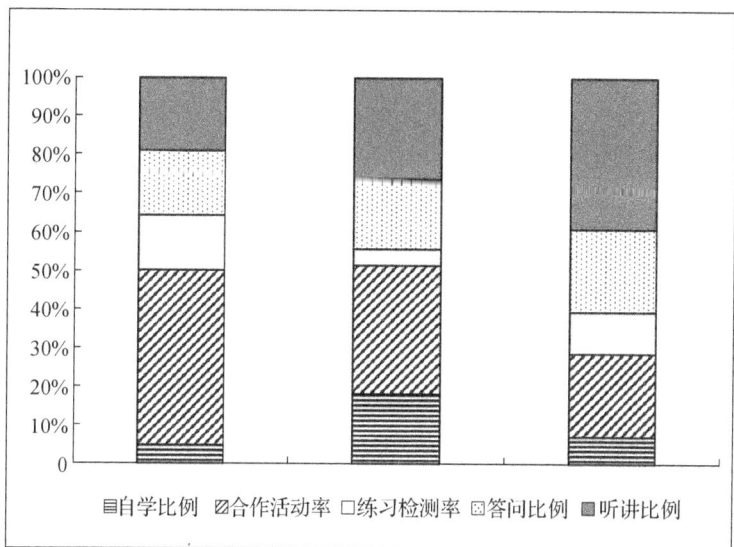

徐州市直属中小学三次巡课,学生课堂活动分析

现在,校长不再为无法及时了解学校的"学讲计划"的动态而发愁了,登录"智能巡课"客户端,关于全校教师开展"学讲计划"的第一手资料就会呈现在眼前。基于这些数据,学校及时反思推行"学讲计划"工作出现的问题,及时化解工作中出现的各种矛盾,确保了"学讲计划"的顺利实施。"智能巡课"系统现在越来越受到教师的欢迎,因为它同样能为教师提供基于大数据的分析结果,从而指导其教学改革工作的优化。"智能巡课"系统运行的半年以来,市区范围内市、区、校三级教学管理部门共巡课138万余节次,涉及班级23000余个,为"学讲计划"提供了第一手的"课堂观察"资料。智能巡课已成为教学管理的重要抓手,成为推进课改的重要举措、过程评价的重要依据,还成为科学研究的重要手段,也是信息化与常规教学管理应用高度融合的典范。

类似的应用还有许多。徐州市第十三中学、西苑中学、东苑中学、三十一中学等一批学校,在徐州教育公共服务平台上建立了"微课礼团",在网上组织课程实施,通过具备布置任务、组织、检查、评估以及后台统计分析功能的学习平台,促进学生课内课外学习。在徐州市师范学校第一附属小学,登录学校"自主学习评测平台",学生可方便地在网上完成老师布置的作业,把完成的作业提交给老师,老师则可以即时打开作业进行批改,查看学生学习情况。老师在前一天通过"自主学习评测平台"给学生推送学习内容和自主学习单,让他们课前预习。上课时,根据不同学生、不同题目的错误情况,调整课堂教学重点,及时解答疑问。课后则发布作业,让同学们在线完成。

对"学讲课堂"数据的分析、信息化管理的实现,代表着徐州教育由传统教育方式、管理方式向智慧化方式迈进,重大转变已经开始。信息技术应用来自课改带来的内在需求,来自课堂学习与教学真问题解决的真需求,来自促进学生生命成长方向的正确需求,因而,应用在向深度和广度拓展,就有了融合的味道。第三个公式:智慧教育＋问题解决＝深度整合,这既是他们的实践体会,又是需要进一步探索和实践的课题。

现在,走进徐州"学讲方式"的课堂,教师"满堂灌"、学生被动学,教学气氛沉闷、效率不高的现象不见了……

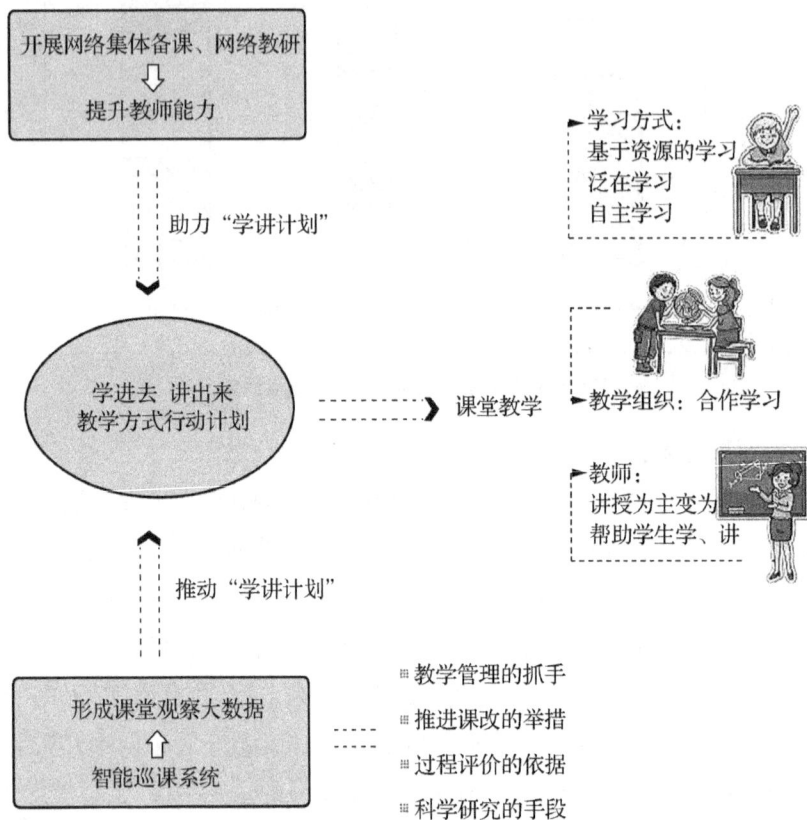

"学讲行动"导图

智慧教育云,带来教与学的双重革命

连云港市教育局

一 建设背景:以信息化扩大优质教育资源覆盖面

为了贯彻《教育信息化"十三五"规划》精神,推进我市教育信息化进程,以智慧教育推进学校转型,实现课堂重构,营造全新的学习环境,带来教与学的双重革命,打造面向学生、服务教学、适合个体的新模式,市教育局拟建设以"连云港市智慧教育云服务平台"为载体的信息化服务方式,建设"人人皆学、处处能学、时时可学"的学习型社会,努力以信息化为手段扩大优质教育资源覆盖面,让全市的孩子共享优质教育资源。

二 建设情况:打造信息化条件下的智慧教育

目前,我市教育信息化主要工作是信息化服务平台建设、数字化资源建设、信息化管理、教师教育技术能力培训,市教育局将信息化条件下的智慧教育作为提升我市教育教学质量、提升教育管理水平的重要手段之一,重点打造"连云港市智慧教育云服务平台",依托学校智慧校园和宽带入户,以计算机和手机为载体,使智慧教育云服务平台更好地服务于学校、家庭、社会,为教师的课堂教学、学生的校内校外学习、学校的教育教学管理提供和新课改配套的各类数字化学习资源和交互的网络互动等公益性服务和技术支撑。

三 功能介绍:六大板块打造精品应用

市教育局集中全市名校、名师力量,共同打造数字化学习资源包,致力于精品资源共建共享之路,借助学习资源包、计算机、手持终端(平板电脑、手机等)、网络等,使每个学生从学海苦练转变为精学精练,通过名师网络直播、微课等视频、音频教学资源把学生带入实时的学习环境中,做到寓教于乐,激发学生的学习兴趣,激发学生的主动性、积极性、创造性,培养学生的自主学习能力。

连云港智慧教育云服务平台,从"微课中心"、"名师在线"、"家校互动"、"在线作业"、

"在线阅读"、"人人通"六个方面打造精品应用和资源,着力构建"人人皆学、处处能学、时时可学"的泛在学习支撑能力,体现连云港智慧教育云服务平台的教学效益、社会效益、管理效益。

1."微课中心"

"微课中心"是连云港智慧教育云服务平台数字化教学资源的中心,学生的线上线下学习围绕此项服务开展。市教育管理信息中心为技术支撑,市教研员为各学科负责人,遴选我市名校、名师参与,通过动画、视频、音频、图片、文字等形式,将每节课的重点和难点以"微课"(也称"微视频")形式展示,同时并配以有针对性的练习供学生学习巩固。

微课的内容覆盖义务教育和高中段学校所有学科和课堂同步的知识点,既满足各级各类学校教学使用,更满足学生预习、复习、练习需求,同时也为家长学习新课改后的教学方法提供资源,避免家长知道如何做,但不知道如何和孩子讲,只能通过请家教的方式解决的弊端。

2."名师在线"

"名师在线"是市教育局统筹协调,集全市名师、学科带头人网络在线教学的一种方式。教师利用学生不在校的时间,按照各学段、各学科的教学进度以视频直播的形式开展网上教

学。学生在家通过计算机或手机APP听课的同时,可以将学习中遇到的问题以文字的形式发送给主讲教师,教师可以在线给予回答;同时,学生可以通过智慧教育平台预约喜欢或需要的教师,教师通过网上小课堂的形式和学生共同探讨学习中遇到的问题。

"名师在线"的主讲教师由市教研室在全市范围内遴选,讲课的内容按照各学科的进度、按照教学的要求,利用休息日的时间,系统对难点、重点、学习方法等方面进行定期网上授课。

3."家校互动"

"家校互动"是基于互联网模式,联通学校、家长、学生的公益性网络平台。教师通过智慧教育云服务平台将通知、作业、评语等信息,以文字、图标、视音频等形式及时进行集体发布或点对点方式发送学生,家长也可以自主选择通过手机客户端(APP)和计算机(Web)方式查看信息并和教师进行交流,既保证家校间信息畅通,又保护个人隐私。家长在使用"家校互动"功能时,只消耗手机4G流量(非Wi-Fi状态),不会产生其他通讯费用。

4."在线作业"

"在线作业"是教师通过平台将作业发给家长或学生,学生可以通过手机APP或计算机完成并提交,教师可以实时对全班或个别学生作业完成情况进行分析、指导,不受时间、空间的限制,真正做到"随时随地"。该项功能还可以拓展到学生假期作业的完成。

5."在线阅读"

"在线阅读"是教师配合教学和学生个体成长的需求,为学生提供阅读指导和书目推荐,并提供名人、名师的阅读范例供学生观摩学习,养成学生读好书、好读书的良好习惯。

6.网络学习空间"人人通"

"人人通"是学生、教师、家长等多个主体之间的交流、分享、沟通、反思、表达、传承等活动的载体,可以将零散的学习资源在学习空间中进行整合,形成满足个体需要的学习资源,为教师教学和专业发展提供支持,为学生系统化学习积累提供条件。"人人通"是省教育现代化数据检测中三大信息化指标的一项,是体现区域内教师信息化素养的重要数据,此项指标的提升,县区只要做好组织发动应用工作,不需软硬件的投入。

四 管理模式:一级建设三级管理应用

"连云港智慧教育云服务平台"采用一级建设三级管理应用模式,即市建、县(区)管、校用。市教育局完成平台的软硬件建设、学科资源的开发及相关统筹工作;各县(区)教育局作为连云港市智慧教育云服务平台的分中心,负责组织辖区内管理和应用推动;学校作为云服务平台的基层管理单位,不但要在教育教学中应用,更要在"名师在线"、"家校互动"、"在线作业"等方面加大应用推动力度,满足学生课外学习的需求,以达到把名师"请回家",逐步摆脱外请家教的怪圈。

连云港市智慧教育云服务平台立足互联网＋应用，从业务上满足学生线上线下学习，服务教育教学，从体系上紧扣省教育现代化创建，提升区域内国家教育信息化达标率。我们有理由相信，通过市、县（区）、校的共同努力，智慧教育必将推动我市教育信息化水平达到新的高度。

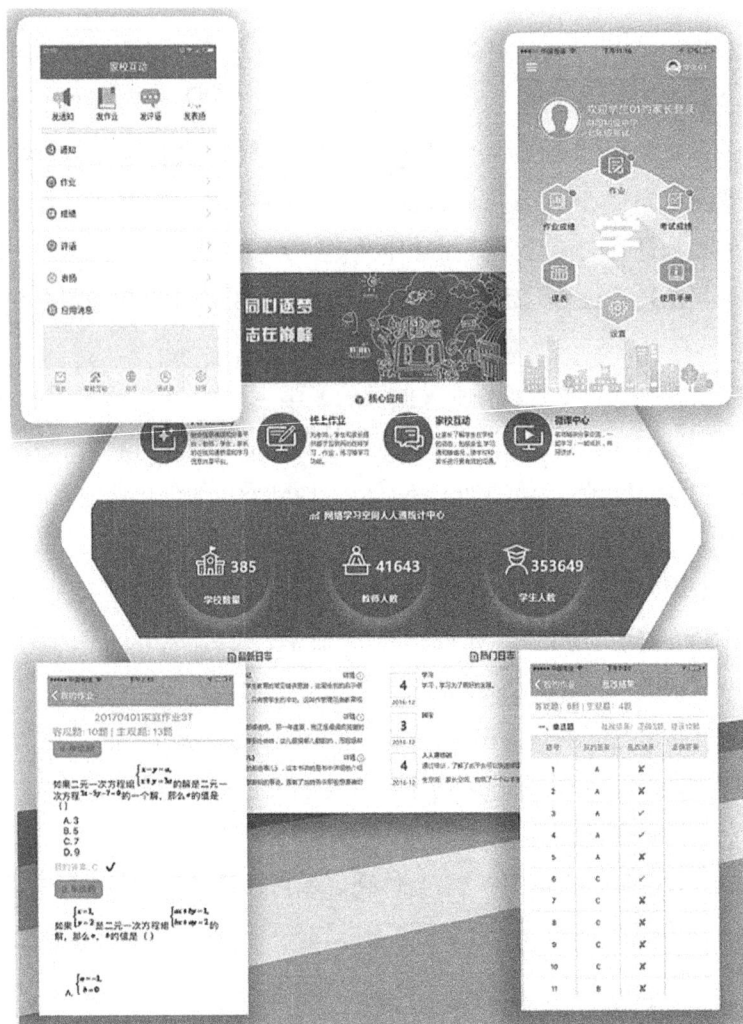

智慧教育云服务平台及手机客户端界面样

镇江教育云平台助力智慧教育

镇江市教育信息化中心

镇江教育信息化工作从1998年起,由"三建"(建网、建库、建队伍)逐步发展到"三服务"(服务于学生的学,服务于教师的教,服务于教育行政的管)。但随着互联网＋、云计算时代的到来,以"如何借助新技术,推进区域教育信息化,实现教育智能化,全面提升教育综合效益"为工作重点已成为教育信息化发展的必然趋势。2013年,经过周密的部署、专业的策划,镇江教育云平台建设正式启动。此工程着眼于全市,依托云计算和大数据,有效整合教育教学资源,统一维护管理。经过近三年的建设和完善,如今,一朵绚美的镇江教育云已升腾而起。作为镇江教育的前瞻性战略决策,总投资六千万元的云平台,将最大效能地提高信息技术与学科课程整合的应用水平,更好更快地推进和落实"三通两平台"的建设和使用。

一　教育云的功能与应用

(一)数据中心

新建的镇江教育IDC数据中心机房作为镇江市校园基础设施和资源服务中心,采用先进的云计算和虚拟化技术,基础设置使用效率将提升超过400％,而能源消耗、管理维护等成本则降低30％以上。提升学校接入带宽,市区学校全部由原来城域网的10M、100M接入直接升级到1000M接入。高带宽的接入为各种教育信息化的应用开展提供了保障。

(二)统一身份论证

教育云平台里虽然各类应用系统繁多,但对于教师、学生及教育管理者用户,仅需一次登录完成身份认证,便可畅游云内所有的应用。"一站式登录"机制极大提升了教育云平台的综合使用效率。

(三)云桌面

只要有一个移动终端、一个机顶盒,就可以接入云平台。云桌面终端设备相比传统PC电脑主机,更便于统一集中维护管理,同时也极大地降低了能耗。云桌面提供的虚拟计算机目前有2500个,为集群办公提供可能,扩容后全市教师可以登录云端,随处办公。云桌面的虚拟计算机还配备了各种教学资源和教学工具,老师们自用虚拟机可以更方便地进行备课、上课。

(四) 教育工作平台

教育工作平台里面汇聚了各种云应用。教师、教育管理者通过教育工作平台对日常事务进行管理。视频中心海量的微课、微视频、资源库里，课件、教学案、试卷、题库等教学资源应有尽有，并针对个人身份可以针对性地推送。教师研修、教师专业发展、教育督导等都可以从这个平台来完成线上的工作。完备的办公 OA 系统，为管理者提供了各种日常办公业务功能，并配套 APP 移动客户端，为实现移动办公提供了可能。工作平台汇聚了各个专业平台上的数据，来自各个链接的数据形成"大数据"。数字、文本、图片、音频、视频等各种格式的大数据，经过教育管理者、平台使用者的深度挖掘、使用，可以为教育教学应用、辖市区管理、校内管理等提供更快捷、更高效、更精准的服务。

(五) 教育云服务平台

教育云服务平台是教师、学生、家长、社会沟通的平台，也是互动交流、教研、学习的空间。教师的空间可以汇聚研修、观课等发表的随笔，可以发表文章，可以推荐资源。学生的空间可以查阅学生发展档案，可以观看任课教师推荐的教育资源，可以与教师交流困惑。

二 教育云平台助力智慧校园的案例

(一) 教育云平台服务于教师的"教"

强大的备课系统，不仅为教师提供随手可用的学科知识库和同步教学资源，还可以横向连接全市同学科、同年级的教师参与备课研讨。备课直接在教育云平台上进行，可以传送给备课组、教务处，可以报送给市教研室，还可以一键收集，传送给全市职称申报系统。教育教学平台上含有江苏版教材和辅助教材的电子版，将教师、学生、课堂三大要素无缝衔接，传统的课堂成了在线学习、个人学习、自主学习、混合学习有机结合的高效课堂，重视学生自主学习，随时调用备课素材。教师还可以在线获得及时反馈，体现了新课程改革的理念，也与我市推进高效课堂建设的行动一脉相承。课后辅导可以在线进行，家庭作业实现了少纸化。学生写作业的负担更轻了，教师批阅的效率更高了。学生做的在线作业，同步就有成绩统计和质量分析，非常实用。

不仅如此，远程教研平台还为教师提供大教研组活动的服务。参与教研活动的不仅有坐在录播教室的本校教师，还有坐在教育云平台终端前的各地各校的老师们。同学科的全市教师都可以在线听课、视频评课、线上讨论，老师们"人不在一处，心却在一起"。云录播平台不仅可以直播实时课堂，每次公开课实况、专家点评以及大家的听后感还可以永久储存在资源库里，自动分类存档，随时可以打开再看，成为教学研究和自我提高的便捷途径。

(二) 教育云平台服务于学生的"学"

随着学生平台开通服务，镇江的中小学生将可以进入"按需学习"的境界。在家可以接收老师的教案开展预习，作业网上提交，可以通过发送图片、文字或者音频向老师请教。所有学习资料都记录在平台上,一键就可以做好错题集,查漏补缺,使自己复习和考试更有针对性,既节省时间又不会出错。

除了统一安排的学习任务,老师们的微课资源、PPT 等学科内容或者拓展性要求都链接到学生平台,提供自我提高的选择。学习不仅完全自主化、个性化,并且随时随地都可以进行。云平台上的海量资源还可以让同学们选择阅读大量的课外读物,并且跟全市同学分享阅读体会;可以组织网上社团或俱乐部,寻找到有相同兴趣的本市学生网友,共同切磋提高,发展兴趣特长;学生平台还将开辟"创客中心",展示学生的创新产品,提供虚拟实验室,让学生可以进行远程实验……

（三）教育云平台服务于教育的"管"

云平台也使校长们管理学校实现移动化。学校无小事,外出培训、开会时,校长不用牵挂,通过移动终端可以了解学校同步的情况,还能随时布置工作,跟同事、跟学生沟通交流。

教师可以通过工作平台将学生在校活动、考试成绩等情况,有选择、点对点地反馈给学生家长。家长通过任何一个接入的终端都可以收取群发的消息或者个性化信息,了解到孩子在学校的学习、活动等情况,以及老师对自家孩子发展的建议,和老师保持无障碍沟通。

全市各个教育部门、学校使用的系统,如中小学生管理信息系统、学生资助管理信息系统、教育统计信息系统、中考网上阅卷系统、学前教育管理系统、中小学教师职称评审系统、镇江市教师研修系统、镇江市教育督导管理系统,等等,即将打通平台数据,进入镇江教育云数据库,更多的计算与统计、材料汇总与调用等,都将是分分钟可以完成的工作。

（四）教育云平台服务家长和社会

我市的家长通过"镇江微家校"、"镇江教育云家校平台",利用手机终端 APP 或微信客户端,就能和教师进行无障碍交流,可以查阅学生的学习档案。

三 教育云平台的未来

2016 年初,我市接连出台《关于进一步推进全市教育信息化工作的实施指导意见》、《镇江市教育信息化工作三年行动计划》和《镇江市智慧校园建设指南》三个文件,重锤敲响了"十三五"期间教育信息化推进的大鼓。基于"教育云"应用平台的建设与完善,大数据应用将为学校提供更快捷、优质的教学管理服务,为教育质量监控提供精准数据;基于"教育云"应用的深度融合推进,"互联网＋教育"下教育机制与体制将更快进行变革;基于"教育云"应用的推广,教育系统全员信息技术素养将获得再提升;基于"教育云"的教学终端更新、物联网技术应用,镇江智慧校园的建设将快马加鞭。

智慧校园的建设、教育数据的关联、数网融合的实现将打造出一个镇江教育 e 城,为全市师生建成一体化的教与学的空间,为镇江创成苏南教育现代化示范区插上腾飞的双翼!

信息化促进区域教育高位均衡发展

南京市江宁区电化教育馆

一 创新缘由

江宁区是南京新市区,区域总面积 1558 平方公里,全区中小学、幼儿园近 150 所,在校学生近 12 万人,在职教师近万人。2000 年江宁撤县设区,城乡二元结构明显,校际差距大。实现教育公平、促进教育均衡,是区域教育改革和发展始终不懈的追求目标。如何才能更好地促进教育均衡发展,实施高标准的教育公平?我们以为,教育信息化具备"知识传播快、覆盖面广、资源共享"优势,通过实现信息化均衡发展,让不同学校的教师一样享受便捷培训、提升的机会,让不同学校的孩子一样在网络上享受优质教育资源进行学习,是最理想、最现实的均衡教育。江宁区整体高标准实施"三通两平台",打造"数字化校园",投入、资源、绩效并重,通过教育信息化促进江宁区域教育高位均衡发展,实现教育公平,已取得了一定的成效。

二 实施过程

高速通畅的网络是教育信息化的物质基础,是一切应用的支点。2006 年开始,江宁区持续近 10 年建设高标准区域教育城域网,不仅建成区域教育信息化应用的高速路,也成为南京教育城域网"一主两翼"架构的江南分中心。江宁区以各类教育管理、教育教学类平台开发应用为抓手,建成"江宁教育管理基础数据仓库"、"江宁教育智能办公平台"、"区域电子备课平台"、"空中课堂—慕课"系统、"江宁教育远程播控中心"等一系列优质数字资源,积极推进教育信息化进入教育管理与教学的核心业务,促进区域的优质资源共享,促进教育公平。

2006 年,初步建成江宁教育城域网一期工程,初步实现全区所有学校"班班通"及 10M 光纤上网,区级统筹付费;启动江宁教育管理数据仓库建设。

2008 年,分片建成 13 个 2M 数字光纤的教育专网雏形;建成多媒体环境下的演播厅;启用专题网站、电子挂图等应用平台。

2009 年,江宁教育城域网二期工程启动,大幅提升区级中心服务能力。

2010 年,购置江宁教育网络直播车及建成网络环境下的演播厅;启用远程教学直(点)播平台、仿真实验室、电子图书馆等系统,开展网络环境下"手拉手"活动。

2012 年,启动教育智能办公平台,区域电子备课平台进入管理、教学。

2013 年,江宁教育城域网三期工程启动,建成覆盖全区学校的千兆教育专网及标准化的区教育城域网"云服务"数据中心;大力打造"空中课堂—慕课"优质课程平台。

2014 年,江宁电教中心承担的全国教育科学规划子课题"中小学管理者教育信息化领导力建设研究"正式开题;初步建成覆盖全区学校的"江宁教育远程播控中心"。

三　实施效果

江宁区域教育信息化工作亮点不断,在 2013 年的全国义务教育均衡示范区验收中,作为促进区域教育均衡的亮点得到教育部专家的肯定。2014 年元月《中国信息化周刊》以"借信息化推进教育资源均衡化"为题,对江宁区教育信息化高位均衡发展做了专题报道。

1. 大投入,赢得环境均衡

近年来全区学校信息化投入超亿元,学生用电脑每百名学生达 12 台,教师用电脑则师机比超 1∶1,所有学校均为双光纤接入,区统一支付宽带费;学校实现"班班通";按照市局"一主两翼"构想,分期投入 1 900 万元建设"江宁教育城域网",投入 320 万元购置"网络电视直播车",实现了统一集中数据存储、统一信息发布、统一教育教学管理、统一教师培训、统一资源中心应用和网络接入的全学校覆盖。

2. 优资源,共谋应用均衡

"江宁教育城域网"有教育管理类平台,如:实现统一身份登录、统一数据仓库的江宁教育管理系统(EMIS 系统),实现局机关与学校在线移动办公互联的江宁教育智能办公平台,实现统一管理的学校门户网站。教育教学资源类平台有:"空中课堂—慕课"系统、区域网络电子备课平台、远程教研视频直(点)播平台、数字图书馆、校园电视网、理化生仿真平台和虚拟平台、专题网站平台、电子挂图等。平台积累了本地优质资源 26 万多条目,近 3T,资源涉及课堂实录、教学设计、课件学件等各方面,包含小学 9 门、中学 13 门学科的网络课程资源,浏览量近 8 千万次;电子图书共 26 万多册,教师注册近 6 千人,学生注册数超 8 万,图书下载册数近 7 万册,图书阅读册数 16 万册以上;师生个人专题网站 1 500 多个,文章总点击量300 多万次;江宁名师网收集骨干以上教师近 2 千人;有 9 个学科门类的仿真实验室供区内师生自由使用。

3. 重绩效,师生发展均衡

近 3 年来我区师生参加市级以上的各项教育信息化方面的竞赛评比活动,获市级以上奖项超千人次,其中国家级以上奖项 200 多人次,区电教中心集体荣获市级以上表彰 12 次。

全区所有学校均有区级以上教育技术研究课题,"移动学习"蔚然成风,在市"数字化校园"创建整体推进中,截至 2013 年底我区有南京市示范级 21 家、达标级 10 家,创建工作中名列前茅。

四 创新亮点

1. 城域网云服务数据中心建设

"一主两翼"架构,建设真正意义的千兆光纤城域网。

2. 以平台为抓手进行优质资源建设

整合人事、教研、教科、培训、电教等部门的力量,引入网络直播车,建设 EMIS、办公平台、电子备课、慕课、教育远程播控中心等项目。

3. 队伍建设机制创新

2008 年首创学校设立学校教育技术室主任;2014 年首创区域教育技术带头人评选;组建教育信息化片区及核心团队;有效开展全员培训及各类新技术培训。

4. 开展信息化"手拉手",推出网络研训新模式,硕果累累

利用"江宁远程研训平台"进行教学研究活动,创设"课前网络研讨—上课网络直播—课后网络反思"的网络研训模式在全市享有盛誉,促进了城区与农村学校的结对帮扶;推进学科融合绩效卓越:师生参与活动获奖数量、获奖层次双丰收。

打造"易加"品牌，深化智慧教育

苏州工业园区教育局

2017年5月23日上午，苏州市教育局在苏州工业园区（以下简称"园区"）景城学校隆重召开"苏州市智慧教育现场观摩会"，真正助力园区智慧教育"易加"系列平台发布展示暨"智慧教育数字化学习示范区"揭牌仪式。活动汇集了教育部专家，苏州市、区教育局和电教馆领导、校长、教师500多人。他们观看了"易加"品牌展示的三大视频，聆听了用户、专家的点评，观摩了"易加互动"现场教学。

教育部数字化学习支撑技术工程研究中心钟绍春主任、苏州市教育局张曙局长、园区管委会夏芳副主任为"智慧教育数字化学习示范区"揭牌。

"易加"系列平台的发布展示受到与会专家、领导的高度评价，也吸引了苏州主流媒体的积极参与和报道，获得了广泛的社会效益。本次发布展示与揭牌仪式，融合一系列教学观摩展示活动，成为2017年园区教育的重头戏，吹响了深化智慧教育的集结号，掀起了"易加"品牌应用的高潮。

"易加"是园区智慧教育枢纽平台的注册商标。2016年12月2日，中华人民共和国工商行政管理总局商标局下发园区智慧教育枢纽平台"E＋商标受理"文件，发文编号：TMZC22069023ZCSL01。全此，园区智慧教育枢纽平台正式获得商标注册，拥有了自主开发的E＋（易加）品牌，开启了园区智慧教育品牌建设的新时代。

易加品牌工商注册号
TMZC22069023ZCSL01

一 整体设计

2012年，依托园区"非凡城市，智慧园区"建设的大背景，园区教育主动对接并融入互联网时代，全面启动智慧教育，开展园区智慧教育枢纽平台的顶层设计。

园区智慧教育枢纽平台是在园区智慧城市建设的整体框架下，以云计算、物联网、大数据、现代移动通信等技术为基础支撑，以基础数据库、教育资源库、教育数据交换平台等为数据支撑，以信息安全与运营维护两大体系为服务保障，构建"学生E（易）学习、教师E（易）教学、行政

E(易)管理、家庭 E(易)沟通、社区 E(易)服务"的五大服务体系,通过智能终端、电子书包、未来教室、AR、VR 等为应用媒介,向全用户提供安全、可靠、方便、高效、低碳、智慧的云服务。

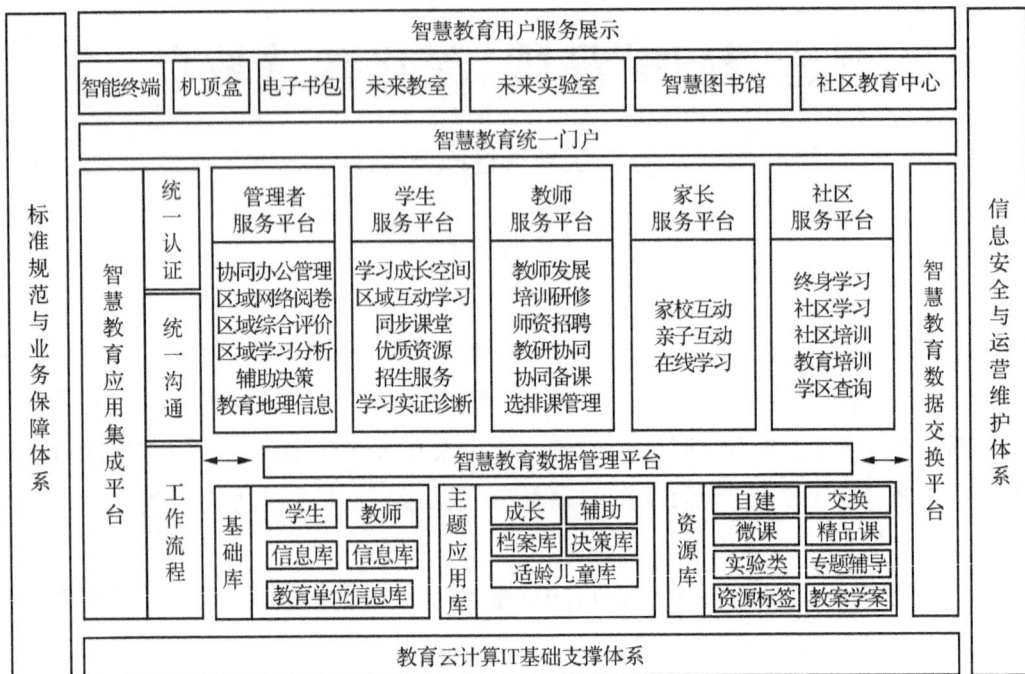

园区智慧教育枢纽平台整体架构

枢纽平台的主体就是"五平台十系统"。"五平台",即学生服务平台、教师服务平台、家长服务平台、社区服务平台、管理服务平台;"十系统",主要包括学生发展服务系统、教师发展服务系统、学校发展服务系统、社区教育服务系统、生态课程资源系统、协同办公管理系统、校园安全管理系统、课题网络管理系统、区域网络教研系统、区域网络阅卷系统等。"十系统"只是一个概指,会随着应用需求而变化。其中,平台是框架,系统是支撑,系统又包含模块,确保其可持续的功能扩展。按照"整体规划,分步推进"的建设思路,在研究枢纽平台功能及实现流程的基础上,分三期完成"五平台十系统"的建设任务。

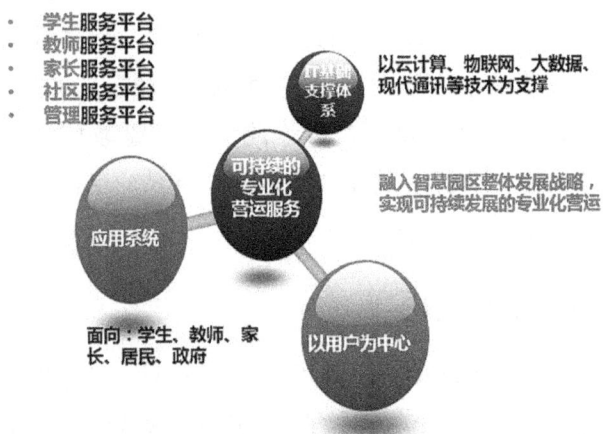

园区智慧教育枢纽平台建设目标

二 实施路径

园区智慧教育始终坚持"以人为本、应用驱动"的理念,坚持"基础环境构建、枢纽平台开发、学习资源建设、融合应用研究、运营服务保障"五位一体、同步推进。在枢纽平台项目的开发上突出了五个关键性路径。

(一)顶层设计

课题研究、专家引领、草根探索,想明白"为什么建、建什么、怎么建"的问题,明确了智慧教育的概念、定位、架构、举措和愿景,确定了枢纽平台"整体规划,分步推进"的建设路径。一期建设侧重"基础提升,管理补缺";二期建设侧重"教学创新,评价优化";三期建设侧重"智慧学习,智能应用"。

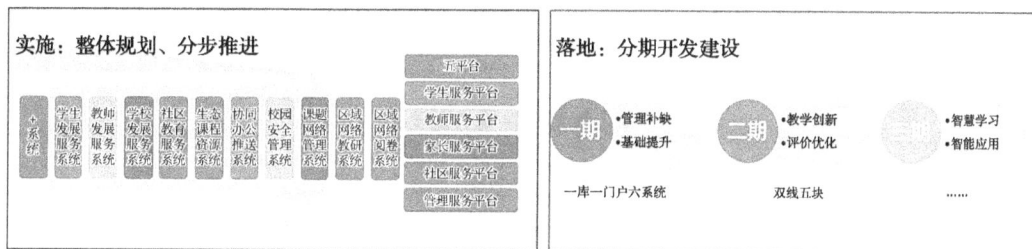

强化园区智慧教育顶层设计

(二)区域统整

一方面园区智慧教育纳入园区智慧城市建设范畴,实行统一规划、统一指挥、统筹经费;另一方面实行"区校联动,四建四强"。区域层面:建网、建库、建云、建平台,学校层面:强队伍、强课程、强应用、强特色,角色定位,落地生根。

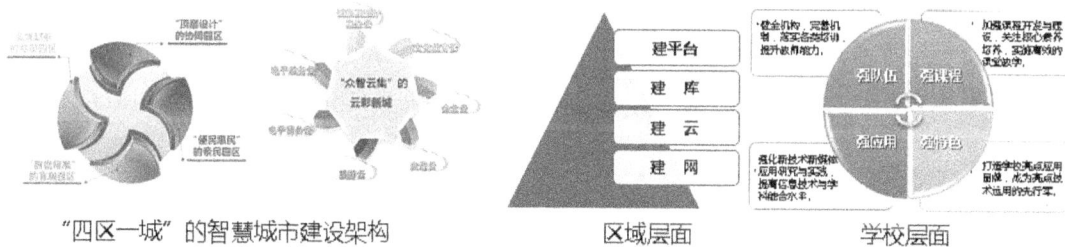

园区智慧教育区域统整思路

(三)模式创新

项目过会:既避免重复建设、资源浪费,又保持个性;公司代建:由专业公司代理枢纽平台的整个开发工作,让需求更明确、开发管理更专业;标准运维:购买第三方服务,专业的人做专业的事,让平台运营服务保障更规范、可持续。

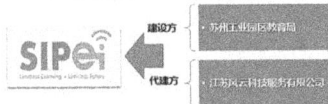

□ 项目过会

管理意见	··出台了《苏州工业园区教育信息化建设管理意见》,从规划、软研平台建设、管理与应用、资金与人员等各个方面提出了管理意见,指导学校信息化建设工作。
考核标准	··制发《学校信息化应用考核标准》,从"组织管理、创新建设、应用研究、水平提升"等4个A级、12个B级指标,对学校信息化应用进行量化考核,其与年度学校综合发展评估同步进行,作为上级主管部门评先、专项评估的重要条件。
过会制度	··推行学校信息化建设项目过会制度,学校信息化新建或改造工程,如网络改造、未来教室建设、软件采购或开发等均向园教育信息化领导小组申请过会立项、给优批准方可建设,既避免重复建设、资源浪费,有保持学校个性。

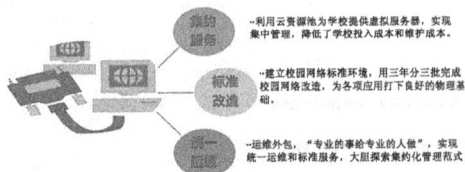

□ **公司代建** 教育局提出建设需求,由园区信息化领导小组确定江苏风云科技服务有限公司,管理理念贯彻实施的全过程,确保智慧教育系统的进度和质量。通过现场检查、查看项目文档、列席管理会议等方式开展监督工作,控制风险,保证框组平台的顺利推进。

"1+1"代建模式

□ **标准运维** 推进标准化运维改革,实行运维外包统一管理,智慧教育系统与业务运维更加专业、更加高效

园区智慧教育模式创新

(四)应用驱动

"应用是最大的建设"。一是需求分析,平台建设需求来自应用一线;二是试点优化,试点应用,既为全面推广提供经验,又为平台优化提供支持;三是方式探索,开展基于"易加互动""未来教室"等应用的实践研究,重点探索互联网平台如何支持泛在的、全学程学习,支撑课堂互动以及学习行为诊断。

□ 需求分析

□ 试点优化

为平台功能完善、性能优化提供应用需求和数据来源

为区域全面推广应用积累先行先试经验,培育种子教师

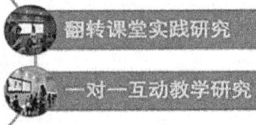

□ 方式探索

翻转课堂实践研究

一对一互动教学研究

园区智慧教育应用驱动策略

(五)品牌打造

随着两期枢纽平台的上线应用,园区教育面向"学生、教师、管理者、家长、居民"的全用

户服务平台（系统）基本形成，为此，2016年我们注册商标，让"易加"成为具有园区枢纽平台特色的商标品牌。"易加"为"E＋"中文之音，体现"互联网＋"的时代背景，体现了园区智慧教育"五E（易）"的愿景，体现了园区教育人对"最佳"应用境界的追求。在此基础上，我们积极优化平台功能、完善性能体验、深入推进应用实践与研究，发挥平台的应用效益，提升"易加"品牌的社会认同度。

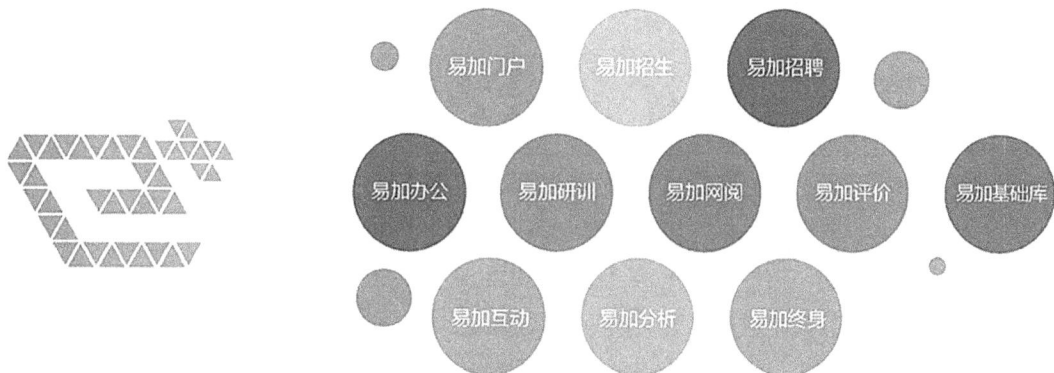

园区智慧教育"易加"品牌打造

三 建设进展

根据国家"三通两平台"建设要求和园区教育改革发展需求，按照顶层设计，经过严格规范的认证与立项过会，2013年正式启动园区教育枢纽平台项目开发，至今已完成两期平台建设，总计投入2012万元。

（一）一期项目

一期平台开发于2013年年底启动，2015年4月投入使用，开发经费1059万元（含代建费）。按照"基础提升，管理补缺"的建设思路，一期建设内容包括"一库一门户六系统"，即教育数据库、智慧教育门户、教育协同办公系统、师资招聘系统、招生管理系统、网络阅卷系统、教师研训系统和生态学习资源系统等。六个系统在2017年命名为"易加办公"（含"易加通讯"）、"易加招聘"、"易加招生"、"易加网阅"、"易加研训"、"易加资源"。

（二）二期项目

二期平台开发于2015年11月初启动，2017年3月投入使用，开发经费953万元（含代建费）。按照"学习创新，评价优化"的设计思路，二期建设内容为"双线五块"。重点包括学习体系和评价体系两大体系构建，学习体系包括"互动学习平台"和"终身学习平台"，旨在构建基于互联网环境下"自主、互动"的新型学习模式，构建全民教育体系，实现学校教育向全民教育的跨越。评价体系包括"教育绿色综合评价"和"学习分析"两大系统，"教育绿色综合

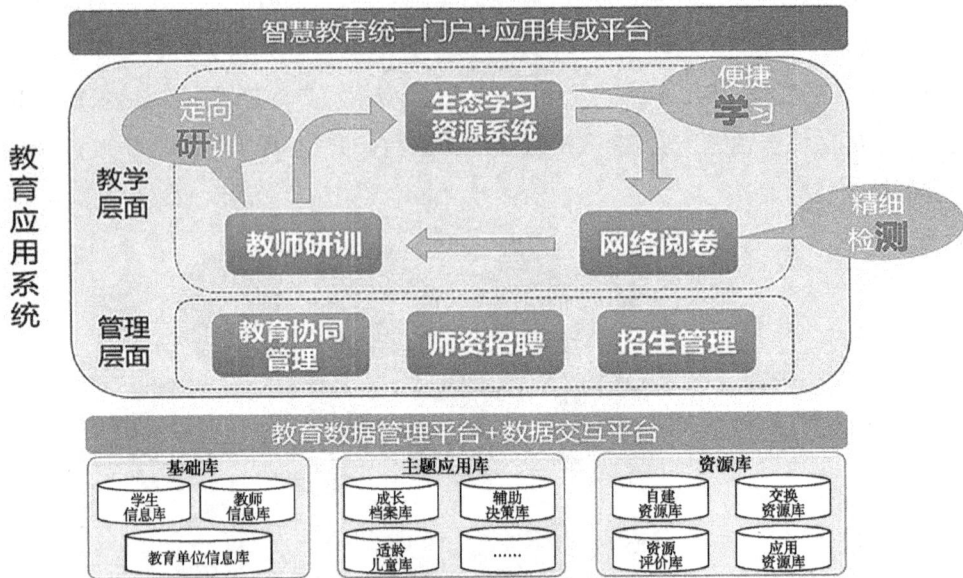

园区智慧教育枢纽平台一期

评价"系统改变过去单一的考试、行政性评价,成为基于过程性数据的"学生成长水平"、"教师人才水平"、"学校发展水平"、"教育内部满意度"和"教育外部满意度"的"五星"发展性评价,促进学校的全面发展;"学习分析"系统是用网络平台积累学生学习、成长等各类实证数据,基于科学的分析模型,分析学生的学习行为,进行及时的反馈与预测,让教育从经验判断变成实证性诊断。2017 年将平台命名为"易加互动"、"易加终身"、"易加分析"、"易加评价"等。

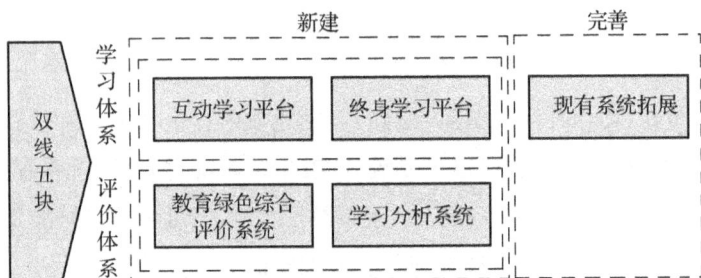

园区智慧教育枢纽平台二期

目前,我们正在思考三期建设项目,进一步落实对前期的功能完善、性能优化,并在大数据、智能化应用体系上深入研究,提升数据的教育决策与数据的学习支撑能力。

四 应用推进

"易加"品牌存在的真正价值就是"应用",只有应用才能实现学习、生活方式的变革。我们始终坚持"应用才是最大的建设"的信息化理念,在开发建设期间同步进行行之有效的应用推广。

(一) 平台应用培训面百分百

园区智慧教育在优化平台功能与性能的同时,推出"层层发动、全员轮训、人人过关"的培训考核推进机制。培训内容上分为三大类:一是通识类,如智能门户、"易加办公"PC与移动端、"易加通讯"系统等;二是业务必选类,如基础数据库、"易加互动"PC与移动端、"易加研训"、五年一学位等;三是拓展可选类,如淘宝、微信、U步、支付宝、二维码等。培训考核人员分四个层级,即教育局全体人员、教学研究部门人员、学校中层以上干部、学校全体教师。一把手局长率先完成培训考核,然后再展开其他人员培训。培训流程为:运营团队现场演示讲解,受训人员实时交流、现场学习、操作考核,颁发合格证书,拍照留存。每期培训历时一个月,实现人人过关。

(二) 资源建设参与面百分百

教研中心引领、信息中心培训、骨干教师带头、全区教师参与,举全区教师之力,构建园区以"微课"为核心的结构化、系统化的网络学习资源体系。近2万个学科微课,覆盖所有国家课程的章节与知识点,并构建了园区特色课程体系及实验类课程体系,支撑课前、课中、课后全学程学习,满足学生全终端、移动化学习的需求。

"易加互动"资源中心首页

（三）平台应用渗透面百分百

开设域控账号 9 800 多个,中小学学生账号 77 000 多个。两期平台应用均已进入常态,智慧门户访问量达到了 650 万人次,招生服务用户 58 000 多人,招聘服务用户近 3 000 人,无差错网络阅卷 63 万份;完成园区 40 多所公立学校、8 000 多名教师和 9 万多名学生基础数据采集,仅"易加互动"试点教师登录数超 25 000 人次,学生登录数超 200 000 人次。教师创建在线课程 2 000 多个,创建在线作业 4 000 余项。

五 互通共享

（一）与智慧城市相互连接

一方面,园区教育城域网采取"复用园区政务网"技术,充分共享链路资源与云资源池,实现了区内所有中小学、教育单位的高速、稳健的互联互通,为学校教育与全民教育打下了良好的物理基础;另一方面,园区智慧教育枢纽平台是园区智慧城市建设的"九大"枢纽之一,基于园区"三库"、"三通"建设规范,实现了"复用政务数据资源,架构区域性教育基础数据平台"的目标。目前智慧教育平台已经和苏州市教育基础库、E 卡通中心、园区人口库、法人库、地理信息库等平台进行对接,从底层实现了数据的共建共享,以此为教育行政管理决策提供高效、准确的基础数据。

基于园区地理信息库(GIS)开发的施教区地图

（二）区域教育共建共享

园区共建共享的具体做法就是"区校联动，四建四强"。区域层面，重点在于"建网、建云、建库、建平台"，为学校提供应用支撑；学校层面，充分共享区域性建设成果，着力"强队伍、强课程、强应用、强特色"。这样，既避免了重复建设、资源浪费，又解放了学校，让应用落地。

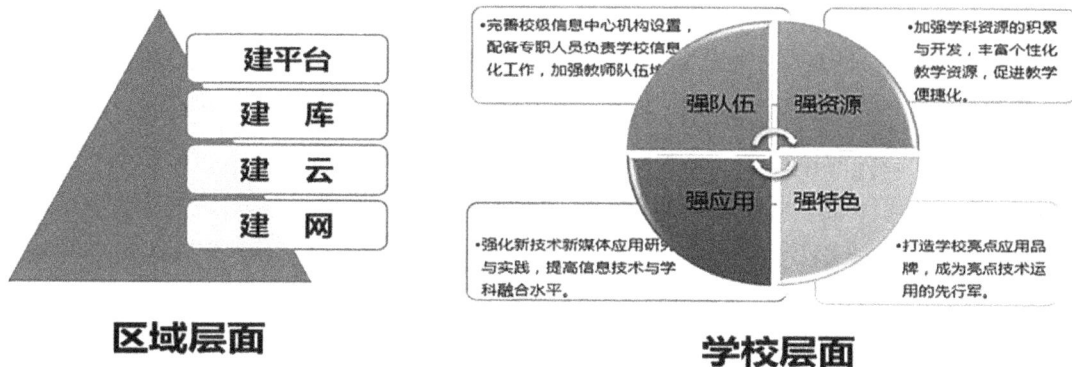

区域层面

建平台
建　库
建　云
建　网

学校层面

强队伍
• 完善校级信息中心机构设置，配备专职人员负责学校信息化工作，加强教师队伍培养。

强资源
• 加强学科资源的积累与开发，丰富个性化教学资源，促进教学便捷化。

强应用
• 强化新技术新媒体应用研究与实践，提高信息技术与学科融合水平。

强特色
• 打造学校亮点应用品牌，成为亮点技术运用的先行军。

园区智慧教育推进举措"四建四强"

（三）枢纽平台互融互通

实现"一人一号、贯通所有"。园区智慧教育枢纽平台采用统一的基础数据库和单点登录身份认证体系（SSO），所有用户只要使用自己的个人账户进行一次登录，所有平台均可使用，无需逐一输入用户名、密码登录，大大方便用户体验。当前，园区全体师生拥有个人实名账户，只要有网络就可以便捷登录相应的平台或系统。

六　用户服务

园区智慧教育"易加"品牌备受关注、赢得赞誉，究其原因是"易加"系列平台给"学生、教师、管理者、家长、居民"等全用户带来了学习、生活、工作方式的改变，这种改变无疑是带给园区行政管理者、师生、社会公众的最大福利。

（一）管理决策服务

管理者可以快捷地进入自己的管理空间，通过"易加办公"，智能地完成工作审核、公文流转、数据查询、统计上报，实现资产管理、安全管理、人事管理等工作；通过"易加招聘"，为求职者提供便捷的应聘通道；基于"基础数据库"，进行教师队伍的大数据分析，及时地调整学校建设进度和师资招聘计划；利用"易加办公"系统的病情监控模块，对当天晨检情况进行汇总，通过 GIS 地图直观的展现，实现学生病情监视；"易加评价"能够过程性采集学校数据，实现"满意百姓言，校际观差异，学校看发展，历史性数据，过程化记录，问卷全开放"，全方位地了解学校发展的潜力和不足,实现发展性评价。教育管理的信息化,让园区教育的行政决策更科学、精准,社会公信力整体提升。

(二)公众便捷服务

1. 学生可以在任何地方、用任何智能终端,通过智慧教育门户登录进入自己的学习空间。在"易加互动"资源中心,浏览数以万计的园区自主开发的教学资源,随时随地播放观看微课资源;扫描二维码便捷地找到自己需要的学习内容;在"易加互动"课程中心,预习、复习丰富的在线课程,完成自主评测,实现师生互动,享受园区优秀教师免费的在线教学与辅导;通过"成长纪实"记录自己的成长点滴,与同学分享成长的喜悦。

2. 教师可以用同样的方式进入自己的教学空间。利用"易加互动",实时资源推送,及时情况反馈,师生共同构建精彩的课堂;通过"易加研训",开展网络研训,省时省力,便捷高效;利用"易加网阅"实现网上在线阅卷;基于"易加分析"实现学习评价的"全对象、全学科、全维度",真正"用数据说话、以实证诊断",变经验性判断为大数据分析,实现精准的教学指导;利用"易加通讯"系统,实现实时的交流与互通。

3. 家长通过"易加招生"系统,可以正向查询学校和施教区,也可以输入家庭住址,反向查询所属学校;通过新生信息采集模块完成信息采集,系统根据当年施教区自动分配学校;"五年一学位"模块,将房产楼盘大数据与教育资源有机结合,促进了教育的均衡和公平。

4. 居民可以通过任何终端来了解园区教育的发展状况,还可以登录园区"居民通"中的"易加终身"学习模块,查阅各类学习资源和教育信息,构建自己的学习圈。

七 整体运维

教育信息化运维是对已建信息系统软硬件和业务服务功能正常运行所提供的管理服务的总称。园区智慧教育坚持"专业的事给专业的人去做"的原则,积极争取政策扶持,实现统一运维和标准服务,大胆探索集约化管理范式。大体可包括两个方面:

一是由专业的公司做标准化系统运维。主要指机房、网络、操作系统及数据库等相关的底层工作的日常维护。园区教育城域网链路与系统的维护管理一并纳入园区管委会计算机信息中心维护管理的整体框架,包括链路统筹、系统部署、系统安全、容灾备份和可用性保障等工作,直接由专业公司负责,财政统一支付运维费用,保证运维的顺利进行。教育方本身不再担心系统稳定与安全的问题,腾出更多的精力推进应用工作。

二是由专门的团队做规范的平台业务运营。主要是指教育业务平台的服务功能发挥、日常应用管理、培训等。随着教育枢纽平台的逐步开发并投入使用,涉及平台配置管理、业务数据维护、平台功能培训以及常态数据服务等的工作量大面广,单靠教育信息中心的管理人员是无法可持续跟进的。为此,园区公开招标确定专业公司,以采购服务的方式实现平台的业务运营,让平台工作更稳定、应用可持续。

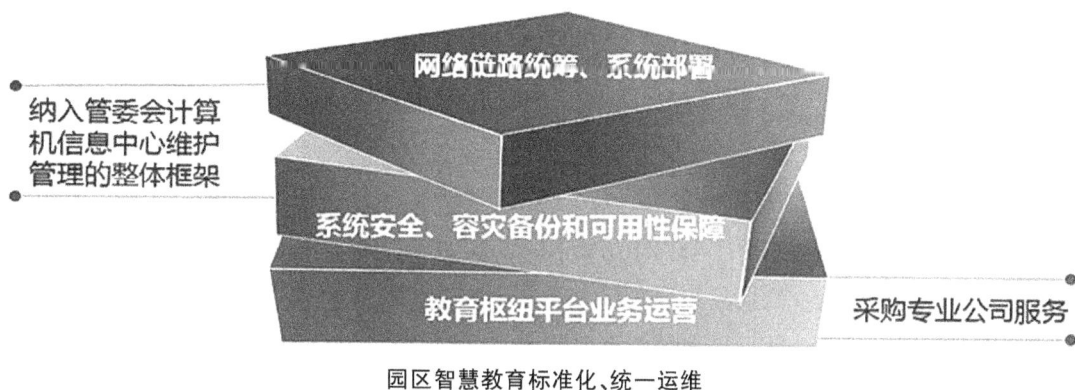

专业的事给专业的人去做

纳入管委会计算机信息中心维护管理的整体框架

网络链路统筹、系统部署

系统安全、容灾备份和可用性保障

教育枢纽平台业务运营

采购专业公司服务

园区智慧教育标准化、统一运维

其实,专业的运维保障是新技术背景下"智慧教育"推进的有效模式。怎样确保运维的规范与绩效,尽可能解放用户,整体提升运维体系的服务性与专业性,需要在具体工作中不断地研究与积累。园区在做好系统标准运维、教育业务数据维护以及应用系统的有效推广应用等工作的同时,运维团队逐渐壮大,运维流程日趋规范,运维客服渐成体系,为枢纽平台生态发展提供强有力的保障和持续服务。

八 安全保障

智慧教育枢纽平台的建设以总体安全策略为核心,明确信息安全工作的目标、原则和规范,以信息安全管理体系、信息安全技术体系、信息安全运维体系和安全管理中心为支撑,通过各种安全控制措施落实安全策略,实现信息系统的安全防护,使信息系统在网络安全、主机安全、应用安全、数据安全和管理安全的各个层面达到风险评估的 GB-T18336 的标准要求,保证智慧教育枢纽平台能够正常安全运行;同时满足国家、江苏省及苏州市相关部门与机构的信息安全合规性要求。开发建设中包括两大方面的举措:

(一)进行信息系统风险评估测试

智慧教育设计方案完成后,进行设计方案信息安全评估,针对设计方案中的安全缺陷和漏洞提供改善建议,辅导相关供应商进行整改并进行复查,确保设计方案在信息安全方面严谨无漏洞;在项目上线后,对项目部署的软件、运行环境等进行评测,针对评测中发现的安全缺陷和漏洞提供改善建议,辅导相关供应商进行整改并进行复查,以确保教育项目是在目前信息化技术基础上的基本安全。依据测试需求,分析并选用已有的测试用例或公共固有的安全测试标准体系,根据测试资源、风险等约束条件,确定测试执行顺序、评估测试结果。

针对智慧教育枢纽平台的关键资产,已实施了文档审核 15 次、渗透测试 16 次,总计发现安全问题 92 个,其中 62 个高危问题。问题主要包括:系统的 SQL 注入问题、跨站脚本执行问题、文件上传漏洞问题等。目前平台所有问题都已修复和加固。

(二) 完善信息安全管理体系

智慧教育枢纽平台在一期项目制定的信息安全体系的基础上,针对智慧教育枢纽平台二期建设方案出具信息安全评估报告,并对一期项目形成的信息安全体系进行完善和补充。

1. 完善安全体系建设

依据园区"十三五"信息安全规划,制定了园区智慧教育信息安全保障体系,体系内容包括安全制度、程序流程和操作手册三个方面,并形成"园区智慧教育信息系统－人员安全管理制度"、"园区智慧教育信息系统－数据安全管理制度"和"园区智慧教育信息系统－信息安全风险管理流程"等共计三十多份安全保障体系文档。

2. 强化信息安全培训

一方面,开展针对平台相关人员的信息安全培训、宣传贯彻工作,提升安全意识和问题解决能力,先后组织平台信息安全培训 10 多次;另一方面,加强学校信息技术管理人员的培训,包括网络安全管理、信息安全管理两个方面,做到学校管理人员持证上岗。

结语

年轻的"易加"品牌,完成了商业注册,正式开启了品牌建设的崭新征程。下一阶段,我们要努力做好三件事:一是进一步丰富精品学习资源建设。尽管我们的平台上已经有了近 2 万节微课资源,覆盖了国家课程的所有知识点,但使用率还有待提高,还需要研发更多的精品微课资源,让学生愿意看、让教师愿意用。二是进一步强化"易加"平台应用研究。要出台一系列考核举措,加强应用推广,让"易加"平台应用入脑、入心、入行动,成为教育管理者、教师、学生的常态行为。三是按计划启动智慧教育三期开发。要落实前期功能完善、性能优化,要在大数据、智能化应用体系上深入研究,提升数据的教育决策与数据的学习支撑能力。

我们将秉承"以人为本,应用驱动"的理念,通过"区校联动、四建四强",继续培育智慧教育应用的基地校、典型校,培养骨干教师团队,以典型推动区域,以骨干带动全体,以"易加"品牌为支持,促进课程改革、提高教育质量,全面推进"智能应用、智慧学习",真正实现"无限学习,无限未来"的美好愿景。

融合创新 特色发展
实现区域教育信息化整体推进

徐州市云龙区教育体育局

云龙区地处江苏北部,是徐州市的核心区。全区总面积 118 平方公里,人口 30 万。辖内共有小学 15 所,中学 3 所,九年一贯制学校 1 所,义务教育阶段学生 35000 人。我区的教育信息化工作起步较早,在研究过程中,按照"服务全局、融合创新、深化应用、完善机制"的原则,始终以问题为导向,以搭建信息化平台和优质教育资源共建共享机制的建设为重点,创新教育模式和学习方式,推进信息技术与教育教学的全面深度融合。

作为"全国教育信息化试点区",我区积极开展"网络环境下优质教育资源共建共享机制探索"的研究,建立起"政府导向与调控机制、资源管理机制、规范机制、评价监督机制、合作协调机制、激励机制"六大机制。通过机制创新调动社会各方面力量参与教育信息化建设的积极性,多方协同推进教育信息化建设与应用的持续健康发展。

一 政府主导,统筹推进

云龙区政府充分利用政策、法规、行政手段,对影响教育资源共建共享的主要因素进行调节和控制,从而平衡优化区域内各学校主体的教育资源分配,建立和谐稳定的资源共建共享关系。我区教育部门从区域信息化的发展战略出发,制定、颁布有关资源共建共享的法规和政策,统一了各部门和各学校的"共建共享"意识。

1. 打造"四位一体",凸显教育信息化发展融合

云龙区委区政府和云龙区教体局领导重视区内的教育信息化工作,在人力物力上给予大力支持,教育信息化投入达到教育总投入的 10%,成立了"资源共建共享实施小组",由教育局主要领导以及学校校长亲自参与,保证该项目建设的执行力。把"全国教育信息化试点区"创建列入以"省教育现代化示范区"创建为统领的教育"四区同创"之一,并牵头成立了教师发展中心,统筹电教馆、装备站、教研室、进修学校四个部门,将职能有效整合,围绕教师教学需求,电教馆负责技术指导,教研室组织实施研究,装备站负责设备配备,进修学校负责教师培训。"四位一体",形成合力,统筹推进教育信息化工作。

2. 实现"五个统一"，推进教育信息化顶层设计

一是统一校园网络建设标准，做到千兆光纤接入、校内千兆到桌面、教室双信息点、无线覆盖教学区，为信息化开展预留足够宽松的网络环境；二是统一配备信息化设备，为全体教师统一配备笔记本电脑，为各校统一配备自动录播系统，为所有班级统一配备液晶电视等多媒体教学设备；三是统一构建网络资源共建共享平台，有效聚合了备课、教研、录播、学习平台等多个软件的资源及数据，实现了区、校、教师三级联动的资源共建共享模式；四是统一构建信息化管理平台，将区域内所有学校的政务、教务、图书、实验、上机等多项管理工作集中在一个工作平台上，实现了全局性的装备分析、管理、调配；五是统一身份认证，设计建设一套统一身份认证系统，对各个系统实行统一身份认证。

3. 构建"五个平台"，彰显教育信息化特色成效

资源汇聚平台以"网络备课系统"为中心，整合"网络视频教研"、"自动录播"、"视频会议"等软件资源，构建教育信息资源库，满足学校教育教学需求。集群式信息化管理平台以云龙区图书管理系统、装备与实验管理系统等为代表，实现资源装备的动态统一管理。学生自主学习平台，通过整合微课资源，实现互动探究、即时测验反馈，创设了信息技术环境下新的课堂模式。网络教师培训平台，分层次、分类别对全体教师进行网络培训，解决了教师培训的时间地域限制问题，节省了培训费用。学校自主研发的个性化平台，丰富了教育信息化平台功能。

二 流程再造，共建共享

如何有效解决师资力量不均衡？如何搭建资源体系，打破资源壁垒？如何充分利用信息化手段突破瓶颈，提高教育教学质量？这些都是我区在教育信息化工作中遇到的急待解决的问题。

在研究过程中，我们以问题为导向，注重内生性资源的积累，汇聚云龙课堂、云龙教师、云龙学生的每一天、每堂课所产生的教学成果，形成区域内的教学资源。备课是教学工作的基础环节，是对学生学习过程的"预设"。近年来，我们优化网络电子备课模式，实现备课资源共建共享。

1. 三级联动

最初电子备课仅限于校内共享。为实现区域共享，我们进行流程再造，在区域内构建了三级联动备课机制。教师发展中心牵头，教研室和电教馆进行一级管理，负责对各教育集团总体备课任务的布置；教育集团总校进行二级管理，他们将任务分解给各个分校；分校进行三级管理，将任务分解给教研组和学科教师。分校可以对教师备课进行统计检查，及时掌握教师备课总体情况；总校筛选名师备课，推荐给区域内其他教师共享；教研室、电教馆重在整体审核、协调运作。

2. 共建共享

网络平台共享功能不仅能让教师查看本校的教案,还可以查看区域内其他学校的共享教案,教师可以将共享教案收藏后进行修改使用,实现二次备课,也可以对其他人的备课进行打分和评价,实现交流共进。通过相互借鉴和反思,取长补短,快速积累教学经验,实现学校及区域内教师教学水平的共同提高。

3. 持续更新

备课系统建立后还要不断更新升级。首先,我们进行常规更新,电教馆根据教师实际需求,让技术为需求服务,定期对系统进行优化改良,增加其实用性。其次,不断研发新功能,例如 2015 年结合市局"学讲计划",我们又研发了为学生服务的自主学习任务单、微课、学习检测平台等等,与原备课系统相融合。

三　一主多元,激励创新

随着徐州市"学讲计划"的实施,教学模式悄然发生改变,我们更加关注学生的自主学习。资源建设不能仅仅满足教师的教,更要着眼于学生的学。为此,我们构建了"一主多元"的学生学习资源体系。

"一主"就是我们搭建的"云龙智库"学习资源系统。它集学生的学习资源建设、自主学习任务单、微课、学习辅导、作业布置、个人错题跟踪、移动终端教学等多功能于一体,是一个综合性的学习资源平台。我们利用"云龙智库",推进"一对一数字化学习"研究,非常便捷地实现了学生自主学习、课堂辅助教学、个人练习检测、师生交流以及课后辅导等功能。

"多元"就是各个学校自主研发的,立足于老师、学生、家长、社区需求的各类个性化软件。在区域整体平台建设基础上,我们鼓励各校从自身出发,开发出各具特色的教育应用。例如:青年路小学的"小能豆云学园"学习社区,开设"家长大讲堂"栏目,家长根据自己行业的特点及专长,录制微视频上传,供学生欣赏学习,家长的积极参与为教育资源建设注入了新鲜活水;徐帅一附小的"小组合作学习评价平台",有效地解决了课堂上小组学习评价的及时准确;公园巷小学自主研发的"阅读冲浪系统",在网上向学生推荐阅读书目、进行阅读评测;解放路小学开发的"网上选课系统",使学生可以在网上选择自己喜欢的课程,真正成为"学习的小主人";经十路小学的"学生素质评价平台",对学生各方面状况的进行观察、记录、分析,通过数据对学生进行准确评价,促进学生个性发展。

四　坚持不懈,初见成效

几年来,我区坚持创造性地开展教育信息化工作,不断探索区域优质教育资源共建共享新机制,建立校企合作模式,研发了二十余款软件,服务于教育教学和管理工作。"网络备课系统"中,教师上传备课资源已达八十余万个。该系统的成功运用,带动了徐州教育网络备课的普遍使用,现已成为江苏省公共服务平台基础平台,并在全国二十多个省大力推广。"教师网络培训平台"自2014年1月投入使用以来,已开展培训37次,培训7 500余人次,总培训时间长达29 320小时,培训范围覆盖全区所有专任教师。各校实现光纤接入,多媒体到班,互动电视和视频自动录播系统全面普及,全区所有学校教育装备水平均达到省一类标准。

另外,我区已立项国家级电教课题十余个,近三年在信息技术比赛获全国一、二等奖数百人次;举办了"云龙区云课堂云教研现场会"、"徐州市区域网络教研现场会"、"徐州市数字化学习研讨会"、"徐州市教育信息化工作推进会"、"江苏省电教馆长会暨教育卡应用现场会"等一系列活动;参加"全国智慧教育展",向各省市教育同行介绍信息化工作经验;还迎接了中央电教馆信息化专题调研,得到王珠珠馆长的高度评价。

五 展望未来,开拓奋进

教育信息化对云龙教育发展起到了巨大的引领和促进作用,试点工作的开展使我区基本实现了校际网上交流和区域优质教学资源共建共享的目标,缩短了区内学校差距,促进了区域教学水平整体提升和均衡发展。但我们也看到自身还存在很多不足,网络学习空间"人人通"的建设尚处于初级阶段,距离智慧教育的高标准还有很大差距,需要我们在今后的工作中更加积极地推进教育信息化,继续努力探索,不断改革创新,努力办好人民满意的教育。

宿迁市中心城区教育信息化 PPP 项目
实施方案(初步)

宿迁市教育局

一 项目概况

(一) 基本情况

1. 项目名称

宿迁中心城区教育信息化 PPP 项目。

2. 项目采取 PPP 模式的必要性

(1) 教育信息化水平仍需提高:随着教育现代化、义务教育均衡创建,宿迁市教育信息化基础设施建设方面取得显著成效,宽带网络校校通基本覆盖到每一所学校,优质资源班班通覆盖率达 53.53%,网络学习空间人人通覆盖率达 37.18%,省级资源服务平台覆盖率达 31%。但是还存在一些问题:一是应用平台、教学资源严重不足;二是建设资金不足,缺乏长效投入机制;三是重建设、轻应用,存在低水平的重复建设;四是部分地区基础设施陈旧、老化,更新不及时。以上问题充分表明,宿迁市教育信息化尚未实现真正的"云服务",整体管理效能偏低,教育信息化水平仍需提高。

(2) 确保宿迁市中心城区之间的校园网络互通性:教育信息化在很多地区采取各县区自行建设的方式,但这种模式下,各地区往往选用不同的社会资本方,其引入的网络运营商和采用的软件都会存在很大的差异性,无法实现区域间教育资源的交流与共享,不利于充分发挥地区性教育信息化的整体效能。对整个宿迁市中心城区采取 PPP 模式统一进行教育信息化建设,不仅能满足当地教育信息化需求,而且能为各城区之间校园网络的互通和资源共享提供保障。

(3) 提升教育信息化的成本效益:在各区域校园网络系统和采用的软件系统可以互通的前提下,可实现在整个宿迁市中心城区间的信息交流和资源共享,为学校间师生沟通交流、精品课程推送等提供技术方面的支持。同时也有利于区域间的优势信息资源和社会资本资源的整合,一定程度上降低整体建设的成本。最终提高宿迁市教育信息化建设的整体效能。

(4)提高对社会资本的吸引力:通过对整个宿迁市中心城区教育信息化建设整体打包的方式,增加了整个项目的投资建设和运营规模。无论从项目规模还是从覆盖范围上,都比分割到各区域单独进行建设具有更大的影响力和社会效应,因而可以形成更为优质的项目资源。优质的项目资源,一方面,可以吸引更多优质的社会资本进入到项目中,从而提高项目的建设质量,为教育信息化建设的使用者提供更高水平的服务;另一方面,也可以作为政府方的谈判优势,对社会投资人的成本管理和其提供的资源提出更高的要求,从多方面节约政府支出,提升项目产品质量。

(5)引入市场竞争机制,提高项目建设、运营、管理效率:社会投资人具有专业的技术、管理经验和投资融资能力,通过 PPP 模式,在市场竞争机制下引入社会投资人,可以实现资源的优化配置,充分发挥社会投资人的专业分工优势,利用其融资、专业、技术和管理优势,提高教育信息化项目的质量和效率,从而提升服务品质,降低成本,进而降低宿迁市地方政府的财政负担。

3. 项目采取 PPP 模式的可行性

(1)政府政策对 PPP 模式的大力支持:当前国家层面大力推进 PPP 模式,财政部、国家发改委等中央部委出台了一系列政策和配套文件,这些政策文件均鼓励在基础设施及市政公用设施领域的项目建设方面采用政府与社会资本合作模式。

宿迁市委、市政府也高度重视 PPP 模式的推广,专门成立 PPP 中心,统筹协调 PPP 工作开展。市长专门强调要深入扎实推进 PPP 项目,改革体制、创新方式,拓展 PPP 模式的运用空间,放大 PPP 模式的带动效应,邀请有资质、有实力、有诚意的公司和社会力量参与合作,确保 PPP 项目在宿迁取得成果。

(2)丰富的项目经验可以借鉴:随着财政部第一批、第二批、第三批 PPP 示范项目及国家发改委13个 PPP 典型案例、国家级 PPP 项目库的推出,越来越多的城市成功实施了教育信息化 PPP 项目或正在实施教育信息化 PPP 项目(湖南湘潭、海南昌江、湖北天门、湖南岳阳),为宿迁市今后开展教育信息化 PPP 项目推进工作提供了可借鉴的案例和宝贵的经验,有助于宿迁中心城区教育信息化采用 PPP 运作模式的成功实施。

(3)有成熟的投资人市场:国内的教育信息化域市场化逐渐发展成熟,教育信息化领域的投资人市场已经培育发展起来,有众多如华乐思、北京安氏领信等社会投资人,他们在教育信息化和公共设施领域有着丰富的建设、投资、运营维护经验,其经验可以继续在 PPP 项目中加以实践,促使政府和社会资本能有效结合,互惠互利,实现双赢。

4. 项目运作的目标及意义

本项目的建设能够提高宿迁市教育信息化建设水平,从而提高教学管理效率,促进教育资源共享,为师生互动、家校互动提供交流平台,为学生提供更多学习途径和学习资源。通过在宿迁市中心城区范围内整体推进教育信息化发展,以技术革新推动教育方式的转变,可以改变宿迁市城区间、学校间、城乡间差距,有利于当地教育水平的提高和教育事业的发展。通过政府与社会资本合作(PPP)的模式,将部分政府责任以特许经营的方式转移给社会主体。第一,可以解决项目资金由政府部门(宿迁市教育局)一次性投入的压力,减轻政府财政负担;第二,可以为社会主体提供新的投资领域,促进投融资模式创新;三是通过引入资金实力强、具有专业的运营和管理能力、信誉度高的社会投资人,负责本项目设施的投资、建设和运营维护,可以增加优质的公共产品供给,提高教育服务质量,建设"现代教育"管理模式。

(二)经济技术指标

1. 建设内容

宿迁市中心城区教育信息化 PPP 项目主要建设内容包括:基于 IPv6/IPv4 技术的"三通"(宽带网络校校通、优质资源班班通、网络学习空间人人通)建设和"一个中心和两个平台"(即宿迁市城域网云数据中心,教育资源公共服务平台和教育管理公共服务平台)建设等。建设内容如下:

(1)硬件部分

硬件建设项目	内　　容
数据中心	中心机房建设、存储和服务器
校校通	教育局城域网 IPv6 网络改造(网络安全设备、路由、交换、无线控制器 AC),学校 IPv6 网络改造(路由、交换、无线 AP),学生课堂,教师电子备课室
班班通	一体机、短焦投影仪+电子白板、双白板、电脑等
录播互动教室	录播系统平台、录直播主机、跟踪主机系统、摄像机、麦克风(主录播室、互动教学点)、微格实训、虚拟仿真
视频会议	多点控制单元、视频会议主机、摄像机、麦克风
监控	校园监控(监控摄像机、NVR 存储、显示大屏)、校车监控(摄像机、GPRS 点位、语音报警、电子地图)

(2)软件部分

软件建设项目	内　　容
教育资源管理	资源交易服务管理,教育资源库:三级资源(个人资源、校本资源、公共资源)、电子书包、专递课堂、名师网络课堂等
教育公共管理平台	学校的门户网站平台、教育办公 OA、学校和教育局业务管理等
教学空间	主要提供课件及相应资源并实现网络备课、随堂测试等
个人空间	教师记录和分享学习、生活的点滴动态
班级空间	班级动态的记录、分享、发布

软件建设项目	内　容
学校空间	学校信息、通知的发布管理
教育 APP	家校互动(德能银行、学生点到、成绩单、平安到校、家庭作业、云通知,校长信箱、班级通知、学校通知、通讯录等)

本项目主要运营内容包括:系统平台的运营维护与更新,以及在市教育局授权范围内通过教育网络资源进行开发与提供增值服务。

2. 投资规模

宿迁中心城区教育信息化 PPP 项目位于宿迁市,覆盖宿迁市 6 个区和市直的 11 所学校,其"三通两平台"建设投入总计 2.77 亿元,包括市区所有教育信息化项目的软硬件的升级、更新、维护,备品备件库的建设安装等。宿迁市政府拟采取 PPP 项目建设模式吸引社会资本参与本项目的投资建设和运营管理。

(三) 项目公司情况

1. 项目公司的成立

项目公司的政府股东代表是宿迁市教育局为本项目专门注册成立的国有平台公司,该公司由政府方以货币或实物资产出资成立。

项目公司的社会资本股东应该具备一定的教育信息化建设经验,有成熟的教育公开平台、教育资源管理平台、教育资源库,专业能力丰富,同时具有较强的资金实力和运营管理能力。在该项目规划和建设期间能进行专业化监管,且能在后期运营过程中提供优质的信息化服务。社会资本方的选择由宿迁市教育局通过公开招标的方式进行。项目公司由政府股东代表与社会资本方共同出资,在宿迁市工商局注册成立。

2. 项目公司股权结构

根据财政部发布的《PPP 项目合同指南(试行)》中的要求、本项目特点以及宿迁市政府实际财政情况,拟由宿迁市某国有平台公司作为宿迁市政府指定单位,代表市政府出资,持有项目公司 10%的股权;中标的社会资本出资,持有项目公司 90%的股权。

二 项目运作方式

(一) 项目内容

本项目覆盖宿迁市 6 个区和市直的 11 所学校,"三通两平台"建设投入总计 2.77 亿元,包括市区所有教育信息化项目的软硬件的升级、更新,备品备件库的建设安装,以及后续的维护和运营。

(二) 运作方案

在整个项目的操作过程中,项目公司的工作内容主要包括:

（1）投资建设工作：基于 IPv6/IPv4 技术的"三通"（宽带网络校校通、优质资源班班通、网络学习空间人人通）建设和"一个中心和两个平台"（即宿迁市城域网云数据中心，教育资源公共服务平台和教育管理公共服务平台）建设等。

（2）运营维护工作："三通两平台"软硬件系统平台的运营维护与更新。

（3）商业开发工作：在市教育局授权范围内通过教育网络资源进行开发与提供增值服务。

项目公司负责全部项目的设计、投资、建设、开发、运营维护，项目公司有权将全部或部分运营维护事务分包给其他运营商实施。但是，PPP 项目合同中约定的项目公司的运营和维护义务，不因项目公司将全部或部分运营维护事务分包给其他运营商实施而豁免解除。

本项目的 PPP 模式结构示意如下图所示：

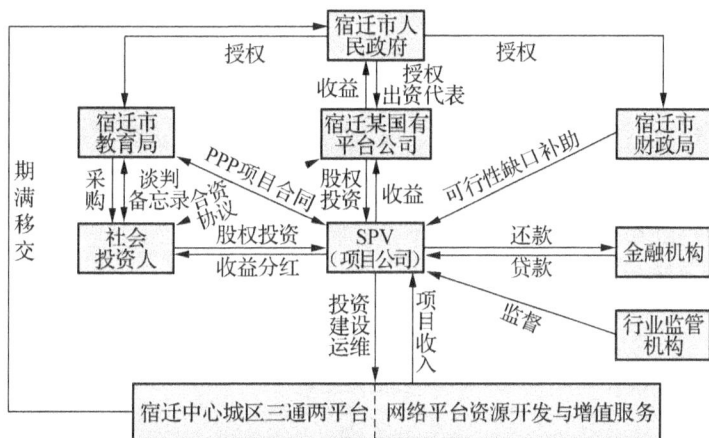

PPP 模式结构示意图

① 宿迁市政府授权宿迁市教育局作为实施机构，牵头本项目实施，代表政府签订协议，监督项目实施。

② 宿迁市政府指定宿迁市××有限公司作为政府出资方，与社会投资人签订合资协议，并按约定比例分别出资，共同组建项目公司。

③ 项目公司负责设计、投资、建设、运营维护本项目内全部工程，并在市教育局授权范围内通过教育网络资源进行开发与提供增值服务，未经宿迁市政府或其指定机构书面同意，项目公司不得从事本项目双方约定范围以外的其他任何经营开发活动。

④ PPP 合作期内，项目公司根据 PPP 项目合同的规定提供"三通两平台"软硬件系统平台的运营维护与更新。当社会资本通过教育网络资源开发与提供增值服务所获取的经营性收入不足以覆盖运营成本时，市财政局根据 PPP 项目合同的约定，支付给项目公司本项目的可行性缺口补助，项目公司通过上述收入得以收回投资，并获取合理回报。

⑤ 合作期满后，项目公司根据 PPP 项目合同将该项目全部设备设施无偿移交给宿迁市

人民政府或其指定机构。

三 交易结构

（一）项目投融资结构

根据国发〔2015〕51号文,资本金比例暂定为总投资的30%,本项目资本金约0.83亿元,向金融机构融资1.94亿元。社会资本按照股份比例以货币方式出资,政府方以货币或实物资产出资。

项目融资结构表　　　　　　　　　　　单位:亿元

投资额 (2.77)	融资结构		金额	资金比例
	资本金 (0.83)	政府方出资代表	0.25(30%)	30%
		社会投资人	0.58(70%)	
	金融机构融资		1.94	70%

资本金的到位次数及时间应以满足本项目的工程建设、融资要求以及法律规定为原则。PPP项目公司的注册资本金由合资双方按照各自认缴的持股比例同步缴纳到位。政府方由宿迁市政府授权宿迁市某国有平台公司作为政府出资人。

本项目中项目公司向金融机构融资1.94亿元,投融资结构如下图所示：

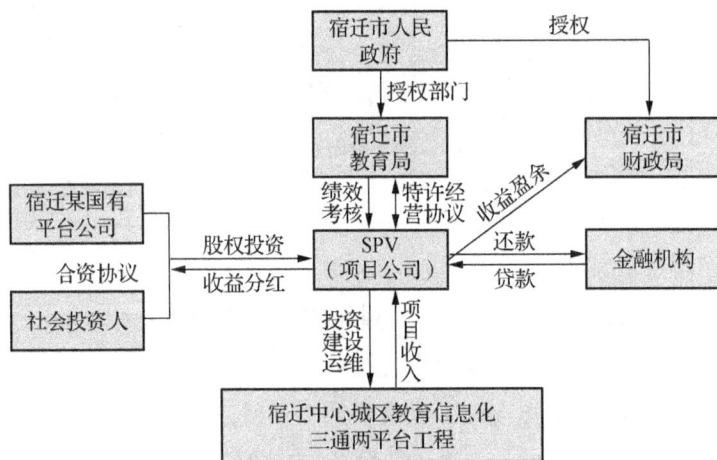

投融资结构示意图

（二）回报机制

1. 项目公司的收入来源

项目公司的收入来源组成包括:市教育局根据特许经营合同约定,向项目公司支付的运营维护费,以及项目公司在市教育局授权下,通过教育网络资源开发与提供增值服务所获取的经营性收入。

2. 项目公司的运营范围

中标合作企业作为宿迁市中心城区唯一教育信息化增值服务运营商,在国家政策许可和教育部门监管下,开展包含但不限于教育资源、教育教学应用服务等方面的增值服务,以促进宿迁市教育信息化快速发展。

其运营范围包括:

(1)第三方数字化教育资源(包含但不限于教材、教辅、题库、多媒体课件等)需统一接入到宿迁市教育教学云平台进行市场运营。

(2)宿迁市教育教学云平台接入第三方资源及应用服务时,中标合作企业可适当向资源及应用提供商收取接口开发费,用于支撑平台运维升级。

(3)中标合作企业在保障基础功能且客户自主自愿的前提下,可对包含但不限于网上阅卷、同步测评、个人辅导中心、网上课堂等项目提供增值服务。

其禁止项目包括:

(1)强制性收费:不允许对云平台基础公共服务项目收费。

(2)强制消费:不允许设置平台准入和使用门槛,采取技术手段强制学生、家长使用。

3. 社会资本回报机制

通过增值服务收益和政府方对项目公司的付费,项目公司可以实现一定的收益,并形成可供分配利润。

(1)在项目公司年度利润不足以使得项目公司累计利润为正,或项目公司的可供投资者分配利润不足注册资本金的8%时,项目公司的可供分配利润全部归社会资本方所有,政府股东不分红。

(2)当项目公司累计利润为正,且项目公司提取盈余公积金后的年可供分配利润大于8%且不大于20%时,社会资本股东和政府股东按照其各自的股权比例获得股东分红。

4. 绩效考核

项目建成后提供的硬件设施、软件平台等应当符合有关国家标准及行业标准和规范,结合建设规模、功能定位等实际情况,从建设绩效评价和运营绩效评价两个方面进行绩效考核。建设绩效评价标准分别从工程设计、设施设备、软件平台等若干方面进行评价;运营绩效评价标准分别从平台管理、资源运营、增值服务开发等若干方面进行评价。

运营维护期内,实施机构主要通过常规考核和临时考核相结合的方式对项目公司的运营服务绩效水平进行考核,并将项目公司当年所获得的可用性服务费和政府可行性缺口补贴同当年的绩效考核相挂钩。

四 监管架构

(一) 授权关系

宿迁市教育局与项目公司签订PPP合同,授予其本项目独家特许经营权。项目公司通过PPP合同得到投资、建设、运营维护本项目并获得合理回报的权利。

(二) 对项目的监管

1. 合同监管

宿迁市及各市辖区教育局根据项目合同的相关条款对项目公司在各自区域范围内的项目建设和运营情况进行监管,包括对项目建设总体进度、网络建设工程质量、应用软件平台引入进行监管,审阅项目公司的运营管理计划,要求项目公司向其报告项目运行情况,并通过中期评估检查项目实施和协议履行情况。

2. 行业及行政监管

宿迁市教育局及其他政府相关职能部门,根据适用的法律法规及规章制度的规定,在其职权范围内对项目公司进行行业及行政监管。

3. 公众监督

一方面,通过互联网、电话等多渠道信息反馈平台收集公众意见,鼓励公众对教育信息化建设、"三通两平台"项目运营和管理情况进行监督,并提出优化建议;另一方面,通过学校、教师、学生使用相关设备和软件平台后的反馈结果,对项目公司的建设、运营进行公正的评估和监督。

江南大学智慧校园数字化能源监管平台助推绿色大学创新发展

江南大学

一 学校概况与建设背景

江南大学是教育部直属的国家"211工程"重点建设高校,坐落于太湖之滨的江南名城江苏省无锡市。目前在校学生达3万余人,教职工3 000余人。学校轻工特色鲜明,享有"轻工高等教育明珠"的美誉,在食品、生物工程、工业设计、纺织等领域具有较强实力。

2005年起,江南大学新校区逐步投入使用。电、水等能源资源是学校基本的办学条件,随着学校的快速发展,能源使用大幅度增长。高校人员密集,教学、科研及生活服务功能齐全,能源消耗种类复杂、消耗量大。长期以来学校重点注重人才培养和科学研究,相对而言成本意识较为薄弱,尤其是合理使用能源意识就显得尤为单薄。在能源的科学化管理方面,传统的人工手段越发显得力不从心。

另一方面,学校在加快智慧校园建设。智慧校园建设总体上就是以物联网为基础,将校园中的人财物等进行智慧管理并提供服务。江南大学认为智慧校园建设应包含三个层次:第一是数字校园层,在无处不在的校园网络基础上,在全校范围大规模部署各类传感器、感应器、计量设备等,通过物联网手段采集校园中的人员、设备、能源、交通、房产等信息,完成数字化工作;第二层是基于管理的智能校园;第三层是基于服务的智慧校园。

结合智慧校园建设,为解决能源监管的难点问题,江南大学利用自身多学科的优势,综合应用了信息化、控制工程、通信工程、计算机工程、工业设计、环境工程等学科,勇于实践,自主创新、自主研发了基于物联网技术的"节约型校园数字化能源监管平台"。

二 数字化能源监管平台建设

(一) 信息化与物联网技术融合

江南大学数字化能源监管平台采用最新信息化与物联网技术设计,平台整体架构合理,具有一定的开放性、兼容性。系统在安全、可扩展移植性等方面都做了充分设计;同时结合我校自行研发的物联网数据网关,能很好地接入各类用能设备,包括水、电、气、空调、路灯、消防等设备。借助于布设在校园内的近2万个各类传感监控点,数字化能源监管平台对能源使用、给水管网、变电所、VRV 中央空调、分体空调、路灯等实施全方位、立体式的数字化实时管理,监控覆盖率达 95% 以上。

整个平台基于学校有线网络设计,平台数据传输依托我校设备专用网络,数据传输稳定安全,经过多年运行设备在线率始终保持在较高的水平。

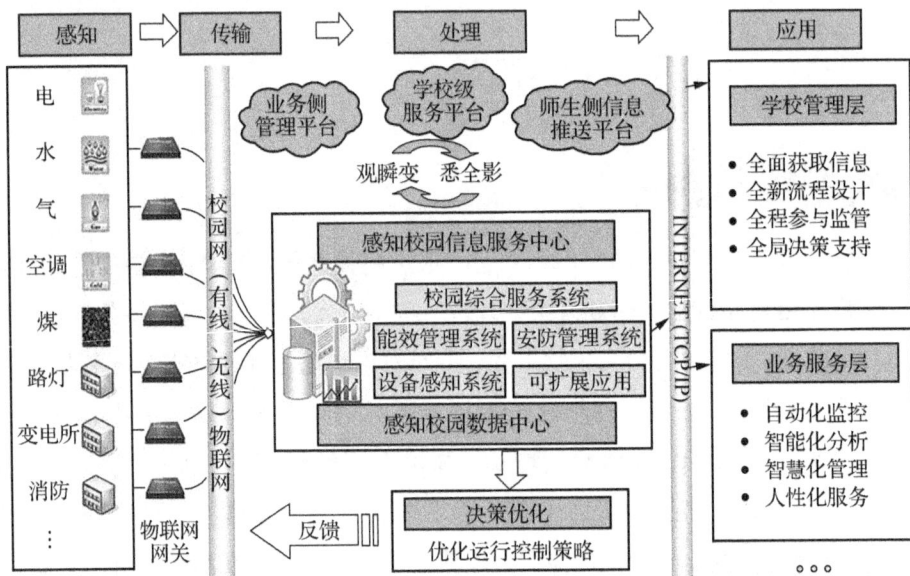

数字化能源监管平台架构图

(二) 功能齐全服务绿色校园

江南大学数字化能源监管平台建设采用统一规划、分步实施的模式,实现了 1＋1＋N＋M 的架构,即一个系统平台,一个能源服务门户,N 个业务子系统和移动终端(Mobile)的发布,目标是将能源管理过程中的"模糊"概念变成清晰数据,实现了不同人、时、地的管理及多渠道信息交互,为管理者提供更科学的决策支持。

1. 一个系统平台

建设具有自主知识产权的 FrontView 系统平台。FrontView 平台按照物联网技术的要求,建立起了一整套数据采集、传输、存储、分析、展示以及系统开发的标准和规范,是针对智能设备、设施和系统的"智能云平台"。在此平台上,可以快速开发和部署智能监管系统。为配合平台的使用,还配套开发了智能电表、空调照明控制器、水电气智能数据网关等智能硬件设备。

2. 一个能源服务门户

将与师生个人密切相关的能源信息特别是用电和用水信息进行整合,用图表等方式可视化展示用户的能源使用历史和趋势,提供便捷的查询、充值、预付费、自我管理、咨询等服务,并与学校统一身份认证系统、"o江南"校园门户进行了对接。

3. N 个业务子系统

根据业务范围和功能子系统可分为监管类子系统、控制类子系统和服务类子系统。

（1）监管类子系统

监管类子系统是节能监管平台的基础和核心,亦是节能监管平台首要的建设内容。监管类子系统的目的是解决"能源去哪儿了"这个核心问题。我校先后建设了校园电能计量管理、给水管网监测、燃气计量监管、建筑节能分析等监管类子系统,对校园供电、供水、供气和环境参数进行基于校园网的实时监测,掌握校园实时用量。

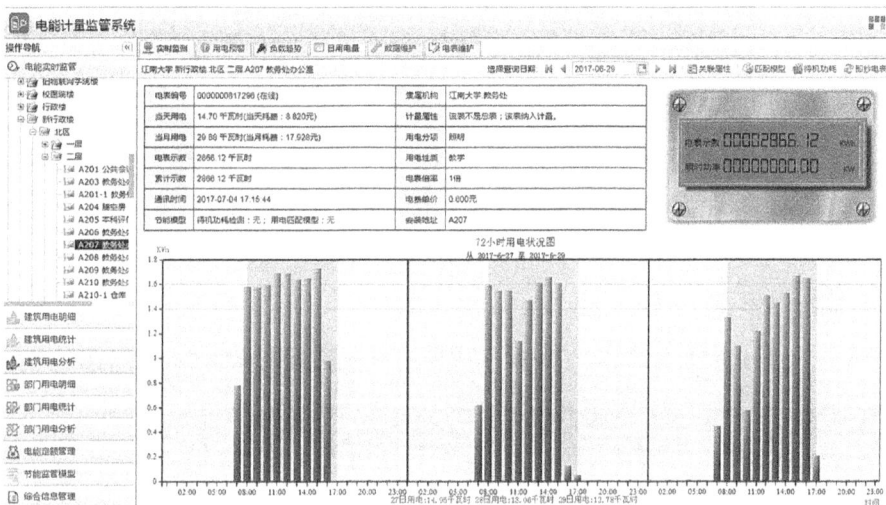

校园电能计量管理系统

该系统的建设是通过对各建筑物所有电源分路开关安装具备远传能力的数字化计量仪表,并按建设部、教育部节约型学校建设相关要求,进行细化的分类、分项计量,并通过校园网络实时远程传输,对被计量区域进行远程能耗监测,同时提供多样的数据分析和各类能耗统计报表。本系统的建成,可以使学校各级管理人员不管身处何时何地,都可以轻松地对学校各建筑物、各部门的电能消耗情况进行监控与管理。采用该系统还可以和"用电指标体系"充分配合,实现用电的管理和指标执行情况的监督、费用结算、数据统计分析等多项功能,为实现学校各学院、部门用电的量化管理提供必备条件。

采用实时通信与数据采集技术,通过对各建筑物总水表的实时计量和远程网络传输,使各单体建筑物的实时耗水量、阶段性用水情况通过 Web 发布的形式,及时被学校各级能耗管理人员获知,无论何时何地,他们都可以轻松地对学校各建筑物、各部门的用水情况进行监控与管理。该系统使供水管网的监测、用水量的统计分析进入到智能化、实时化的阶段,为建筑水耗监测提供了良好的技术支持。另外,建成后的系统还可以自动进行自来水漏失分析和用水异常情况识别,帮助管理人员及时发现跑冒滴漏现象,进行综合决策。

校园给水管网监测系统

(2) 控制类子系统

在完成监管类子系统建设、对能源的使用情况有了准确的认识后,可以在平台数据的支

公共照明智能管理系统

撑下有针对性地开展节能控制。这是能源监管平台的开展和延伸,重点解决"能源如何管"。我校对部分重点能源基础设施进行远程智能监控,主要包括变电所、水泵房、路灯、中央空调等,保障重点用能设备的可靠、高效、低耗运行。

该系统结合数字矢量地图技术,结合无线数据传输和远程控制方法,可根据人性化的控制方案,对校内、建筑物内各区域的公共照明制定不同的开、关灯周期策略,实现相应时间段内各区域照明的分别控制,并根据情况为各区域公共照明进行设置,如:季节策略、夜间高峰期策略、假期策略等。校区内各区域的公共照明可通过网络随时随地进行管理,并使建筑物公共照明及亮化泛光照明等的电能消耗均处于该系统的实时监控之下,在改善控制效果的同时,也带来了可观的节电效益。

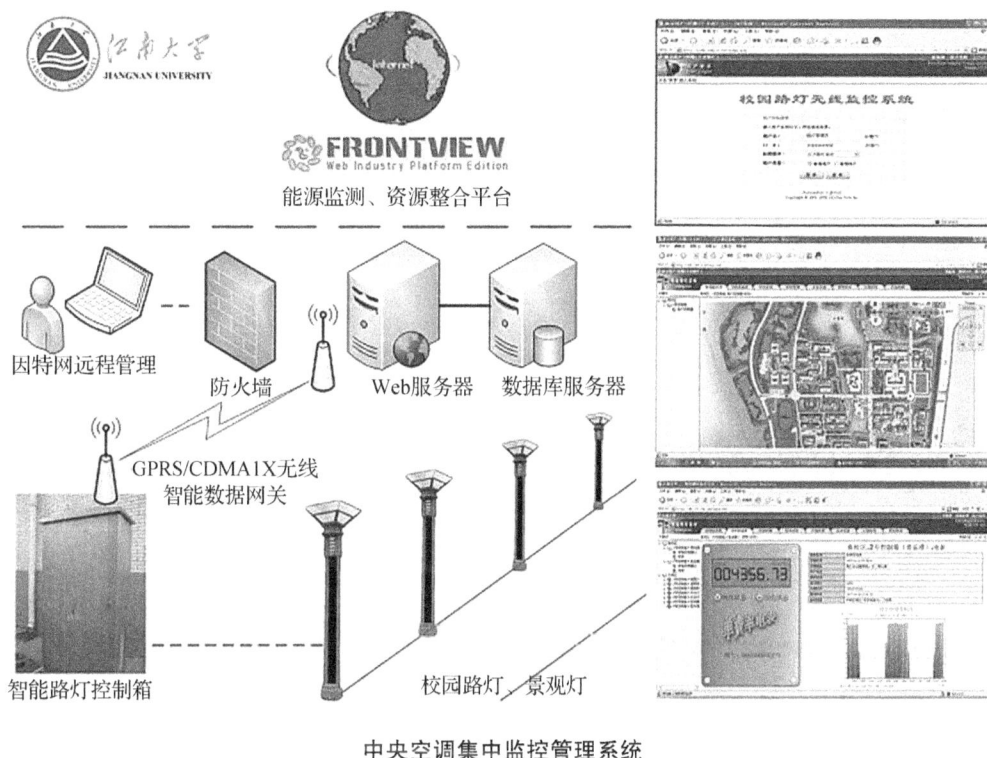

中央空调集中监控管理系统

该系统采用工业界普遍采用的实时通信与数据采集技术,对校区内各大型公共建筑的中央空调系统进行网络化远程实时监控。该系统建设目标是使学校空调能耗管理人员能通过校园网络/因特网对学校分布在校区不同位置的中央空调和风机换热设备等进行监控与管理。系统通过对中央空调设备运行流程的动态监控、关键数据实时监控、历史数据归档、动态趋势曲线绘制及短信实时报警等人性化功能,实施对空调系统运行过程中的能耗监测,为学校中央空调系统的合理运行和节约能源提供保障。

（3）服务类子系统

能源监管平台监管的不是能源本身，而是人们的用能行为。设备自身不会浪费能源，浪费来源于人对设备的不恰当使用。人既是用能的主体，又是节能的主体，只有解决好"人"的问题，才能真正解决节能的根本问题。从这个意义上来说，监管的关注点不仅是设备，更重要的是引导人们的用能行为。通过监管，培养绿色意识、养成良好习惯、促进行为节能显得尤为迫切。为此学校大力建设和完善了能源服务类子系统，包括能耗公示、预付费用能管理、能源足迹、低碳计算器、微信网上购电等。师生可以通过网页、手机 APP、微信、短信、邮件等方式随时了解自己的用能信息，进行在线交互。通过提高师生对自身能源消费的关注度和透明度，促进能源的理性消费和自我管理，将节能从一个部门的工作变为全校师生的工作，从"要我节能"的被动行为变为"我要节能"的自觉行为。

4. 移动应用（Mobile）

针对移动互联网的发展趋势，我们开发并发布了能源监管平台移动客户端，满足用户移动应用的需求。移动应用可实现个人能源使用情况的查询、自助服务等，也可满足管理者移动化的、对能源设备和设施的远程实时监控。"江南大学掌中能源服务"APP 拥有 IOS 版和安卓版，支持 iPad、iphone 和 Android 的手机和平板等。

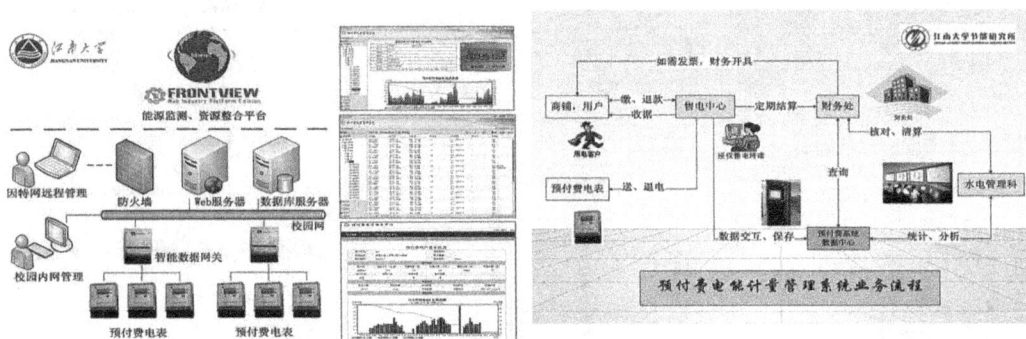

网络预付费电能管理系统

该系统创新性地采用了基于校园网络的实时通信与数据采集技术，结合后台大型分布式数据库构成系统，实现对学校学生公寓、大型公共建筑房屋租赁管理的实时用电能耗监控，网络化实时操作，实时售、退电，实时通、断电的控制效果，为高校学舍用电、科技园等建筑物用电能耗的监测与管理提出了更完善的解决方案。

该系统创新性地结合了物联网、互联网、移动 4G 等最新网络技术，极大方便了师生移动购电需求，由以往单一的购电模式向多渠道、多终端多元化模式发展。

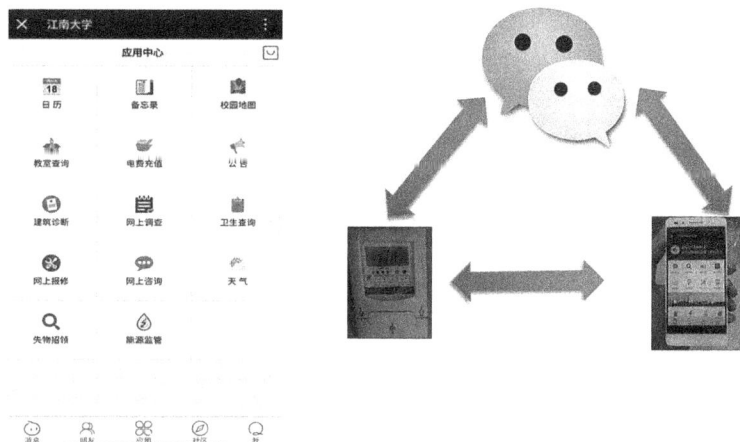

微信购电管理系统

(三) 公共建筑节能监管

通过对大型公共建筑能源监管特点的研究,将数字化节能监管平台延伸到了建筑节能监管领域,以建筑绿色运营为目标,构建"绿色建筑运营监管系统"。该系统通过对建筑能耗、环境、水资源等指标进行检测与管理,为建筑运营、调适提供数据支撑,从而达到节能降耗的目的。

绿色建筑运营监管系统

三 信息化建设成果显著、影响深远

近年来的实践,不仅使江南大学建设"数字化节约型高校"的工作成效显著,更为可喜的是,数字化能源监管平台的建设,充分体现出了其理论上的科学性、实践上的可行性和效果上的显著性。学校数字化能源监管平台的建设已初步形成了体现"以人为本,需求导向,应用带动"的体系架构,并在管理服务过程中成效初显。能源管理、服务的体系已经从传统模式逐渐过渡到了与"信息流"相结合的阶段,"互联网+"模式的高校数字化能源监管体系正在得到不断的丰富和完善。

学校通过数字化能源监管平台的建设,产生了巨大的经济效益。2016年,学校的科研总量是2006年的4.31倍,设备总量是2006年的3.73倍,分体式空调的数量也增长至2006年的3.91倍。但在这种情况下,月生均电耗仍维持在2006年水平并略有降低,月生均水耗降至2006年的62.15%,节能减排效果显著。按同比计算,"十一五"和"十二五"期间,共为学校累计节约水电费支出近亿元!我校数字节能、"绿色校园"建设成果经中央电视台、《科技日报》、人民网等20余家主流平面、电视及网络媒体采访报道后,在社会产生广泛影响,单独来校参观学习的全国兄弟高校达900多所。2013年,中央电视台财经频道《经济信息联播》栏目以"科技节能显新招,大学里建起'智能工厂'"为题报道了数字化能源监管平台相关情况,充分肯定了学校数字化能源监管工作取得的显著成效。2012年江南大学被人力资源社会保障部、国家发展改革委、环境保护部、财政部联合授予"全国减排先进集体单位"。2014年江南大学被国家机关事务管理局、国家发展改革委、财政部联合授予全国首批"节约型公共机构示范单位"。2015年,江南大学被推选为"中国教育后勤协会能源管理专业委员会"主任单位,带领全国同行共同开展节约型校园的建设工作。

信息技术支撑农科教合作模式创新探索

南京农业大学

一 基本信息

信息技术支撑农科教合作模式创新探索试点,由南京农业大学实施。南京农业大学坐落于钟灵毓秀、虎踞龙盘的古都南京,是一所以农业和生命科学为优势和特色,农、理、经、管、工、文、法多学科协调发展的教育部直属全国重点大学,是国家"211 工程"重点建设大学和"985 优势学科创新平台"高校之一。

农业科技服务一直是南京农业大学面向社会、服务地方的重要特色,如"百名教授兴百村"、"科技大篷车"等,在服务地方经济建设中发挥了重要作用,但传统的科技服务模式下,开展农业技术服务,主要是"一对一"的模式,专家需要来到田间地头。由于受时间、空间地域分布限制,有限的专家资源难以满足数量众多的基地需求;常态化的基地指导还会影响专家的正常科研教学工作;专家指导农业生产的智力成果与经验未能保存、难以分享。在科技服务的实践过程中,我们开始尝试利用信息化手段,为科技服务提供平台和工具,逐步探索建立"一对多"的信息化科技服务模式。

二 主要措施

针对农村科技服务所面临的主要问题,结合信息技术手段发展现状,我们在 2011—2017年,分三个阶段进行了信息化科技服务尝试:

第一阶段以网络专家工作站为主。(1)建立网络专家指导中心,主要建立网络专家指导门户,在互联网上建立科技服务门户,为专家、学生、基地技术员建立专门账号,通过账号登录,可以进入个性化的门户界面,从而实现信息发布、技术成果转移、基地生产环节信息查看、基地动植物生产状态查看、远程多媒体采集设备控制、在线解答问题、在线信息处理、互联网信息及时比对、历史数据统计与趋势查看、用户账户管理等功能。(2)建立分布式基地物联网采集终端,在学校合作的分布式指导基地,利用视频监控技术、物联网采集控制技术,实时采集基地的生产图像、生产环境、土壤温度湿度、光照数据,以提供远程决策支持。汇聚接入基地基本信息和基地环境物联网实时监测数据和视频数据,专家可以远程实时感知基地生产状况,开展远程指导会诊。

第二阶段以远程教育和手机移动终端指导为主。(1)建立手机移动指导系统(南农易农),方便基地与专家的实时互动。南农易农以稻麦、果蔬生产技术示范和推广应用为重点,把学校丰富的农技推广数据库、教育培训系统、农技推广综合服务系统、科技成果转化系统等信息通过手机 APP 等平台推送至新型农业经营主体手中。南农易农包括以下一些主要内容:① 每日农事;② 稻麦科技;③ 农业要闻;④ 政策解读;⑤ 易农论坛:农民的问题专家及时回答,农民可以通过文字、语音(当然必须说普通话)、图片和视频提出问题,还可以结识其他农民朋友。(2)完成了校内主播教室、多个远程录播教室、资源管理系统和课程资源以及 30 门课程建设等。

第三阶段以智慧农业服务为主,探索以稻麦精准生产过程管理,基于多要素耦合的生产过程精准决策,减少生产资料、肥料投入,提高生产质量和品质。

三 成效和经验

信息技术开启农科教服务新模式是利用互联网、物联网等信息技术,创新了"互联网＋农业"的新型服务探索,不仅可以突破时空制约,实现专家稀缺资源的充分利用,还能有效化解专家联系基地与开展教学科研存在的冲突,并及时保存相关智力成果,供人们分享。该创新对发挥稀缺专家资源潜力、变革农业科技推广模式、惠及更多农业基地、提高农业生产整体水平等都具有积极的作用。

通过建立"专家＋网络＋N 个基地"农科教服务新模式,解决农业一线问题,非常接地气。整合专家、基地、科技资源开展面向"三农"的服务尝试,是行业的一大突破,是高校利用自身资源优势开展社会服务、人才培养、科学研究的典型案例。取得的主要成效如下:

1. 基地数量不断拓展

试点工作结合新农村研究院、基地和工作站建设,先后完善和建成了常熟新农村发展研究院、淮安新农村发展研究院,在宿迁、灌云、南京、灌南等地完成了四个特色产业基地,以及分布于海南、云南、四川、江苏等地的 19 个专家工作站。

2. 技术培训效果显著

通过平台的远程教育功能,累计培养基地农业技术骨干、其他农业技术人员、农业继续教育学生等各类人员超过 15 000 人次,目前平台注册在线学习用户数超过了 1 000 人。远程教育平台还辅助专家团队完成远程授课、科研协作等十余次,取得了良好的社会效益。

3. 技术服务成本下降

虽然试点项目内容还将根据技术、形势与服务模式变化而不断进行优化与调整,但通过试点项目建设,基本实现了试点预期目标,节省了专家的宝贵时间和亲临基地的路途成本。

基地技术服务工作预计每年可为每位专家节省差旅费数万元,提高了专家参与基地服务的工作效率。

随着网络通信技术、远程控制技术、信息组织技术的不断发展,以及项目运行管理工作趋于有序化、科学化和制度化,系统的功能与运行条件也将不断完善,在系统得到更广泛的推广与应用后,其潜在的社会、经济价值将会得到进一步彰显。

4. 技术服务方式创新

系统在高校专家与农业生产基地、专家与农民、专家与学生之间建立了虚拟的、紧密的关联,创新了农业高校科技服务新模式。

四 进一步发展的思考

(一) 主要面临问题

1. 建设、运维成本高

教育信息化试点项目全部建设、开发与运维经费都由学校自筹,截止到 2015 年 12 月底,学校累计自筹投入资金超过了 500 万元。除了远程培训可以结合农村干部、技术员培训获得一定的经济回报、有一定造血功能外,其他服务内容基本都是社会公益性质,没有收入回报。所以,除远程教育培训子系统能够自行持续发展外,其他建成的内容因运维资金不足受到了不同程度的影响,其效果发挥与应用推广也受到制约。另外,在学校协调专家、基地、技术等,需要跨部门完成,因此在经费投入机制与项目管理上还需要加大探索力度。

2. 信息技术发展快,技术升级代价高

试点项目很多内容涉及的互联网、移动互联网、物联网等技术都是当今高速发展的热点技术,其技术更新与设施产品日新月异,如:远程控制系统、智能温室系统、农业传感系统、信息传输系统、移动应用系统、基地设施更新等等,因此,我们的试点内容也在根据形势发展和用户需求不断进行调整、优化。这些调整、优化,不仅涉及设备的更新,也涉及软件的升级与重新开发,如果没有可持续运维机制,项目已建设内容将很快落后,用户体验下降后,也会影响系统使用及成效的进一步发挥。

(二) 未来打算

首先,着力针对我国农业产前、产中与产后的科技服务主要难题,最大限度发挥高校专家智力成果效益。学校将进一步加强对该项目的行业特色挖掘,建立信息化科技助农行业标准,整合吸收农民经验,理顺学校新农村服务信息化的组织架构,构建管理团队。

其次,加强与企业合作和商业推广,建立面向中国农业的整合科技服务平台,在农林院校里,率先做出别人无法超越的亮点,探索高校新农村服务信息化的资金可持续、多元化投入机制,在自筹经费的同时,积极争取国家经费和社会经费投入。

"微哨"在高校移动数字校园构建中的应用

常熟理工学院

数字化校园是以网络为基础,利用先进的信息化手段和工具,实现从环境、资源到活动的全部数字化,在传统校园的基础上构建一个数字空间,以拓展现实校园的时间和空间维度,从而提高传统校园的效率,扩展传统校园的功能,最终实现教育过程的全面信息化,达到提高教育管理水平和效率的目的。数字化校园建设为广大师生提供了无限的"空间",师生们可以利用网络完成自己想做的事情,但是,从目前情况看还远远满足不了师生的要求,特别是在实现"网上管理、网上教学、网上服务"上还有很大的距离。

随着数字化校园日趋向智慧校园迈进,按照教育部在强调教育信息化"十二五"核心目标时重点提到"三通两平台-人人通"中的网络学习空间人人通,也就是建设实名制的网络学习空间环境,努力推动个人自主学习和教学互动。我们对校园信息化有了更为深刻的思考,坚持以人为本、服务师生的核心理念,在现有数字校园建设的基础上,以提高学校教育管理水平,促进应用型创新人才培养为根本目的,进一步挖掘信息资源的价值,实现智能化的推送,促进知识的智慧传播与分享。为此,我校建设了基于即时通信的教学即时互动沟通平台——"微哨"。微哨的应用,为师生创建了实名制的网络学习空间环境,提供便捷交互和知识分享的渠道,建立了数字化校园与用户之间的桥梁,提升了用户的交互体验,同时也为建设好智慧校园找到一种全新的理念,构建了移动数字化校园,为数字化校园寻找到了更好的入口。

平台的使用使得校内用户间线上线下的交互完美融合,提升了学生的自学能力,开发了他们的创造力,充分利用了学校教学资源,体现了学生需求并增进了师生间的沟通互动,推动了个人自主学习和教学互动,加快了从以教为中心向以学为中心转变,从知识传授为主向能力培养为主转变,从课堂学习为主向多种学习方式的转变。学生和教师都拥有自己独立的学习空间,可以自主学习,也可以互动学习和分享彼此的资源,更可以与相同兴趣爱好的人结交成好友。作为一种新的教学模式,也是未来发展的重要方向,它强调交互、分享、融合和个性化等特点,使师生可以安全地获得服务,放心地与其他用户交互分享;使师生可以以最快捷、最直接的方式获得数字校园的服务;使师生可以在交互和分享中提高教育教学的水平和效率;使师生可以自己配置所需服务,学校方也可以有针对性地提供不同服务。

平台以人与人、人与组织的交互关系为基础，实现了师生校园关系的全效管理，体系结构如图1所示。

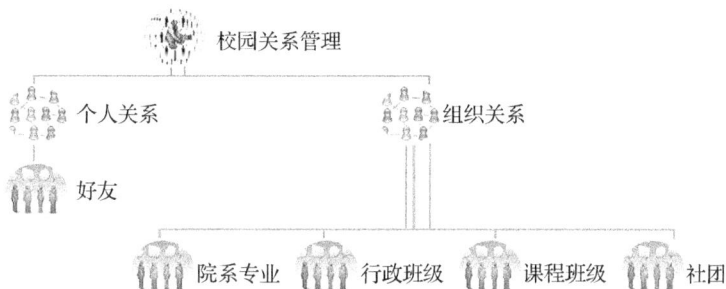

图1 "微哨"人员关系体系结构

我校共有师生近2万人，平台将校园内人与人之间的关系分为个人关系和组织关系两类。从个人关系出发，根据用户的特征，可以创建老乡群和兴趣群，以建立个人与好友的关系；从组织关系出发，根据用户的组织架构，创建了56个部门群、1个班主任群、669个班级群、2764个本学期的课程群和若干社团群，如图2～4所示。由此形成

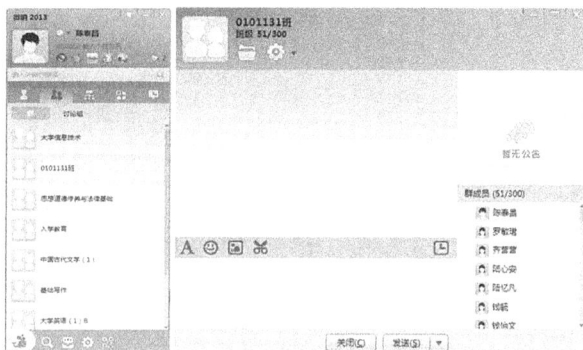

图2 学生所拥有的课程群和班级群

了清晰的组织结构，教师以部门为单位，学生以院系—专业—班级逐层管理显示，方便进行人员的快速查找、快速互动，使师生在交互中分享资料、分享学习。

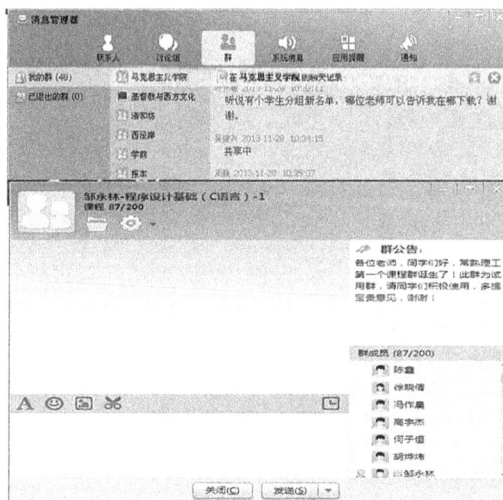

图3 教师部门群与课程群

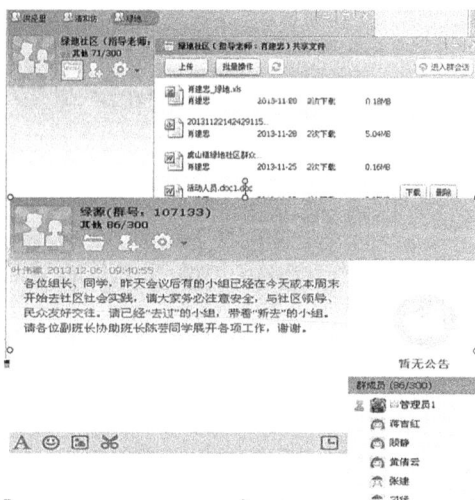

图4 社团群

"微哨"还整合了学校现有的各种应用,为校园用户提供了最近的应用入口,完成了应用的汇总和消息的汇总。平台安全可信,师生通过方便快捷的单点登录,可以随时随地进行多终端的沟通交流,运行效果如图5所示。平台的运行实现了成员的固定化与灵活化相结合,形成了全校内较为完整的交流渠道,满足了即时与长期的信息留存。

图5　运行效果

1. 应用汇总

在服务大厅中为用户提供校内各种相关的公共应用服务,用户可以将自己喜欢或常用的服务添加到个人应用中心,融入教学、管理、学习、交流等各种应用工具,师生能够一站式地获取所有应用(如图6所示)。

图6　整合学校现有应用实现单点登录

2. 消息汇总

教务、学工、OA、一卡通等各应用系统将信息推送到"微哨"的个人消息中心,使与用户相关的所有消息均统一呈现,达到即时推送、轻松获取;基于组织结构的各种通知,到达率高、阅读率高,支持多终端的接收查询(如图 7 所示)。

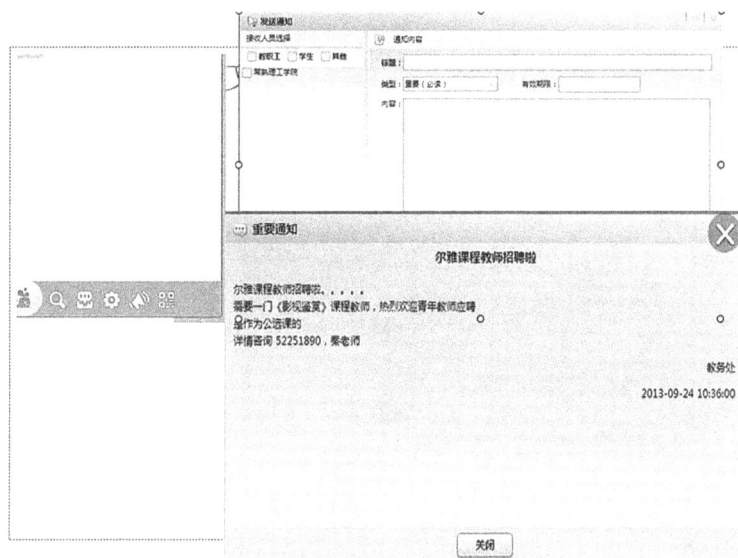

图7　消息推送

3. 移动数字化校园

"微哨"已经完成了 IOS 和安卓客户端的实现,并提供轻应用开发平台,方便师生在该平台上开发各类轻应用,如:课表查询、成绩查询、通讯录、图书借阅、校园卡消费等查询。同时我们将校园的一些使用频率高的应用开发了移动版,如 OA 和财务报销网上审批等应用(如图 8 所示)。

图8　移动轻应用

4. 安全可信

组织架构中设立的各种服务坐席对所有人可见,方便用户直接与管理员沟通,能够随时提供个性化的服务和更高效的部门即时服务;校园用户在访问网络时便需要进行认证,即以工号(学号)登录微哨,这种以用户真实的身份认证的方式保障了系统的安全性和可信度。另外,平台还注重个人隐私的保护,所有会话、传输数据内容采用不可逆算法加密,断绝信息泄露的后顾之忧,保证了信息的安全性(如图9所示)。

图9 真实身份认证

5. 关系交互

满足与同学间、师生间、教师间便捷的互动交流,通过随手可得的应用中心入口,可以快速地进行信息感知,时尚地进行碎片化、移动化工作学习,轻松地了解课程地点、课程时间、课程点评、考试信息;查询空闲教室;了解学校最受欢迎的课程;找到老乡、共同爱好的人等。班级群和课程群等支持批量快速地上传、下载,资料共享和查询,教学内容发布,作业批改,问题讨论,答疑及教案学习,作业上传和查询,公告发布和维护,公告浏览等功能。

"微哨"为学校信息化应用提供无限的想象空间和应用空间。初到学校的大一新生,常会疑惑于:"怎么办理入校相关手续?""有没有老乡,怎样才能找到他们?""我要参加哪些社团?""如何快速融入大学生活?""学校那么多系统,有多通知,我怎么去查找?""学校哪个食堂饭菜味道好?""哪里有二手图书卖?"……老生们则会思考:"如何让大学生活精彩纷呈?""春天到了,组织一群人去旅游吧!""不知道英语系的她选了哪些公共课程?""春节回家我拍了很多家乡的照片,真想分享给大家。""听说《概率和数理统计》很难考,谁有往届试题?""高数挂了,什么时候可以补考啊,谁知道?""我要搞创业,怎么在学校里面寻找合伙人呢?""要毕业了,工作怎么那么难找,要是有师兄师姐推荐一个就好了。""拿到offer了,不知道这个公司怎么样,如果领导是校友就好了。""要打包走人了,这么多东西怎么能快速卖掉呢?"……这些问题,通过微哨应用和完善都将迎刃而解,它拓宽了传统教学方式下空间和时间的限制,使得教学方式更加多样化、灵活化,广大师生可以随时随地沟通和交流,提升了学生学习的主动性和效率,成为提升教育信息化的一个有效手段,帮助大学更好地完成人才的教育和培养。

尽管我校的数字化校园已经取得了一定的成绩,切实地提高了教学、科研、管理等方面的服务质量与效率,但数字化校园建设不是一蹴而就的,信息化之路依旧任重而道远。我校下一阶段仍将继续弘扬以服务为中心,为学校领导提供决策支持、为教学管理提供服务、为师生提供便捷应用服务的核心目标,计划建设数字化校园移动应用平台,包括提供即时移动信息服务和营造移动学习环境。一方面,向校园用户提供便捷的、一站式的、全方位的、个性化的、主动式服务,将各应用系统中用户的常用功能移植到移动终端,达到实时互动,完成大部分必须通过有线网络完成的相关事务,将数字化校园从以后端管理为核心转向以前端服务为核心,真正提升校园人的信息化体验。比如,在 OA 系统中,所有的公文流转都能定向地通过手机发送给具有相关权限的人审阅,提高办公效率;办公人员通过移动端操作还能及时就相关文件进行修改或讨论,真正实现随时随地的工作状态。另一方面,为师生提供一个能进行移动教与学的环境,为正常的课堂教学提供有益的补充。应用移动终端为校园师生提供更便捷的生活和学习服务,使得校内的工作、学习、生活更加自由、无约束。

数字化校园的建设与使用过程本身就是一场学校教学、科研、管理的变革,对学校教学管理的工作规范、流程等方面起到积极的促进作用。为人才培养服务、为教学科研服务、为学校发展服务、提升学校的软实力,坚持信息化是必由之路。今后,数字化校园将向着可移动性、智能性方向发展,从而实现服务于教育、教学的智慧校园。

"互联网＋"时代下的智慧校园建设

常州信息职业技术学院

常州信息职业技术学院在理清智慧校园"建设策略上的顶层和底层、建设效率上的可建与需建、建设推进上的统一与第一、建设定位上的高端与高效、建设取向上的普惠与特惠"五大关系的基础上,按照"应用驱动、共建共享"的思路稳步推进智慧校园建设,为人才培养、学校发展及师生服务提供了有效支撑。

一 设计方案

1. 对智慧校园的定位

智慧校园是数字校园发展的高级阶段,是通过云计算、物联网、大数据等新一代信息技术与学校人才培养工作的深度融合,促进学校管理、服务经智慧化转型升级的新理念和新模式。在当前信息技术发展时代下,智慧校园应体现在以下五个层面:

基础设施层面:为各类业务应用提供智能、泛在、感知、高速的新一代网络及云计算中心;

基础架构层面:基于数据和接口标准构建自适应、平台化的云业务应用架构;

数据层面:构建以基础数据、业务数据、主题数据、大数据为核心的数据体系,实现数据与应用的充分融合;

服务应用层面:为各类用户提供基于各类智能终端的个性化服务空间,实现以人为本的高效便捷服务;

管理应用层面:实现精准化、动态化的管理模式,提供基于数据挖掘分析的现代校园管理体系。

智慧校园建设的总体目标是:"网络无处不在,学习随时随地,管理规范智能,服务便捷高效,生活绿色节能"。

2. 顶层架构设计

智慧校园信息化平台基于云架构搭建,由"用户访问、统一应用服务平台、统一数据服务平台、智能基础设施、信息安全体系、标准规范体系"六个部分组成,顶层架构设计如下图所示：

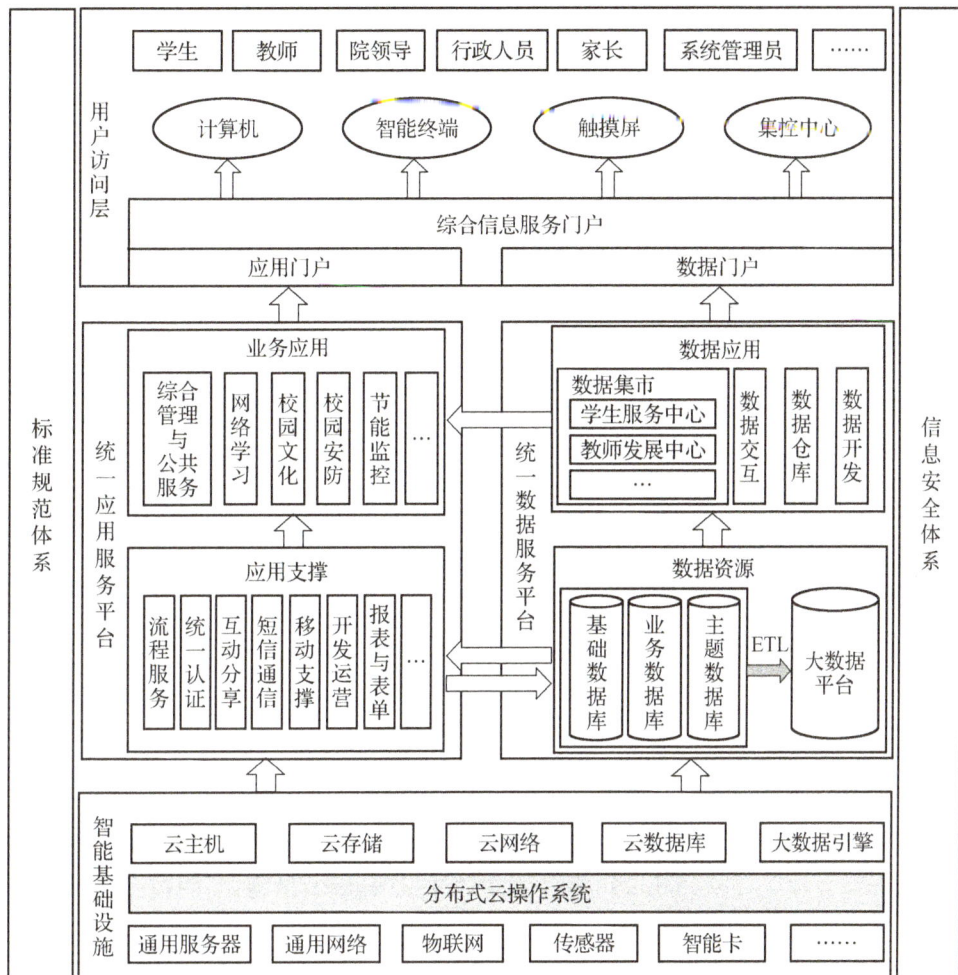

（1）用户访问

对智慧校园信息化平台的用户和访问终端类型进行了分类,访问终端形式多样性决定用户的访问界面应有所不同。用户访问通过综合信息服务门户进行,包括对内服务门户和对外服务门户。

（2）统一应用服务平台

统一应用服务平台提供应用汇聚、数据交互、统一认证、统一支付、运营支撑服务,包含两个主要部分的内容:业务应用和应用支撑。业务应用以满足职业院校办学需求为目标,是在现实校园基础上基于O2O模式构建的各类业务应用平台,包括但不限于:综合管理与公共服务、网络学习、校园文化、节能监控和校园安防等。应用支撑包括实现功能所需的各类基础服务,如流程服务、统一认证服务、短信通道服务、移动支撑服务、互动分享服务、开发运营等。

（3）统一数据服务平台

统一数据服务平台是智慧校园的重要平台，包含两个主要部分的内容：数据应用和数据资源。数据应用包括实现数据服务所需的各种数据系统和管理工具，如数据开发、数据仓库、数据交换、数据集市（教师发展中心、学生服务中心）等。数据资源包括智慧校园信息化平台各种应用所涉及的各类基础数据库、业务数据库、主题数据库以及大数据。

（4）智能基础设施

支撑智慧校园信息化平台的软硬件基础设施，主要包括智能硬件（通用服务器、网络、物联网、传感器、智能卡等）、分布式云操作系统及其提供的云服务（云主机、云存储、云数据库、云网络、大数据引擎等）三部分。

（5）信息安全体系

这是智慧校园信息化平台的重要保障，包括一系列安全规范、指南和评估体系，以保障智慧校园信息化平台的网络、硬件、信息和应用安全。

（6）标准规范体系

这是智慧校园信息化平台的重要支撑，应包括本技术规范在内的一系列标准规范和法规制度，以保障智慧校园信息化平台的建设和应用。

二 实施途径

1. 统筹规划信息设施

按照"云端建设、分配使用"的思路，对学院分散建设的信息基础设施和业务系统进行全面整合，统一设计顶层、开放接口、规范数据，建设信息基础云设施，实现对全院计算、存储、网络资源的统一建设，按需分配。

2. 全面打造智慧平台

按照"智能泛在、绿色和谐"的思路，围绕全面推进学院教学、管理、服务数字化、网络化、智能化，启动以"一站、五平台、两中心"为总框架的智慧校园建设。

（1）"一站"：指学院门户网站。改变了传统网站架构固化、信息交互性不强的状况，建立了一个开放柔性的架构（可以自由扩展、叠加网站栏目），同时实现与校园网应用共享（把校园网上可对外的应用模块"拖曳"到门户网站上）、与访问者交互、与主流网络媒体的实时分享。

（2）"五平台"：指覆盖学院办学业务全方位的五个业务应用平台。

① 阳光院务：实现网上信息公开，行政权力、公共服务在线运行。主要功能包括：信息发布：在综合信息门户上能发布信息，未通过身份验证的用户不能查看。办事大厅：提供面向教师办事服务的统一受理入口；办理事项类型能按学校实际需要的职能域进行划分；办事大厅内呈现的服务内容可按需配置。办事提醒：在办事项应能实时提醒办事人员，支持网页

或短信方式。办事查询：能实时查看某个业务的办事状态；能实时查看学校所有业务办理的情况。在线评价：能对已办结或未办结事项给予评价，相关办事人员能够回复。统计分析：能够基于基础数据及各类业务数据进行数据统计和数据挖掘，针对管理需要进行主题分析，辅助领导决策。信息管理：能对平台的各类数据进行增、删、改操作。信息推送：能将指定信息推送至指定用户，支持自动或手动方式。

② 网络学习：集成在线课程、微课、资源库等各类教学资源，提供学生慕课式学习。主要功能包括：支持套用模板建课、课程章节内容编辑、课程教学流程管理、各类数字资源上传和编辑等网络课程建课功能，并支持教学资源管理功能；支持学习过程控制与管理、支持教学互动和各类统计功能；支持个人学习空间管理的功能，包括但不限于课程表、日程表、日志、收藏、班级、小组、问卷调查等；对教学过程中影响质量的各环节进行全员、全程、全面系统地监督、控制与评估等的教学管理评估功能。

③ 节能校园：提供水电能源的智能管控。主要功能包括：对能耗小、建筑规模小的建筑设施可以采取分类（粗略）计量和统计（如按生活设施、教室、体育场馆、服务设施等分类）；对能耗大、设有集中空调采暖系统的大型公共建筑设施可以采取分项计量；对能耗大的实验室可以实施专项计量；支持对各类能源消耗的公示，所公示的能耗数据应包括但不限于各种能耗的总量，学校各分院、人均、单位面积等的能耗情况。

④ 平安校园：提供校园边界、重点场所，车流、人流、物流的智能管理。主要组成包括：视频监控管理：覆盖校园重点监控区域，具有图像信息的实时性、共享性和预警分析的智能化等特点；消防报警管理：实现对校园火情的实时检测与防范；校园卡口管理：实现对校园出入口的全面监管；门禁管理：实现对建筑楼内门禁出入的安全防范、智能管理；电子巡更管理：实现对安保人员巡逻轨迹的跟踪管理；周界防范管理：实现对校园周围的实时监控，实时提醒各种越界行为；紧急报警管理：实现对校园突发情况的快速反应和应急处理管理；资产管理：实现对校园所有资产的跟踪管理；学生行为管理：实现对学生上网行为、网上言论、异常举动的管理。

⑤ 和谐校园：提供在线交互式的批评监督、建言献策、思想表达、才艺展示、社团交流等。主要栏目包括：师生日记：可以日记体形式记录每天的学习、工作、生活感悟，支持点赞或评论功能，支持根据浏览量或点赞量投票遴选最受欢迎日记的功能；信息公开：可查看各部门的工作计划及完成情况、预算执行情况、个人绩效状态及其他需对内公开的内容；网上议事：可查阅所有文件内容的解读，支持网上发表意见和建议的功能，支持对需征求意见的主题展开讨论的功能；建言献策：可匿名提出意见和建议，由相关部门在限定时间内回复，可以对回复内容进行评价。

（3）"两中心"：指服务师生的两大主题应用。网上教师发展中心：提供基于教师大数据的个人绩效分析、评价，开展职业发展指导；网上学生服务中心：提供与实体学生服务中心相协同的日常公共服务。

3. 协同开发关键业务

按照"应用驱动、共建共享"的思路,组织各部门协同梳理关键业务、固化业务流程、开发应用模块。同时,加强校园网与互联网、计算机与移动终端的应用联动,与新媒体的信息共享。

4. 校企合作联动研发

按照"建研并举、以建促研"的思路,依托网络通信、软件、艺术设计等二级学院组建专门师生研发团队,以建设项目为纽带,与社会信息化企业开展协同研发设计与系统建设,培养和提高师生的研发能力,也为系统的运维和持续优化提供保障。

5. 凝练成果示范推广

按照"源于实践、高于实践"的思路,在建设之初,同步开展智慧校园技术应用规范、产品专利、软件著作权和理论研究,推动形成可复制、可推广的标准、技术和理论成果。

三 运维体系及安全保障

1. 整体运维体系

(1)智慧校园建设领导小组。这是智慧校园建设的决策机构,组长为校长;副组长为分管副校长;下设办公室,设在信息中心。负责每年信息化建设任务拟定、预算审核及重大事项决策。

(2)领导小组办公室(信息中心)。负责智慧校园各项任务的统筹推进,并协调各部门按照统一规划推进各项工作。负责年度工作总结及来年工作计划拟定,负责各项项目的立项和验收工作。

(3)建设团队。由业务部门、信息中心成员、技术人员等组成,业务部门负责人(条块负责人)为具体项目的负责人,信息中心成员协调和监督,技术人员负责设计、开发、测试、部署及上线工作。

(4)运维团队。由业务部门、信息中心、老师和学生组成,主要对各类应用进行维护,包括故障恢复、数据备份、使用指导等。

2. 安全保障条件

从以下四个方面保障智慧校园信息安全:

(1)建立信息安全组织架构。加强领导,落实责任,完善措施,建立健全信息安全责任制和工作机制;制定信息安全目标和方针,履行法律责任和持续改进信息安全工作;明确分管副校长为主管领导,负责本单位的信息安全管理工作,根据国家法律法规有关要求,结合实际组织制定信息安全管理制度,完善技术防护措施,协调处理重大信息安全事件;信息中心具体承担信息安全管理工作,负责组织落实信息安全管理制度和信息安全技术防护措施,开展信息安全教育培训和监督检查等;各内设机构指定一名专职或兼职信息安全员,负责日常信息安全督促、检查、指导工作。

（2）建立信息安全制度管理。参考 GB/T 22081－2208 的相关要求,制定完整、适用、规范的信息安全管理制度;信息安全管理制度形成柳范的文件,并获得院领导的批准。

（3）进行信息安全风险评估。对"智慧校园"的安全要求、需求进行识别和分析;从"智慧校园"的整体业务风险的角度,实施和运行控制措施,以管理智慧的信息安全风险;建立信息安全风险评估制度,明确信息安全风险评估的时机、频率、风险评估的方法,并形成信息安全风险评估报告;依据管理措施、资源、职责和优先顺序,制定风险处置计划,风险处置计划包括资金、角色、职责的分配。

（4）信息安全运维。建立安全运维中心,对全网的主机、网络、软件、安全设备进行统一的安全管理;采用云计算、虚拟化、分布式计算技术建立运维中心,支持网络规模、应用规模等的弹性扩展;支持安全策略对特定的对象组统一下发和管理;支持安全运维对象属性的自定义和扩展;提供灵活的报表功能,生成安全运行状态的各种报表。

四 应用成效

1. 门户网站入选"百佳"

新版网站凸显以师生为本的理念,在结构布局方面,页面简洁明了,让人一目了然,栏目设置准确分明,重点信息突出醒目,能够为校外人员提供准确详细的学院介绍,为本校教职员工提供功能齐全的校园网服务。主页图文结合,大图新闻具有良好的视觉冲击效果。

门户网站

通过主页"常信要闻"栏目能够快速进入学校新闻中心,获取大量学校资讯,达到了良好的网站宣传效果。网站整体体现了学院现代化、精细化、人文化、国际化的理念。网站色彩典雅又突出了鲜明主题,图文并茂。2014年在教育部思政司组织的第七届"全国高校百佳网站"评选中,我院网站成为全国高校百佳网站中仅有的2所职业院校之一(东部地区唯一一所职业院校),并获得"最佳视觉效果"单项奖提名。

2. "五大平台"陆续上线

阳光院务平台以实现网上信息公开,行政权力、公共服务在线运行为目标,实现了"一站式办事大厅"、"我的提醒"、"阳光办事查询"、"通知公告"、"公文流转"、"一周会议安排"、"后台管理"等功能模块。各类业务应用按照模块化方式开发,在符合统一数据标准和应用接口的前提下,支持"热拔插"操作。目前包括工作计划管理、部门经费使用、薪酬发放、出国培训进修、下企业锻炼、国内培训、学位进修、中层干部考核、顶岗实习等在内的50项业务应用模块已陆续上线运行。

阳光院务平台

在线学习平台通过自主开发与引进相结合,上线在线课程205门,其中有20门课程实现了慕课式学习,取代了实体课堂教学,在线学习人数累计超过1万人。

在此基础上,面向已录取的新生首创"网上预科"平台,学生在家利用互联网就能修学分、学校规、了解专业。平台开通两年来,共有4000多名新生拿到相关课程的学分,带着学分来报到,受到包括《光明日报》在内的国内主流媒体的争先报道。

网络学习平台

网上预科平台

节能校园平台完成 2.5 维学院全景数字地图主页面研发,同步实现院内部门、交通导航、生活设施等智能搜索应用。

平安校园平台实现了对学校周界、道路视频监控、车辆门禁、学生公寓门禁、教学可视化、电子巡更等管理,大大增强了校园安全防范能力。

和谐校园平台以"提供在线交互式的批评监督、建言献策、思想表达、才艺展示、社团交流"为目标,实现了"常信日记、常信生活、团学活动、网上 e 事厅、师生心声"等功能模块。平台着力打造了"常信日记"品牌,师生以日记体的形式记录自己的学习、生活感悟,开设两年多来累计发表师生日记 900 余篇,浏览量超过 65 万,受到教育部思政司的高度肯定并在全国会议上做重点介绍。

和谐校园平台

网上教师发展中心围绕"我的生活、我的职业、我的能力、我的未来"四个方面，为教师提供基于教师大数据的个人绩效分析、评价及教师职业发展指导。

网上教师发展中心

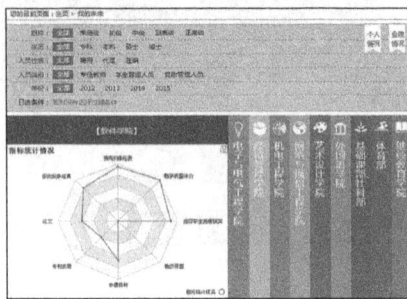

教师大数据

学生服务中心全面支撑"一卡通"全业务大数据，提供统一身份认证、校内商务支付；与专用手机客户端信息平台联动，实现网上报修、校园短信、课程查询、图书借阅、成绩查询、考勤统计、社团活动等应用。

网上学生服务中心

3. 研究积累成果初显

完成江苏省地方标准《高等学校智慧校园建设与应用规范》并正式发布，成为国内首个智慧校园省级地方标准；系列专著《大数据时代下的智慧校园》第一部"基础篇"、第二部"应用篇"已公开发行，第三部"数据篇"的基本写作框架也已经形成；2项发明专利申报已获受理、5项实用新型专利已获授权;12项软件研发成果获国家软件著作权。建设方案已在5家省内外兄弟院校中推广应用。

常州信息职业技术学院的智慧校园建设得到了上级部门的充分肯定和大力支持,项目入选"2013年江苏省社会信息化示范试点工程",并获省工业和信息产业转型升级专项资金重点支持;学院入选2015年全国首批"百所数字校园示范校"建设项目学校、江苏省"工业强省六大行动"重点项目单位。

校企共建云平台 打造职教生态圈

南京高等职业技术学校

一 实施背景

南京高等职业技术学校经过多年的信息化建设,信息技术从简单的工具应用逐渐深度融入教学、科研、管理与服务的各项活动中,学校师生和管理人员的信息化素养与需求也越来越高,已经不满足于简单的业务管理与信息查询,创新教育教学模式和管理模式不断涌现,日益受到各方重视。教育部制定颁发的《教育信息化十年发展规划(2011—2020 年)》、《教育信息化"十三五"规划》、《2017 年教育信息化工作要点》中都把"推动信息技术与高等教育深度融合,创新人才培养模式"作为当前高校信息化的主要目标。

为了更好地推动教育管理信息化,推进信息技术与高等教育深度融合,创新人才培养模式,南京高等职业技术学校和江苏省教育厅、中兴通讯股份有限公司三方通力合作,签署了战略合作协议,依托云计算、大数据等先进技术手段,结合"互联网+教育"理念,创新打造了江苏职业教育云平台。

南京高等职业技术学校作为云平台的建设基地,以通信信息(含 5G,云计算)/网络信息安全/大数据/物联网等国家新兴战略领域,与学校现有专业体系相结合,进行教育教学创新和人才培养,提升学校教学科研工作,促进教学、科研和服务社会的水平;同时利用云计算/大数据物联网等新一代信息技术,融入学校的智慧校园信息化建设,从应用驱动、数据融合、业务融合的角度,提高校园管理质量和大数据科学决策能力。

二 建设目标

1. 紧扣政策,需求抓地

基于国家及我省职业教育发展的现状、特点、趋势、政策与理论研究成果,以及职业院校客观存在的自发性服务需求与要求,进行云平台应用服务体系的规划设计,做到"紧扣政策"与"需求抓地"两方面要求的高度融合。

2. 国内首创的实训云平台集成体系

根据不同层次与模式的职业教育应用服务需求,融合应用了 Web 1.0(云门户网站)、Web 2.0(各类 Web 应用系统)、云软件技术(各类云 SaaS 服务的实现)、远程数据交换技术(云平台与数字校园的对接),以及云软件系统集成技术(云统一身份认证与数据交换)。该云平台软件集成体系属国内首创。

3. 国内领先的云资源共享体系

云平台能够为主管部门、院校、企业等机构创造 SaaS 模式定制化应用系统,从而实现真正意义上的"软件即服务",而云平台"云共享资源池"可向平台所有 SaaS 应用终端提供云共享资源,同时 SaaS 应用终端间的资源亦可按需共享。这一云计算软件系统是真正的"SaaS云",在国内属于超前领先地位。

4. 支持移动端应用扩展

在基于基础互联网的软件体系需求稳定之后,本云平台的相关应用与服务都可以按需向移动应用扩展。

三 建设内容

由江苏省教育厅和中兴通讯股份有限公司通力合作,签署战略合作协议,并在南京市教育局的大力支持下,依托云计算、大数据等先进技术手段,结合"互联网＋教育"最新研发理念,创新打造了江苏职业教育云服务平台。其建设基地位于南京高等职业技术学校电子信息大楼第 12 楼,网络域名为:www.study31.com。基地实景如下:

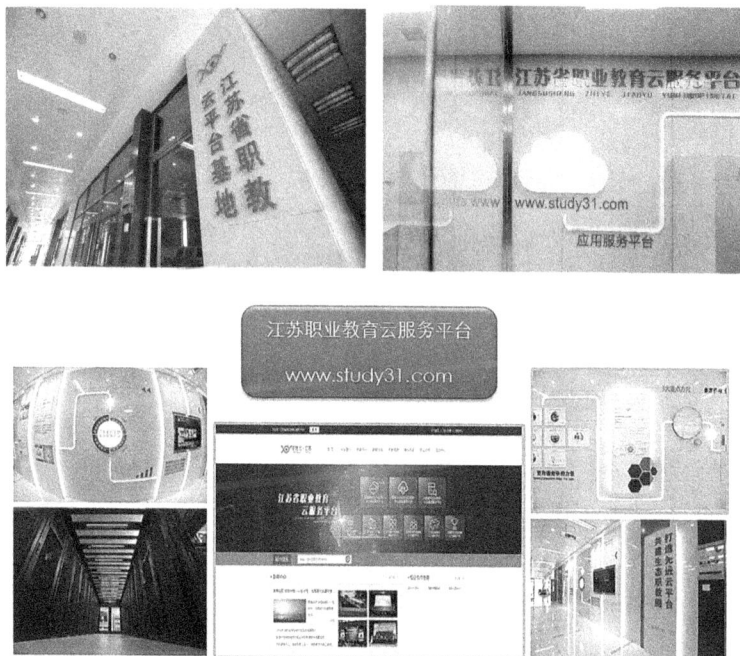

江苏职业教育云服务平台是基于云计算的实训资源服务平台。该平台以"1148"为核心建设内容,以"基础设施即服务 IaaS""平台即服务 PaaS""软件即服务 SaaS""资源即服务 RaaS"的云理念,解决目前职教领域所面对的诸多实训方面的热点、痛点、难点问题。"1148"建设内容包括:1 个云平台,1 个云门户,4 大重点专业方向,8 大应用服务平台。

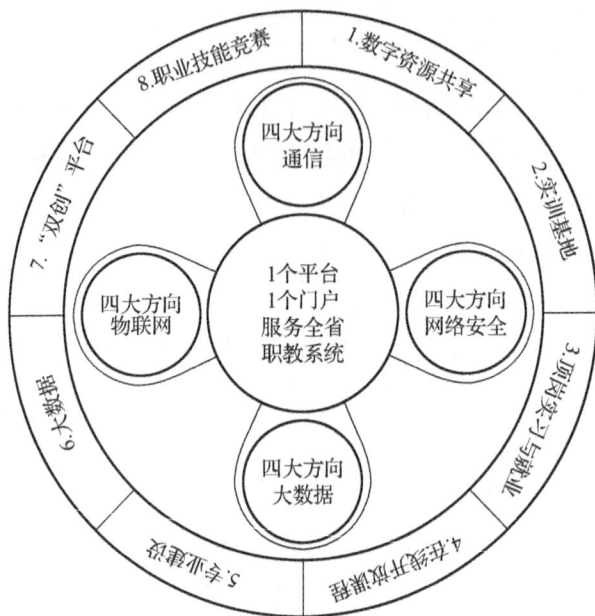

"1148"建设内容

1. 1 个云平台

服务于江苏省职教系统的统一云平台,由省市级公有云＋院校级私有云的混合云组网,各平台相对独立,但又紧密关联。

2. 1 个云门户

各类用户均可通过云平台门户页面了解平台的功能、应用、资源全貌,同时实现所有平台入口统一、所有用户身份统一。

3. 4 大重点专业方向

（1）通信技术类专业建设

随着 5G、云计算等新一代通信技术不断成熟,通信人才需求由理论研究型向实践应用型加速倾斜,对职业院校的优秀技术型人才输出需求愈发强烈,云平台提供最新的通讯课程支撑学校通信类专业发展。

（2）网络安全类专业建设

习近平总书记强调:"没有网络安全就没有国家安全"。2016 年我国网络安全产业规模已突破 3 000 亿元,保持年均 30％以上的增速,但我国信息安全专业人才需求缺口巨大,政府、军队、公安等国家重要部门以及金融、电力、能源等重要基础设施等都需要大量信息安全专门人才。我国网络安全人才培养滞后,人才缺口达上百万,远远无法满足"建设信息安全强国"的迫切需求。2016年6月,六部门联合发文《关于加强网络安全学科建设和人才培养的意见》,提出"加强网络安全学院学科建设和人才培养"8条意见。学校依托职教云平台,创新性地研发各类核心网络安全工具,并打造以网络安全工具为核心的专业建设、实训、竞赛等。

(3)大数据分析与应用

大数据发展已经纳入国家顶层设计,大数据人才是促进工业化与信息化产业融合的关键要素。大数据应用领域已由传统的金融、电信、电子商务、广告等少数行业快速拓展,融合并加速各个产业的升级与转型。未来三年,大数据产业市场规模将达到8 000多亿元,而大数据人才缺口将达150万人,大数据专业建设及校园大数据应用成为热点。学校依托职教云平台,提供大数据专业建设以及进行数据融合,"决策支持应用服务"与"校园信息综合服务",提高校园管理质量和大数据科学决策能力。

(4)物联网专业建设及信息化应用

物联网是继计算机、互联网与移动通信网之后的第三次信息产业浪潮,被列为国家重点发展的战略性新兴产业之一。随着NB-IOT,LORA等窄带物联网新技术的快速发展,共享单车等物联网新型商业模式的出现,物联网人才需求旺盛。学校依托职教云平台,提供最新物联网NB-IOT、LORA等最新物联网专业人才培养,以及建设智慧校园物联网综合信息平台,构建出新型的绿色化、智慧化、便捷化的校园环境,有效提高了校园生活对水、电、固定资产等资源的利用效率。

4.8大应用服务平台

(1)区域实训基地公共服务平台

以本区域的各类公共实训基地、各职业院校可对外共享的各类实训基地为服务对象,为这些实训基地的场地建设、环境建设、师资培养、资源建设、教学组织、实训学习、社会服务等提供信息化的服务体系。实训基地叫提供功能完善、覆盖全面的现场实训、远程实训、在线仿真服务。

(2)区域数字资源共享服务平台

以职业院校教师、学生为服务对象,提供各类数字化教学资料与资源的在线上传与下载服务。云平台自身配置了大量自有数字化教学资料与资源,供平台注册用户按需下载。

(3)区域在线开放课程公共服务平台

教育部发布的《关于加强高等学校在线开放课程建设应用与管理的意见》(教高[2015]3号)文件指出:省级教育行政部门要鼓励在线开放课程在本区域的建设和应用,给予相应的政策支持,加强对课程建设和平台的监管。该平台旨在为江苏省精品在线开放课程的建设提供公共服务平台的支撑,为全省职业院校提供在线开放课程建设服务。

(4)区域顶岗实习与就业服务平台

以区域职业院校、行业及区域用人企业、在校学生及往届毕业学生为服务对象,建立起在三大类群体之间进行顶岗实习与就业信息化服务的桥梁。

（5）区域学生双创服务平台

为本区域职业院校开展"双创"活动提供信息化服务,通过该平台可实现职业院校内部以及面向社会的"创客教学与指导"信息化,以及开展网络化的创业培训、项目对接、服务配套与跟踪辅导等,并为具有商业前景的创新成果和团队按需提供创业服务与支持。

（6）区域职业技能竞赛公共服务平台

为参加职业技能竞赛的各个学校、专业、教师、学生,以及各项竞赛的主办单位、承办单位、专家裁判、设备厂商等,提供在线信息发布、信息交流、资料共享、竞赛培训、专家咨询、在线报名等各项公共服务。

（7）互联网＋专业建设服务平台

基于"互联网＋专业建设"通用平台,针对各个热点专业在专业建设、在线教学、资源共享与管理方面的特点与需要,进行相关应用与资源的针对性强化与组织。云平台紧扣技术专业（群）的专业建设与日常教学需要,形成面向通讯、网络安全等技术专业的"互联网＋专业建设"服务平台。

（8）大数据服务平台

面向职业院校定制研发,具有"学校概况"、"我的大学"、"行为画像"、"综合预警"、"学校舆情"、"招生就业"和"数据安全"七大功能模块。从教学就业、学生服务、学校管理三大维度,为职业院校构建整体的大数据环境,实现"因材施教"的个性化教学、全校可视化和预测性管理,以及提供学生综合性和精准性就业服务等内容。

四 实施途径

高校教育管理信息化建设是一个全方位的教育管理改革过程,是一个复杂的动态系统工程。近年来,学校从自身实际情况出发,稳步推进教育教学改革,提高教学质量,逐步建立起具有自身特色的信息化教育管理模式。学校与省教育厅、中兴通讯三方战略合作,创新研发职教云平台,从以下几个方面推进实施:

1. 组织保障

成立由省教育厅、学校、中兴通讯三方领导共同组建的"平台建设领导小组",成立"校企共建云平台示范基地管理委员会",审定建设方案,探索共建、共享、共管机制,共商校企共同发展之策。

2. 制度保障,顶层设计

为保证云平台示范基地建设的顺利进行,建立完善的平台建设规章制度,从云平台的需求调研、建设目标、顶层设计、平台研发、应用试点、推广等关键环节,制定科学完整的项目建设任务书,建立完备的考核体系及中期检查制度,按照项目建设任务书要求,严格对项目的监督与检查,确保项目的建设质量,按时完成建设任务。

3. 资金保障

确保项目配套资金及时足额到位,多渠道、多途径积极筹措资金,利用专业建设优势,积极争取行业、企业和各方面的支持,持续加大建设资金的投入,确保项目建设经费充足。

4. 运行保障

强化责任意识,建立高效的运行保障机制,确保项目实效推进。项目委员会明确工作重点,量化工作目标,分解工作任务,制定推进计划,做到任务明确、责任到人。加强项目所涉及的中兴通讯、中兴信雅达等企业间,校内各部门之间的沟通协调,建立部门之间的例会制度,确保重大决策集体决定,重大问题及时沟通。

5. 信息化管理保障

将云平台示范基地的运行管理纳入学校智慧校园建设框架,使其教学管理、实验实训安排、资产设备管理等融入学校"智慧校园管理平台"统一管理运行。

五 应用情况

1. 云平台能够为主管部门、院校、企业等机构创造 SaaS 模式定制化应用系统,从而实现真正意义上的"软件即服务",而云平台"云共享资源池"可向平台所有 SaaS 应用终端提供云共享资源,同时 SaaS 应用终端间的资源亦可按需共享。这一云计算软件系统是真正的"SaaS 云",在国内属于超前领先地位。

2. 基于该云平台,我们打造了线上和线下的服务体系。

（1）线上服务体系应用

SaaS 应用终端类型		核心应用与功能体系
SaaS 应用终端	职业教育专题网络终端	为区域职业教育的各类建设及活动专题,创建门户网站
	职业院校校本培训终端	实现学校校本培训资源的建设、管理与共享的信息化,以及校本培训的网络化学习与管理
	职教集团教学服务与资源共享终端	实现各类职教集团服务在一个 SaaS 上的集成
	职业培训机构网络培训终端	为各类职业培训机构,包括职业资格认证培训机构,提供网络培训系统
	企事业单位网络培训终端	为校企合作单位或者是各类区域企业创建企业员工培训系统,也可以用于学生到就业单位的前置就业及岗前培训
	企事业单位门户网络终端	为校企合作单位或者各类区域企业创建企业门户网站
	名师工作室网络空间终端	为职教名师和企业专家创建属于其个人的具有网络教学及培训、资源共享功能的名师工作室空间,以开展面向学校及社会的教学及培训服务

（2）线下服务体系应用

线上服务		核心应用与功能体系
Web应用系统	区域数字资源共享服务平台	数字资源定制开发
	区域实训基地公共服务平台	实训数字资源定制开发 虚拟仿真实训系统开发 相关专业实训基地建设
	区域顶岗实习与就业服务平台	顶岗实习项目撮合服务 就业及岗位网络培训资源开发
	区域在线开放课程公共服务平台	精品在线开放课程定制开发 数字化教学资源包定制开发
	通信/网络/大数据技术专业"互联网＋专业建设"服务平台	相关专业的专业建设资源、数字资源开发 相关专业的师资队伍培训、校企合作对接
	区域职业技能竞赛公共服务平台	技能竞赛网络培训课程开发
	区域"双创"建设公共服务平台	创客教育网络培训课程开发 创业指导网络培训课程开发
职业院校数字校园接入云平台		职业院校的校内信息系统数据融合
		职业院校数字校园的补充建设或全新建设
		职业院校数字校园在云平台上的接入服务
云平台各类 SaaS 应用终端服务		数字化教学资源的定制开发
		向职业院校提供所需的各类软件产品
		为职业院校定制开发其所需的软件系统
校园大数据信息服务		面向学校的校园大数据信息服务
		面向区域的校园大数据信息服务
面向学校的智慧物联网信息服务		智慧校园物联网综合服务：水、电、资产管理、智能停车、智慧路灯等

六 系统共享融合情况

职教云平台结合职业教育应用服务需求，融合应用了 Web 1.0（云门户网站）、Web 2.0（各类 Web 应用系统）、云软件技术（各类云 SaaS 服务的实现）、远程数据交换技术（云平台与数字校园的对接），以及云软件系统集成技术（云统一身份认证与数据交换），该云平台软件集成体系属国内首创。

职教云平台集成并实现了校企合作、专业建设、区域资源平台、顶岗实训、在线学习、区域大数据/物联网信息化等丰富的功能。

实现教学优质资源互通共享：校本优质资源与职教云平台的共享，职教云平台中的通讯/网安/大数据/物联网四大新专业建设资源与院校互通共享。

七 对本单位决策支撑情况

通过大数据服务平台,一方面结合云平台各功能模块在使用中积累的过程性数据,另一方面结合我校功能全面的各类信息化系统数据,基于大数据分析,建立一套能覆盖高校教学和管理的全方位配套的信息化系统,实现个性化教学,分析整合学校学生学习和生活的行为数据,使得高校学生个性化、智能化、精细化教学成为可能,真正做到因材施教,提高教学质量。对教师"教"及学生"学"的数据进行整合和分析及精准把握,促进教学创新,优化教学方法,提高教学质量。优化行政管理打破各职能部门间的数据信息孤岛,实现数据联通、数据共享。

1. 学校宏观概况纵览

基于大数据分析决策平台建立整体的业务指标体系,综合学生数据进行学生总体宏观分析和查阅,譬如学生总体性别结构查看、历年生源地的情况查看和生源的质量分析、社会舆情的变化趋势浏览、学校总体支出分析、学生总体消费分析、学生上网习惯总体分析等。

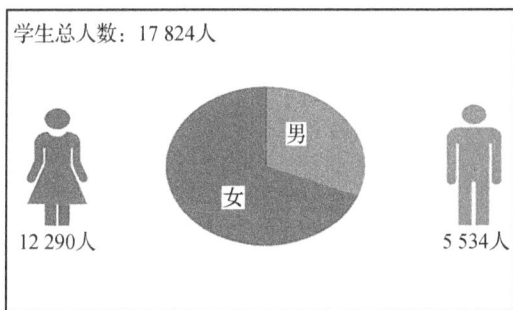

学生总体性别结构

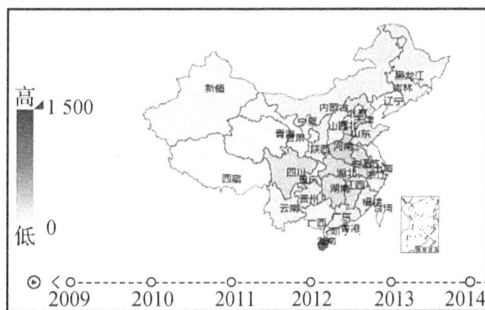

历年生源地情况

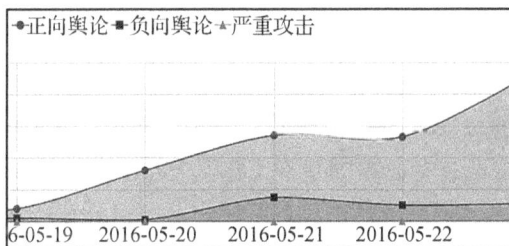

社会舆情变化趋势

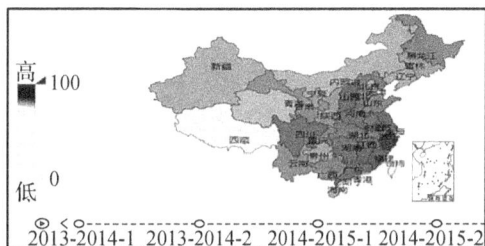

生源质量分析

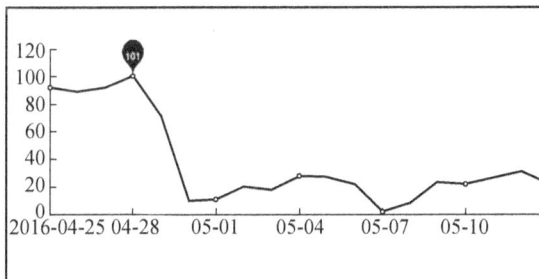

学生上网习惯分析

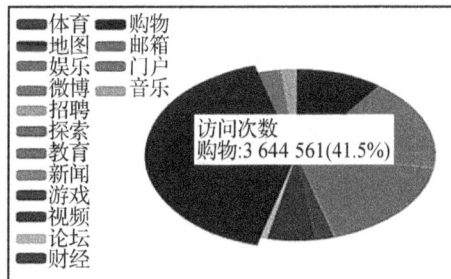

学生总体消费分析

2. 学校消费详细分析

基于大数据分析决策平台对学校的消费数据进行详细分析,形成分析结果和报告,发现潜在的问题,发现群体消费的偏好,预测未来消费发展趋势;为校领导层、后勤处管理层展示校内营收情况,发掘热门冷门消费地点;为校领导综合判断商家提供决策依据;为学生提供学生本人的消费趋势、消费地点偏好和持续的消费情况等;为学校商家和食堂分别提供其在校内的营收情况,帮助其了解自身的营收流水和客户类型等,为其开展后续的营销提供依据。

3. 学校综合管理 KPI 分析

学校的组织架构复杂而繁多,因此需要统一对各个分支机构进行以核心 KPI 为主的管理和分析,并实现仪表盘的设计展示。连接和分析学校的核心 KPI 数据,在仪表盘进行展示,同时可以在仪表盘上进行实时查询。也可针对特定需求进行模块化开发,在仪表盘上进行升级展现。

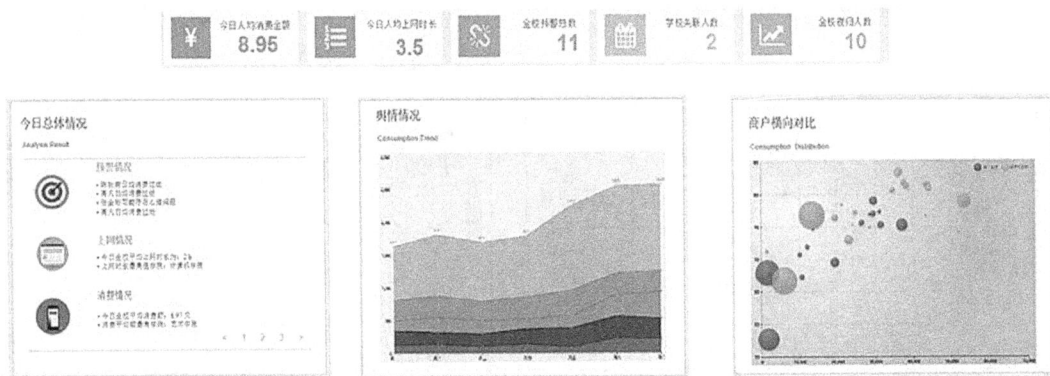

4. 学校就业服务

基于大数据分析决策平台对全校或者部分专业提供市场就业总体分析,同时基于就业工作系统模型,针对每个学生的个人能力模型以及企业招人需求,通过大数据的模式进行双向精准推荐以及候选人大数据评估,能更好地服务学生和用人单位,提高服务水平与质量。同时通过对就业市场的大数据分析,还能为学校现有专业提供精确支撑与指导,并为人才培养、课程改革提供基础数据。

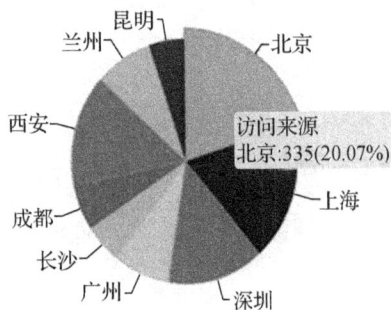

就业分布图

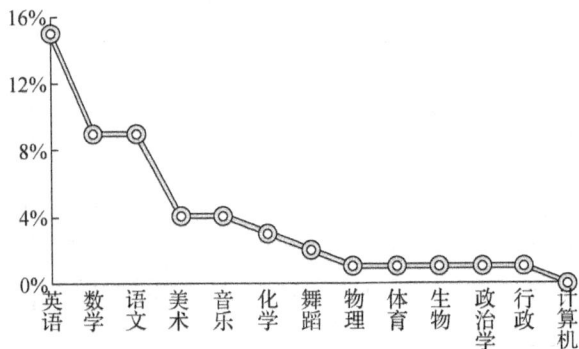

就业职业分析

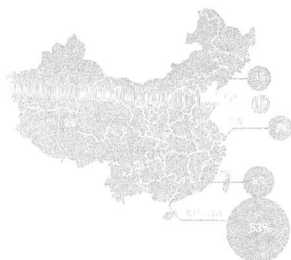

毕业生地域流向

就业职位获取与分析

5. 学生行为画像

基于大数据分析决策平台,通过大数据微观分析学生的个人特点,对特定人群打标签进行学生个人画像和数据分析,用于学生综合管理和综合评价、就业等方面的辅助。

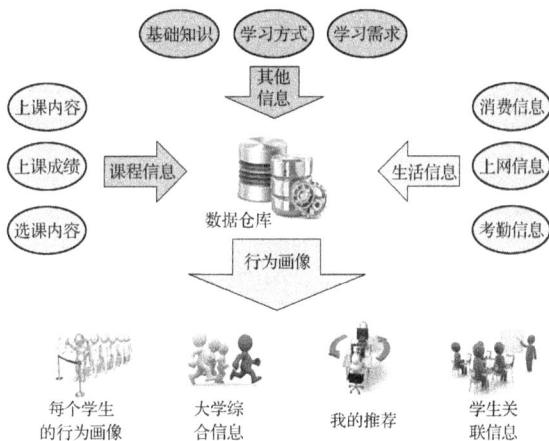

6. 学生行为综合预警

基于大数据分析决策平台,结合学生的心理测试数据、消费数据、上网数据、行为轨迹数据、出入数据等进行分析,对学生失联进行预警、对学位异常进行预警。

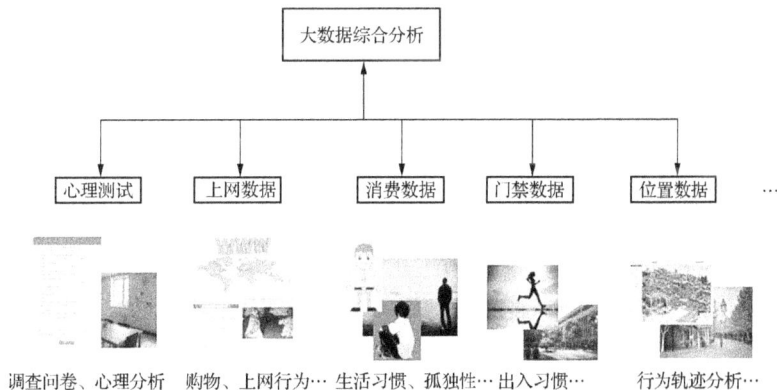

7. 大数据个性化教学

基于大数据分析决策平台,结合学生综合课程和兴趣,分析学生个人特点,通过大数据分析得出结论和依据,指导学校向学生定期推送个性化的网络教学资源、网络书籍、图书借阅资料、学习资源、招聘信息等优质教学资源,提高课外阅读水平和专业水平,实现个性化教学。

| 1"我的好友"推荐 | 2"电子资源"推荐 | 3"我的图书"推荐 | 4"我的就业"推荐 | n"我的……"推荐 |

8. 教师发展综合分析

基于大数据分析决策平台,在收集教师每年的自查报告和学年内的各项教学结果反馈等数据的基础上,纵向分析教师的成长历程变化,提出对教师发展的建议和评价。

八 社会公共服务情况

职教云平台示范基地除了服务我校外,以共建共享的理念,面向区域提供云平台服务,针对江苏省其他兄弟职教院校,包括莫愁中专、南京工程高职校等提供区域数字资源共享服务、区域实训基地公共服务、区域"双创"建设公共服务、区域职业技能竞赛服务、通信/网络/大数据技术专业"互联网＋专业建设"服务、区域在线开放课程公共服务等多种云服务。

除了满足院校服务外,依托职教云平台示范基地,提升专业的社会服务能力,已经建成面向通信行业(含云计算)/网络安全/大数据/物联网等的技能培训中心与公共技术服务中心,面向云平台所接入的部分企业开展培训及认证服务,为区域人才培养提供有力保障。

九 运维体系

职教云平台运维体系实现对学校软硬件的全面运维、监控、集中管理,对云平台主要功能模块的监控结果多方位呈现,提供安全管控功能保障基地的运维安全,提供价值挖掘功能,推动云平台的持续优化。

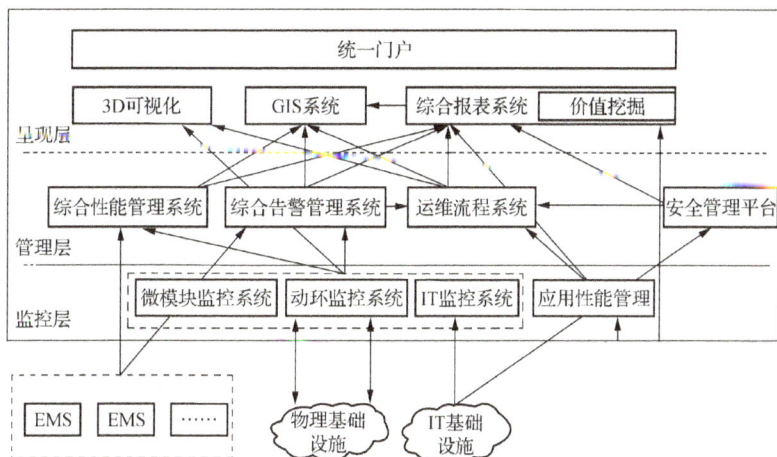

1. 监控层

IT 监控系统对 IT 基础设施提供监控接口,监控 IT 基础设施的运行状况。IT 监控结果的异常通过跟综合告警管理之间的接口传递给综合告警管理系统。动环监控系统对物理基础设施中的动环设备提供接口,监控动环信息。微模块监控系统对物理基础设施中的微模块提供接口,监控微模块系统的相关信息,微模块监控系统向动环监控系统提供 PUE 信息。应用管理系统与职教云平台之间的接口,对云平台应用模块的相关指标进行监控,发现异常情况,通过与运维流程管理之间的接口进行派单处理。

2. 管理层

综合告警管理系统提供对所有子系统的告警采集接口,采集全网运行的告警信息。需要派单的告警通过跟运维流程管理系统之间的接口进行派单。

综合性能管理系统提供与智慧网络 EMS、微模块监控系统、动环监控系统以及 IT 监控系统的性能指标监控采集接口。当性能指标出现异常时,通过跟综合告警管理系统之间的接口把性能指标告警传递给综合告警管理系统。

安全管控系统通过标准安全管控扫描协议,与具体 IT 设备进行接口,保障 IT 设备的运行安全。发现异常情况,通过与运维流程管理之间的接口进行派单处理。

3. 呈现层

3D 可视化系统提供对资产管理、动环管理系统、微模块管理系统和 IT 监控系统的接口,收集资产信息、物理基础设施和 IT 基础设施的告警信息,完成这些信息的 3D 呈现。运维人员查看 3D 可视化系统上的告警后,可以链接到综合告警管理系统,进行告警的相关处理操作。

综合报表系统通过与有报表需求的各业务子系统之间的接口,实现综合报表数据源的采集,完成综合报表的输出。

价值挖掘平台通过与云平台应用模块之间的接口,实现价值点数据采集。

统一运维门户系统通过与各子系统之间的接口,实现各个业务模块客户端的集中接入管控。

职教云平台运维工具产品列表

序号	产品名称	产品功能模块说明
1	集中告警系统	提供云平台中各个系统告警数据的集中采集、集中监控和管理功能
2	集中性能系统	提供云平台中各个系统性能数据的集中采集、集中监控和管理功能
3	微模块监控系统	提供数据中心微模块的基础设施监控、容量管理以及能耗管理等功能
4	动环监控系统	提供数据中心物理基础设施的监控功能,包括动环监控、视频监控和门禁管理
5	IT 监控系统	提供数据中心 IT 设备监控
6	运维流程管理系统	提供职教云平台运维过程中的故障工单处理流程,进行全程跟踪,提供值班管理、维护作业计划、资产管理、备品备件管理、SLA 管理、报表管理、智能终端管理功能
7	综合报表系统	提供运维过程和运维结果的报表生成,满足运维团队或者运营商对网络故障、性能、工单、运维资产、备品备件的统计及分析报表需求
8	统一运维门户	提供职教云平台统一运维门户,可以将云平台的各个应用系统进行统一集成和集中展现,提供统一的门户信息管理
9	安全管控系统	通过对关键安全对象的实时监控,以及安全对象所产生的事件进行风险分析和处理,从而维护企业中各种安全对象的安全性
10	应用管理系统	实现对职教云平台各应用系统端到端的全面性能管理,支持 APP 移动端的性能管理,完成业务运行性能监控和用户体验管理

十 安全保障

通过校企联合组建安全保障团队,借助中兴通讯在安全方面丰富的实施运维经验,充分利用云平台安全相关的硬件、功能、工具和资源,实现线上、线下、远程、现场相结合的安全保障机制,在服务学校自身的同时也能够为第三方提供安全服务。

1. 常态化安全运维

安全运维服务常态化,包括日常安全设备巡检服务、主机加固、安全策略调整、敏感时期现场值守等,形成持续完善、自我优化的安全运维体系和安全管理体系。

2. 常态化安全监控

网站入侵攻击检测、网页挂马检测、网页篡改检测、敏感关键字内容检测、网站实时流量监测、网站备案监测常态化,严重安全攻击支持邮件报警功能。在重大会议或敏感时间段执行全面监测,为网站安全稳定运行提供强有力支撑。

通过定期安全监控,能够:① 降低运行网站的安全风险;② 减少网站的运营维护成本;③ 及时发现和解决安全问题。

3. 定期安全评估

(1) 风险评估

对资产的脆弱性和安全措施进行识别与分析,确定风险计算模型后,分别从网络层、系统层和应用层进行技术评估,最后进行风险评估与分析,发现信息资产的脆弱性以及面临的威胁。以信息科技风险管理体系(ITRMS)为标准,以风险管理为工作核心,开展资产评估,威胁、脆弱性分析,建立风险知识库。

(2)安全策略评估

根据相关信息安全标准、行业最佳实践并结合自身业务特点,制定信息安全总体策略和管理框架体系,包括策划准备、调研评估、建立框架、体系编制、体系运行、审核改进等步骤。

(3)等保测评

基于国家信息系统安全等级保护相关文件的要求,以国家等级保护管理体系(GPMS)为标准,结合学校的组织架构、管理运作模式、业务要求等特点,制定适合学校特点的信息系统定级指南和等级保护基本要求,并进行关键信息系统的等级评定工作。

4. 定期渗透测试

发现互联网系统的安全短板,有效了解目前降低风险的初始任务;以案例形式说明目前互联网系统的安全现状,从而增强信息安全的认知程度。这样有助于所有成员意识到自己的岗位同样可能提高或降低风险,有助于内部员工安全意识的提升。

5. 定期代码审计

通过应用系统的源代码综合考虑威胁面,进行威胁建模,基于技术选型和整体架构设计,对模型进行架构安全评估,再进行静态分析(白盒测试)和动态分析(黑盒测试)。通过专业人工审计和源代码扫描工具审计相结合,对各种程序源代码进行安全审计。通过定期代码审计能够:

(1)明确安全隐患点

源代码审计能够对整个信息系统的所有源代码进行检查,从整套源代码切入,最终查明至某个威胁点并加以验证,以此明确整体系统中的安全隐患点。

(2)提高安全意识

通过审计到的漏洞,让开发人员了解漏洞的形成和危害,提高开发中的安全意识。

(3)提高开发人员安全技能

任何的隐患在源代码审计服务中都可能造成"千里之堤,溃于蚁穴"的效果,因此源代码审计服务可有效督促管理人员杜绝任何一处小的缺陷,从而降低整体风险。

十一 应用价值

利用当前发达的计算机技术、网络技术及其他相关技术建立职业教育云平台拥有广阔的市场前景,也有巨大的现实意义:① 有助于数字化实训资源的共建共享,促进资源的可持续发展;减少重复建设,提高资源利用效率以及教学和管理效率。② 有助于学校、教师和学生和社会人士的个体发展。通过实训资源云平台可以激励学校、教师和学生以及社会相关人士广泛应用并参与创造各种数字化实训资源,营造网络化学习环境,发展新型的教育模式,从而为参与者个人的发展创造更广阔的空间。③ 有助于拓展云计算在职业教育教育实训资源建设领域的创新实例,为职业教育实训教学提供可行的应用模型。

e课堂,提高学生信息核心素养的阵地

常州市第二中学

　　"培养人"始终是教育的核心,"培养怎样的人"则是教育核心的核心。2016 年 9 月 13 日,"中国学生发展核心素养"(以下简称"素养")研究成果正式对外发布了。这是全体教育人、社会关注的,是对"培养怎样的人"的权威回答。

　　"素养"研究成果对学生发展核心素养的内涵、表现、落实途径等做了详细阐释。"素养"共分为文化基础、自主发展、社会参与三个方面,综合表现为人文底蕴、科学精神、学会学习、健康生活、责任担当、实践创新六大素养。

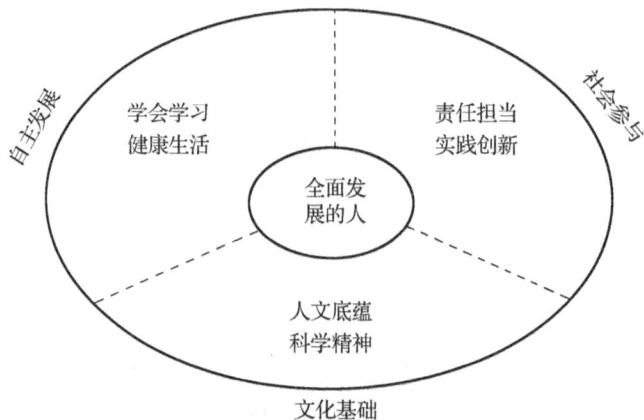

　　"学会学习"中提到的乐学善学、勤于反思、信息意识,恰是常州二中近三年的"e课堂"研究中的重要内容。

　　研究是个不断思考、不断探索、不断总结、不断反思的过程。常州市第二中学自 2013 年成为江苏省数字化实验百校之一后,始终紧扣课堂,从学生出发,在提升学生信息素养方面获得了长足的发展。我校采用了"以点带面"的方法,大胆探索尝试,逐步推进研究工作。

一　乐学善学

　　重点是:能正确认识和理解学习的价值,具有积极的学习态度和浓厚的学习兴趣;能养成良好的学习习惯,掌握适合自身的学习方法;能自主学习,具有终身学习的意识和能力等。

我们理想中的"e课堂"是 electric(电子技术化的)、economical(经济的)、each(每一个的)、eager(热切的)、efficient(高效的)。利用经济的数字化手段,在课堂上让每个人,无论老师还是学生,都能享受课堂,产生热切的求知欲望,获得长足的进步。

二 勤于反思

重点是:具有对自己的学习状态进行审视的意识和习惯,善于总结经验;能够根据不同的情境和自身实际,选择或调整学习策略和方法等。

数字化应该适应教学的需要才能够在课堂中具有生命力,才能使教学过程实现优化。前苏联教育家巴班斯基曾经指出:"教学过程最优化不仅要求科学地组织教师的劳动,还要求科学地组织学生的学习活动。"借助于经济的数字化手段,更注重学习过程的积累,对环节的反思是课堂的主要推动力。学生、教师在教与学中,反思成为一种习惯。

三 信息意识

重点是:能自觉、有效地获取、评估、鉴别、使用信息;具有数字化生存能力,主动适应"互联网＋"等社会信息化发展趋势;具有网络伦理道德与信息安全意识等。

2016 年 3 月,我校成功立项江苏省省级课题"e 学习支持下高中教学变革的校本实践研究",依托 e 学习教研组的研究团队,开展多学科多模式的课堂研究,通过大量的课堂实践验证教学设想,对教学设想进行不断的修正、完善,丰富课堂雏形。学校创设了理科课堂、文科课堂、校本课程等不同的实施模型,取得了一定成果,对学生信息意识、信息素养的提升有了很好的策略性帮助。

(一) 文科课堂:平台互动,开放思维

文科课堂上利用学习平台,拓展学生的交互方式,每个人(each)都有表达观点的机会,还能同时分享到同伴的智慧,变"师—生"的单向交流为"生—生—师"的多层网状交流,思维容量得到扩大,思维深度得到挖掘。课堂参与痕迹也能保留,便于老师对每个同学进行较为客观全面的了解、评价;课堂外主要以推荐阅读为主。语文、历史、地理学科的课堂都引用了这种模式。

案例一 张老师在语文课堂的骄傲

张老师是位直率的河北大哥,感觉技术应该不是他的短板。可是第一次实验课结束时,他却对作文项目组说"实在不行,看着白板上的按钮就头晕了,学生的反馈也不是我原来预测的",他感觉自己有很强的挫败感。我们作文项目组的伙伴们帮助他分析得失,给他鼓劲加油,让他熟练技术操作,熟悉教学环节,简化师生互动。

他理解了:开放的课堂,就是要让每个人都有机会表达,老师在课堂的生成性资源面前才更显睿智。于是当他与学生的自由思想碰撞后,在他完美呈现出每位学生的参与痕迹时,他沉浸其中,享受到了作为学生学习引导者的快乐。

他说,每个学生的文字都是他们的心里话,我在课堂上的及时帮助和评点,让每个人在课堂上都有了收获和进步。他觉得很骄傲!

案例二　陆老师在历史课堂的拓展

陆卫平老师的《他拯救了美国吗?》完全体现了文科课堂的另一种开放模式。老师的教学就是"阶梯状",给学生搭起思维的脚手架。课堂由老师抛出的一个个问题组成,学生在任务驱动下,既可以查阅教师平台上推荐的资料包,也可以立刻上因特网查找佐证资料,结合小组合作形式,讨论形成观点,在观点发生碰撞的时候能勇于表达自己,展开激烈的辩论。老师适时的引导让学生豁然开朗。

她说,历史都有其本来面目,不能人云亦云。在众多资料中还原史实,形成自己的观点,以史明鉴,才是历史学科真正的价值。

【分析】学生在开放的文科课堂中,在数字化平台上,应用熟练的信息能力,开展学习资源的收集、整理。信息采集的大容量,学生的头脑风暴,再加上教师的组织引导,构成了活跃开放的文科课堂。和传统的灌输式的作文课、历史课相比,让学生学会"思考",产生"质疑",培养"思辨",是目前这样课型的极大优势。学生的信息素养和反思能力在课堂上有了极大的提高。

我校语文、历史的开放课堂还在 2015 年 6 月山东淄博举办的"全国首届易教杯智慧课堂邀请赛"中双双摘得一等奖。课堂模式得到主办方华师大祝智庭教授、山东淄博一中校长等专家的极大肯定,他们认为:教与学的空间、师－生、生－生之间的互动都是开放的,课堂效率高,思维容量大,且具有"可复制性",可以进入常态化教学。

(二) 理科课堂:数据挖掘,以生为本

与文科相比,高中理科逻辑性强、难度大,因此我们把理科的研究重点放在"如何让不同学习层次的学生能基于自身的学习状态进行阶梯状上升"这个问题上。教师们针对教学重点、学生难点制作微视频,上传到学习平台。学生将自我预习、自我答疑作为知识学习的补充方式,极大提高了效率,数学、物理、化学、生物共制作了几百个资源。另外,教师还设计在线测试,或利用网上阅卷系统,进一步了解学生的学习状况,快捷方便地获取学习数据,采取有针对性的讲解,实现翻转课堂的内涵,让学生学会学习,享受到思考的快乐。

案例三　黄老师在数学讲评课上的感动

理科的习题很多,错题订正讲解是常规,可是传统课堂上的讲评效率有多高呢?为什么老师总说"我都讲了 N 遍了,学生还是错!"所以数学老师在课堂上积极进行讲评课的翻转教学尝试,让学生课前做、课中改,利用微视频实现每位学生的个性化订正。但也有疑问,年轻的黄老师就反问:"那我在课堂上干什么?我不就没事做了?"

项目组说:"你要做的事情还多着呢!可以在学生无法个人解决问题时提供帮助,可以及时发现新的解法和对典型错误进行集中展示讲解。"

她又说:"对我要求太高了,我要忙不过来的。"是的,一堂充满即兴生成资源的课应该更适合学生学习,可是为什么老师会不知所措?为什么他们会首先排斥?是因为老师们功底不够,不自信吗?不,只是因为他们习惯了控制,习惯了步调一致,所以这就是数字化学习必须介入,或者说是数字化学习的优势吧!

她说:"如果是这样的课,听课老师会觉得没劲的。"项目组又回答:"是的,听课老师没事了,但是每个学生有事了;你没有了独自表演的机会,但是你的学生智慧有了更多表现的机会。不同学习基础的学生在同一节课上,都从自身需求出发,有了各自的进步。实验的研究不是为了展示,研究是为了让学生有所收获。"

黄老师接受了这种观念,她尝试了,课后,学生向她提出了更多要求:希望有更多自我思考的时间,希望有更多这样的视频解析,希望提供解题的思路帮助而不需要解题的全过程……她感动了,感动在学生的积极上。她说:"看着他们脸上的期待,我感到了幸福!"

于是整个数学组的微课制作成为他们的必修课,于是数字化学习成为数学组共同的理想。

案例四 徐老师建设物理资源网站,惠及众人

物理组的老师们根据课程体系,必修选修模块,按照章节的知识树,创建了知识点结构。两位年轻的研究生,在市物理学科带头人、名师工作室领衔人徐老师的带领下,在酷热的两个暑假,艰苦卓绝地设计、录制、修改、再录制,制作了众多的微视频,有基础知识的讲解、典型例题的思路、典型错误的解析。

当新学期开始,高二的学生开始回家看视频预习基础知识、典型例题,了解典型错误,课堂成为学生和老师讨论疑惑、解决重难点的场所。我们接到了家长的电话:"你们做得太好了,孩子对物理突然就感兴趣了,因为她发现自己能听懂了。"我们还接到了其他学校同行的电话:"你们这种教学方式太棒了,能请这个物理制作团队到我们学校来介绍经验吗?"于是我们年轻的专家们走进了其他学校,与更多的同道者探讨和研究。

目前这些资料不仅在学生学习平台上得到充分利用,还放到了学校微信公众平台上,进一步拓展了学生的使用途径,也开放了资源,使更多人受惠。

【分析】学生在理科课堂里,更注重思维的质量。数学、物理、生物等理科学科还积累了大量的微视频资源,按照知识搭建成树形结构,在易教学习平台上实现了学生的在线预习、测试、复习、错题本等功能。结合网上阅卷,高一高二高三数学组将阅卷系统中的学生错题进行了知识点分类,可以形成每个学生自己的学习记录库,问题查找更有针对性。学生的学习状况更精准,学习轨迹更科学,学会学习不再是模糊的口号!

(三)校本课程:公众平台,创客空间

学习不仅是模仿,更是创造。我们把创客思想引入校本课程的开发和实施,利用数字化手段,拓展学习的方式和平台。

我校是江苏省"府学课程"基地,开发的"府学文化系列"校本课程,由于在校学习时间少,内涵挖掘就少。我们的老师用手机拍摄、绘声绘影制作微课程;利用微博、微信等公众平台实现课堂外的兴趣学习、课堂上的同伴学习、课堂后的延展学习等,既拓宽了校本课程的教学方式,也让课程更受学生们欢迎,还让创客思想走近了学生!

案例五　蒋老师校本课堂的流光溢彩

蒋老师的"纸艺华服——中国传统服饰纸模制作"系列课是我校新推出的校本课程,通过对历代服饰的研究让学生领略古人的生活智慧,感受他们对美的追求,触摸中国历史朝代的更替烙在衣裳经纬线中的痕迹。

善于利用成熟稳定的社会化公众平台,助力教育教学工作,是目前完全可以应用的接地气的技术应用。蒋老师运用手机拍摄、编辑、制作系列微视频,上传至公共网络平台(优酷、腾讯视频),再通过微博、微信、微盘发布。每个视频不超过6分钟,展示了一种服饰的制作过程。学生在课前、课中、课后都可以通过电脑、手机、平板等端口进行在线学习,还可以通过微博、微信及时反馈自己学习的难点,极大地扩充了课堂的容量、提高了课堂效率,给学生更多选择的空间,加强了学生与教师课前、课后的互动。

即使在无网络状态下,学生只需要自带终端,老师在普通的教室里也可以完成课堂教学。学生的作品课后还可以@课程,成为创客的孵化器。传统校本课程"纸服华艺"微博阅读量累计超过4万。公众平台的发布,不仅扩大了课程的影响力,还提高了老师的知名度。蒋老师还被美国亚洲协会邀请赴华东师范大学做专题讲座。

学校微信公众平台上,已经形成了"文科在线""理科在线""校本在线""物理典例""艺体信系"等五个类别的校本课程,遍及高中学科,极大丰富了学生的课程资源。学生社团作品"校园十八景"也传上了二中微信,走在校园手机扫一扫就可以立马了解。

社会化公众平台有着独到的优势,稳定、开放、定期升级、紧扣时代,微信、微博、QQ等,不仅是对教学的有力补充,也逐渐成为师生的创客空间。

三年多来,我校研究团队开设市级以上公开课28节次,圆满通过了常州市数字化学校的中期评估,并成功承办常州市信息化工作现场会。围绕e学习撰写论文、案例累计两百多篇,选送省级刊物发表五十多篇,其中核心期刊8篇。获得省级论文评比一等奖5人次,获得省部级一师一优课10节次,获得省市级微课微视频评比获奖6节次。《江苏教育技术》刊物做了专版介绍,并在省市级新闻媒体上宣传。

将现代教学理论与丰富的信息技术相结合,实现学生善学乐学的"e课堂",实现学生反思研究的"e课堂",课题的研究最终的指向是学生的发展!

有效教学借力科技 智慧校园"其道大光"

苏州市第三中学校

前言

苏州市第三中学校是江苏省四星级百年名校,学校前身为晏成中学和慧灵女中两所教会学校,学校创办之初,为了扩大办学影响,曾请孙中山先生为学校题写"其道大光"四字。

百十年来,苏州三中秉承"学道爱人"的校训,以"弘道"为己任,孜孜追求教育教学的创新手段,推进学校教育信息工程抢占未来教育发展高地。

作为苏州市首批信息化教改实验学校,苏州三中近年来在信息化教育改革浪潮中成功抓住了机遇,跻身全市智慧校园示范校行列,影响力辐射全省乃至全国。

2014年8月,学校引入 star C+双屏技术系统,所有教室告别"黑板—粉笔时代",在全市打响教育信息化改革第一枪。

2015年9月,在教育局支持下,学校率先开展信息化教育改革实验,专门开设信息化教育改革实验班,作为教育改革"试验田";设立"信息技术与学科深度融合教研组",加强教育信息化的研究。

2015年12月,学校制定《苏州三中信息技术应用奖励条例》,将信息技术的应用纳入年终绩效考核。

2016年2月,学校率先引入电子班牌系统,尝试实现教育管理的信息化试点。

2016年4月,学校建成数智空间(大数据处理中心),尝试用"小数据"改变教学模式的精准化教学探索。

2016年6月,学校施黎伟等6位教师申报6个微型课题,开展信息技术与学科教学深度融合方面的研究。

2016年10月15日,教育部陈宝生部长远程视察苏州三中"未来教室",高度赞扬学校的教育信息化建设。

2016年10月21日,学校承办了苏州市2016年度"基于教育信息化背景下指向核心素养的课堂教学展示与研讨活动",学校多位教师运用 star C+双屏系统开设公开课,精彩纷呈。

2016 年 11 月 4 日,《姑苏晚报》用一整版,以题为"教育信息化如何摆脱'虚有其表'之尴尬?",深度报道和分析了苏州三中信息化取得的成绩。

2016 年 11 月 11 日,江苏省教育厅副厅长苏春海视察苏州三中教育信息化建设工程;同日,中国教育学会基础教育评价专委会 2016 年学术年会在苏州三中设分论坛。

2016 年 11 月 30 日,北京市教育考察团考察了苏州三中的教育信息化工程,专家认为:"全国教育信息化看江苏,江苏教育信息化看苏州,苏州教育信息化就要来三中看一看了。"

2016 年 12 月,苏州三中作为苏州教育局"区域整体推进有效教学研究"项目首批实验学校,学校制定了"建设好智慧校园,助力有效教学研究"的具体实施方案,明确了苏州三中关于信息化与教学融合的具体发展路径,苏州三中的有效教学研究要借力科技,让智慧校园建设"其道大光"。

2016 年 12 月 20 日,苏州华中师大教育研究院成立仪式暨教育信息化工作研讨活动在苏州三中召开,会上中央电教馆馆长王珠珠女士对苏州三中的教育信息化进行了高度评价。

2017 年 4 月 18 日,江苏省教育信息化工作会议在南京召开,戴永校长代表学校向大会介绍了苏州三中教育信息化的建设工作,得到领导和与会者的一致好评。会上,江苏省教育厅厅长、党组书记、省委教育工委书记葛道凯认为:"苏州三中教育教学的管理模式是全省教育信息化发展的雏形之一。"

2017 年 11 月,学校通过了苏州市智慧校园示范学校项目的现场评估验收,并承办苏州市 2017 年度"基于教育信息化背景下指向核心素养的有效教学课堂展示与研讨活动",协办单位扩大到全大市 7 所高中,真正做到了借助信息化促动教与学的转型。

一　平台:依托智慧校园,实践有效教学与信息化技术的深度融合

苏州三中的教育信息化进程是随着中国教育信息化的发展而发展的,总的说来,起步较早、发展较快、瞄准前沿,在苏州乃至全国处于领先地位。概括起来,呈现四大亮点:

1. 覆盖广阔

苏州三中的教育信息化已实现了全覆,涵盖 OA 办公系统、电子班牌为核心的教育教学管理、star C+双屏技术为核心的信息技术与学科教学的融合、大数据处理中心分析下的准精定位教学等,尤以信息技术与学科教学的融合最为突出。目前已实现了所有学科的覆盖,

电子班牌

双屏教室

大数据处理中心

每一位三中教师都能熟练应用 star C＋双屏技术进行教学。教育信息化将学生、教师、家长联系在一起,有效地整个了学校、家庭与社会的资源。

2. 深度融合

苏州三中的信息技术和教育的融合发展非常快,一年一个台阶:2014 年,苏州三中信息技术和教育的融合限于 OA 办公系统、star C＋双屏技术在教学中一般应用,我们可以称之苏州三中教育信息化 1.0 版;2016 年上半年,苏州三中建成电子班牌、数智空间(大数据处理中心),加强 star C＋双屏技术与学科教学融合的研究,我们可以称之苏州三中教育信息化的2.0版;2016 年下半年,苏州三中加快教育信息化工程,重点研究"互联网＋教育"背景下,指向学生核心素养培养的信息技术和学科教学的深度融合,探索 star C＋双屏技术和极课大数据的对接,教育信息化朝生态化、自主化、个性化方向发展,我们可以称之苏州三中教育信息化的 3.0 版。信息技术与教育的深度融合,在苏州三中已不是一句口号,而是每一个三中人为之努力而已然成为的现实。

3. 常态呈现

信息技术与学科教学的深度融合已不再是公开课的表演,而是一种课堂教学的新常态。2014 年,学校新教学大楼弘道楼落成,全面推行 star C＋双屏技术,将一些信息技术较差的老教师逼到了"绝境",因为不会使用 star C＋双屏技术,你就无法上课。老教师只能学习新技术,这叫绝处逢生。老教师们凭着韧劲与坚持,终于也能熟练地运用起 star C＋双屏技术。当然,更多的中青年老师是尝到了信息技术带来的甜头,在运用 star C＋双屏技术时游刃有余,得心应手。施黎伟老师对 star C＋双屏技术产生了浓厚兴趣,他制作了 400 多个微课视频让学生观看。他说:"平时我喜欢将好的网络资源存储起来,备课时很方便……信息化教学看似耗费时间和精力,实际上是提高了效益。更主要的是投入让我获得了一种幸福感。"

4. 效益明显

苏州三中教育信息化的效果是相当明显的。一是促进了教师教学方式的转变,情境性、自主性、交互式、合作学习等新的教育理念得到了落实。例如:易文倩老师上《原电池》一课,学生每 6～7 人一组,围坐在一起,人手一台 PAD。一块屏上播放着原电池制作实验的趣味视频;另一块屏,将电极、电池反应方程式书写下来。随后,到了学生自己画原电池设计图的环节,讨论、动手画一画、用 PAD 拍照上传,很快"双屏"上各组学生的设计方案一目了然,师生一起点评……另外,与大数据处理中心对接,可以实现精准教学、个性化教学。二是促进了学生学习方式的转变。自主学习、体验学习、创新学习和个性化学习成为学生学习的新常态。三是提升了学校的竞争力和美誉度。据信息化教改实验班跟踪研究,信息技术与学科教学深度融合的教改实验班,教学效果有明显提高。陈宝生部长远程视察苏州三中的未来教室、苏春海副厅长视察苏州三中教育信息化建设等经媒体报道后,苏州三中的教育信息化成为苏州教育的热词,北京、河南等教育考察团纷纷来苏州三中参观学习。

二 范式：依托智慧校园，创新"有效教学"的转型路径

智慧校园建设不该只是停留在技术层面，更应该在不断的探索和实践中，为教育和教学的有效助力。目前，苏州三中依托不断深入的智慧校园建设，探索出了一条有效教学的新路径，提炼出了一系列有效课堂的新范式，培养了一批"有效教学"的多面手。

依托智慧校园建设，学校基于"有效教学"的目标，提出了如下目标：

1. 倡导"靶向式"精准教学的追求，让教学更有效

在苏州市教育局近年来提出的由科学提高教学质量向全面提高教育质量的转变要求下，我校探索"向技术要效率、要质量"，倡导"靶向式"精准教学的追求。

"大数据处理（极课大数据）"易错知识点归类、一键纠错功能等，双屏技术的"有痕"、"非线"属性，让老师精确掌握学生的具体学情，所谓"缺什么补什么"，教学时像打靶一样精准消灭薄弱知识点；让学生精准地了解自己的薄弱地方，所谓"知己知彼，百战不殆"，学习时有的放矢，瞄准目标。

老师或者学生可以通过大数据 APP 选中一位目标学生，然后调出目标学生的考试数据，查询目标学生该学科的薄弱知识点。选中某一个薄弱知识点后，既可调看目标学生所有该知识点的错题，也可以进行一键纠错式回头练。

利用信息化技术实现精准教学（精准学习），真正解放了教师的教学束缚，更释放了学生的学习力，让教学更有效

2. 建设多元化"私人定制"式的辅导矩阵，让学习更有效

课堂教学时间外，学校鼓励老师尝试多种方式的义务课外辅导：教师假期利用班级 QQ 群的在线答疑；擅长技术的老师建立了微信订阅号，组织线上线下的翻转学习和答疑；假期作业，老师们录制了系列微课，定期更新在校园官网，真正做到假期"停教不停学"；利用"极课大数据"、双屏技术等将高频错误的内容进行个性化反复辅导……总之，利用信息化技术在传统辅导的基础上，为学生打造立体式的辅导矩阵。

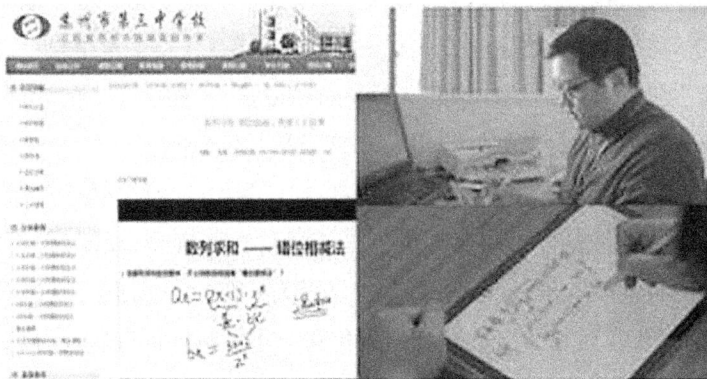

微课教学

3. 探索智慧校园背景下新型课堂范式的引领作用,让"有效教学"更深化

学校积极倡导一部分老师先用技术武装起来,带动大部分老师一同加入"依托智慧校园,助力有效教学"的研究中来。学校成立了信息化教学教研组,专门进行信息化与各学科教学的融合研究,试图探索智慧校园背景下"有效教学"的课堂新范式。学校确立了技术和教学双过硬的"核心教师"作为引领者,试图开创新型课堂教学新模板。学校还组织骨干、申报信息化与各学科融合的课题,试图让更多的老师加入研究的行列。

探索研究不该止于一个学校的范围。从 2014 年开始,每年我们都在苏州市电化教育馆的支持下承办全市教育信息化背景下的有效教学研讨暨对外公开课活动,参与的学校越来越多,辐射影响的老师也越来越多。

三 反思:依托"有效教学"研究,智慧校园建设的转型思考

教育教学不断革新的路途中,苏州三中深知:一切变革的根本都是为了教学的有效,学习的真正发生。

智慧校园的建设,首先要注意的就是以生为本——以学生的学为本、以教师的教为本、以教学的有效为本。智慧校园建设的核心不应该只是技术的盲目提升,教育理念、教学模式的深刻变革不应缺位。

所以,苏州三中鲜明地反对跟随教育发展中的热捧项目口号式、功利式的一味迎合技术。一切技术在教育教学中的应用,首先要以学生为根本出发点,要与教育规律相匹配。学校在技术助力教育的适切性匹配中,必须注意以下三点:

1. 注意智慧校园建设助力有效教学研究的融合度

当我们站在时代的高度,回望技术的发展,教育技术从无到有,现在进入了更加"细腻"的时代,应该思考:如何让技术更好地服务于教育,技术如何让教育更符合科学发展的规律,如何在增加效率的同时不减少传统教育模式的"韵味"……

"融合"成为教育技术的必由之路。就我校目前引入的三大核心技术而言,我们特别关注:star C+双屏系统与"微课"授课的融合创新,探索"有痕"教学对学生学习效果的帮助;star C+双屏系统与"极课大数据"的融合创新,探索大数据背景下的精准教学模式;电子班牌管理系统与走班制的融合创新,为新高考模式积累全新经验……

2. 注意智慧校园建设促发课堂改革推进的转型力

面对教育,技术永远只是手段,但是通过技术促使教育者转变教育观念,进而改变教育教学方式,才是技术发展的永恒动力。而有效教学的目的,就应该是教师懂得教会学生、学生学会学习。

"转型"成为教育技术的最终方向。就目前引入的三大核心技术而言,苏州三中特别强调:通过 Star C+双屏系统的使用,彻底改变教师的"教",从一堂堂的课到一门门学科的转型,最终到学校课程的转型;通过"大数据软件"的强大数据处理引擎,改变原先效率低下的

"题海战术",倡导精准教学模式,最终促发学生学习习惯的变革,让学习真正地发生。

3. 注意智慧校园建设变革教学评价体系的可能性

一直有这样一种理想主义的声音:不要只看分数,要用过程性评价的眼光来看待学生。现在通过技术,可以有很好的实现可能。

由 Star C+双屏系统的非线性功能、交互式互动功能、"极课大数据"中的"一键导出错题"功能,让教师完全可以对教学中"不顺利"的环节、知识点多次反复,实现教学的过程性评价;让学生完全可以对学习中吃力的内容多次反复,实现学习的过程性评价。

不再是用一个分数评价一个学生一阶段的学习状态,分数背后的诊断、分析成为可能,精准教学成为提高成绩的手段。

通过技术,我们试图从细致的学情诊断入手,彻底实现教师的教学和学生的学习的"双转型"。过去的"唯分数"评价将彻底转变为"过程性评价",最终实现教与学的智慧转型——利用小小数据,撬动教与学模式变革。

当然,这样的评价体系的建立,离不开智慧校园更深入的建设完善。

4. 注意智慧校园建设促动教育研究深化的助推力

智慧校园建设不仅是技术革命,而是一场深刻的教育革命:技术+学科+教学法=教学效益。因此,加强教育信息化进程中的研究十分必要。2015 年 9 月,我校成立的"信息技术与学科深度融合教研组",旨在区别与以往一般意义上的信息技术教研组,加强对信息技术与学科深度融合的研究;同时,我校组建了信息化教育改革实验班,对 star C+双屏技术对教学的影响进行跟踪研究。2016 年 6 月,我校教师申报了一批教育信息化研究的微型课题,如:施黎伟的《数学视频课程教学效果实践研究》、赵颖的《star C 未来教室在数学教学中对师生互动环节的助推作用》、周小建的《基于 star C 平台系统的生物课堂教学交互模式研究》、王益华的《基于 star C 平台的任务驱动的物理教学》、印娟的《基于 star C 平台的地理课堂合作学习探究》等,形成浓郁的学术研究氛围;王羽的《基于信息技术下的高中文言阅读教学摭谈》等多篇论文在 2015 年苏州市"未来教室"应用论文评比中获奖,赵颖的《电子双屏技术在数学课堂教学中的应用——以"锥体的体积公式"教学片断为例》发表于核心刊物《中学数学月刊》2016 年第 5 期。我们在实践与研究中也发现 star C 平台系统尚待进一步完善的地方,如稳定性有待提高,兼容性需要加强,等等。

智慧校园建设是一条没有终点的道路,苏州三中的智慧校园建设"在路上";而有效教学研究是一个方向明确的目标,苏州三中的有效教学研究"在路上"。

百十年三中,根深叶茂。让教育教学转型和教育信息化深度"嫁接"融合,生发"新枝"。

百十年三中,弦歌不辍。让有效教学研究和智慧校园建设形成合力,"其道大光"。

苏州三中,永远在路上!

"应用入手"求突破 "一体三线"促效益

扬州市竹西中学

近年来,作为教育部"教育信息化试点学校"、江苏省"数字化学习试点学校"、扬州市"数字化校园示范校"和"城乡网上结对先进集体",竹西中学积极顺应时代发展要求和教育发展形势,在扬州市教育局和电教馆的领导下,以强化信息化应用为工作抓手,建立"一体三线"的工作模式,全面打造数字化校园,大力推进教育信息化工程,取得了一定的工作成效。

一 以环境建设为"根",奠定信息化工作的良好基础

竹西中学高度重视技术环境和保障措施在信息化工作中的基础性作用,以此为根本,倾力打造基础运作体系,精心迈好每一步。

(一) 信息装备现代化

近年来,竹西中学通过多种渠道逐步加大资金投入,坚持硬件软件两手抓,加强和完善信息化基础设施。在硬件环境建设方面,学校每个常规教室都配有全套多媒体教学设备,含多媒体计算机、投影机、电子白板和实物展台。学校有 60 座机房三个,专设网络中心,其中部署服务器 5 台,安装虚拟实验机 4 套,核心交换机 1 台。目前全校网络贯通,核心带宽用光纤接入各个楼宇、教室和场所,教师人手一台计算机,100 M 交换到桌面。实验室配备齐全,增配了数字化实验室 1 套,同时按照省标建成 48 个监控点的标准化考场。每个职能部门均配备了笔记本电脑、高速激光打印机、摄像机、光盘刻录机、大容量移动硬盘等专业设备,满足了日常工作需求。为了进一步优化数字化学习环境,学校选择和配置了必要的网络技术装备和学习终端,增配服务器,打造无线校园,建立起无线数字化课堂,先后购置了 100 多台平板电脑,确保试点班级学生人手一机。

软件建设方面,竹西中学着力打造具有竹西特色的"数字化校园"平台,将原有的单机办公系统集成,以数字化学习平台为主体,涵盖课程管理、排课管理、学籍管理、考试管理、成绩管理、科研管理、办公管理、人事管理、工资管理、后勤管理等教育 OA 功能,校园管理全面实现数字化运作。除此以外,竹西中学还拥有校园门户网站、图书馆管理软件、微格教室视频

直播系统等专用系统。

(二) 保障措施制度化

竹西中学高度重视制度保障和人员保障,成立了教育信息化工作领导组和实施组,全程组织策划、实施和管理,共同推进各项工作。教育信息化工作的开展被列入了学校中长期发展规划,制定发展目标,建立健全了各项现代教育技术管理制度,如计算机机房管理制度、多媒体教室管理制度、电子备课管理制度、电教设备管理制度以及各类专用教室的管理制度等。同时,学校修订了绩效工资方案,鼓励广大教师积极投入教育信息化工作中,努力调动教师参与学校教育信息化工作的积极性和主动性,有效提高了学校教育信息化工作的效率和管理水平。学校还选派多名一线骨干教师参加教育信息化有关研究工作,引入技术力量,精心打造实施团队;同时邀请有关专家参与项目指导,协助整体策划和把握试点方向。

二 以数字应用为"体",寻求信息化工作的整体突破

近年来,竹西中学高度重视数字化校园的应用发展工作,以此作为工作主体,加强整体规划和逐步落实,深入推进信息化工作的开展。

(一) 实验推行和平台打造

促进教学方式与学习方式的变革,是全国教育信息化工作的重要内容之一。因此,竹西中学在工作中,积极申报全省 e 学习试点学校,努力促进教与学、教与教、学与学的全面互动。学校的"数字化学习"研究工作,着眼于教学领域的创新,探求教师教学与学生学习方式的根本转变和课堂教学效率效果的提升,推进信息技术与学科教学的有效整合,通过人人合作和人机互动,引导学生的自主合作学习与研究性学习,培养学生的现代学习意识与能力。学校制定了《竹西中学数字化学习试点工作实施方案》,明确了实验年级和班级,确定了构建"多元 e 合作"课堂教学模式的实验项目和实验内容,力求有新意、有特色。

竹西中学以教师的教学实践和学生的学习活动为核心,努力打造出适合老师的"教学空间"、适合学生的"学习空间"和适合家长的"亲子空间",开发出了独具自身特色的、能有效支撑试点工作和教学实践的"优教 e 学"平台。目前已搭建成功"教研中心""教学中心""评估中心""资源中心""学习社区"等多个模块,结构功能日趋完善,在教学改革中发挥出了极大的基础性作用。

(二) 团队引领和课堂研究

学校一把手亲自担任学校教育信息化工作和数字化学习工作组组长,全程组织策划各项信息技术实验工作,开设第一节数字化学习研讨课,指导每一位参与信息技术课堂运用的教师的工作,参与数字化平台的每一项设计开发和阶段改进工作,参与每一项信息技术运用课例、论文等比赛,用积极的态度带动学校团队推进学校教育信息化工作,为工作顺利开展

和阶段成功提供了重要保证。

针对"数字化学习"实践需求,竹西中学开展了"5个一"规定工作,不断推进工作进程:

"每周一训"——学校每周采集有关数字化发展和其他教育信息化发展的资料与文献,组织实验教师学习、研修和交流;邀请技术人员进行教学设备、平台使用、网络运用等方面的培训和指导,帮助教师和学生熟练使用数字化学习平台的模块功能,培养和形成数字化环境下的新型教学与学习观念和意识,顺利参与课堂教学的实验。

"每天一课"——学校坚持每天开设一节研究课,强化每一位教师的平台操作运用能力,为校企合作开发提供实践经验,不断提升教师的信息化素养和课改创新意识,为转变教学方式和学习方式、实现试点成果发挥重要的影响作用。

"每天一评"——对于每天一节的研究课,教师们都会在学校的组织下利用网络平台的"评课中心"进行点评,提供建议,促进反思;同时,还通过撰写博客、论坛跟帖等形式进行延伸性研讨。

"每周一会"和"每月一交流"——学校确定了每周的项目例会制度,定时定点开展数字化学习研究工作问题研讨,不断反思过程问题,提供修正意见,更新实验理念,改进教学方式。每个月还集中开展一次学校教育信息化的行政和实验团队的集中交流活动。

(三)课题研究和校企合作

竹西中学意识到要想推动学校的信息化工作进程,需要实践探索,更需要理论指导,于是在推进学校信息化发展的过程中,通过结合学校工作实际申报课题,通过各级各类课题研究来进一步推动学校信息化工作的进展。"十二五"期间学校已经结题或者正在研究中的关于信息化的市级以上课题已超过10个。

在致力课题研究的同时,竹西中学还寻求技术力量的支持。学校认为信息技术与课堂教学融合过程中,主要难点是学校自主发展需求如何借助技术研发来充分实现。对于这一问题,学校通过深化校企合作研发的途径进行了尝试和解决。

一般情况下的校企合作通常是企业提供现成的软件系统,学校被动适应企业的软件设计来调整自己的工作,被企业牵着鼻子走,软件缺乏针对性和有效性。在竹西中学的信息化发展过程中,学校坚持共同开发软件平台的原则,不断优化体验,稳定性能,建立切合实际、运行高效的校企合作新模式。学校要求技术合作方对学校自主发展需求予以充分的重视和支持。合作初期,技术合作方派出专业人员常驻学校,了解学校的项目需求,开展项目协调,提供系统支持,进行平台调试,实施技术培训等等,基本实现了各个技术环节的不脱节、不停顿,保证了信息化工作的顺利开展。

学校根据技术合作方提供的基本平台架构,提出了有自己客观需求和特色的、能有效支撑试点工作和教学实践的数字化平台建设构想;而技术合作方则根据学校的项目需求对原有的各个模块和设计进行及时的修改、调整和二次开发,优化用户体验,使其业务逻辑更加符合基础教育教学实际,性能更加稳定,以不断适应学校工作的进行需要。这种校企合力开发数字化操作系统的运行模式,不仅为学校自主开发特色化、个性化、实用化的网络平台提供了强大的动力,也调动了技术合作方的参与热情,促进了他们自身的发展和适应市场的能力,达到了双赢的效果。

(四) 管理提升和网络结对

数字校园建设,不仅是教育设备、教育手段的改变,更是教育思想、教育观念、教学结构、教学模式以及教育服务模式的转变,同时学校管理文化也有了衍变,并体现在学校管理的各个细节中。当前,赴竹西中学进行信息化工作交流访问的学校越来越多,同行们在校园各类竹子的二维码前驻足,他们对竹西中学的网上集体备课特别感兴趣,他们在学校课堂观察的数字前流连……竹西中学积极利用网络交互软件,将其灵活运用于学校管理、宣传、教学等多个领域:学校开通了微信公众号,宣传和展示学校工作、推荐优秀师生、辅导学生学习、沟通家校交流,扩大了学校的影响;利用免费的"钉钉"办公软件,更好地优化学校管理,促进学校工作再上新台阶;根据不同的功能优势,"小蚂蚁"慧学移动教学平台、智写笔、智慧讲台、QQ、作业盒子等多种技术工具和平台在学校的各个工作环节中发挥着独特的作用,学校信息化应用的意识和手段无处不在。

在提升自身信息化发展水平的同时,在全市追求教育均衡发展目标的指引下,竹西中学先后与高邮市车逻初级中学、甘垛澄阳初级中学、江都区花荡中学结为城乡网络结对学校。近年来,他们突破学校间时空限制,积极通过论坛、博客、网络视频等数字化手段,在学校管理、教育教学、教育科研等各方面进行"城乡学校手拉手",认真开展骨干教师网上研课、教研组网上集体备课、结对师生网上互动、网上教学资源组内共享等丰富多彩的网络活动,互相学习、相互借鉴,实现智慧共享、资源共建、发展共谋、品牌共塑,共同提升教育教学质量和管理水平,积极推进城乡教育优质、均衡、特色发展,全面提升各校的办学质态和教育教学质量。结对组成功申报了与网上结对工作有关的8项国家级课题的子课题研究,多项结对成果在市级以上报纸杂志、教育网站上发表或获奖。学校所在结对组多次获得扬州市"网上结对工作先进结对组"称号,学校多次在市、省级相关会议上作经验交流,并被国家和省市多个媒体报道工作经验。

三　以综合提升为"线",促成信息化工作的创新发展

在不断探索数字化应用发展的基础上,竹西中学着眼于教师、学生、资源三个方面的发展主线,力求全面发展,综合提升,形成特色,实现试点工作目标。

(一) 教师全员参与,支撑教育信息化可持续发展

学校高度重视通过师资队伍的培训来带动教师参与教育信息化发展工作的活力。学校

把校本培训作为培养教师信息技术素养的主阵地,近年来突出现代教育技术下数字化学习为背景的高效课堂建构主题,以提高教师整体专业素养、促进学校可持续发展为根本目的,精心谋划并认真开展了一系列活动。学校先后邀请了国家、省、市各级教育信息化工作方面的专家来校考察、授课、开设讲座,通过他们的指导,使老师们接受全新课堂教学理念的洗礼。同时,学校组织老师进行了诸如白板、数码笔、平板电脑等教学工具的使用技术,各类教学平台和数字校园平台的分组培训和实践操作;组织老师赴多地参观学习教育信息化的建设成果,观摩数字化学习示范课和参加研讨活动,开展相关课题研究,参加各类教育信息化课堂竞赛,让老师们通过自身的实践操作,主动将信息技术与学科课程整合起来,应对时代提出的新挑战。

通过校本培训和特色校本研修活动,竹西中学广大教师的信息素养和应用信息技术的能力逐步提高,将信息技术、计算机多媒体技术广泛应用于课堂教学已蔚然成风,利用网络参加远程培训、自主充电也成为学校教师有效的学习手段。目前全体一线教师能运用网络教育资源进行电子备课,优化教学设计,创新教学方法,利用信息化手段开展网络环境下的教学,实现信息技术与学科教学的有机整合。每位任课教师都可以在教学平台上建有自己的空间,开展校内外网上研讨交流,与结对学校的老师进行实时网络视频互动,收到了良好的效果。

同时,学校老师们利用网络平台开展数字化的集体备课活动,环节科学,教研严谨,落实有效,逐步形成了有规范、成体系、显特色的网络备课制度。老师们运用网络平台和移动终端开展数字化课堂教学,进行教学资料的积累、共享、优化、制作和评价;组织教学的手段多样且更有针对性,能够对课堂中的问题生成、引导交流、合作讨论、学生展示、随机反馈、知识巩固等活动和手段进行较为熟练的操作和运用;课外能充分利用资源组织引导学生自学和互学,能与学生进行任务、交流、资源推送等多种形式的互动;教学成果统计更加清晰方便、即时精确,多样性与多维性采集使评价体系日趋完善、反馈及时,促进了教与学的改善。随着信息技术的深入运用,学校个性化的教学逐渐满足不同学生的需求,与传统教学模式相比,一个显著的变化就是:教师的教学方式在逐渐转变,开始成为学生学习过程中的引导者、参与者、合作者和评价组织者,教学行为潜移默化中服务于学生现代学习能力和学习方式的挖掘与培养。

同时,参与教育信息化实验的老师们自身也发生着转变,学科素养和信息素养不断提升,专业成果也不断涌现。仅近两年,竹西中学数字化学习实验组的老师中就有几十人次获得省、市教学竞赛一、二等奖,数十篇论文在省、市竞赛中获得一、二等奖和发表在省级刊物上,并成功申报多个省、市"十二五"规划课题。仅在2015年全省数字化学习课例和论文评比活动中,竹西中学教师就获得5个一等奖、13个二等奖和9个三等奖。教育信息化工作的推进已经明显带动了学校教师队伍的整体发展,同时也反过来支撑着学校教育信息化工作的可持续发展。

(二) 学生个性发展,坚持教育信息化的发展导向

教育信息化的最终目的是服从和服务于培养人这一根本使命。在试点工作中,学校信息化的设施建设、内容建设、运行方式都力求符合学生特点和育人规律,尊重学生的主体地位,帮助学生平等、有效、健康地运用信息技术,实现快乐学习、健康成长和个性发展。

1. 个性化学习有转变

随着信息化教学的开展,在竹西中学学生身上也开始发生可喜的变化。他们能够利用网络平台接收、查询、学习教学资料,进行自主学习,自主了解和选择将课堂以外的信息资源和智力资源引进到课堂学习中,初步形成了良好的课前预习习惯,自学能力得到一定的挖掘。在课堂学习中,他们与老师通过终端、网络之间的合理交互,完成老师的学习任务,进行资源调用、问题讨论、信息交流和成果展示,参与课堂检测和反馈等,并形成个人学习轨迹记录。课后,他们借助网络学习空间和工具,适时就学习过程中产生的问题与老师和同学进行交流与探讨,参加各类拓展学习活动,课堂知识吸收效率有所提升。网络技术逐渐成为学生学习的环境、手段和工具,自主合作型学习和人机互动型学习为他们创造了更多的实践、创造与表现的机会。时间、空间上的学习限制逐渐在被打破,一种新的学习方式正在形成。

学校积极进行教学探索的同时,还强化课后拓展。校本课程中开设了不少与信息化相关联的课程,如机器人、电脑绘画、3D打印等等,通过这一系列的校本课程进一步推动学生信息化素养的提升。与此同时,学校积极利用扬州微课网开展翻转课堂的实践,又将思维导图、作业盒子引入到学生的学习中,让更多的学生享受到信息化给学习生活创设的便捷。

与传统学习方式下的学生相比,现代信息技术环境下,学生的学习热情和个体表现欲望明显增强,在班级内部逐渐形成自学、互学、交流的良好学习氛围。老师们也能亲身感受到他们的创造意识、激情和潜能的激发,自主学习的能力以及发现、分析和解决问题的能力不断提升,学习效率有所提高,他们的学业成绩也处于良好的发展水平。

2. 网络化德育有亮点

竹西中学积极建立德育网站和微信平台,利用网络平台快捷、便利的特点进行思想品德的教育,结合学生思想特点和德育教育的热点,积极主动地进行网上正面宣传和准确的信息传播,开展丰富多彩的网上德育活动,对学生进行爱国主义教育、理想教育、亲情教育和社会公德教育。

如学校利用网络开辟"家校携手"栏目,向全校学生家长传播行之有效的家庭教育的小贴士,定期向家长推送一些家庭教育的好文章;开设网上家长学校,发布家长教育手记,为家长家庭教育的开展提供了有力的支持,不断提升家长的育人水平。学校校园网专门开设"心灵有约,情感在线"栏目,设置网络心理咨询信箱,通过心理教师的在线指导,及时帮助学生克服心理障碍,医治心理疾病,增进了师生间的感情,帮助学生健康成长。

学校引导学生自己设计和建立班级网页,根据本班的实际情况和学生的思想动态,灵活设置栏目,如班级展示、班级目标、学习园地、知识窗、每日一笑等,内容丰富多彩,形式灵活多样。运用网络宣传媒体,强化先进典型宣传、热点引导和舆论监督,共建真善美的校园网络氛围。同时,各班级与网上结对学校的学生之间也通过班级网页以及 QQ 等平台,进行网络之窗交流,扩大彼此眼界,取长补短,培养合作精神。

为了增强网络德育主体参与的力度,学校还定期开展专题性的电子作品创作活动,如制作中国传统节日电子小报等,通过有效分析、参与、整合、创新,制成不同形式的电子作品,并上传到网络教育资料库中,便于彼此浏览学习,提高学生德育工作内容的存量。

(三) 优质资源共享,把准教育信息化的关键环节

优质资源的建设和共享是教育信息化工作的重点内容。在信息化工作中,学校积极借助城乡网络结对平台,加快各类教育资源的共同开发和利用。

1. 运用驱动,激发开发资源的动力

教学资源如果不能在教学中加以运用,就不能够起到真正的效果。竹西中学的第一步就是让每一位教师在教学中充分认识到教学资源能够给教育教学提供便利,减轻教师的劳动负担。

(1) 集体备课

以网上集体备课为主,在教务处等职能部门统一安排之下,确定备课时间、备课主题。在准备过程中,参与研究的结对学校备课组围绕教学目标、教学方法、教学技术、学生差异等各个环节进行细致准备,确定本校主要发言人。集体发言结束后,各成员继续进行自由交流,提出问题,共同研讨。在这一过程中,学校特别关注教学资源的收集、整理和运用。

(2) 同步授课

每一学期,结对学校教务处统一协商安排,共同确定本校网上同步授课的学科和教师,突出骨干教师的教学引领作用,借助网络视频技术,实现各校学生同上一节课的目标。在这样的课堂中,各校学生共同参与、共同思考、共同勉励、共建情谊,特别是农村学校的孩子们,足不出户就能和城里的孩子一样享受到优质的教育教学资源。

(3) 教师结对

为放大优质的骨干教师资源,结对学校之间还开展了骨干教师结对活动,每一位骨干教师都和参与结对学校的一名青年教师结对,实现个体帮助指导。借助这一手段,结对教师间通过电话联系、个人博客、QQ 等途径进行沟通交流,从而促进结对教师的业务水平不断提升。

2. 网络联动,创设良好互动的环境

为便于教师在教学中寻找优质资源,学校努力为教师搭建网络平台。我们优化结对专

题网站,全方位、立体化地呈现了结对学校的办学优势、办学特色、管理机制、师资培训、校园文化、德育活动等多方面教育教学资源。此外,竹西中学还投入资金用于网络交流平台建设,收集了扬州市电教馆开发的优质教学资源——"同步课程"中的所有初中名师课程以及学校教师近四年来开设的不少优质课录像资源。

为了实现优质资源的校校通和班班通,结对学校之间共同制定了教学资源库共建方案,在教学课件、教学设计、微课、试题资源等几个方面进行资源共建,充分发掘教师自身的课程资源价值,互相学习,共同进步,初步形成群建共享的资源建设和汇聚机制,形成良好的资源积聚和分享的氛围,提高课堂教学的效率,优化教学质量,有力推动教师的专业发展。

为了让优质资源更好地被教师、学生利用和接收,竹西中学在开设学校微信公众号的基础上,又让技术力量较强、教学理念较领先的教研组开设了教研组的微信公众号。教学课件可以通过图片的形式在微信公众号上展示,微课可以通过微信公众号直接让老师们收藏……这样的益处是让越来越多的教师、学生可以随时随地进行学习、交流、分享。

3. 活动推动,搭建展示才华的舞台

为了真正实现教学资源的共同开发,结对学校之间扎实开展了多项活动,借此不断推进结对整体资源建设进程。每个学期都开展一次教学资源开发的竞赛活动,结对学校之间通过合作完成竞赛内容的制作,比如教师命题比赛,论文、教学设计竞赛,课件、微课制作比赛等等。教师们相互合作,发挥各自的优势进行互补,取得了较好的成绩。在网络结对的同时,线下活动也定期开展。每学期,结对学校之间都要开展同课异构的教学展示活动,不仅为骨干教师和青年教师提供了展示的舞台,更重要的是让更多的教师通过现场的听课、评课感受到教学资源在提高课堂教学效益上的作用,从而调动教师的积极性,将教学资源运用内化为个人和群体的内在驱动力。

对于未来学校教育信息化工作的进展,在现有成果的基础上,竹西中学也有着自身的思考。在"十三五"期间,学校计划紧紧抓住新一代信息技术发展机遇,在上级部门的支持和指导下,以全国第二次教育信息化工作会议及全省教育信息化工作会议的精神为准绳,以普及智慧应用为突破点,通过多方参与的方式,全力建设人人享有信息化成果的智慧校园,使之能充分体现学校的办学理念和特色,为师生提供科学规范的服务应用与管理平台,努力实现对现有各类应用系统、资源的优化整合,重视利用先进的信息技术手段,着眼前瞻性和开放性,全面提升学校教育信息化应用水平。

努力推进教育信息化 创新构建现代教育新平台

连云港师专二附小

　　江苏省连云港师专二附小(教育集团)是一所百年名校,学校占地面积约 43 000 平方米,建筑面积约 31 000 平方米。校内有一流的建筑设施:教学楼、专业教学楼、行政办公楼、图书馆、校史馆、体育馆,内设电脑室、网络中心、微格教室、e 学习室、机器人教室、物联网实验室、数字星球室、多功能报告厅、室内篮球场等专用教室场所和校园电视系统。近年来,我校根据《国家中长期教育改革和发展规划纲要(2010—2020 年)》《教育信息化十年发展规划(2011—2020 年)》明确建设目标,细化建设内容,强化执行力度,达到了预期效果,对周边地区及学校起到了很好的示范、带动和辐射作用。

　　我校在教育信息化做了一些卓有成效的工作,主要包括:① 完成了校园网基础设施建设,为数字化校园建设提供了强有力的基础保障;② 完成了教育信息互动平台和专业期刊服务平台建设,成为学校与家长、学生以及社会交流的重要窗口;③ 完成了教学辅助平台和教学管理应用平台建设,提高了教师办公效率,促进了学校管理的科学性、规范化;④ 完成了精品课程资源中心建设,网络教学资源库、试题库系统建设,为教师提供了科学先进的辅助教学工具、丰富的教学资源,成为学校进行教学改革、推行教育信息化和实施素质教育必不可少的工具。

一 我校在教育信息化建设中的创新工作思路及目标

1. 建设思路

　　我校的教育信息化建设工作主要分为:校园网基础设施建设、教育信息化互动平台建设、教育教学管理系统建设及教学辅助系统建设、精品课程项目建设及教学资源库建设这样四个方面的建设。

　　这四个方面的建设都紧紧围绕"信息技术推广应用"这个大主题,而其中的校园网基础设施建设是其他项目的前提和基础,信息化互动平台建设是目前师生迫切需要建设的互动项目、教育教学管理及辅助系统和精品课程及教学资源库建设是则是数字校园建设的重点工作。

2. 建设目标

本着"统一规划、分步实施、软硬并重、重在应用"的原则,形成以用户为中心,"开放、参与、互动、共享"的集教学、科研、管理、服务、学习为一体的数字化校园新环境;提高校园教育信息化管理水平和工作效率,提升教育教学质量和综合实力,增强辐射能力和服务水平,实现教育的信息化和现代化,使学校的教育信息化建设水平位居省内甚至是国内同类学校的前列。

(1)完善校园网基础设施,提供安全高效运行的网络环境。

(2)建设完善基于 Internet 的学校教育教学信息化平台,包括师生家长互动交流论坛平台,实现开放式互动教育教学;购买数字图书文献平台(CNKI 国家数字图书馆)。

(3)建设完善基于 Internet 的教学辅助平台和教学管理应用系统。

(4)完善教学资源共享系统,包括精品课程中心、网络教学资源库、网络试题库等。

二 我校教育信息化建设的主要内容

1. 基础设施

基础设施是教育信息化建设的基础和外显形式,包括校园网、终端、数据中心和各种数字化环境(如多媒体教室、计算机教室、教师备课室),为校园教育信息化应用服务提供了硬件支持。

2. 数字资源

数字资源是我校教育信息化建设的重点,丰富的数字化资源是学校开展信息化教学的基础和条件。数字校园的建设加强了优质教育资源的建设与应用,并广泛整合外部环境中的各种优质资源。

3. 应用服务

应用服务是教育信息化建设的窗口,是实现学校教学、管理、教研、生活等教育活动信息化的重要保障。应用服务体系采用了"云服务"建设模式,支持各种教育教学业务信息通畅、高速互访和有效整合。

4. 师生能力

师生是教育信息化建设的核心,也是服务的对象。数字校园建设过程中突出培养教师的教育技术能力、信息环境下创新教学的能力,学生的自主学习能力、协作学习能力、探究学习能力和信息技术素养。

5. 保障机制

保障机制是教育信息化建设内容顺利完成的重要保证,也为数字校园建设的可持续发展提供必要支撑,包括组织架构、人员培训、制度建设、资金投入等方面。

三 我校在教育信息化建设方面的成就以及在区域的辐射效应

1. 教育信息化的基础设施建设为实施教育信息化夯实了坚实的基础

（1）我校的校园网覆盖到了学校的每个教学、活动和办公场所,并保证全校师生安全、方便地接入互联网;用光纤多线路接入连云港教育城域网,采用成熟的千兆/万兆以太网络技术和设备,网络满足了冗余性要求,实现光纤到学校,满足了日常教学和办公的正常需要,能支持高峰期的群体并发访问,保证正常的访问速度,实现了互联网、校园广播网、校园电视网、校园安防网等多网融合。学校在校园网接入的控制点安装了硬件防火墙,有效隔离了不良信息。

（2）在学校的公共空间配置了 30 台信息发布点的校园信息发布系统。学校是为社会培养高级人才的地方,为了更好地完成这个使命,学校不仅要向学生传授科学知识,还需要向学生及时地发布各类校园及社会信息。传统的黑板、公告栏已经不能适应目前校园里信息量增大、信息快速更新和信息统一管理的要求,且板书和平面印刷的发布方式不够引人注意,经常会使师生错过一些重要信息,而校园信息发布系统可以很好地解决以上问题——它能够在学校的不同地点以醒目的方式、针对性地发布各种即时信息,这种先进技术的应用不仅可以提升学校的形象,更能够为广大师生提供实时的多媒体内容,既丰富了校园生活,又实现了校园信息的高效传播。随着学校的信息化建设的迅速发展,网络、机房等基础设施建设已经达到一定的水平,这为校园信息发布系统的搭建提供了良好的平台。在现有的校园网络基础上搭建校园信息发布系统,可以将学校原有的各类多媒体显示设备集成到系统中使用,在满足新的应用需求的同时,又能提高现有设备的利用率。因此校园信息发布系统的建设必然会成为校园信息化建设的一项重要内容,成为校园文化宣传的新手段。

校园信息发布系统由网络设备、服务器、播放终端和终端显示设备及校园信息发布软件构成。系统具有强大的扩展性,可以根据用户需求增加新功能,可与学校已有的教学系统进行有机结合。服务器支持 Windows 平台,在软件平台上,整个系统软件可实现跨平台管理,支持同一系统内不同架构的终端并存运行。服务器通过网络对所有终端进行统一管理,如:终端分组管理、指派终端节目、设置节目播放表、查看终端在线状态、监控终端、远程控制终端等。这种统一的管理不仅节约了大量资源,还大大提高了管理效率。播放终端负责节目的播放,除支持基本的视频、文字、图片等类型内容的播放外,还支持直播电视、实时数据的播放,如流媒体等,实现将多种媒体格式内容编辑整合后统一播放,即不同格式的媒体素材可组合成一个或多个节目在不同的播放终端进行播放。终端显示设备负责节目内容的展示,若显示设备支持触控功能,还可实现人机交互,观看者可通过触控屏进行网页浏览,与学校已有的阅报系统结合,实现电子刊物的查阅,系统可在无人触控的情况下自动跳转至信息发布的界面。

分布在校园各处的播放终端通过交换机接入校园骨干网,实现与服务器的连接。服务器通过校园网对所有终端进行统一管理,如实现播放控制、远程控制、终端监控等管理功能。

为此我校在发布学校日常工作信息的同时,特意根据学生年龄特点和年级部学生成长特点制作了不同的信息进行发布,满足孩子们的不同需求。日常信息发布:如今日工作安排、学生活动主题、天气情况等等;年级信息的特色发布:由学校信息中心制作特色交互式页面,学生可根据需要浏览或者参与体验。如一年级学生刚入学,重点设计介绍我校的发展历史、校容校貌、特色课程、有趣的科学实验等;二年级重点设计介绍课本情景剧、生活中的科学现象等;三年级重点设计介绍特色小发明、英语口语对话、学校特色活动节目视频等;四年级重点设计介绍美术教育、信息技术教育、身边的数字化生活等;五年级重点设计介绍音乐剧欣赏、美文品味、网络在身边生活里的作用等;六年级重点设计介绍科学创新发展、科学特色实践、身边的小科学家等。

(3)学校60个班级及各类专业教室都是按照多媒体教室建设,教室中计算机、大屏幕电视、数字视频展示台、中央控制系统、音响等多媒体设备形成了信息化教学环境。多媒体教室具有多媒体资源展示与交互的功能,能接入互联网,从而满足各学科课堂多媒体教学的需要。

(4)学校还配备了4间e学习室,每间教室里面配备了60台PAD移动学习终端并提供了方便的网络接入、电源充电、储存管理、专用课桌等使用配套服务。我校在教学中引用先进的PAD体验式教学反馈系统,它的使用是基于学生的个性化学习习惯及需求,让学生在听课的同时能积极参与到教学过程中,并有更多的机会动手操作各类题目及实验过程,坚持从培养学生的兴趣和能力出发。这种体验式课堂让学生成为课堂的主人,增加更多动手操作练习和互动时间。课堂上,学生可以自己动手操作,不仅提高了学生的动手能力,更让知识易于理解。老师可以在课堂进行抢答环节,学生在PAD端按抢答按钮来和同学或老师互动,真正做到把课堂还给学生,在为学生提供更强参与感的同时,激发学生的学习兴趣及独立思考的能力。使用PAD教学不仅可以快捷方便地用数据分析学生的学习情况,更有海量题库作支撑,推送适合学生学习的相关练习题。每节课上,老师会推送一个课堂小测验,学生做完提交后,老师端可立即清晰看到每一位学生的详细答题情况,清晰掌握学生在学习过程中的每一个进步和遇到的每一个困难,从而及时帮助和引导学生,查漏补缺,达到熟知每一个知识点,使学生的学习更有效,从而激发学生的信心。在科技日渐发达的今天,教育模式不能是一成不变的黑板加粉笔,而应顺应时代的发展,不断创新,以科技推动教育,不断尝试将最先进的技术运用到兴趣教育中,为孩子创造更美好的学习体验。PAD的使用是为了让学习更有效——有效率,有效果,有趣味。

(5)学校建设了四个专业计算机教室以及一个数字化阅览室,方便师生随时随地阅读。每个机房60台学生机,能够做到"人手一机"。教室里安装了白板、中央控制系统、音响,每一台学生机和教师机都有一个独立的 IP 地址,上网速度满足了教学的需要。计算机教室不仅能满足信息技术课程教学,还可以用于其他学科的信息技术与课程整合教学、语言听说训练、在线考试、教师培训、电子阅览室、学生课余时间上网等。

(6) 学校建设了先进的录播教室。录播教室录制的课堂教学,支持视频流媒体和三分屏格式并且能支持网络实时直播及录像存储;录播教室录制的课程,画面清晰、流畅。

(7) 建设了校园数字广播系统、数字化校园电视台、数字校园安全防护系统,实现及时传播校园资讯,并且播音自动化,可进行高质量的电视节目直播、录制和制作,满足校园新闻、人物访谈、电视会议、精品课程、文娱表演、大型活动电视直播、节目录制、节目后期制作等要求,丰富和传播校园文化;同时保障师生人身和校园财产的安全。学校各种终端设备可以通过校园有线网/无线网安全接入互联网,真正做到了三网融合。

(8) 建设了机器人活动室,拥有各类机器人 200 余套。2014 年 9 月 20 日上午,由连云港市委宣传部、连云港市教育局、连云港市科技局、连云港市科协和市广播电视大学联合举办的 2014 年连云港市"全国科普日"活动启动仪式暨大型广场科普宣传活动在连云港市电大举行。我校的机器人参与了现场展示活动,并获得了领导和参观人员的一致好评!在活动中,我校展示了类人机器人、仿生机器人、三角教学机器人、VEX 竞技机器人、蜗牛机器人等十余种机器人,其中类人机器人和 VEX 竞技机器人还分别进行了舞蹈表演和对抗演示。参观人员纷纷驻足询问我校机器人教学开展的情况,在得知我校从学生三年级开始就开展机器人教学,通过一段时间训练后即可独立组装机器人并通过编写程序控制机器人运动之后纷纷感到赞叹。此活动中我们还向参观人员介绍了我校机器人教学所取得成绩,以及我校开展科学、信息技术教学的有关情况。

(9) 建设了数字星球室。数字星球系统(多媒体球幕投影演示仪)是信息时代最先进的教学仪器之一,也是目前国内唯一实现三维立体动态展示的单体数字化教学仪器。它通过国际先进的三维图像处理平台,方便教师将图片、视频、动画等多媒体资源转变为球面图像,结合精密光学技术,瞬间展示于数字化球形投影屏幕上,动态立体地再现自然科学和社会科学的现象与过程。此系统能够广泛应用于中小学地理、历史等学科教学和科学素养拓展教育,满足学校教学多元化和个性化需求,促进教师教学观念、手段和方法的更新,激发学生的学习兴趣,促进学习方式的变革。

数字星球平台的开放性、互动性,能够满足教学多元化和个性化需求。教师可根据自身的教学需要,利用以往积累的各种教学资料,借助数字星球系统设计制作课件,帮助学生拓宽视野,探究人类所面临的资源、环境问题,满足他们对自然、人文地理的认知欲;学生可利用数字星球系统的开放平台,演示自己的学习成果,或者根据自己的兴趣组成课题小组,与教师、课本和热点地理问题形成互动,提高分析和解决问题的能力。

数字星球系统可以实现信息技术和学科课程内容的深层次整合。通过将教育信息技术有效地融合于学科的教学过程来营造一种新型数字化教学环境,实现一种既能发挥教师主导作用,又能充分体现学生主体地位的、以"自主、探究、合作"为特征的教与学方式以及有利于培养学生创造性的新型教学模式,使传统的以教师为中心的课堂教学结构发生根本性变革,从而促进教育教学的改革与创新。

2. 创新搭建的教育信息化平台及数字化资源建设促成了我校教育信息化的大发展

(1) 学校网站互动平台建设。学校网站除了作为树立学校形象、展示学校风采的重要宣传窗口之外,还为教学互动、教育管理提供了一个可实现丰富交互性的平台。互动式学校网站能够为教师与教师、教师与学生、学生与学生之间的交流提供一个全新的方式,共同讨论,共同分享,它不再受到传统课堂的制约。师生借助该平台进行学习、生活上的交流和讨论,更有利于师生关系的良好发展。校园论坛和留言板更成为师生互动、家校互动、学校管理工作获得及时反馈的一个大舞台,它集合了全社会的力量共谋教育发展大计,网络优势彰显。

(2) 数据资源建设。购买世界上全文信息量规模最大的"CNKI数字图书馆",实现校园入网计算机即可以检索使用海量的内容资源。资源包括:期刊文献、博士论文、硕士论文、会议论文、报纸、工具书、年鉴、专利、标准、科技成果等。这为师生提供了最丰富的知识信息资源和最有效的数字化学习平台,也为知识创新提供了信息化条件。新增图书馆非书载体的资源(光盘、磁带等)信息(电子图书)500 GB,作为知识资源库供师生借阅。

(3) 建设完善基于 Internet 的教学辅助平台和教学管理应用平台。基于学校网络,建立一个灵活的、可扩展的、集成的、面向应用和服务的统一信息管理系统平台,保证共享型信息化平台各系统有效运行,使学校的教学、科研、管理和服务等信息资源实现信息化、无纸化、现代化。

教学辅助平台利用网络技术,提供了一个教学辅助园地。通过这个平台,可以促进教师和学生之间的交流,提高教学质量。平台内设有"信号与系统"等多个课程的辅导站,其中包括了课程公告、教师的电子教案以及课程的讨论 BBS 平台。教师可以通过这个平台自主地组织网上教学资源,获得学生的反馈意见,回答学生提出的问题;通过这个平台,学生可以浏览和下载教案用于预习和复习,并就学习中遇到的问题与教师和其他同学进行讨论。

学校教学资源管理与应用平台的应用,实现了如下功能:① 镜像光盘柜:加载即可以将学校的光盘片制成 iso 格式的镜像文件存放在服务器上,用户双击右面文件图标可随意加载。校园局域网内速度超快,基本无延时感觉,可有效管理学校的各式光盘,免除电脑光驱的磨损、光盘出借登记手续、学校重复购置光盘片的费用,满足了教师的教学需求。② 音视频中心:以良好的兼容性、完美的播放效果,支持众多主流媒体格式、低资源占用的万能网络播放器,它通吃目前流行的媒体格式。特别及得一提的是:直接支持 CD 盘的 DAT 格式,大大免除了管理员转换视频格式的麻烦。

（4）课堂同步资源建设。分类明确，查找方便，可高效科学地管理课堂同步资源（包括课件、图片、教学设计等文件），有效减轻老师们的重复制作多媒体课件的无效劳动负担。文件采用多线程下载，速度超快，极大地方便了老师的应用，有效减轻了老师们的重复制作多媒体课件的无效劳动负担。文件采用多线程下载，速度超快，极大地方便了老师的应用。

（5）建设精品课程资源中心，网络教学资源库。① 精品课程资源中心：包括相应课程标准、课程考核标准、教学大纲、多媒体教学课件、专业教学资源库、教材、案例库、习题库、试题库等全部电子资料上网，实现教学资源的集中管理、共享使用，逐步形成系统完整、管理高效的综合教学资源中心，为师生提供优质的教学资源。② 网络教学资源库：随着学校教育信息化工作的不断推进，教师的现代教育技术应用能力不断提高，自主研究开发出大量的各专业主干课程多媒体课件，所有网络课件上传到网络数据库，发布共享。另外，新购置以及自制电教教材，累计100部，1 000余小时的教学内容，刻录成光碟，方便教师开展视听教学，形成对教学的补充资源。由此实现所有学科均建有完善的教学资源库，真正体现多媒体网络教学的优势。

3. 我校在教育信息化建设中产生了区域带动及示范效应

（1）2013年11月9日，我校举行了教育部教育管理信息中心"十二五"教育科研规划重点课题"网络条件下区域间校际协作与互动策略的研究"工作推进座谈会。教育部教育管理信息中心周一处长、北京师范大学教授李玉顺博士、北京市朝阳区教委教研中心王颖主任、课题参与实验学校负责人、学科研究教师共50余人出席了本次会议。

座谈会上，围绕"网络条件下区域间校际协作与互动策略的研究"的这一课题，教育部教育管理中心和北师大的专家以及北京朝阳区课题研究的代表，在会上阐述了课题研究的目的、意义以及介绍了课题研究进展情况。来自北京朝阳区各小学的名特优老师给我们展示了近20节精彩纷呈的基于触摸屏和电子白板课堂教学观摩课。有的老师呈现了"e学习"的课堂：老师和学生人手一个iPAD，教师机通过无线网络和学生的终端相连，有效地实现了教师端、学生端可以同步阅读、在线交流、发布作业、班级管理、家教互通等功能。课堂中教师充分展示了浏览、批注、测验、学习过程重放等交互式学习功能，师生间通过点名、举手、抢答、手写、演示以及练习测评的自评、互评等教学形式，让学生的学习过程更为轻松活泼。参加观摩学习的老师纷纷表示，"e学习"的课堂新颖灵动，活泼有趣，教学容量大，老师教得轻松，学生学得投入。据悉，这样的课堂教学改革在许多的城市已经进行试点，这也是一次教育信息化服务于教育现代化的有效尝试。

在本次课堂教学观摩活动中，有来自江苏省"e学习"试点校、课题实验学校以及连云港市县区和直属学校的教师代表近500人参加。与会者对高水平的现代教育技术手段在课堂中巧妙灵活的运用体会颇深，感觉受益匪浅。此次活动也必将推动连云港市教育现代化的快速发展和教师运用教育技术能力水平的进一步提高。

（2）我校与结对学校开展长三角网络教学交流与研讨活动。连云港师专二附小教育集团、上海市闵行区航华第一小学、南京市金陵中学仙林分校三所学校特结成联盟,由连云港师专二附小教育集团牵头,在杭州市天长小学、上海师大附属外国语小学的积极配合下,开展了一系列的网络教学教研活动,促进了教育均衡和区域性协同发展。

① 举办现场的"长三角网络结对学校教学研讨"活动。经过精密的组织和准备,在连云港师专二附小教育集团举行了隆重的"长三角网络教学交流与研讨活动",展示网络教研的成果,进行经验交流共享。本次活动以教学研讨为主,通过现场活动和网络活动相结合的方式,分语文、数学、英语三门学科,以课堂观察活动,剖析课堂,提升老师的课堂教学能力以及听评课、课堂观察专业能力,积极培养课堂研究型教师。通过专家评课及讲座等,提升老师们的课堂教学理念,拓展下一步研究思路,落实具体的研究任务。

② 成立名师网络工作室。三所结对学校遴选出一批特级(骨干)教师,采用网络结队方式对三所结对学校报名的教师进行网络上的指导和交流,并通过网络工作室就教师网上教学设计、随笔、案例等项目进行交流。正在推行的高初中新课改,使传统的接受式学习方式向探究性学习方式转变,教师失去了对学生学习的权威和垄断,转化为学生学习的促进者、组织者和指导者。因此,工作室活动有针对性地构建合理的活动内容,使入室研修教师感到"受用"、"解渴"。为此,我们还通过听课、座谈等形式,就入室研修教师急需和困惑的问题有针对性地进行探讨。

③ 开展视频录播教学。为解决地域差距问题,三所学校争取能定期进行精品录播课展示交流,开发适合各自需要的录播系统的互动的交流方式。通过网络和视频等方式组织教学研讨或培训活动,组织教师个别或集体观看,组织撰写教学点评。

④ 继续促进网络互动交流平台的应用。通过三所学校建立三校校长、中层干部(包括部分教师)等管理 QQ 群和讨论群,交流管理经验,并在各方面落实政策,鼓励三校内各层面的网络互动交流。

⑤ 开展各种网络协作研究。我校将联合备课系统无偿开放给其他两所学校,三所学校共同商议后确定建立网络联合备课系统计划,组织各校教师进行网络联合备课,三校进行备课资源共享;我校还将论文交流系统无偿开放给其他两所学校,确定建立三校论文修改机制,每所学校组织成立论文骨干专家教师组,各学校老师可以申请提交自己的论文由专家组修改。

通过三所学校的精诚合作和孜孜不倦的探索,通过建立特级(骨干)教师网络工作室,开发视频录播系统,建立学校管理 QQ 群,开展网络教研,组织进行干部和教师交流,组织专题研讨活动等各方面工作,使各学校充分挖掘学校亮点,加强学校与学校之间的联动发展,特别是在资源共建的,品牌共享,全力服务于教师和学生发展,并能够及时总结经验,为千所学校网络结对提供示范性经验,为推动三省市教育发展作出了贡献。

(3) 由教育部主办、中央电化教育馆承办的第十五届全国中小学电脑制作活动暨第三届中国国际学生信息科技创意大赛在辽宁沈阳举行,连云港师专二附小被评选为2014年全国中小学电脑制作活动全国优秀组织奖,我校参赛选手在本次活动中喜获全国二等奖1个、三等奖1个的佳绩。全国中小学电脑制作活动是一项旨在促进中国基础教育信息化建设、展示中小学生信息技术实践成果的全国性评比活动,自2000年起每年举办一届,至今已连续举办了15届。2014年该项活动以"探索与创新"为主题,鼓励广大中小学生结合学习与实践活动及生活实际,积极探索、勇于创新,推进素质教育。

(4) 2014年5月,"2014年全市中小学网站测评活动"在江苏省赣榆县高级中学举办,我校网站以小学组第二名的成绩获得市"十佳教育门户网站"称号。

(5) 2014年5月,从江苏省电化教育馆传来喜讯,我校学生在"2014年江苏省中小学生电脑制作竞赛"活动中取得了优秀的成绩。

(6) 为了积极提升我校教师数字化教学水平和开展实践研究能力,2014年5月,我校部分教师赴上海、南京两地学校观摩数字化课堂教学,并与授课教师进行了互动交流,共同探讨数字化教学中的资源建设、成果评价、交互反馈等热点问题。在观摩学习过程中,我校还分别与上海市闵行区航华第一小学、南京市金陵中学仙林分校举行了缔结友好学校的签约仪式。三所学校作为学校发展共同体,在数字化学习实践研究过程中积极开展合作与交流活动。这场静悄悄的学生学习的变革让课堂变得更加灵动和高效。

(7) 在2013年连云港市奥林匹克信息学竞赛(暨全国奥林匹克信息学联赛)活动中经过信息技术教师的悉心辅导,学生积极参赛,我校获得了优异的成绩,其中一等奖4人,二等奖7人,三等奖7人,王海泉老师获得优秀指导教师奖。

(8) 在连云港首届机器人赛活动中,我校共有6人获得一等奖,4人获得二等奖。我校获得优秀组织奖。

我校的教育信息化建设,对周边学校的信息化建设起到了很大的示范、带动作用,在今后的工作中我们需要进一步与兄弟学校加强交流合作,扩大信息资源共享、进一步实现教育共赢,为教育信息化再上新台阶作出我们应有的贡献。

基于互联网,构建"光东模式"的探索

南京市光华东街小学

在信息技术高速发展的 web 4.0 时代,在提倡"互联网+"思维的当下,越来越多的数字化运用正走进校园。云计算、大数据、移动终端、微视频、慕课、翻转学习……在各类前沿科技的衍生名词不断冲击和进入传统校园的同时,同质化与边缘化的数字运用现象层出不穷,加剧了教师和学生的工作、学业负担,造成了不必要的资源浪费。面对这些问题,光华东街小学在数字化运用中不断思考与实践,结合学校特色项目和特色文化,努力将数字化应用从运用层面升华到学校文化建设层面,打造彰显学校个性,着眼于师生的共同发展、着力于数字化和人本化有效整合的"光东模式"。

一 继承与创新学校特色,扩容特色文化资源

光华东街小学于 2006 年加入小班化学校实验阵营,经过 6 年的不懈坚持与努力,于 2012 年成功创建南京市小班化示范校。在研究历程中,学校结合校园植物资源,秉承科技教育特色传统,于 2014 年、2015 年分别成功申报南京市星光计划特色项目与南京市小班特色文化项目,逐步形成了特色鲜明的"百草园"校园文化品牌,凝练了"让每个学生按照自己适合的方式成长"的教育理念,让数字化的运用突破空间与时间的限制,对实体校园文化进行了延展和补充。

(一) 植物电子名片——互动式植物特色文化的建设

学生在选学社团中通过系统学习植物知识和 HTML5 技术,对校园植物资源展开实地调查与研究。在这一过程中对某一种植物进行深入探究,通过 HTML5 技术和二维码技术形成数字化的植物图鉴,并使之具有一定的交互性,让校园内的每一株植物都能成为灵活生动的学习资源。

(二) 文化主题墙——立体式校园文化教育资源的建构

学校根据低、中、高年段学生学习、道德教育的不同需求,在教学楼走廊上布置了不同主题的文化展板。一年级:树娃娃学规范;二年级:树娃娃诵经典;三年级:树娃娃赏百草;四年

级:树娃娃学礼仪;五年级:树娃娃小创客;六年级:树娃娃颂榜样。这些文化墙承载着宣传、教育作用,虽然每块文化墙的篇幅有限,但其中的二维码打破了平面版面的单一和容量的限制,使用移动终端扫描这些二维码,既能得到音频、视频、图文等扩展学习内容,还能与老师、同学针对这些内容进一步交流、讨论,将学习场所从现实跨越到虚拟的网络平台之中。校园文化不再只是被动地固定在某处,而是变为被虚拟与现实学习桥梁嫁接起来的立体式教育教学资源。

二 深入实践研究,打造智慧数字课堂

(一) 数字化课堂学习

1. 基于平台,互通智慧

学生利用网络资源平台,如 QQ 群、微信群、作文部落平台等来实现随时随地的自主学习和成果分享,互通智慧。通过教师课前在线布置作业、学生自主完成在线视频学习及写作,课堂上师生合作交流在线诊断等流程,激发学生学习兴趣,提高学习效率。

2. 即时生成,个性发展

课堂上,教师引入 iPAD,通过 i - Teach 教学平台观测每位学生的学习状况,了解每一位学生的学习成果,进而对学生进行有针对性的指导。在课堂上将题目分成"一星""二星""三星"三种难度等级发给同学,每名学生在同一个课堂上寻找到最适合自己的不同学习内容,学生的学习兴趣不断激发,学习能力得以提高,合作学习意识逐步增强。随着数字化学习研究的不断深入,教师也积极投身于新媒体技术课堂研究的实验中。近三年来,我校教师在中央电化教育馆组织的全国新媒体新技术教学应用竞赛活动中,荣获了 12 个一等奖、7 个二等奖、3 个三等奖。同时,教师们的信息技术水平也不断提高,他们参加全国中小学信息技术创新与实践活动竞赛,取得了 3 个一等奖的好成绩,并获得此次"NOC 活动"的最高奖项 ——恩欧希教育信息化发明创新奖。

(二) 数字化特色社团活动

课堂之外,学校还积极利用数字化技术提档升级社团活动,从网络自主申报社团到社团活动的数字化运用,促进了学生的个性化自主学习,加大了交流互动的开放性,在丰富多样的活动形式中激发学生的创造性思维。

1. 定格动画社团

使用逐帧拍摄手段对在一定场景中进行运动、变化的物体捕获静态的图像,再通过制片软件将这些有序的图像串连起来,使其能连续放映。这种制作动画影片的技法简单易学,适合小学阶段的学生上手操作。学校自引入该项技术以来,该社团就一直深受学生们的喜爱。

定格动画社团成立短短三年,诞生了作品 60 余件,其中多件作品在国家、省、市、区级竞

赛中获取奖项。2015年5月,定格动画社的王弈辰、朱慧琳同学在全国中小学教学信息化应用成果展览会上,有幸向刘延东副总理和联合国教科文组织干事博科娃女士介绍了学校定格动画社和她们创作的作品,得到了刘延东副总理和博科娃女士的认可与称赞。

2. 植物探秘STEM社团

STEM学习,即科学、工程、技术、数学领域的融合学习。STEM理念的学习方式是跨学科学习的一种体现,学生在真实的情境(校园)中通过探究式学习方式,研究校园内植物的相关知识,再借助这些知识去解决身边的实际问题。目前该社团的同学通过学习发现了校园内植物挂牌的一些错误,并尝试使用高信息容量的HTML5技术制作数字化版的植物挂牌和实景校园地图,采用技术手段突破时间、空间、宏观、微观、真实、虚拟的限制,极大限度地开发校园资源的教育教学功能。

3. 创客学习坊

该社团主要学习Arduino开源平台硬件设备的拼搭、焊接及简单的计算机程序编写,在此基础上,让学生展开想象,用创意与智慧连接虚拟程序与实际生活需求,由此创造出更多有趣、实用的产品。

创客学习坊的成员们使用开源平台和3D打印技术,结合学校植物特色主题,开发制作了"会说话的花盆"、自动提示浇水装置、鱼花共养花盆等创意系列,新颖的构思受到了诸多媒体的关注与报道。除了使用新技术外,小创客们还善于利用各类材料的特性加以精心设计和纯手工打造,创作出丰富且新奇的植物特色手工制品和校园文化创意用品,如押花音乐盒、押花钥匙扣、叶脉书签、校徽书签、校徽挂钩等。

三 灵活运用多项技术,处处渗透教育理念

新技术的操作运用,不仅在课内外的学习中起到了重要作用,在丰富的校园活动中,通过创新使用,更能处处渗透学校的教育理念,凸显学生的主体地位。学校建构了简化版的数字化管理平台,学生不但能参与活动,更能通过灵活的技术手段,亲自了解和体验活动的规则与管理,以平等的视角对话学校,提高其参与活动的自主性与积极性。

(一)在线问卷调查

学校的春、秋游活动,采用网络在线问卷调查的形式了解学生需求,以公投的方式选出学生最向往参观、实践的场所。利用数字平台收集与采纳学生意见的措施虽小,却为每一个孩子创造了一个宽松、自由、民主的成长环境。

(二)数字化签到

学生社团活动使用数字化签到,既节约纸张,又利于数据的长期收集和保管,更可以通过签到时间等数据分析可判断学生对社团的喜爱程度,亦可用数据为佐证,教育学生守时守

信、做事不拖沓。

（三）数字化检查

传统学生活动的检查与评分量化的终端是纸质媒介，随着数字化运用的推行，学校在部分学生活动中试行数字化评分。较之以往的纸笔量化，数字化评分简便、直观、公开、透明，大幅提高了活动工作的效率。

四　数据的收集、分析，助力学生个性成长

随着数字化应用的多方位深入，学生的诸多行为都留有记录，面对这些自然生成的大数据，学校加以收集整理，建立学生动态成长档案，探索各种数据变量间的关系，深度分析预测，助力学生个性化成长。

（一）终结性评价的数字化运用

传统型的终结性评价一般为纸质测试，测试前教师需要出卷，测试后教师还有阅卷、登分、分析等一系列工作需要完成，学生在教师完成这些工作后才能得到自己的测试结果。为减轻教师的部分工作量，学校尝试部分学科进行线上测评，教师只需在出卷时设置好答案和测评时长，学生完成测试后即能及时得到评价反馈。在线测评打破了测评空间的限制，节约了教师的阅卷、分析时间，长期的数据收集更能为学生形成错题集锦，提供个性化的学业诊断，帮助学生在阶段学习中查漏补缺。

（二）"树娃娃"微店与"小光豆"积分

为了激励学生提高各项活动、竞赛中的作品质量，学校开设了"树娃娃"微店，征集学生的创意作品，以线上线下相结合的方式进行作品的销售。线上销售主要通过互联网对外展示与出售，销售收入作为学校创意基金，奖励优秀学生。线下销售则是面向校园内全体师生的积分兑换奖励，每一个学生都可以通过学科测评、参加活动、体育锻炼等多途径获取相应的积分——"小光豆"，"小光豆"达到一定数量时，可以在微店中兑换自己喜欢的作品。学校制作了详细的积分手册，方便学生了解积分的获取途径、兑换规则等。

"树娃娃"微店作为学校评价系统的载体，从学业发展、身心健康、品德发展、兴趣特长等维度翔实记录每一位孩子的成长轨迹，六年一贯的成长式跟踪数据为家长提供了教育引导方向，促进教师及时调整教育教学策略。"小光豆"的奖励机制则激发了每一位孩子的学习动机，促进每一位学生都能主动、积极、乐观、正确地审视自我成长中每一个阶段。

在微店中销售商品的学生，可以通过商品销售量查询及购买者的评价，对自己的作品进行反思与改进，达成创新的良性循环。

五　深入研究创新技术，实现关爱特殊儿童

关注每一个、发展每一个、幸福每一个，是小班化教育的真谛与内涵。在我们的校园中，

除了健康活泼的孩子外,还存在着一些因为先天或后天等其他因素造就的特殊群体——随班就读生,为了让这些学生拥有健康的体魄和心理,以适应学校学习和迎接未来的社会生活,学校使用体感技术对这部分学生展开了数字化的个别训练。

有研究显示,重复的物理锻炼能够复原残障儿童的一部分能力,但机械的物理训练对于儿童来说是无趣的,甚至易让儿童产生抵触感。学校通过体感技术,用贴近儿童的游戏形式结合感统训练器材,对学生展开游戏式训练,有效避免了物理训练的单调性和枯燥性。自2014年12月开始,学校联合技术公司开发"龟兔赛跑"和"沉香救母"两项体感游戏,现均已投入使用,受到了学生的喜爱,取得了良好的训练效果。2015年10月9日,在南京市特殊儿童随班就读工作会议中,来自教育部基础教育司的李天顺巡视员对我校体感技术在随班就读工作中的运用给予了极高的称赞与肯定。

全息学习,改变"学习"的面貌

——小学全息学习的范型建构和实践推进

常熟市实验小学

一 前瞻理念

我们学校提出了"全息学习,让学习像呼吸一样自然"的理念,具体分以下几个层次的解读。

(一)"息"

"息"是一个象形文字,其本义是"以心为鼻"进行呼吸,指胎儿不用口鼻,只借助母体的心跳来呼吸,沉静安定,运气若有若无,是生命的本真状态。真正的学习,应该如老子所说"复归于婴儿",追求一种"用心呼吸"的生命状态。

学习如同呼吸,在很多地方是相通的。在目的上,呼吸是为了促进机体生命的成长,学习是促进人的精神生命的成长。在原理上,呼吸是一种自我代谢,学习是一个自我建构的过程。在方式上,呼吸是多种器官协同作用的结果,学习是多种感官参与的整体建构的过程。在内容上,呼吸的是大自然中的空气,学习的是生活世界中的信息和知识。在状态上,呼吸是一种生命本能,学习是人的一种探究本能。

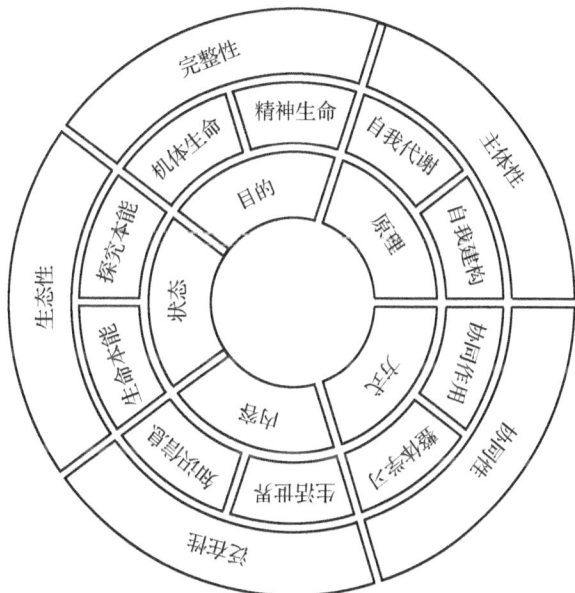

(二)"全息"

"全息"是一个跨界概念,借鉴影像学三维立体的"全息"图像。全息学习注重儿童发展的全面性、多元性,看到完整的儿童,促进学生全面充分的发展。借鉴物理学"任何一个部分都包含整体的信息"的全息理论,全息学习注重学习的科学性、整体性,尊重儿童学习和发展的规律。一个知识的教学要看到整个的学科,一个学科的教学要看到整个的儿童和儿童的未来。借鉴生态学"无处不在、和谐共生"的"全息"生态,全息学习注重学习的泛在性、发展性,倡导随时随地的学习,注重影响学习各要素之间的整合。

(三)"全息学习"

全息学习以"全人发展"为目标,"无时不在、无处不在、无人不在"为基本理念,"学程、学法、学教融通"为方式变革,"课程资源、学习环境、信息平台"为条件支撑,整体推进学校教育教学改革。全息学习构成了一个金字塔形的理念体系。塔尖"全人发展"是目标,是一切工作的指向;"无时不在,无处不在,无人不在"是实现"全人发展"目标的基本理念;"学程融通、学法融通和学教融通"是实现基本理念的方式变革;"课程资源、学习环境、信息平台"是实现方式变革的条件支撑。这样的理念架构,保障了全息学习的科学性、整体性和发展性。

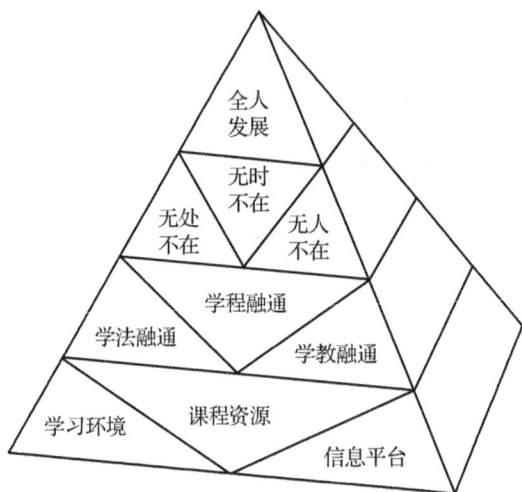

二 研究概况

基于全息理念,学校积极推进项目研究,引领和促进学校品质提升、教师专业发展和学生健康成长。

(一)组建"同心圆"实验共同体,让研究无人不在

以人员为结构,形成了以教师为"圆心",年级同事、学科同事、有经验教师、校长及指导人员、专家教授等的"同心圆"实验共同体,让研究无人不在。我们聘请了南师大吴永军教授为项目导师,每月亲临指导,分主题研讨;建立课程、学科、技术和教育媒体等方面专家人士组成的指导团,邀请杨九俊、成尚荣、崔允漷、施久铭等专家20多人次,引领项目进展。

(二)构建"阶梯式"校本教研网,让研究无时不在

以"时间"为结构,形成了每天"日学日思"、每周"星期书会"、间周"集体备课"、每月"月度研讨"、每学期"假期研修"、每年"年度论坛"以及不定期"阶段展示"的"阶梯式"校本教研网,让研究无时不在。以"月度研讨"为途径,开展了"全息学习的基本理论、课程形态、教学样式、评价策略、平台建设、实践推进"等主题研讨;通过"阶段展示",邀请专家、同行参与,全

面总结和呈现阶段性研究成果；通过"年度论坛"，提炼和分享教师个人或项目研究成果；通过"假期研修"开展集中学习和交流，提高全体教师的理论素养；通过"日学日思""星期书会""集体备课"，构建常态的教师学习、实践和反思机制等。

（二）搭建"全域型"学习分享场，让研究无处不在

以"场域"为结构，形成了"课堂现场、校园内外、网络空间、名坛名刊、名校联盟、国际交流"等全域型经验分享场，让研究无处不在。课堂是信息学习研究的主要阵地，学校制定了全息学习课堂评价表，组织各种形式的"在场"学习交流；校园是全息学习研究的重要场所，学校积极推进"办公室教研""走廊餐厅交谈""书吧沙龙"等"全场域"学习分享机制；"网络"是全息学习的自由空间，老师通过自己的微信公众号，即时传播全息学习的实践和思考，学校自主开发了"全息学习云平台"，引导师生开展随时随地的学习；"名坛名刊"是全息学习的有益补充，学校积极推荐教师在"教海探航""杏坛杯评优课"等重要活动中展示实践成果，向《人民教育》《江苏教育》等有影响的刊物投稿；"名校联盟"是全息学习研究的智慧支持，学校加入"苏派名校联盟"、"中国未来学习学校联盟"、南师大学术支持的"五校联盟"等，与澳大利亚雷昂加沙小学开展每学期的互访和常态的网络交流。

三　实践创新

（一）提出全息学习模型

我们吸收学习科学的研究成果，提出了"理解—联结—激活"的全息学习模型。基于此，提出以下教学策略：

1. 过程性建构，促进知识的理解

任何有意义的学习都基于理解之上。这种意义来自学习的过程，并在过程中理解、生成和建构。一是读"本"，分析知识形成的过程。读"本"，就是要读懂教材，理清知识的来龙去脉，才能准确把握知识"在哪里发生"。二是研"教"，呈现知识展开的过程。"教"是搭建知识走入儿童、儿童走进知识的一座桥梁。"教"应该在知识的学科性和学习的科学性之间串联融通，促进学生对知识的理解。三是导"学"，卷入知识探究的过程。所有对"本"的解读和"教"的设计必须转化为学生"学"的过程，才能促进学生对知识的理解，而这个过程需要学生完整的卷入，经历"从头到尾"的知识探究过程，不是传统的"掐头去尾烧中段"式的所谓学习。四是提"能"，经历问题解决的过程。"过程"的作用应体现在超越于知识学习之上的促进学生能力的发展。通过知识的学习，经历发现和提出问题、分析和解决问题的过程，学生获得的不仅仅是知识，而且是能力的发展、素养的提升。

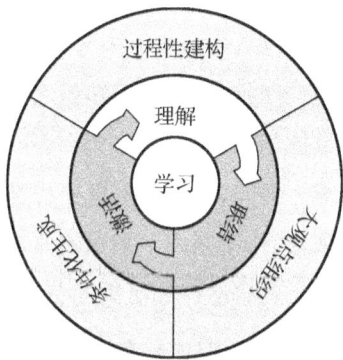

2. 大观点组织，促进知识的联结

学习科学研究表明，专家的知识不仅仅是对相关领域的事实和公式的罗列，相反它是围绕核心概念或"大观点"组织的，这些知识支持他们进行计划和思维。以"大观点"联结的知识才是结构的知识，也是能够容易迁移和生长的知识。一是由前及后，纵向联结。由前，就是要看到知识的"原来状态"：知识的原型是怎样的，知识是从哪里发生的；及后，就是要看到知识的"发展状态"，知识的将来是什么样子的，知识要到哪里去？从而确定知识的"现在状态"，准确把握教学目标。二是由此及彼，横向联结。知识由"点"及"链"，由"链"及"网"，相关"知识链"的联结形成"知识网"，这样原本独立的知识点不再孤立，获得的知识会更加牢固。教学就是要培养学生由"点"及"网"的"织网"能力，从而可以"网罗"更多的知识，让学生真正学会自己去"捕鱼"。三是由表及里，内部联结。作为课程内容的知识包括隐性知识和显性知识，要通过知识这个载体，让学生体会和感悟显性知识背后的东西，即培养学生学科的意识、学科的思维，发展学生的学科素养。

3. 条件化生成，促进知识的激活

学习科学研究认为，当遇到一个问题情境时，如果主体能主动激活和提取头脑中的相关知识经验，就能顺利解决问题。进一步的研究认为，"条件化"的知识最容易被激活和提取。一是基于情境的生成。条件化的知识就是情境的、弹性的，情境在教学中的作用，应该更多地体现"境"的功能而非仅仅是"情"的功能。"境"即场景，知识发生的环境。注重"境"的功能就是要让学生知道知识"从哪里来""在何处发生""用在何处"。二是联系旧知的生成。知识不仅从现实生活中来，还可以在原有知识的基础上生长出来，这样获得的知识也是条件化的。因此，研究新旧知识之间的联系，找到新知的生长点展开教学，不仅有利于学生理解和掌握新知，而且能体会到新知生成的条件，促进对知识的激活和应用。三是指向内在的生成。研究表明，越是概括程度高的知识，越是容易被激活。很多知识通过特殊→一般归纳而来，这样就剥离了知识的非本质特征，留下能够反映知识的本质属性，这样的知识往往具有更广的普适性和更大的包容性，碰到类似问题时就容易被激活。

(二) 建构全息学习平台

全息学习是基于学习技术的学习。我们借鉴互联网和新技术，促进人、资源和时空三大要素的有效整合，培养学生的信息技术素养，突破资源瓶颈和时空限制，实现随时随地的学习。

1. 建设全息学习课室

我们已经建成 300 多平方米的集未来教室、微格教室和开课教室为一体的全息教室，为学生的学习提供更多支持。一是环境支持。配备便捷化信息终端，人手一个 PAD，支持学生个性化学习；提供每个学习小组 8 个大屏幕的展示平台，支持学生的互动性学习；高带宽无线网络,支持随时传送学习资源。二是资源支持。设置学科资源区,提供与学习内容相关的图书、音视频等资料;设置网络资源区,提供每组一台电脑,便于查阅资料、整理成果;设置即时资源区,利用二维码提供及时性多元化资源。三是空间支持。设置集中学习区,有利于开展全研整体性学习;设置小组学习区,提供相对独立和安静的合作学习空间;设置个别指导区,为学生提供一对一的学习支持。

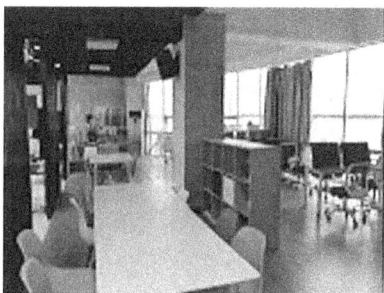

2. 搭建全息学习平台

基于互联网和新技术,我们与中科梦兰合作,自主开发了全息学习云平台(以下简称"平台"),为学生的学习创造更多可能。一是便捷应用。通过电脑、PAD、家长手机等终端随时发送和接收学习任务和资源,支持学生开展自主探究。二是即时互动。学生可以即时上传疑难问题,即时获得在线教师、同学或家长等其他人士的支持;同时,可以分享同伴学习成果,进行及时检测和反馈。三是精准评价。以纵向层次分级以及横向内容分类为逻辑结构,形成学生"电子成长档案",实现对学生学习发展的精准分析、便捷调阅和有效改进。

3. 开发全息学习资源

借助"云平台",我们积极推进学习资源建设,让资源随手可得、随时应用。一是资源形态的丰富性。云平台呈现的不仅仅是文本的学习,而且是文本、图片、语音、视频等多种形式的资源,资源更为立体而动态。二是资源主体的多元性。云平台的资源不仅仅是由教师提供,学生、家长都是资源的提供者、建设者。在应用过程中师生上传和生成的资源会不断充实。三是资源储存的结构性。云平台上的资源不是零散或线性的,而是以结构的方式储存下来,便于调取和应用。

(三) 建构全息学习方式

全息学习是基于学习理论的学习,我们吸收先进的教育理念,积极构建"学为中心、问题导向"的全息学习模式,同时借助技术和资源,为学生的学习提供更大可能。

1. 基于"先学、后学"的流程再造

课堂是一个学习的"中枢",来自先前学习的多元信息在这里汇集、碰撞、整合,形成学习成果并应用到后续的学习和探究中。一是组织"先学"。全息学习倡导学生"先学"探究,让学生带着问题进课堂。在课堂学习之前,教师把学习内容转化为一个个"大问题",把"大问题"串联成一张"学习地图"。同时,基于新技术和云平台,学生能随时随地接收学习任务开展"先学",并将学习成果或疑难问题及时上传云平台,并在云平台上与师生、家长积极互动,促进了"先学"质量的提高。二是组织"后学"。全息学习倡导学生"后学",让学生带着问题出课堂。"后学"可以是促进知识拓展的综合学习,可以是促进能力发展的实践探究,还可以是促进素养发展的课题研究。基于云平台,学生能够及时获取资源、分享成果、合作共进。

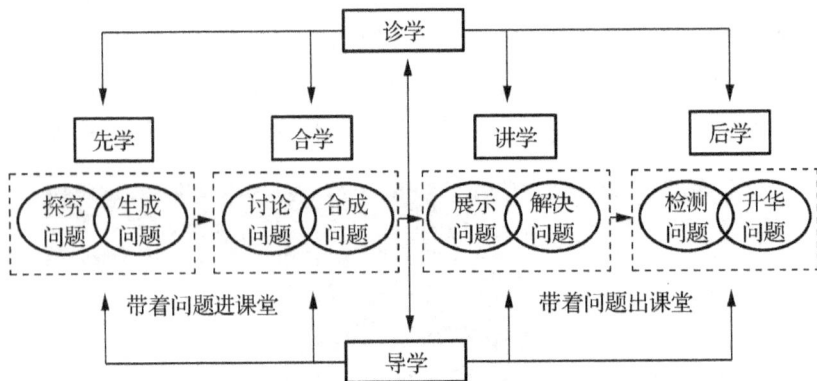

2. 基于"合学、讲学"的方式异构

全息学习理念下,学习不再是单一听讲的方式,而是一种融自主学习与合作学习、线上学习和线下学习、输入性学习与输出性学习等为一体的多样态学习。一是组织"合学"。经过先学和自学后,"合学"成为学生之后学习的需要。全息学习环境下的"合学",基于先学的成果,在小组中呈现个性问题、总结共性问题,解决简单问题,提出疑难问题。基于全息学习环境、技术和资源,学生的"合学"呈现更多可能和更大空间。二是组织"讲学"。全息学习倡导的"讲学",主体是学生,通过全班展示问题、碰撞交流,提炼学习成果,解决高阶问题。"讲学"的过程,对表达者来说是一个"再组织"的过程,有利于"知识和技能"目标的达成。

3. 基于"诊学、导学"的关系重塑

全息学习理念下,教师不再是学习的主宰,教师的"教"更多是通过对学生的"诊学"和"导学",及时充分了解和把握学情,促进教与学改进。教师真正站到了学习的后台,成为学生学习的引导者、合作者、支持者。一是组织"诊学"。全息学习环境下的"诊学"是基于实证的学情掌握。通过"云平台",教师可以随时随地收集学生的"导学单"等,对学习任务进行批阅分析,及时充分了解和把握学情,根据学生的真实学情进行教学设计。二是组织"导学"。全息学习理念下,教师的"导"更多通过串联学生的"学"来实现。课前导学采用"问题"串联,课中导学采用"话题"串联,课后导学采用"主题"串联。

四 效能比析

项目实施以来,通过常态观察、问卷调查、过程记录、成果比较等形式,我们对项目效能进行了分析,发现学生、教师、学校、家庭和社区均发生了积极的变化。

（一）学生的变化

我们对三至六年级共 8 个实验班和对照班 329 名学生做了问卷调查,并进行了相关分析,对比发现,学生的主动性、积极性得到了有效激发。基于先学探究、小组合学、全班讲学等学习方式的转变在常态课堂中得到了真正的落实,学生变得会倾听、会思考、会质疑、会交流、会表达,能够根据不同情境和自身实际,选择合理有效的学习策略和方法等。以"小组合作"为主要方式的全息学习培养了学生合作交往的意识和能力,并在这个过程中学会了相互尊重、理解、协作,体验到帮助他人和得到帮助的快乐,建立积极的人际关系。以"实践探究"为主要特征的全息学习培养了勇于探究、自信坚韧的品格,学生的批判性思维和创新性思维得到了很好的发展。以"信息技术"为重要手段的全息学习发展了学生的信息素养,包括应用信息技术的意识、开放创新的思维观念、数字化生存的技能等。

（二）教师的变化

教师阅读了皮亚杰、奥苏贝尔、布鲁纳等大家的经典教育理论和《学会关心》《学校的挑战》等体现当下先进理念的专著,重点学习了《人是如何学习的》《脑科学与教育》等最新学习科学和脑科学研究成果以及关于翻转课堂、大数据、未来学习等方面的著作,理论修养、教育理念和创新意识得到了明显的提高,教育观念、课堂行为也发生了明显的变化。"儿童为本""学为中心""问题导向"等进入教师的话语系统,教师的作用更多转向为支持学生学习的"诊"和"导",自主、合作、探究成为学生常态的学习方式。教师更加关注学生"学"的质量,成为学生学习的组织者、支持者,学生的学习得以自然发生、真实发生、深度发生。教师研究的重点逐渐从"教"的研究转向"学"的研究,"儿童研究"成为教师工作的"第一专业"。

（三）学校的变化

学校发生了静悄悄的变化，从重视成绩分数等显性质量的"传统名校"逐渐转变为引领区域教育改革的"实验学校"。"全息学习"成为学校改革发展的重要内涵和响亮品牌。"全息学习"推动了"全息阅读""全息教研""全息管理"等各个领域的改革，创新成为学校文化的核心理念。2016年，学校被评为"江苏省教育工作先进单位""苏州市首批智慧校园示范学校"。"全息学习"成果被评为苏州市教育教学成果特等奖。

（四）家庭和社区的变化

全息学习"无人不在、无处不在、无时不在"的理念促进了家庭、社区与学校教育不断融合。"家长讲师团""家长微课程"等蓬勃开展，家长们走进学校、走进课程、走进课堂，为学生的学习提供专业支持。基于云平台，家长能即时了解孩子的学习和发展状况，并参与学习评价和指导，成为孩子学习的知情者、支持者，同时社区也渐渐成为学生学习和成长的重要场所。

（五）辐射带动

1. 集团内部

常熟市实验小学教育集团共有12所成员学校，我们把"全息学习"作为集团办学的重要抓手，促进集团各校的内涵发展，对集团教师开展集中和分层次培训，以骨干教师为主体，推进全息学习实验在各校的开展。

2. 区域推进

学校被确认为"苏州市义务教育改革—'苏式课堂'项目学校"。基于这个平台，项目学校之间开展观摩研讨，深度合作，共同发展。学校积极承办了"苏州市义务教育改革项目学校现场会"，汇报了实验成果。学校被评为"苏州市项目建设先进学校"，成果获评"苏州市义务教育项目成果"一等奖。

3. 联盟学校

在融合本地资源、深化集团办学的基础上，我们采用"学校联盟"的策略，结盟志同道合的兄弟学校，聚合各方智慧，推进改革发展。我们组织张家港、昆山、常熟等15所学校建成"常熟市实验小学联盟"，参加南师大教育科学学院引领的"五校联盟"、由江苏教育报刊社组织的省内名校组成的"苏派名校联盟"、中国教育报刊社指导的全国100多所名校组成的"中国未来学习联盟"等，促进了全息学习在更大范围上的辐射。

4. 国际交流

学校与澳大利亚雷昂加沙小学结成联谊学校，每年组织30多位学生、家长到对方学校互访交流。双方利用每周三上午第三节课的时间，开展实时的主题交流，双方学生的英语和汉语会话水平得到了很大提高，合作的"两地饮食文化的研究"课题成果获交流项目学校一等奖。

幼儿体感游戏的开发与实践研究

南京市第五幼儿园

近年来,体感交互技术、云计算、大数据、移动互联网等技术飞速发展,不仅推动了社会经济的巨大变革,也为教育的发展带来了重大机遇和挑战。在"互联网+"和信息技术高速发展的时代,幼儿教育如何接受这一轮技术变革浪潮的洗礼,是一个值得深入研究的课题。其中,体感交互技术在幼儿教育中的应用就是一个值得我们深入研究的问题。

一 体感交互技术的概念与发展

(一) 体感交互技术的概念

体感交互技术是指人们能够直接运用手势、肢体动作、语音、眼球转动等方式与计算机及其相关设备进行互动的新型自然交互技术。体感交互技术强调创造性地运用手势、肢体动作、语音等方式与计算机进行交互,无需为实现人机互动而额外学习,从而减轻了人们学习鼠标、键盘等非自然操控方式的负担,使用户关注于任务本身。体感交互技术的出现在人机交互技术发展进程中具有里程碑意义,继键盘、鼠标和多点触摸人机交互方式之后,体感交互被称为"第三次人机交互革命"。

我们与公司合作,把体感技术应用于幼儿教育领域,初步尝试体感教育。根据有关文献,我们尝试将体感教育界定为:以体验式学习理论、情境化学习理论和自身认知理论为基础,将体感交互技术以及其他多媒体技术、3D技术和AR增强现实技术等应用于教育的过程。其中,幼儿教育中体感教育通常是指让幼儿通过各种身体动作,如挥手、伸展、奔跑、跳跃等操控三维场景中的人和物,并与三维场景中的人和物进行互动,将学习、体验、探索、运动和游戏融为一体。体感教育有一个特别的优势,它可以通过体感交互技术将幼儿原本无法直接体验的内容,如海底探索、太空旅行、火灾地震防范等,以接近真实的三维场景呈现给幼儿,让幼儿获得拟真实的体验。

(二) 体感教育的特点

1. 沉浸性

体感交互技术创造的拟真实情境,打破了幼儿和学习对象之间的隔阂,幼儿被"嵌入"游戏场景中,"身临其境"地获得真实体验。游戏过程中,幼儿所有的感觉器官和注意力被调动,通过特定的角色扮演,完全投入学习活动中,产生如心理学家米哈里·齐克森米哈里所说的"心流"状态。

2. 交互性

体感交互技术条件下的人机互动,是使用者(幼儿)与计算机产生的 3D 虚拟环境的实时互动。此外,还包括虚拟环境中多人游戏时自发出现的同伴互动、师幼互动和亲子互动。

3. 娱乐性

游戏是体感教育的主要途径,因此,体感教育具有较强的娱乐性和游戏性,对幼儿具有极强的吸引力,可以充分激发幼儿的兴趣并保持幼儿的注意力。

二 Kinect 体感游戏应用于幼儿教育的适切性与可能性

根据体感教育的特点,我们设计和开发了适合幼儿年龄特点的 Kinect 体感游戏。在幼儿园开展 Kinect 体感游戏实践之前,老师们对其在幼儿教育领域的适切性与可能性进行了深入的探究。

第一,考虑体感游戏对幼儿的身体健康(如视力、辐射)的影响。通过查阅相关资料和向行业专家咨询,以及实地考察和实验,我们发现 Kinect 体感设备本身是一个包含红外和彩色图像摄像头的设备,发射出的红外线属于长波长光线,不具有对人体细胞的杀伤力,此红外线的强度与电视遥控器的红外线是相似的,已经被行业标准确认是对人体安全无害的。对视力的影响来自液晶电视等电子大屏幕对幼儿视力的影响,这方面需要采取合适的环境光线、限制连续使用时间等措施来保护视力。其电磁辐射和通常的电脑辐射、电视辐射是一样的,但是体感操作的距离一般在 2 米以外,相比于坐在电脑前操作的辐射要小很多。

第二,对体感游戏的应用价值进行考察。体感游戏是儿童喜闻乐见的游戏化学习方式,符合儿童学习的特点,其虚拟化方式提供很多传统电脑软件无法实现的学习功能,例如体能技巧的培训、场景概念的具象化、降低某些学习活动的危险性等等。对于老师来说,体感+虚拟化技术也能够帮助幼儿园节约教育资源,让老师投入更多的时间关注教学内容而非操心传统教具的准备。体感游戏的优点在于把孩子们从电脑前拉出来,真正动起来,在享受数字化高科技优势的同时也能够锻炼身体。体感游戏给幼儿自主学习活动提供便利,提高教学效果,孩子们开心,老师也更加专注教学效果。体感游戏设备并不复杂,方便易用,很少的投入可以带来很多教学活动的效果,性价比很高。

第三,对目前体感游戏在幼儿园及小学阶段应用范围进行调查。体感游戏本身是一个新鲜事物,大家都对这种新颖的游戏活动方式有很浓厚的兴趣,也都有很多应用想法。作为电化教育特色的幼儿园,我们觉得非常有必要对这一新的教育方式进行尝试和研究,也希望能够有更多的幼教单位加入推广行列,共同摸索出适合幼教和小学阶段教学需求的游戏和课件,好好利用信息化、数字化手段不断提升我们的教育水平。

三 Kinect 体感游戏应用于幼儿教育中的实践探索

(一)成立实验基地,园企合作开发

经过了深入而长期的考察,我园于 2013 年下半年与专门研发 Kinect 体感教育软件的南京华之聚信息科技有限公司共同合作成立了体感学习实验基地,确定专用教室,配备相关设备。我园创设有体感游戏区域,改区域为户外半开放式的,空间大,完全能满足感统训练的要求。

(二)课题引领,分类开发

在体感游戏的实践研究中我园申报立项《体感游戏的开发与实践研究》为江苏省"十二五"规划重点课题,在课题的引领下,我们根据运动轨迹和意识活动开发体感游戏,将其分为动作训练类游戏、主题故事类游戏、情景体验类游戏、公益游戏。

动作训练类游戏:是根据幼儿发展指南的要求,针对幼儿阶段所需的动作训练而设计的趣味游戏,有《猫接蛋》《打地鼠》《踢足球》等。这类游戏是较为简单的单点动作的游戏训练,如走、跑、踢,可以根据幼儿个体的差异,开展重点动作的训练。

主题故事类游戏:有《小红帽》《三只小猪》《龟兔赛跑》等。这类游戏取材于经典儿童故事,幼儿们耳熟能详。游戏根据故事内容设计,采用角色扮演的方式,让孩子们在走、跑、跳跃、投掷等动作练习中进行感觉统合能力的练习。《沉香救母》则采用体感设备+传统的体感训练器材平衡木和触觉平衡板等形式开展。

情景体验类游戏:充分发挥了 Kinect 体感技术的优势,创设了多种在教学中实现起来有困难的环境。例如:安全自护系列的火场逃生、交通安全等。通过体感设备和计算机,创设虚拟的生活情境,让孩子们在情境中进行练习,促进幼儿本体感觉、前庭感觉、触觉系统、视觉系统的发展。

公益游戏类:寓教于乐,让幼儿通过游戏化学习对知识的获得实现心理满足感。例如:垃圾分类的体感游戏,把垃圾放入对应的垃圾桶里,获得鼓励。

很多体感游戏都设计成竞赛方式,以提高幼儿参与的兴趣和实现游戏目标的积极性,同时也体现了游戏化学习的特点。

下面详细介绍体感游戏如何在幼儿教育中进行应用,以主题故事类游戏中的《小红帽郊游记》为例:《小红帽郊游记》是一个情景互动体感游戏,采用童话故事主角小红帽原型为游戏主角和素材,幼儿肢体动作控制屏幕上虚拟小红帽角色的肢体动作进行游戏。该游戏由四个单元场景串联为一个完整互动故事情节,依次为:采蘑菇、摘葡萄、过河、打大灰狼。幼儿沉浸在有趣的郊游故事情节中学习身体动作和锻炼体能,培训下蹲采摘、手臂上举后弯、

立定上跳、立定前跳、单手瞄准投掷等动作技巧,培养对空间三维物体和环境的观察力,同时培养幼儿的表演素养。

采蘑菇环节中,幼儿可以在 Kinect 检测空间范围内自由走动,控制小红帽模型动作,靠近并伸手采摘蘑菇,完成虚拟采蘑菇的动作。在摘葡萄环节中,身体左右移动,向上跳并伸出手臂摘葡萄,直到摘到所有葡萄。在过河环节中,幼儿向前双脚或单脚连续跳跃,跳到河对面的石头上。在打大灰狼环节,幼儿伸出右手,拿到石头向大灰狼瞄准做投掷石头动作,大灰狼被石头砸中几次后倒地。

在游戏过程中,幼儿对虚拟化的动作表演表现出浓厚的兴趣,有很强的自主性,在不知不觉中锻炼了身体,进行了动作训练,整个过程充满了欢乐。另外我们发现,在旁边观看的幼儿也因为观察到虚拟操作的屏幕效果,会为操作的小朋友进行提示和帮助,同样感受到游戏的乐趣,实现共同学习的目的。

(三)有机融合晨间锻炼、合理安排游戏时间

针对小班、中班及大班幼儿的年龄特点和幼儿个体的差异性,确定游戏活动的内容和进度,每周安排一次至数次感觉统合游戏活动,以保证幼儿每周都有参与体感的游戏机会和时间。每次活动中,每个班划分为两组,轮流进行,同时保证幼儿既能自己直接参与活动,也能做小观众为参与活动的其他孩子加油助力,形成活跃的团队氛围与游戏化学习氛围。在幼儿园晨间活动中,还将体感与幼儿园晨间锻炼进行有机融合,将感觉统合教育纳入一日活动之中,成为一日活动的有机组成部分,这样能够使体感教育活动常态化。

四 Kinect 体感游戏应用于幼儿教育中的研究发现

(一)幼儿左右两侧身体得到均衡锻炼

体感操作方式突破了传统键盘鼠标以及手指触屏游戏软件的点按操作限制,特别是突破了右手鼠标操作的限制,给儿童学习认知新鲜事物带来了多样化的动作感知方法。体感游戏中,幼儿可以自由地使用左右手,在身体全方位锻炼的同时也使左右脑得到均衡的锻炼。这一特点也提示我们今后的课件设计中可以有意识地强化身体单侧的训练动作,事半功倍地达到某些教学训练目的。

(二)幼儿自主性探索的积极性不同

在 Kinect 体感游戏中,人机交互不同于传统的鼠标键盘以及图形界面的操作以计算机为主,其设计更加符合人的习惯,更加适应人的行为方式,体现了以人为本的理念。很多幼儿在操作时,被这种新鲜的体感游戏吸引,自发地探索游戏操作方法,并且很快掌握了各种动作,还迁移到其他游戏中。也有一些幼儿没有表现出很强的自主性,需要在老师的引导和鼓励下学习体感游戏的使用方法。因此在教育过程中,一方面老师要多鼓励幼儿大胆探索,

激发幼儿对新事物的兴趣,使幼儿勇于尝试;另一方面也提醒软件设计者需要深入了解幼儿的思维方式和兴趣点,设计出幼儿容易理解的界面交互方式。

（三）年龄差异对幼儿使用体感游戏中的影响

根据发展心理学,幼儿阶段各方面发展迅速,幼儿园阶段幼儿会经历一些发展的关键期,大、中、小班的幼儿在思维和动作方面有明显的差异,因而一些难度稍大或动作要求较高的游戏,只适用于大班和中班的幼儿。在开发的 24 个体感游戏中,就兼顾了各个不同年龄的班,小班孩子适合玩切水果、打地鼠等单点动作游戏,中大班的孩子喜欢竞赛类的,例如龟兔赛跑、雪地狂欢等。我们就根据不同年龄段幼儿的情况,设计适合幼儿发展的游戏。

（四）给予幼儿反馈和强化的重要性

Kinect 体感游戏在幼儿园开展以来,通过老师的不断观察和研究,发现幼儿对游戏中的反馈和奖励非常敏感。游戏中缺少反馈或奖励会让幼儿感到迷惑,甚至兴趣减弱;增加了适当的反馈和奖励之后,会明显增强幼儿参与的兴趣,并促使幼儿勇于自己尝试和探索新的游戏。在体感游戏《三只小猪》中,增加了时间反馈的环节,在规定的时间内要完成游戏任务,否则就会失败,被大灰狼抓走,屏幕画面成灰色。大灰狼的出现以类似游戏中"血条"的形式,增加了游戏的趣味性和紧张感。

五　体感游戏在教育中的作用

经过一段时间的实践探索与分析,我们得出如下结论:基于 Kinect 技术的体感游戏是适合于幼儿园教学需求的新颖技术手段,并已经显现优良效果。

首先,体感教育可以拓展幼儿体验和操作的范围。《3～6 岁儿童学习与发展指南》指出,幼儿的学习以直接经验为基础,在游戏和日常生活中进行。然而,现实生活中,特别是在现代化城市生活条件下,幼儿能够直接感知体验的对象十分有限,而海底世界、航空航天、天文现象、水下探险、史前文明、恐龙时代等更不可能直接感知。我们设计的体感游戏《海底世界》和《星际探险》,创造出接近真实的三维场景,幼儿就可"穿上"潜水服在神奇的海底世界与海豚、海龟、鲸鱼互动,也可以穿上宇航服去星际探险等等。这种情景式、沉浸式的学习方式,打破了时间和空间的限制,能充分满足幼儿的好奇心和求知欲,培养他们的想象力、冒险精神和探索精神。

其次,体感教育可以成为幼儿开展运动、锻炼身体的有效途径。与电脑游戏、手机游戏相比,体感交互技术与运动高度关联。体感教育活动的设计也多将动作和运动嵌入整个教育活动中。美国田纳西大学的一项研究表明,体感游戏将成为幼儿锻炼身体的绝佳途径。

最后,体感教育有助于幼儿园安全教育的有效开展。引入体感交互设备,幼儿园的安全教育不再仅仅停留在书面,教师可以让幼儿在虚拟的真实场景中体验特定的安全情境,自然地形成安全意识。如，《消防安全》体感课程就可以帮助幼儿学习如何灭火及逃离火场，《地震逃生》课程则可以帮助幼儿了解地震时正确的应对方法。

六 体感交互技术应用于幼儿教育的问题与展望

毫无疑问，和任何新生事物一样，体感交互技术应用于幼儿教育仍面临诸多质疑和挑战。值得注意的是，体感交互技术仍处于发展初期，存在诸多有待解决的问题。现有的体感交互设备缺乏生理疲劳监测与反馈，教师和家长无法有效监控幼儿的运动量。如何增强体感交互设备对幼儿动作敏感性的促进作用，如何让幼儿在利用体感交互设备游戏时实现钻、爬等复杂动作，如何增强体感教育活动的粘性，如何在同一时间增加更多玩家或满足多人操作需求等等，都是需要进一步探索的问题。体感教育活动的设计也面临实际困难和伦理风险，特别是在如何将教育、游戏和运动加以有机整合等方面仍面临诸多困难和挑战。

总之，体感交互技术以及体感教育还是出现不久的新生事物，它不是要取代幼儿在真实情境中的体验和操作，而是起到拓展、丰富和补充作用。我们相信，随着体感交互技术的进一步发展，体感教育将呈现出更大的活力和更为广阔的发展前景。